"十四五"职业教育国家规划教材

"十三五"职业教育国家规划教材

U0778113

机 械 制 造 技 术

第 2 版

主　编　姜　晶　　刘文娟

副主编　刘华军

参　编　李文正　　武　斌　　宋寿鹏

主　审　王德发

机 械 工 业 出 版 社

本书为"十四五"和"十三五"职业教育国家规划教材。本书共设金属切削加工设备、金属切削加工、典型零件制造、机床夹具设计 4 个模块，内容包括认识金属切削机床、车削加工机床、铣削加工机床、钻削加工机床、磨削加工机床、其他加工机床、切削要素、金属切削刀具、金属切削过程及影响因素、切削参数的合理选择、零件加工表面成形方案、轴类零件制造、箱体类零件制造、机床夹具设计基本知识、车床夹具设计、铣床夹具设计、钻床夹具设计，共 17 个单元。

本书可作为高等职业教育专科院校机械类专业教材，也可供有关工程技术人员参考。

为方便教学，本书配备电子课件等教学资源。凡选用本书作为授课教材的教师均可登录机械工业出版社教育服务网 www.cmpedu.com，注册后免费下载。如有问题请致信 cmpgaozhi@ sina.com，或致电 010-88379375 联系营销人员。

图书在版编目（CIP）数据

机械制造技术／姜晶，刘文娟主编. -- 2 版.

北京：机械工业出版社，2025. 6（2025.8 重印）. --（"十四五"职业教育国家规划教材）. -- ISBN 978-7-111-78315-2

Ⅰ. TH16

中国国家版本馆 CIP 数据核字第 202594K2R4 号

机械工业出版社（北京市百万庄大街 22 号　邮政编码 100037）

策划编辑：王海峰　　　　　　　　责任编辑：王海峰
责任校对：张爱妮　李小宝　　　　封面设计：王　旭
责任印制：刘　媛

三河市骏杰印刷有限公司印刷

2025 年 8 月第 2 版第 3 次印刷

184mm×260mm · 18.25 印张 · 2 插页 · 452 千字

标准书号：ISBN 978-7-111-78315-2

定价：55.00 元

电话服务　　　　　　　　　　　网络服务
客服电话：010-88361066　　　　机　工　官　网：www.cmpbook.com
　　　　　010-88379833　　　　机　工　官　博：weibo.com/cmp1952
　　　　　010-68326294　　　　金　书　网：www.golden-book.com
封底无防伪标均为盗版　　　机工教育服务网：www.cmpedu.com

关于"十四五"职业教育
国家规划教材的出版说明

为贯彻落实《中共中央关于认真学习宣传贯彻党的二十大精神的决定》《习近平新时代中国特色社会主义思想进课程教材指南》《职业院校教材管理办法》等文件精神，机械工业出版社与教材编写团队一道，认真执行思政内容进教材、进课堂、进头脑要求，尊重教育规律，遵循学科特点，对教材内容进行了更新，着力落实以下要求：

1. 提升教材铸魂育人功能，培育、践行社会主义核心价值观，教育引导学生树立共产主义远大理想和中国特色社会主义共同理想，坚定"四个自信"，厚植爱国主义情怀，把爱国情、强国志、报国行自觉融入建设社会主义现代化强国、实现中华民族伟大复兴的奋斗之中。同时，弘扬中华优秀传统文化，深入开展宪法法治教育。

2. 注重科学思维方法训练和科学伦理教育，培养学生探索未知、追求真理、勇攀科学高峰的责任感和使命感；强化学生工程伦理教育，培养学生精益求精的大国工匠精神，激发学生科技报国的家国情怀和使命担当。加快构建中国特色哲学社会科学学科体系、学术体系、话语体系。帮助学生了解相关专业和行业领域的国家战略、法律法规和相关政策，引导学生深入社会实践、关注现实问题，培育学生经世济民、诚信服务、德法兼修的职业素养。

3. 教育引导学生深刻理解并自觉实践各行业的职业精神、职业规范，增强职业责任感，培养遵纪守法、爱岗敬业、无私奉献、诚实守信、公道办事、开拓创新的职业品格和行为习惯。

在此基础上，及时更新教材知识内容，体现产业发展的新技术、新工艺、新规范、新标准。加强教材数字化建设，丰富配套资源，形成可听、可视、可练、可互动的融媒体教材。

教材建设需要各方的共同努力，也欢迎相关教材使用院校的师生及时反馈意见和建议，我们将认真组织力量进行研究，在后续重印及再版时吸纳改进，不断推动高质量教材出版。

机械工业出版社

前言

本书为"十四五"和"十三五"职业教育国家规划教材。本书自 2017 年出版以来，前后印刷了 15 次，总印数 2.7 万册，受到使用院校的普遍好评。为贯彻落实党的二十大报告精神和教育部颁布的《职业院校教材管理办法》，适应新时代高等职业教育改革的需要，在充分总结教学经验、吸收广大读者意见反馈的基础上，对本书进行了修订。

本次修订在创新教学模式的基础上，围绕现代高等职业教育专科装备制造大类专业人才的培养目标和要求，突出职业教育的类型特色，注重培养学生的职业能力，具有以下特点：

1. 工学结合，"教、学、做"一体化，突出生产应用性特征

本书以工学结合为切入点，注重以知识、能力和素养三位一体的教育思想组织编排，根据机械制造生产一线对高技能应用型人才专业能力的要求，建立理论与实践教学一体化新型模式，在书中为学生提供丰富的现场资料以及大量视频教学资源，以二维码的形式嵌入其中，体现职业教育与生产实际"零距离"结合。

2. 整合教材内容，突出高等职业教育"应用"为主旨的教育理念

根据岗位能力分析，采用项目教学、任务引领等方式方法，通过教学内容的选取与设计，以成形加工理论和切削理论为基础，以机械制造工艺为核心，将传统课程进行整合，打破了传统的学科体系，体现了高等职业教育"应用"为主旨的教育理念。

3. 采用任务驱动的方法，突出学生能力培养

高等职业教育人才培养要突出能力，要培养学生的自我学习能力与动手能力以及管理和表现能力，因此在本书中采用任务驱动的方法，讲练结合，将学习内容以任务的形式布置给学生。

4. 立德树人，德技并修，突出职教特色

通过模块化学习，理论联系实际，引导学生养成认真负责的态度，培养学生的责任担当、大局意识和核心意识，培养学生的工程素养和工匠精神。在实操训练中，对操作规范严格要求，培养学生的责任意识和职业素养。

本书设计了金属切削加工设备、金属切削加工、典型零件制造及机床夹具设计 4 个模块，共划分为 17 个教学单元，系统讲述零件的机械制造工艺过程。

本书由辽宁机电职业技术学院姜晶、刘文娟任主编，辽宁机电职业技术学院刘华军任副主编，参加编写的人员还有辽宁机电职业技术学院李文正、武斌、宋寿鹏。其中单元 1、单元 2 由宋寿鹏编写；单元 3、单元 4 由武斌编写；单元 5~单元 7 由李文正编写；单元 8~单元 10 由刘文娟编写；单元 11~单元 13 由刘华军编写；单元 14~单元 17 由姜晶编写。本书由姜晶统稿，由全国高职高专院校机械类专业课程研究专家组常务委员王德发教授主审。曙光汽车集团股份有限公司高级工程师杜景峰、沈阳机床有限责任公司金亮审阅了本书，并提

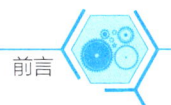

出了意见和建议。

　　本书在编写过程中，得到了机械制造专业教学指导委员会专家的大力支持，中国航发沈阳黎明航空发动机有限责任公司洪家光、栗生锐，沈鼓集团股份有限公司张腾蛟，沈阳机床有限责任公司金亮，大连机床集团有限责任公司黄振宇，曙光汽车集团股份有限公司杜景峰，孔雀表业有限公司许健，辽宁金川数控机床有限公司尤毅，丹东克隆集团有限责任公司隋国庆等企业的专业技术人员为本书的编写提供了丰富的一线资料，特别是沈阳机床有限责任公司和中国航发沈阳黎明航空发动机有限责任公司提供了大量的视频教学资源，在此一并表示衷心的感谢！

　　由于编者水平有限，书中难免有疏漏和欠妥之处，恳请读者给予批评指正，以期在今后修订时改进。

编　者

二维码索引

目录

模块1

金属切削加工设备

【知识架构】 机床编号；车削、铣削、钻削、磨削、镗削、齿轮加工、刨削、插削、拉削等加工机床的加工工艺范围，机床结构及使用刀具。

【学习目标】 掌握机床编号的方法；掌握各类机床机械加工的工艺范围。

案例导入：图1-1所示的阶梯轴零件，其加工表面有外圆、倒角及平面，有相应的尺寸精度和表面粗糙度要求。问题：如何获得这些表面？需要用什么机床、刀具、夹具和量具？需要哪些切削运动？

车削加工表面（一）

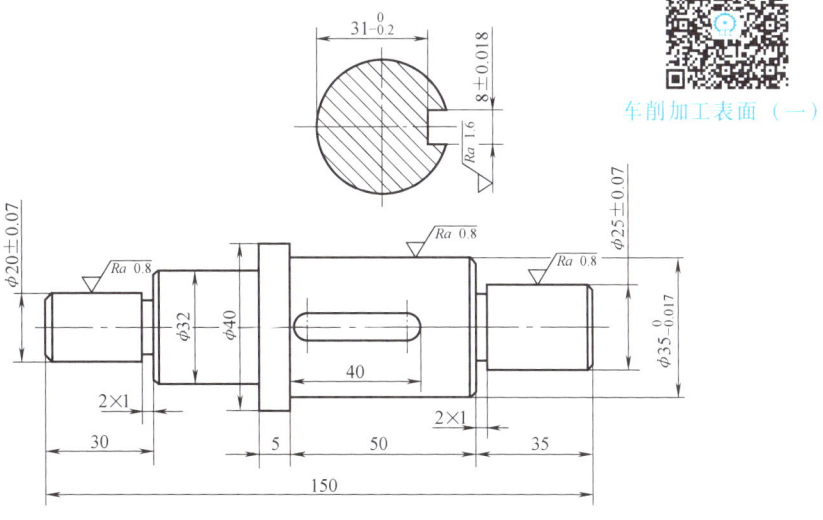

图 1-1 阶梯轴简图

单元1

认识金属切削机床

【课前预习】

1. 图 1-1 所示的阶梯轴外圆表面使用什么机床加工？
2. 说说你认识的机床设备。

金属切削机床是用切削的方法将金属毛坯加工成机器零件的一种机器，人们习惯上称为机床。由于切削加工仍是机械制造过程中获取具有一定尺寸、形状和精度的零件的主要加工方法，因此机床是机械制造系统中最重要的组成部分，它为加工过程提供刀具与工件之间的相对位置和相对运动，为改变工件形状、质量提供能量。

1.1 机床的类型

目前金属切削机床的品种和规格繁多，为便于区别、使用和管理，需对机床进行分类。

根据国家标准 GB/T 15375—2008，按加工性质和所用刀具的不同，机床可分为 11 大类：车床、钻床、镗床、磨床、齿轮加工机床、螺纹加工机床、铣床、刨插床、拉床、锯床和其他机床。

除了上述基本分类方法之外，根据机床的其他特征，还有其他分类方法。

按机床通用性程度，可分为通用机床（或称万能机床）、专门化机床和专用机床三类。通用机床适用于单件小批量生产，加工范围较广，可以加工多种零件的不同工序。例如卧式车床、卧式镗床、万能升降台铣床等；专门化机床用于大批量生产中，加工范围较窄，可加工不同尺寸的一类或几类零件的某一种（或几种）特定工序。例如，精密丝杠车床、曲轴轴颈车床等；专用机床通常应用于成批及大量生产中，这类机床是根据工艺要求专门设计制造的，专门用于加工某一种（或几种）零件的某一特定工序。例如，加工车床主轴箱的专用镗床、组合机床等。

在同一种机床中，按加工精度的不同，可分为普通精度级机床、精密级机床和高精度级机床。

按机床的质量和尺寸不同，可分为仪表机床、中型（一般）机床、大型机床（质量达10t）、重型机床（质量30t以上）、超重型机床（质量在100t以上）。

按机床自动化程度，可分为手动机床、机动机床、半自动机床和自动机床。

此外，机床还可以按主要工作器官的数目进行分类，如：单刀机床、多刀机床、单轴机床、多轴机床等。

目前，机床正在向数控化方向发展，而且其功能也在不断增加，除了数控加工功能，还增加了自动换刀、自动装卸工件等功能。因此，也可按机床具有的数控功能分一般数控机床、加工中心、柔性制造单元等。

随着新品种机床不断出现，机床的分类也会越加丰富。

1.2 机床型号的编制方法

CA6140是什么机床？这些编号又代表什么？是根据什么编制的？

机床型号是机床产品的代号，用以简明地表示机床的类型、通用和结构特性、主要技术参数等。GB/T 15375—2008《金属切削机床 型号编制方法》规定，我国的机床型号由汉语拼音字母和阿拉伯数字按一定规律组合而成，适用于各类通用机床和专用机床（组合机床除外）。

1. 通用机床型号的编制方法

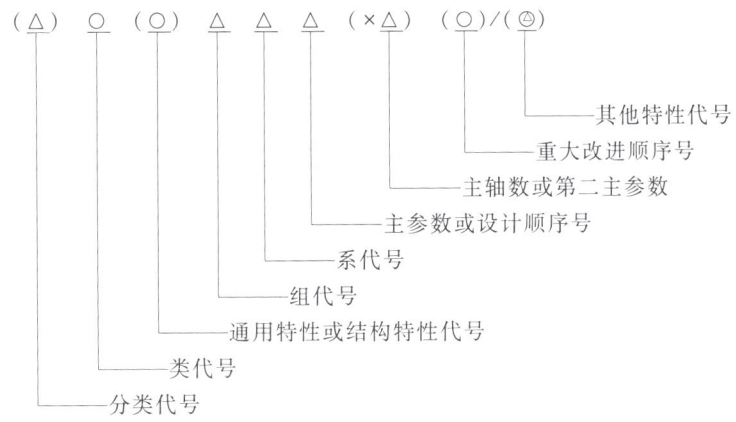

（1）机床的类代号 用大写的汉语拼音字母表示，并按相应的汉字字意读音。当需要时，每类又可分为若干分类，分类代号用阿拉伯数字表示，放在类代号之前，但第一分类不予表示。机床的分类和代号及其读音见表1-1。

表1-1 机床的分类和代号及其读音

类别	车床	钻床	镗床	磨床			齿轮加工机床	螺纹加工机床	铣床	刨插床	拉床	锯床	其他机床
代号	C	Z	T	M	2M	3M	Y	S	X	B	L	G	Q
读音	车	钻	镗	磨	二磨	三磨	牙	丝	铣	刨	拉	割	其

（2）机床的通用特性和结构特性代号 通用特性代号位于类代号之后，用大写汉语拼音字母表示。当某种类型机床除有普通型外，还有如表1-2所示的某种通用特性时，则在类代号之后加上相应特性代号。如"CK"表示数控车床；如果同时具有两种通用特性时，则可按重要程度排列，用两个代号表示，如"MBG"表示半自动高精度磨床。

对于主参数相同，而结构、性能不同的机床，在型号中用结构特性区分。结构特性代号在型号无统一含义，它只是在同类型机床中起区分结构、性能不同的作用。当机床具有通用特性代号时，结构特性代号位于通用特性代号之后，用大写汉语拼音字母表示。如 CA6140 中的 "A" 和 CY6140 中的 "Y"，均为结构特性代号，它们分别表示为沈阳第一机床厂和云南机床厂生产的基本型号的卧式车床。为了避免混淆，通用特性代号已用的字母和 "I" "O" 都不能作为结构特性代号使用。

表 1-2　机床通用特性代号

通用特性	高精度	精密	自动	半自动	数控	加工中心（自动换刀）	仿形	轻型	加重型	柔性加工单元	数显	高速
代号	G	M	Z	B	K	H	F	Q	C	R	X	S
读音	高	密	自	半	控	换	仿	轻	重	柔	显	速

（3）机床的组、系代号　组、系代号用两位阿拉伯数字表示，前一位表示组，后一位表示系。每类机床按其结构性能及使用范围划分为用数字 0~9 表示的 10 个组。在同一组机床中，又按主参数相同、主要结构及布局形式相同划分为用数字 0~9 表示的 10 个系。金属切削机床类、组划分见表 1-3。

表 1-3　金属切削机床的类、组划分

类别		组别									
		0	1	2	3	4	5	6	7	8	9
车床 C		仪表小型车床	单轴自动车床	多轴自动、半自动车床	回轮、转塔车床	曲轴及凸轮轴车床	立式车床	落地及卧式车床	仿形及多刀车床	轮、轴、辊、锭及铲齿车床	其他车床
钻床 Z			坐标镗钻床	深孔钻床	摇臂钻床	台式钻床	立式钻床	卧式钻床	铣钻床	中心孔钻床	其他钻床
镗床 T				深孔镗床		坐标镗床	立式镗床	卧式镗床	精镗床	汽车拖拉机修理用镗床	其他镗床
磨床	M	仪表磨床	外圆磨床	内圆磨床	砂轮机	坐标磨床	导轨磨床	刀具刃磨床	平面及端面磨床	曲轴、凸轮轴、花键轴及轧辊磨床	工具磨床
	2M		超精机	内圆珩磨机	外圆及其他珩磨机	抛光机	砂带抛光及磨削机床	刀具刃磨及研磨机床	可转位刀片磨削机床	研磨机	其他磨床
	3M		球轴承套圈沟磨床	滚子轴承套圈滚道磨床	轴承套圈超精机		叶片磨削机床	滚子加工	钢球加工机床	气门、活塞及活塞环磨削机床	汽车、拖拉机修磨机床
齿轮加工机床 Y		仪表齿轮加工机		锥齿轮加工机	滚齿及铣齿机	剃齿及珩齿机	插齿机	花键轴铣床	齿轮磨齿机	其他齿轮加工机	齿轮倒角及检查机
螺纹加工机床 S				套丝机	攻丝机			螺纹铣床	螺纹磨床	螺纹车床	
铣床 X		仪表铣床	悬臂及滑枕铣床	龙门铣床	平面铣床	仿形铣床	立式升降台铣床	卧式升降台铣床	床身铣床	工具铣床	其他铣床
刨插床 B			悬臂刨床	龙门刨床			插床	牛头刨床		边缘及模具刨床	其他刨床

（续）

类别	组别									
	0	1	2	3	4	5	6	7	8	9
拉床 L			侧拉床	卧式外拉床	连续拉床	立式内拉床	卧式内拉床	立式外拉床	键槽、轴瓦及螺纹拉床	其他拉床
锯床 G			砂轮片锯床		卧式带锯床	立式带锯床	圆锯床	弓锯床	锉锯床	
其他机床 Q	其他仪表机床	管子加工机床	木螺钉加工机		刻线机	切断机	多功能机床			

（4）机床主参数、设计顺序号及第二主参数　机床主参数是表示机床规格大小的一种尺寸参数。在机床型号中，用阿拉伯数字给出主参数的折算值，位于机床组、系代号之后。折算系数一般是 1/10 或 1/100，也有少数是 1。例如，CA6140 型卧式车床中主参数的折算值为 40（折算系数是 1/10），其主参数表示在床身导轨面上能车削工件的最大回转直径为400mm。各类主要机床的主要参数及折算系数见表 1-4。

表 1-4　各类主要机床的主要参数及折算系数

机床	主要参数	折算系数	机床	主要参数	折算系数
卧式车床	床身上最大回转直径	1/10	矩台平面磨床	工作台面宽度	1/10
立式车床	最大车削直径	1/100	齿轮加工机床	最大工件直径	1/10
摇臂钻床	最大钻孔直径	1/1	龙门铣床	工作台面宽度	1/100
卧式镗床	镗轴直径	1/10	立式升降台铣床	工作台面宽度	1/10
坐标镗床	工作台面宽度	1/10	龙门刨床	最大刨削宽度	1/100
外圆磨床	最大磨削直径	1/10	插床及牛头刨床	最大插削及刨削长度	1/10
内圆磨床	最大磨削孔径	1/10	拉床	额定拉力	1/1

某些通用机床，当无法用一个主参数表示时，则用设计顺序号来表示。

第二主参数是对主参数的补充，如最大工件长度、最大跨距、工作台工作面长度等，第二主参数一般不予给出。

（5）机床的重大改进顺序号　当机床的性能及结构有重大改进，并按新产品重新设计、试制和鉴定时，在原机床型号尾部加重大改进顺序号，即汉语拼音字母 A 、B 、C 等。

（6）其他特性代号　其他特性代号用以反映各类机床的特性，如对数控机床，可用来反映不同的数控系统；对于一般机床，可用以反映同一型号机床的变型等。其他特性代号可用汉语拼音字母或阿拉伯数字或二者的组合来表示。

根据通用机床型号编制方法，举例如下。

1）MG1432A：表示高精度万能外圆磨床，最大磨削直径为 320mm，经过第一次重大改进。

2）Z3040：表示摇臂钻床，最大钻孔直径为 40mm。

3）CJK6140：表示经济型卧式数控车床，车削工件的最大回转直径为400mm。

2. 专用机床型号的编制方法

专用机床的型号一般由设计单位代号和设计顺序号组成。型号构成如下：

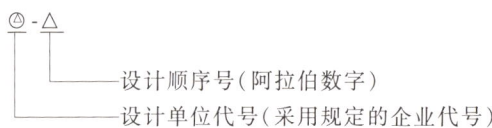

           设计顺序号（阿拉伯数字）

           设计单位代号（采用规定的企业代号）

设计单位代号包括机床生产厂和机床研究单位代号。设计顺序号按各单位设计制造专用机床的先后顺序排列。例如，沈阳第一机床厂设计制造的第1种专用机床为专用车床，其型号为 S1-001。

1.3　机床的运动

在切削加工过程中，机床上的刀具和工件按一定的规律做相对运动，通过刀具对工件毛坯的切削作用，切除毛坯上多余金属，从而得到所要求的零件表面形状。机械零件的任何表面都可以看作是一条线（称为素线）沿另一条线（称为导线）运动的轨迹。如图1-2所示，平面是由一条直线（素线）沿另一条直线（导线）运动而形成的；圆柱面和圆锥面是由一条直线（素线）沿着一个圆（导线）运动而形成的；普通螺纹的螺旋面是由"A"形线（素线）沿螺旋线（导线）运动而形成的；直齿圆柱齿轮的渐开线齿廓表面是渐开线（素线）沿直线（导线）运动而形成的，等等。

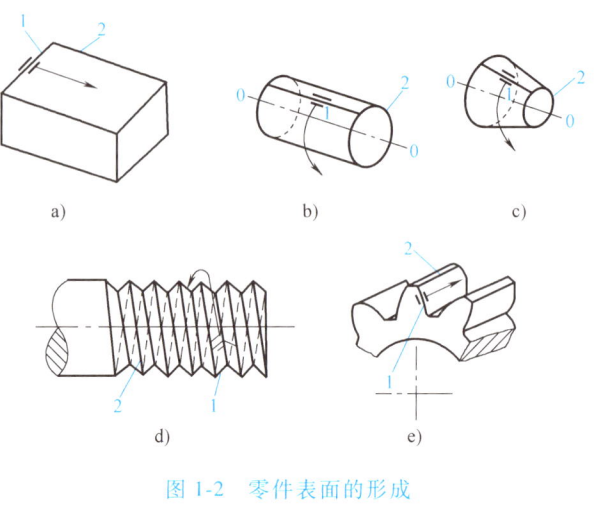

图 1-2　零件表面的形成

1—素线　2—导线

素线和导线统称为发生线。切削加工中发生线是由刀具的切削刃与工件间的相对运动得到的。一般情况下，由切削刃本身或与工件相对运动配合形成一条发生线（一般是素线），而另一条发生线则完全是由刀具和工件之间的相对运动得到的。刀具和工件之间的相对运动都是由机床来提供。

在加工过程中，必须形成一定形状的发生线（素线和导线），才能获取所需的工件表面形状。因此，机床必须完成一定的运动，这种运动称为表面成形运动。此外，还有多种辅助运动。

1. 表面成形运动

表面成形运动按其组成情况不同，可分为简单成形运动和复合成形运动二种。如果一个独立的成形运动是由单独的旋转运动或直线运动构成的，则此成形运动称为简单成形运动。例如，用车刀车削外圆柱面时（见图1-3a）工件的旋转运动 B_1，产生圆导线，刀具纵向直

线运动 A_2 产生直线素线，即加工出圆柱面。运动 B_1 和 A_2 是两个相互独立的表面成形运动，因此，用车刀车削外圆柱时属于简单成形运动。

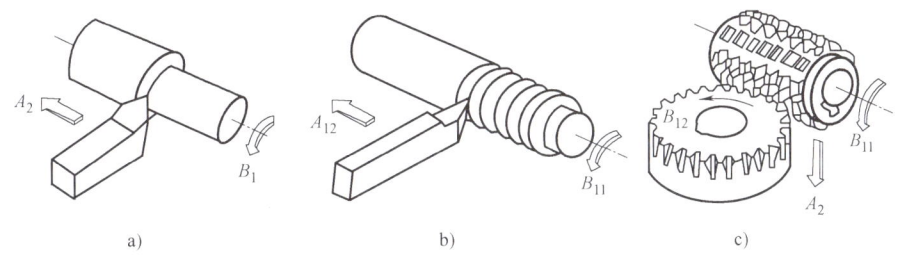

图 1-3　成形运动的组成

如果一个独立的成形运动，是由两个以上的旋转运动或（和）直线运动，按某种确定的运动关系组合而成的，则此成形运动称为复合成形运动。例如，用螺纹车刀车削螺纹表面时（见图 1-3b），工件的旋转运动 B_{11} 和车刀的直线运动 A_{12} 按规定做相对运动，形成螺旋线导线，三角形素线（由刀刃形成，不需成形运动）沿螺旋线运动，形成了螺旋面。形成螺旋线导线的两个简单运动 B_{11} 和 A_{12}，由于螺纹导程限定而不能彼此独立，它们必须保持严格的运动关系，从而 B_{11} 和 A_{12} 这两个简单运动组成了一个复合成形运动。又如，用齿轮滚刀加工直齿圆柱齿轮时（见图 1-3c），它需要一个复合成形运动 B_{11}、B_{12}（展成运动），形成渐开线素线，又需要一个简单直线成形运动 A_2，才能得到整个渐开线齿面。

成形运动中各单元运动根据其在切削中所起的作用不同，又可分为主运动和进给运动。

2. 辅助运动

机床在加工过程中还需一系列辅助运动，其功能是实现机床的各种辅助动作，为表面成形运动创造条件。它的种类很多，如进给运动前后的快进和快退，调整刀具和工件之间正确相对位置的调位运动，切入运动，分度运动，工件夹紧、松开等操纵控制运动。

1.4　机床的传动原理

1. 机床传动的基本组成部分

（1）运动源　为执行件提供动力和运动的装置。通常为电动机，如交流异步电动机、直流电动机、直流和交流伺服电动机、步进电动机、交流变频调速电动机等。

（2）传动件　传递动力和运动的零件。如齿轮、链轮、带轮、丝杠、螺母等，除机械传动外，还有液压传动和电气传动元件等。

（3）执行件　夹持刀具或工件执行运动的部件。常用执行件有主轴、刀架、工作台等，是传递运动的末端件。

2. 机床的传动链

为了在机床上得到所需要的运动，必须通过一系列的传动件把运动源和执行件，或把执行件与执行件联系起来，以构成传动联系。构成一个传动联系的一系列传动件，称之传动链。根据传动链的性质，传动链可分为两类。

（1）外联系传动链　联系运动源与执行件的传动链，称为外联系传动链。它的作用是使执行件得到预定速度的运动，并传递一定的动力。此外，还起执行件变速、换向等作用。

外联系传动链传动比的变化，只影响生产率或表面粗糙度，不影响加工表面的形状。因此，外联系传动链不要求两末端件之间有严格的传动关系。如卧式车床中，从主电动机到主轴之间的传动链，就是典型的外联系传动链。

（2）内联系传动链　联系两个执行件，以形成复合成形运动的传动链，称为内联系传动链。它的作用是保证两个末端件之间的相对速度或相对位移保持严格的比例关系，以保证被加工表面的性质。如在卧式车床上车螺纹时，连接主轴和刀具之间的传动链，就属于内联系传动链。此时，必须保证主轴（工件）每转一转，车刀移动工件螺纹一个导程，才能得到要求的螺纹导程。例如，滚齿机的展成运动传动链就属于内联系传动链。

3. 机床传动原理图

在机床的运动分析中，为了便于分析机床运动和传动联系，常用一些简明的符号来表示运动源与执行件、执行件与执行件之间的传动联系，这就是传动原理图。图1-4所示为传动原理图常用的部分符号。

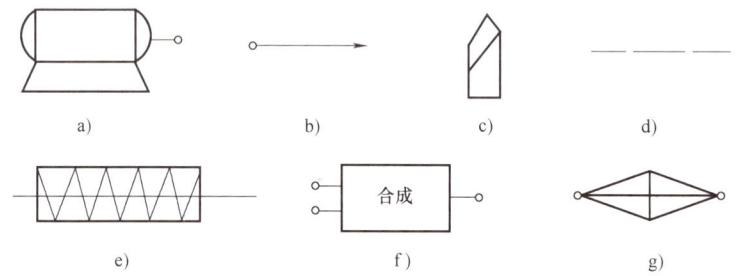

图1-4　传动原理图常使用的部分符号

下面以卧式车床的传动原理图为例，说明传动原理图的画法和所表示的内容。如图1-5所示，从电动机至主轴之间的传动属于外联系传动链，它是为主轴提供运动和动力的。即从电动机—1—2—u_v—3—4—主轴，这条传动链亦称主运动传动链，其中1—2和3—4段为传动比固定不变的定比传动结构，2—3段是传动比可变的换置机构u_v，调整"u_v"值用以改变主轴的转速。从主轴—4—5—u_f—6—7—丝杠—刀具，得到刀

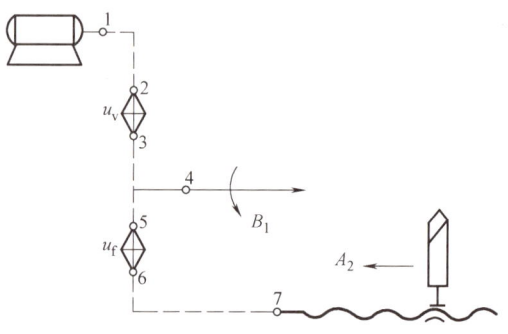

图1-5　卧式车床传动原理图

具和工件间的复合成形运动（螺旋运动），这是一条内联系传动链，其中4—5和6—7段为定比传动机构，5—6段是换置机构u_f，调整u_f值可得到不同的螺纹导程。在车削外圆面或端面时，主轴和刀具之间的传动联系无严格的传动比要求，二者的运动是两个独立的简单成形运动，因此，除了从电动机到主轴的主传动链外，另一条传动链可视为由电动机—1—2—u_v—3—u_f—6—7—刀具（通过光杠），此时这条传动链是一条外联系传动链。

传动原理图表示了机床传动的最基本特征。因此，用它来分析、研究机床运动时，最容易找出两种不同类型机床的最根本区别，对于同一类型机床来说，不管它们具体结构有何明显的差异，它们的传动原理图都是完全相同的。

4. 机床传动系统图和运动计算

（1）机床传动系统图　机床的传动系统图是表示机床全部运动传动关系的示意图。它比传动原理图更准确、更清楚、更全面地反映了机床的传动关系。在图中用简单的规定符号代表各种传动元件。

机床的传动系统画在一个能反映机床外形和各主要部件相互位置的投影面上，并尽可能绘制在机床外形的轮廓线内。图中的各传动元件线按照运动传递的先后顺序，以展开图的形式画出来的。该图只表示传动关系，并不代表各传动元件的实际尺寸和空间位置。在图中通常注明齿轮及蜗轮的齿数、带轮直径、丝杠的导程和线数、电动机功率和转数、传动轴的编号等。传动轴的编号通常从运动源（电动机）开始按运动传递顺序，依次用罗马数字Ⅰ、Ⅱ、Ⅲ、Ⅳ…表示。图1-6是一台12级变速车床主传动系统图。

（2）传动路线表达式　为便于说明及了解机床的传动路线，通常把传动系统图数字化，用传动路线表达式（传动结构式）来表达机床的传动路线。图1-6车床主传动路线表达式为

$$
电动机（1440\text{r/min}）\xrightarrow{\frac{\phi126}{\phi256}} \text{Ⅰ} - \begin{bmatrix} \dfrac{36}{36} \\ \dfrac{24}{48} \\ \dfrac{30}{42} \end{bmatrix} - \text{Ⅱ} - \begin{bmatrix} \dfrac{42}{42} \\ \dfrac{22}{62} \end{bmatrix} - \text{Ⅲ} - \begin{bmatrix} \dfrac{60}{30} \\ \dfrac{18}{72} \end{bmatrix} - \text{Ⅳ（主轴）}
$$

（3）主轴转数级数计算　根据前述主传动路线表达式，可知，主轴正转时，利用各滑移齿轮组齿轮轴向位置的各种不同组合，主轴可得 $3×2×2=12$ 级正转转速。同理，当电机反转时，主轴可得12级反转转速。

（4）运动计算　机床运动计算通常有两种情况：

1）根据传动路线表达式提供的有关数据，确定某些执行件的运动速度或位移量。

2）根据执行件所需的运动速度、位移量或有关执行件之间需要保持的运动关系，确定相应传动链中换置机构的传动比，以便进行调整。

例1-1　根据图1-6所示主传动系统，计算主轴转速。主轴各级转速数值可应用下列运动平衡式进行计算。

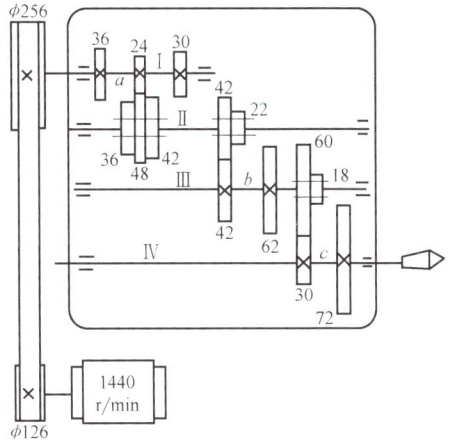

图1-6　12级变速车床主传动系统图

$$
n_{主} = n_{电} \times \frac{D}{D'}(1-\varepsilon) \times \frac{z_{\text{Ⅰ-Ⅱ}}}{z'_{\text{Ⅰ-Ⅱ}}} \times \frac{z_{\text{Ⅱ-Ⅲ}}}{z'_{\text{Ⅱ-Ⅲ}}} \times \frac{z_{\text{Ⅲ-Ⅳ}}}{z'_{\text{Ⅲ-Ⅳ}}}
$$

式中　$n_{主}$——主轴转速，r/min；

$n_{电}$——电动机转速，r/min；

D、D'——分别为主动、被动带轮直径，mm；

ε——V带传动的滑动系数，可近似地取 $\varepsilon = 0.02$。

$z_{\text{Ⅰ-Ⅱ}}$、$z_{\text{Ⅱ-Ⅲ}}$、$z_{\text{Ⅲ-Ⅳ}}$ 及 $z'_{\text{Ⅰ-Ⅱ}}$、$z'_{\text{Ⅱ-Ⅲ}}$、$z'_{\text{Ⅲ-Ⅳ}}$ 分别为Ⅰ-Ⅱ、Ⅱ-Ⅲ、Ⅲ-Ⅳ轴之间主动

和被动齿轮齿数。

主轴各级转速均可由上述运动平衡式计算出来，如计算所得主轴最高转速和最低转速分别为

$$n_{\text{主max}} = 1440\text{r/min} \times \frac{126}{256} \times (1-0.02) \times \frac{36}{36} \times \frac{42}{42} \times \frac{60}{30} = 1389\text{r/min}$$

$$n_{\text{主min}} = 1440\text{r/min} \times \frac{126}{256} \times (1-0.02) \times \frac{24}{48} \times \frac{22}{62} \times \frac{18}{72} = 30.8\text{r/min}$$

例 1-2 根据图 1-7 所示的车削螺纹进给传动链，确定交换齿轮变速机构的换置公式。

由图示得到的运动平衡式为

$$1 \times \frac{60}{60} \times \frac{40}{40} \times \frac{a}{b} \times \frac{c}{d} \times 12 = P_{\text{h}}$$

式中　P_{h}——被加工螺纹的导程，mm。

将上式化简后，得到交换齿轮的换置公式

$$u_{\text{挂}} = \frac{a}{b} \times \frac{c}{d} = \frac{P_{\text{h}}}{12}$$

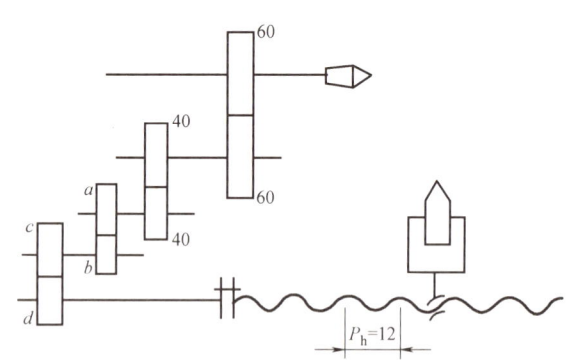

图 1-7　车削螺纹进给传动链

应用此换置公式，适当地选择交换齿轮 a、b、c、d 的齿数，就可车削出导程为 P_{h} 的螺纹。

【课后小结】

机床的运动和加工参数选择，决定了它的工艺范围和使用性能。

单元2

车削加工机床

数控机床加工

【课前预习】

1. 试述车削加工机床的切削运动。
2. 说说在实习过程中都使用了哪些刀具？分别加工什么表面？

2.1　车削加工工艺范围

车削加工是机械加工中应用最为广泛的方法之一，主要用于回转体零件的加工。车削加工的工艺范围是很广的，适于加工各种轴类和盘套类零件。

如图2-1所示，车削加工能车外圆柱面、车圆锥面、车槽、车成形面、车端面、车螺

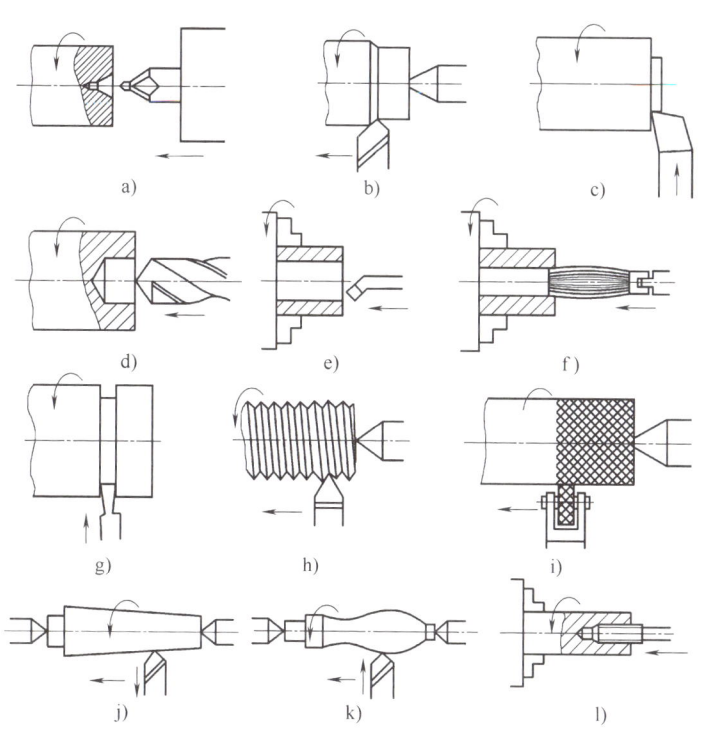

图2-1　车削加工工艺范围

a）钻中心孔　b）车外圆　c）车端面　d）钻孔　e）镗孔　f）铰孔
g）切槽　h）车螺纹　i）滚花　j）车锥面　k）车成形面　l）攻螺纹

纹，还可以钻孔、铰孔、攻螺纹、滚花等。

车削加工通常为连续切削，切削过程平稳，可以选用较大的切削用量，故生产率较高。车削的加工精度一般为 IT10 ~ IT7，精细车可达 IT6 ~ IT5，表面粗糙度值一般为 $Ra6.3 \sim 0.8\mu m$，精细车可达 $Ra0.4 \sim 0.2\mu m$。

2.2 车床的组成、运动和类型

车床是一般机器制造厂中应用最广泛的一类机床，占机床总数的 35% ~ 50%。

1. 车床的组成

图 2-2 所示为 CA6140 型卧式车床。

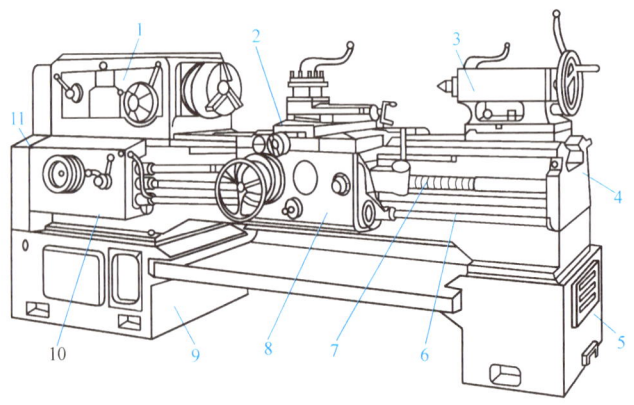

图 2-2　CA6140 型卧式车床

1—主轴箱　2—刀架　3—尾座　4—床身　5、9—床腿
6—光杠　7—丝杠　8—溜板箱　10—进给箱　11—交换齿轮变速机构

（1）主轴箱　主轴箱固定在床身的左上部。主轴箱中通常包含有主轴部件，传动机构，起动、停止及换向装置，制动装置，操纵机构和润滑装置等。其功用是支承主轴并将运动和动力传给主轴，实现主轴的起动、停止、变速和换向等。

（2）进给箱　位于床身的左前侧。进给箱内装有进给运动的变换机构，用来改变进给量或加工螺纹的导程。

（3）溜板箱　与刀架的床鞍相连，位于床身的前侧。溜板箱的功用是将丝杠或光杠传来的旋转运动转变为溜板箱的直线运动，并带动刀架进给，使刀架实现纵向、横向进给或车螺纹或快速移动。

（4）刀架　刀架部件由床鞍、中滑板、小滑板和方刀架组成，用来装夹车刀并使其做纵向、横向或斜向进结运动。

（5）尾座　安装在床身右端导轨面上。其功用是安装作为定位用的后顶尖，或装上孔加工刀具，实现在车床上钻孔、扩孔、铰孔和攻螺纹等加工。

（6）床身　装在左右床腿上，共同构成了车床的基础，用于安装车床的各个主要部件，使它们在工作时保持准确的相对位置或运动轨迹。

2. 车床的运动

为形成工件加工表面形状，车床必须具备以下运动：

（1）工件的旋转运动 它是车床的主运动，其功用是使工件得到所需要的切削速度，其特点是速度较高，消耗功率较大。

（2）刀具的直线移动 它是车床的进给运动，其功用是使毛坯上新的金属层被不断投入切削，以便切削出整个加工表面。

上述运动是车床形成加工表面形状所需的表面成形运动。在车床上车削螺纹时，工件的旋转运动和刀具的直线移动则形成螺旋运动，是一种复合成形运动。

（3）辅助运动 车床的切入运动以及刀架纵向或横向的快速运动，称为辅助运动，其功用是为表面成形运动创造条件，也是车床必不可少的运动。

3. 车床的类型

为适应不同的加工要求，车床分为很多种类。按其结构和用途不同，可分为卧式车床（图2-2）、立式车床（图2-3）、转塔车床（图2-5）、回轮车床（图2-6）、落地车床（图2-7）、液压仿形及多刀自动和半自动车床、各种专用车床（如曲轴车床、凸轮车床等）、数控车床（图2-8）和车削加工中心等。

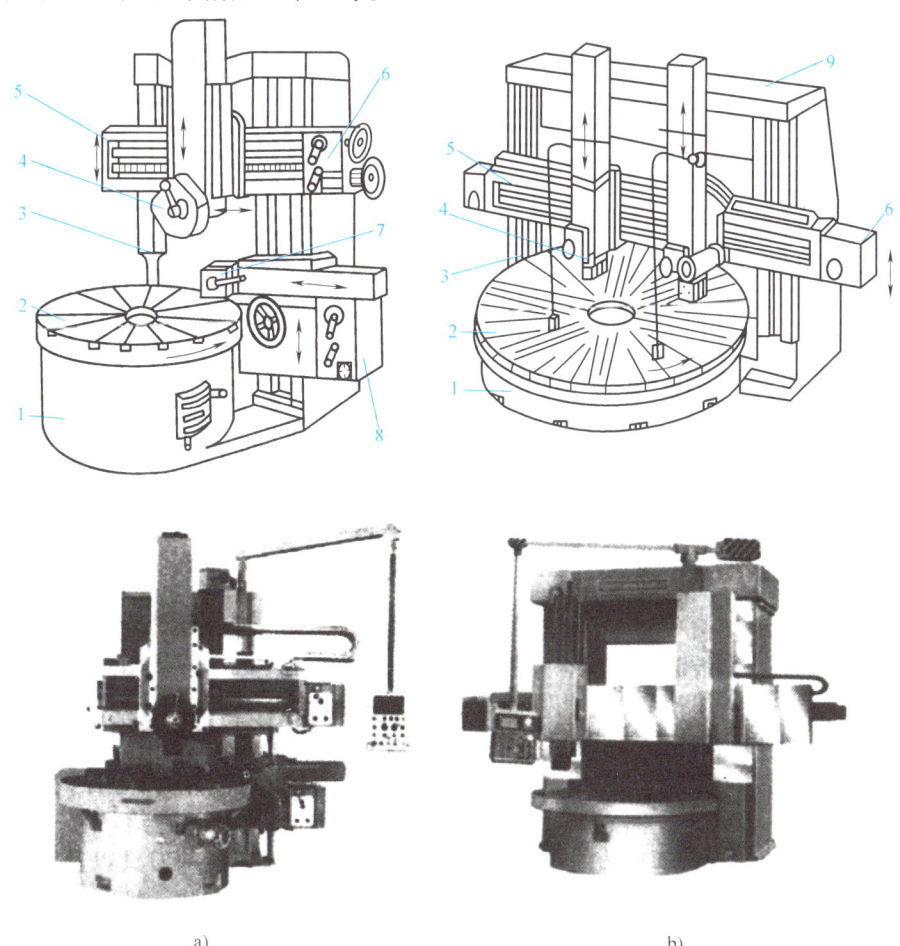

a)   b)

图2-3 立式车床

a）单柱式 b）双柱式

1—底座 2—工作台 3—立柱 4—垂直刀架 5—横梁 6—垂直刀架进给箱 7—侧刀架 8—侧刀架进给箱 9—顶梁

（1）立式车床　立式车床用于加工径向尺寸大而轴向尺寸短且形状复杂的大型或重型零件。这种车床主轴垂直布置，安装工件的圆形工作台直径大，台面呈水平布置，因此装夹和校正笨重的零件比较方便。它分为单柱式和双柱式两种，如图2-3a、b所示，前者加工直径较小，后者加工直径较大。

图2-3a所示为单柱式立式车床，它有一个箱形立柱与底座固定连接成为一个整体。工作台2安装在底座1的圆环形导轨上，工件由工作台2带动绕垂直主轴旋转，以完成主运动，垂直刀架4安装在横梁5水平导轨上，刀架可沿其做横向进给及沿刀架滑鞍的导轨做垂直进给，刀架4还可偏转一定角度，使刀架做斜向进给，侧刀架7安装在立柱3的垂直导轨上，可垂直和水平做进给运动。中小型立式车床的垂直刀架通常带有转塔刀架，以安装几把刀具轮流使用。进给运动可由单独的电动机驱动，能做快速移动。

（2）转塔、回轮车床　转塔、回轮车床与卧式车床的主要不同之处是，前者没有尾座和丝杠。与尾座的对应处，转塔、回轮车床有一个可纵向移动的多工位刀架，此刀架可装几组刀具。多工位刀架可以转位，将不同刀具依次转至加工位置，对工件轮流进行多刀加工。每组刀具的行程终点是由可调整的挡块来控制的，加工时不必对每个工件进行测量和反复装卸刀具。因此，在成批加工形状复杂的工件时，它的生产率高于卧式车床。这类机床上适合加工如图2-4所示的典型零件。

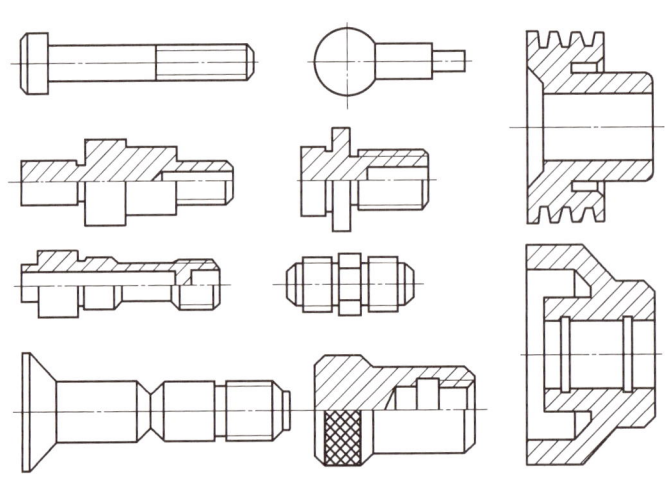

图2-4　转塔、回轮车床上适合加工的典型零件

转塔车床（图2-5）除有前刀架外，还有一个转塔刀架（立式）。前刀架可做纵、横向进给，以便车削大直径圆柱面、内/外端面和沟槽。转塔刀架只能做纵向进给，主要是车削外圆柱面及对内孔作钻、扩、铰或镗削等加工。转塔车床由于没有丝杠，加工螺纹时，只能使用丝锥和板牙加工，因此，所加工螺纹精度不高。

回轮车床（图2-6）没有前刀架，只有一个轴线与主轴中心线相平行的回轮刀架。在回轮刀架端面上有许多安装刀具的孔，通常有12或16个。当刀具孔转到最上端位置时，与主轴轴线正好同轴。回轮刀架可沿床身导轨做纵向进给运动。机床做成形车削、切槽及切断所需的横向进给，是靠回轮刀架做缓慢的转动来实现的。回轮车床主要用来加工直径较小的工件，所用的毛坯通常是棒料。

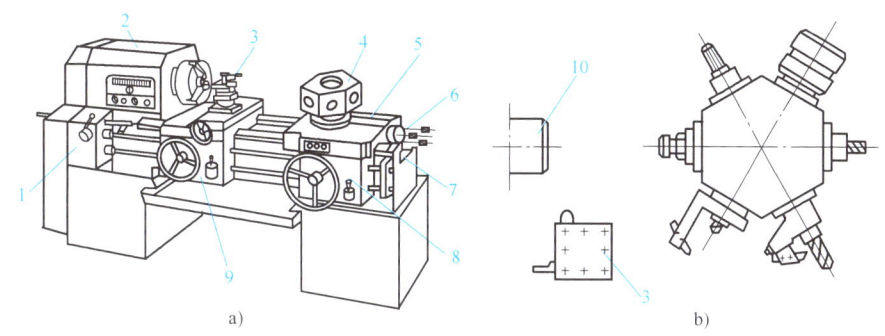

图2-5 转塔车床

1—进给箱 2—主轴箱 3—前刀架 4—转塔刀架 5—纵向溜板
6—定程装置 7—床身 8—转塔刀架溜板箱 9—前刀架溜板箱 10—主轴

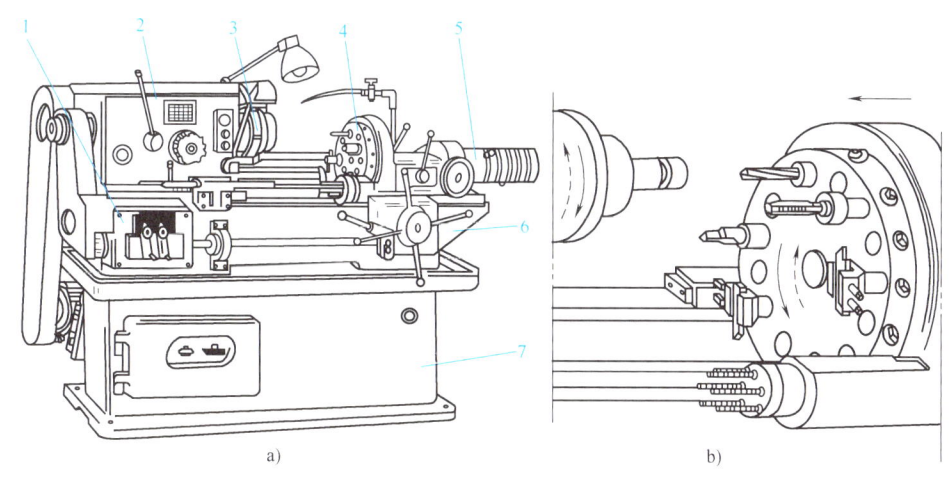

图2-6 回轮车床

1—进给箱 2—主轴箱 3—夹料夹头 4—回轮刀架 5—挡块轴 6—床身 7—底座

（3）落地车床 在车削直径大而短的工件时，卧式车床不可能充分发挥床身和尾座的作用。而这类大直径的短零件通常也没有螺纹，这时，可以在没有床身的落地车床上加工。

落地车床如图2-7所示，主轴箱1和滑座8直接安装在地基或落地平板上，工件夹持在花盘2上，刀架（滑板）3和小刀架6可做纵向移动，小刀架座5和刀架座7可做横向移动，当转盘4转到一定角度时，可利用小刀架6车削圆锥面。主轴箱和刀架由单独的电动机驱动。

（4）数控车床 数控车床与卧式车床一样，也是用来加工轴类或盘类的回转体零件。但是由于数控车床是自动完成内外圆柱面、圆锥面、圆弧面、端面、螺纹等工序的切削加工，因此数控车床特别适合加工形状复杂的轴类或盘类零件。

数控车床具有加工灵活、通用性强、能适应产品的品种和规格频繁变化的特点，能够满

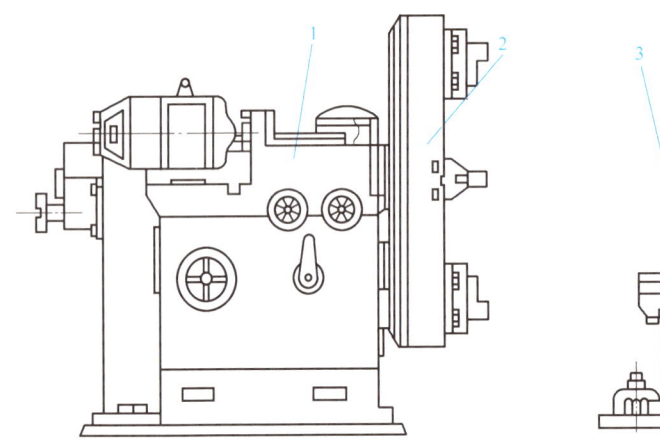
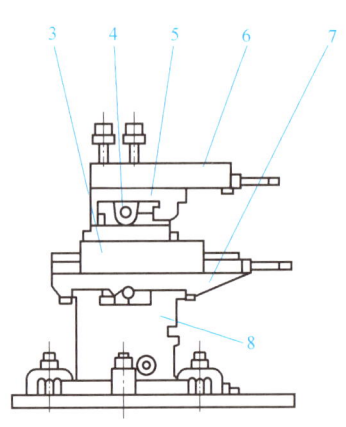

图 2-7　落地车床

1—主轴箱　2—花盘　3—刀架（滑板）　4—转盘　5—小刀架座　6—小刀架　7—刀架座　8—滑座

足新产品的开发和多品种、小批量、生产自动化的要求，因此广泛应用于机械制造业。

图 2-8 所示为 MJ-50 型数控车床，主要用来加工轴类零件的内外圆柱面、圆锥面、螺纹表面、成形回转体表面。对于盘类零件可进行钻孔、扩孔、铰孔、镗孔等加工，还可以完成车端面、切槽、倒角等加工。

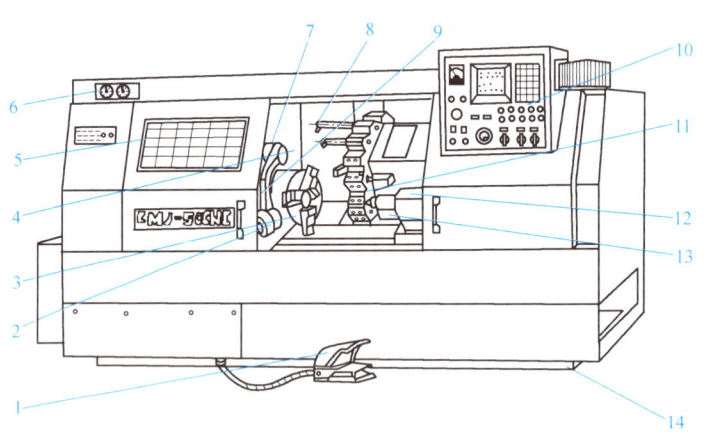

图 2-8　MJ-50 型数控车床

1—脚踏开关　2—对刀仪　3—主轴卡盘　4—主轴箱　5—机床防护门　6—压力表　7—对刀仪防护罩
8—导轨防护罩　9—转臂　10—操作面板　11—回转刀架　12—尾座　13—滑板　14—床身

MJ-50 型数控车床为两坐标连续控制的卧式车床，如图所示，床身 14 为平床身，床身导轨面上支承着 30°倾斜布置的滑板 13，排屑方便。导轨的横截面为矩形，支承刚性好，且导轨配置有导轨防护罩 8。床身的左上方安装有主轴箱 4，主轴由 AC 交流伺服电动机驱动，免去变速传动装置，因此使主轴箱的结构变得十分简单。为了快速而省力地装夹工件，主轴卡盘 3 的夹紧与松开是由主轴尾端的液压缸来控制的。床身右上方安装有尾座 12。该机床有两种可配置的尾座，一种是标准尾座，另一种是选择配置的尾座。滑板的倾斜导轨上安装有回转刀架 11，其刀盘上有 10 个工位，最多安装 10 把刀具。滑板上分别安装有 X 轴和 Z 轴的进给传动装置。

根据用户的要求，主轴箱前端面上可以安装对刀仪 2，用于机床的机内对刀。检测刀具时对刀仪的转臂 9 摆出，其上端的接触式传感器测头对所用刀具进行检测。检测完成后，对刀仪的转臂摆回图中所示的原位，且测头被锁在对刀仪防护罩 7 中。10 是操作面板，5 是机床防护门。可以配置手动防护门，也可以配置气动防护门。液压系统的压力由压力表 6 显示。1 是夹紧与松开主轴卡盘的脚踏开关。

2.3　车刀

车削加工表面（二）

1. 车刀种类

根据不同的车削加工内容，常用的车刀有外圆车刀、端面车刀、切断刀、内孔车刀、圆头车刀和螺纹车刀等，如图 2-9 所示。

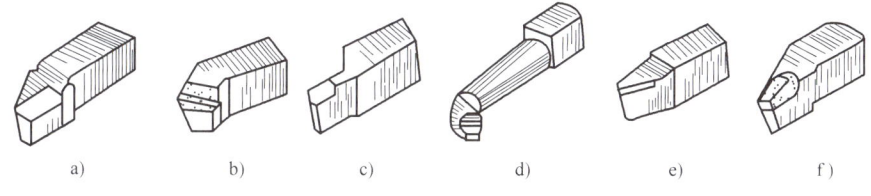

a)　　　　b)　　　　c)　　　　d)　　　　e)　　　　f)

图 2-9　常用车刀

a）外圆车刀　b）端面车刀　c）切断刀　d）内孔车刀　e）圆头车刀　f）螺纹车刀

车刀按结构分，有整体式、焊接式、机夹式和可转位式，如图 2-10 所示。

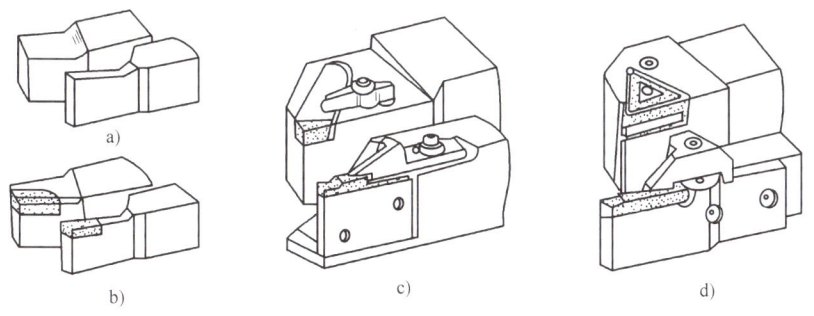

图 2-10　车刀的结构类型

a）整体式　b）焊接式　c）可转位式　d）机夹式

2. 车刀的用途

（1）常用车刀的用途　常用车刀的基本用途如图 2-11 所示。

（2）车刀结构类型的特点、用途

整体式车刀：用整体高速工具钢制造，刃口可磨得较锋利，适用于小型车床或加工有色金属。

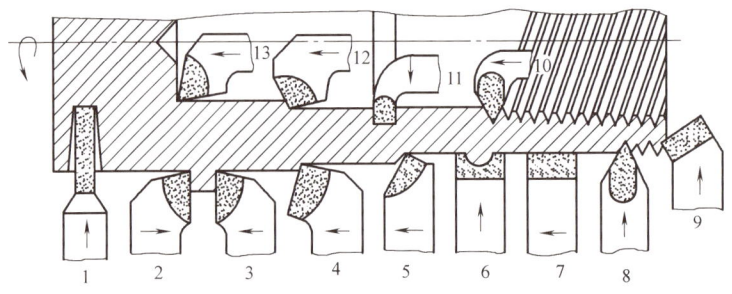

图 2-11　常用车刀的基本用途

1—切断刀　2—90°左偏刀　3—90°右偏刀　4—弯头车刀　5—直头车刀
6—成形车刀　7—宽刃精车刀　8—外螺纹车刀　9—端面车刀　10—内螺纹车刀
11—内槽车刀　12—通孔车刀　13—闭孔车刀

焊接式车刀：焊接硬质合金或高速工具钢刀片，结构紧凑，使用灵活，适用于各类车刀，特别是小刀具。

机夹式车刀：避免了焊接产生的应力、裂纹等缺陷，刀杆可重复使用，刀片可集中刃磨以获得所需参数，使用灵活方便，适用于外圆、端面、镗孔、切断、螺纹车刀等。

可转位式车刀：避免了焊接的缺点，刀片可快换转位，生产率高，断屑稳定，可使用涂层刀片，适用于大中型车床加工外圆、端面、镗孔，特别适用于自动线、数控机床。

（3）成形车刀　最常见的成形车刀是径向成形车刀，它们在切削时沿零件径向进给，按这类成形车刀刀体形状不同可分为以下三种。

① 平体成形车刀（图 2-12a）：刀体形状与普通车刀相似。它常用于加工简单成形表面，例如铲齿、车螺纹和车圆弧等。

② 棱体成形车刀（图 2-12b）：刀体呈棱柱形，利用燕尾榫装夹在刀杆燕尾槽中，用于加工外成形表面。

③ 圆体成形车刀（图 2-12c）：刀体是个带孔回转体，并磨出容屑缺口和前面，利用刀体内孔与刀杆连接。它制造方便，可用于内、外成形表面的加工。

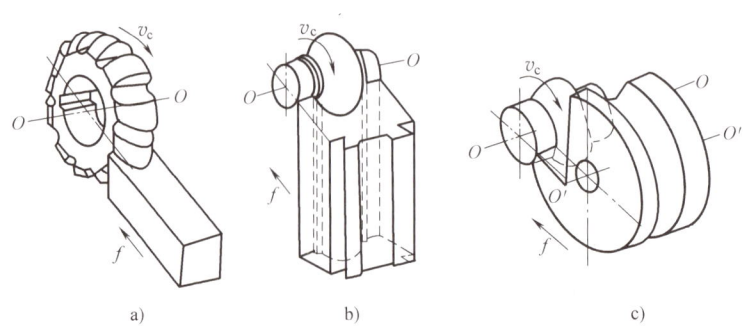

图 2-12　径向进给的成形车刀

a）平体成形车刀　b）棱体成形车刀　c）圆体成形车刀

此外，还有切向进给成形车刀，它的装夹和进给均切于加工表面。其特点是切削力小，且切削终了位置不影响加工精度。常用于自动车床上对精度要求较高的小尺寸零件加工。

【课后小结】

车削加工的特点是加工具有回转表面的零件，应学会正确选择刀具。

单元3

铣削加工机床

铣床及铣削加工

【课前预习】

1. 说说你见过的铣削加工机床。
2. 图 1-1 所示阶梯轴上的键槽应使用什么方法加工？

3.1 铣削加工工艺范围

铣削加工是在铣床上利用铣刀对工件进行切削加工，是最常见的切削加工方法之一。它可以加工平面（水平面、垂直面、斜面等）、沟槽（键槽、T 形槽、燕尾槽等）、多齿零件上的齿槽（齿轮、链轮、棘轮、花键轴等）、螺旋形表面（螺纹和螺旋槽）及各种曲面。此外，还可用于加工回转体表面和内孔以及进行切断工作等。

常见的铣削加工工艺范围如图 3-1 所示。

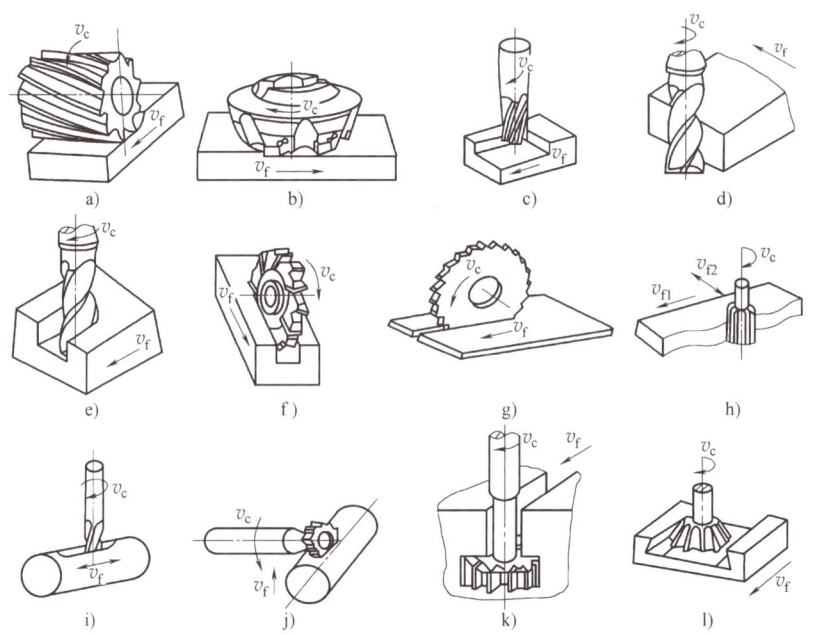

图 3-1　常见铣削加工工艺范围
a）、b）、d）铣平面　c）铣台阶面　e）、f）铣沟槽　g）切断
h）铣曲面　i）、j）铣键槽　k）铣 T 形槽　l）铣燕尾槽

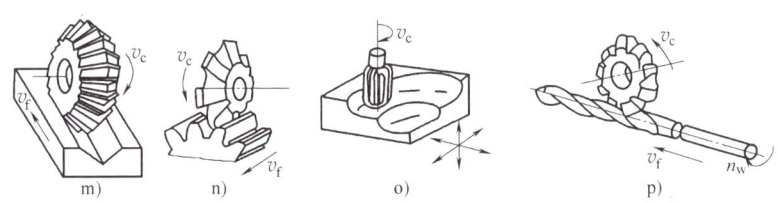

图 3-1 常见铣削加工工艺范围（续）

m）铣V形槽 n）铣成形面 o）铣型腔 p）铣螺旋面

3.2 铣床的类型

铣床的类型很多，主要有升降台铣床（包括卧式、立式等）、龙门铣床、工具铣床、仿形铣床、仪表铣床和各种专门化铣床（如键槽铣床、曲轴铣床）等。随着机床数控技术的发展，数控铣床、镗铣加工中心的应用也越来越普遍。

1. 卧式铣床

万能卧式升降台铣床是指主轴轴线呈水平安置的，工作台可以做纵向、横向和垂直运动，并可在水平面内调整一定角度的铣床。图3-2是一种应用最为广泛的万能卧式升降台铣床外形图。

加工时，铣刀装夹在刀杆上，刀杆一端安装在主轴3的锥孔中，另一端由悬梁4右端的刀杆支架5支承，以提高其刚度。驱动铣刀做旋转主运动的主轴变速机构1安装在床身2内。工作台6可沿回转盘7上的燕尾导轨做纵向运动，回转盘7可相对于床鞍8绕垂直轴线调整至一定角度（±45°），以便加工螺旋槽等表面。床鞍8可沿升降台9上的导轨做平行于主轴轴线的横向运动，升降台9则可沿床身2侧面导轨做垂直运动。进给变速机构10及其操纵机构都置于升降台内。

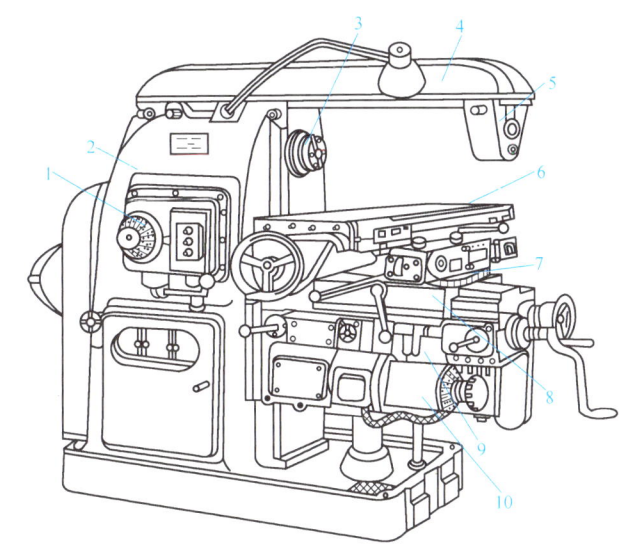

图 3-2 万能卧式升降台铣床

1—主轴变速机构 2—床身 3—主轴 4—悬梁 5—刀杆支架
6—工作台 7—回转盘 8—床鞍 9—升降台 10—进给变速机构

这样，用螺栓、压板、机用虎钳或专用夹具装夹在工作台6上的工件，便可以随工作台一起在三个方向实现任一方向的位置调整或进给运动。卧式升降台铣床结构与万能卧式升降台铣床基本相同，但卧式升降台铣床在工作台和床鞍之间没有回转盘，因此工作台不能在水平面内调整角度。这种铣床除了不能铣削螺旋槽外，可以完成和万能卧式升降台铣床一样的各种铣削加工。万能卧式升降台铣床及卧式升降台铣床的主参数是工作台面宽度。它们主要用于中、小零件的加工。

2. 立式铣床

立式升降台铣床与卧式升降台铣床的主要区别仅在于它的主轴是垂直安置的，可用各种端面铣刀（亦称面铣刀）或立铣刀加工平面、斜面、沟槽、台阶、齿轮、凸轮以及封闭的轮廓表面等。图 3-3 为常见的一种立式升降台铣床外形图，其工作台 3、床鞍 4 及升降台 5 与卧式升降台铣床相同。立铣头 1 可在垂直平面内旋转一定的角度，以扩大加工范围，主轴 2 可沿轴线方向进行调整或做进给运动。

立式铣床适用于单件及成批生产中，可用于加工平面、沟槽、台阶；由于立铣头可在垂直平面内旋转，因而可铣削斜面；若机床上采用分度头或圆形工作台，还可铣削齿轮、凸轮以及铰刀和钻头等的螺旋面；在模具加工中立铣床最适合加工模具型腔和凸模成形表面。

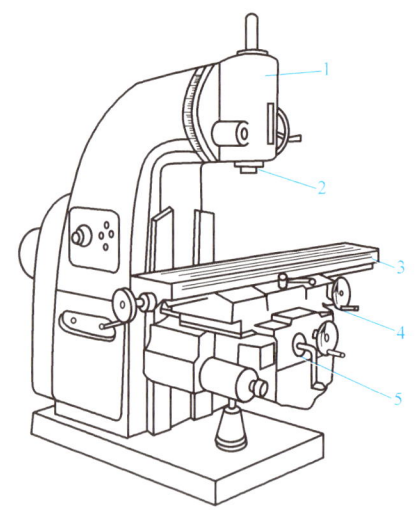

图 3-3　立式升降台铣床

1—立铣头　2—主轴　3—工作台
4—床鞍　5—升降台

3. 龙门铣床

龙门铣床是一种大型高效能通用机床，主要用于加工各类大型工件上的平面、沟槽，它不仅对工件可以进行粗铣、半精铣，也可以进行精铣加工。

如图 3-4 所示，它在结构上呈现框架式布局，具有较高的刚度及抗震性。5 为横梁，在它上面安装两个铣削头（主轴箱）6 和 3（称为立铣头）；4 为立柱，在它上面也安装两个铣削头 2 和 8（称为侧铣头）。每个铣削头都是一个独立的运动部件，铣刀旋转为主运动，9 为工作台，铣削时沿床身 1 上的导轨做直线进给运动。工作时，调整工作台侧面 T 形槽内的

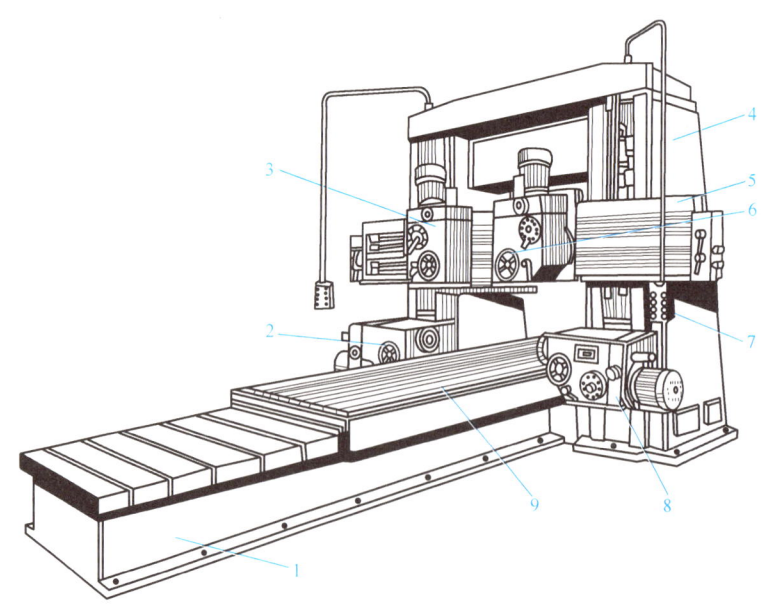

图 3-4　龙门铣床

1—床身　2、8—侧铣头　3、6—立铣头　4—立柱　5—横梁　7—操作箱　9—工作台

撞块，可使工作台运动实现自动循环。四个铣削头都可沿各自的轴线做轴向移动，实现铣削的吃刀运动。为了调整工件与铣削头之间的相对位置，侧铣头 8 和 2 可沿立柱在垂直方向移位。7 为操作箱，操作位置可自由选择。

由于龙门铣床上可以用多把铣刀同时加工工件的几个平面，因此，龙门铣床的生产效率很高，在成批和大量生产中得到广泛应用。

4. 工作台不升降铣床

这类铣床工作台不做升降运动，机床的垂直进给运动是安装在立柱上的主轴箱做升降运动，这样可以增加机床的刚度。

工作台不升降铣床根据机床工作台面的形状，可分为圆形工作台式和矩形工作台式两类。图 3-5 所示为双轴圆形工作台铣床，主要用于粗铣、半精铣平面。主轴箱 1 两个主轴上分别安装粗铣和半精铣的面铣刀。加工时，工件安装在圆工作台 3 的夹具上，圆工作台缓慢连续转动，以实现进给运动，工件从铣刀下通过后即被加工完毕。滑座 4 可沿床身 5 上的导轨横向移动，以调整圆工作台 3 与主轴间的横向位置。主轴箱可沿立柱 2 的导轨升降。主轴还可以在主轴箱 1 中调整轴向位置，以保证刀具与工件间的相对位置。

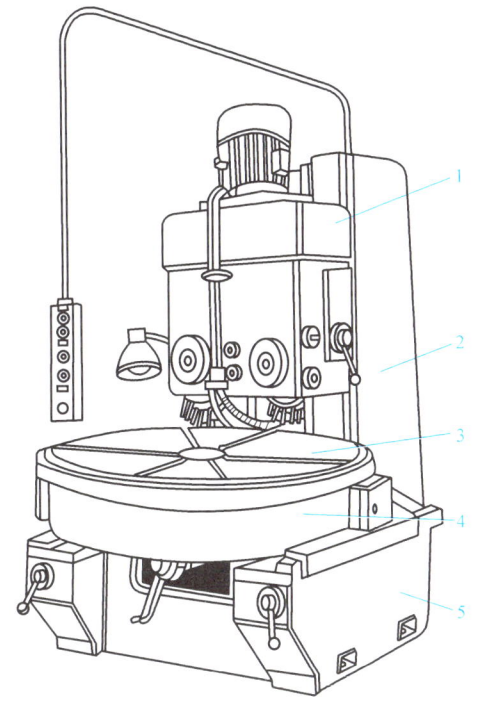

图 3-5　双轴圆形工作台铣床
1—主轴箱　2—立柱　3—圆工作台
4—滑座　5—床身

工作台上可同时安装几套夹具，工作台每转一个工位加工一个工件，装卸工件的辅助时间与切削时间重合，因而生产效率较高。它适用于成批大量生产中铣削中、小型工件的平面。

3.3　铣削刀具

铣刀的种类很多，按用途可分为加工平面用铣刀、加工沟槽用铣刀和加工成形面用铣刀三种类型。

1. 加工平面用铣刀

（1）圆柱铣刀　圆柱铣刀如图 3-6a 所示，切削刃分布在圆柱表面上，没有副切削刃。按结构形式又分为高速工具钢整体式和硬质合金镶齿式。这种铣刀安装后刚性较差，容易产生振动，生产率低，主要用于卧式铣床上加工宽度小于铣刀长度的狭长平面。

根据加工要求不同，圆柱铣刀有粗齿、细齿之分。粗齿的容屑槽大，用于粗加工，细齿用于精加工。

（2）面铣刀　面铣刀如图 3-6b 所示，主切削刃分布在圆柱或圆锥表面上，端面切削刃为副切削刃，铣刀的轴线垂直于被加工表面。按刀齿材料分为高速工具钢和硬质合金两大类，多制成套式镶齿结构。主要用在立式铣床上加工平面，特别适合较大平面的加工。面铣刀安装后刚性好，可采用较大的切削用量，生产率高；有副切削刃的修光作用，使加工表面粗糙度值小，因此应用广泛。

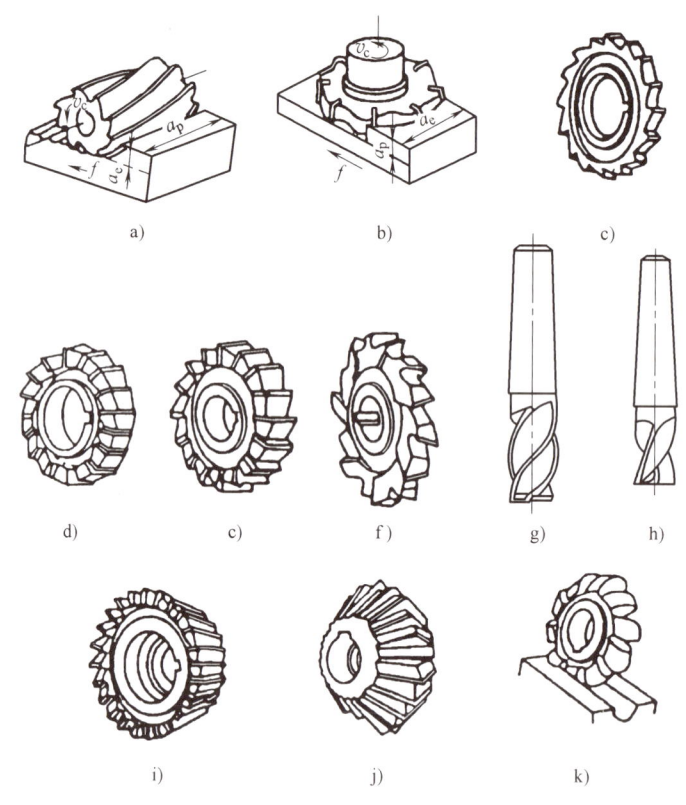

图 3-6　铣刀类型

a）圆柱铣刀　b）面铣刀　c）槽铣刀　d）两面刃铣刀　e）三面刃铣刀
f）错齿三面刃铣刀　g）立铣刀　h）键槽铣刀　i）单角度铣刀　j）双角度铣刀　k）成形铣刀

2. 加工沟槽用铣刀

（1）盘铣刀　盘铣刀有槽铣刀、两面刃铣刀、三面刃铣刀和错齿三面刃铣刀，如图 3-6c~f 所示。槽铣刀一般用于加工浅槽；两面刃铣刀用于加工台阶面；三面刃铣刀用于切槽和加工台阶面。锯片铣刀是薄片的槽铣刀，只在圆周上有刀齿，用于切削窄槽或切断工件。为了避免夹刀，其厚度由边缘向中心减薄，使两侧形成副偏角。

（2）立铣刀　立铣刀如图 3-6g 所示，用于加工平面、台阶面和沟槽等。立铣刀一般由3 或 4 个刀齿组成，圆柱面上的切削刃是主切削刃，端刃是副切削刃。用立铣刀铣槽时槽宽有扩张，故应取直径比槽宽略小的铣刀（0.1mm 以内）。

（3）键槽铣刀　键槽铣刀如图 3-6h 所示，它的外形与立铣刀相似，所不同的是它在圆周上只有两个螺旋刀齿，其端面刀齿的刀刃延伸至中心，因此在铣削圆头封闭键槽时，可以做适量的轴向进给。键槽铣刀重磨时只磨端刃。

（4）角度铣刀　角度铣刀有单角度铣刀（图 3-6i）和双角度铣刀（图 3-6j），用于铣削沟槽和斜面。角度铣刀大端和小端直径相差较大时，往往造成小端刀齿过密，容屑空间较小。

加工沟槽的铣刀已标准化，由工具厂生产。

3. 加工成形面用铣刀

（1）成形铣刀　如图 3-6k 所示，成形铣刀是用于加工成形表面的刀具，其刀齿廓形要根据被加工工件的廓形专门设计。

（2）模具铣刀　模具铣刀用于加工模具型腔或凸模成形表面，在模具制造中广泛应用。按工作部分外形可分为圆锥形平头、圆柱形球头、圆锥形球头等。硬质合金模具铣刀可取代金刚石锉刀和磨头来加工淬火后硬度小于 65HRC 的各种模具，切削效率可提高几十倍。

【课后小结】

铣削加工的工艺范围广，合理的选择刀具和铣削参数，是保证加工质量的关键。

单元4

钻削加工机床

【课前预习】

1. 认识实习中你看到过的钻削机床。
2. 说说摇臂钻的切削运动。

钻床及钻削加工

4.1 钻削加工工艺范围

孔是各种机器零件上出现最多的几何表面之一，按照它和其他零件之间的连接关系来区分，可分为非配合孔和配合孔。前者一般在毛坯上直接钻、扩出来；而后者则必须在钻孔、扩孔等粗加工的基础上，根据不同的精度和表面质量的要求，以及零件的材料、尺寸、结构等具体情况，做进一步的加工。

用钻头做回转运动，并使其与工件做相对轴向进给运动，在实体工件上加工孔的方法称为钻孔。用扩孔钻对已有孔（铸孔、锻孔、预钻孔）孔径扩大的加工称为扩孔。钻孔和扩孔统称为钻削。两者的加工精度范围分别为 IT13~IT12 和 IT12~IT10；表面粗糙度值的范围为 $Ra12.5~6.3\mu m$ 和 $Ra6.3~3.2\mu m$。

钻削一般要占机械工厂切削加工总量的 30% 左右。由于它的加工精度低，表面粗糙度值大，因此一般只用于直径在 $\phi80mm$ 以下的次要孔（如螺栓孔、质量减轻孔等）的终加工和精度高的孔的预加工。扩孔除了可用作高和较高的孔的预加工（铰和镗以前的加工）外，还由于其加工质量比钻孔高，可用于一些要求不高的孔的最终加工。加工孔径一般不超过 $\phi100mm$。

钻削可以在各种钻床上进行，也可以在车床、镗床、铣床和组合机床、加工中心上进行，但在大多数情况下，尤其是大批量生产时，主要还是在钻床上进行。

在钻床上钻削可加工如图 4-1 所示的加工表面。

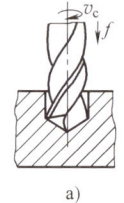 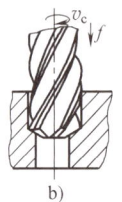 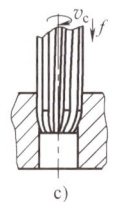 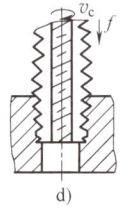 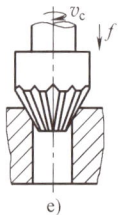 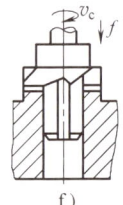

a)   b)   c)   d)   e)   f)

图 4-1 钻削加工工艺范围

a) 钻孔 b) 扩孔 c) 铰孔 d) 攻螺纹 e) 锪孔 f) 锪平面（孔的端面）

4.2 钻床的类型

1. 台式钻床

台式钻床是一种加工小型工件上孔径 $d = 0.1 \sim 13\text{mm}$ 的立式钻床；台式钻床体积小巧，操作简便，通常安装在专用工作台上使用。其主轴变速一般通过改变 V 带在塔形带轮上的位置来实现，主轴进给靠手动操作。台式钻床灵活性较大，转速高，生产率高，使用方便，因而是零件加工，装配和修理工作中常用的设备之一。其外形如图 4-2 所示。

2. 立式钻床

立式钻床是应用较广的一种机床，其主参数是最大钻孔直径，常用的有 $\phi25\text{mm}$、$\phi35\text{mm}$、$\phi40\text{mm}$ 和 $\phi50\text{mm}$ 等几种。

立式钻床的特点是主轴轴线垂直布置，而且位置是固定的。加工时，为使刀具旋转中心线与被加工孔的中心线重合，必须移动工件，因此立式钻床只适用于加工中小工件上直径 $d \leqslant 50\text{mm}$ 的孔。

图 4-3 是立式钻床的外形图。变速箱 4 中装有主运动变速传动机构，进给箱 3 中装有进给运动变速机构及操纵机构。加工时，进给箱 3 固定不动，转动操纵手柄 6，由主轴 2 随主轴套筒在进给箱 3 中做直线移动来完成进给运动。工作台 1 和进给箱 3 都装在立柱 5 的垂直导轨上，并可上下调整位置，以适应加工不同高度的工件。

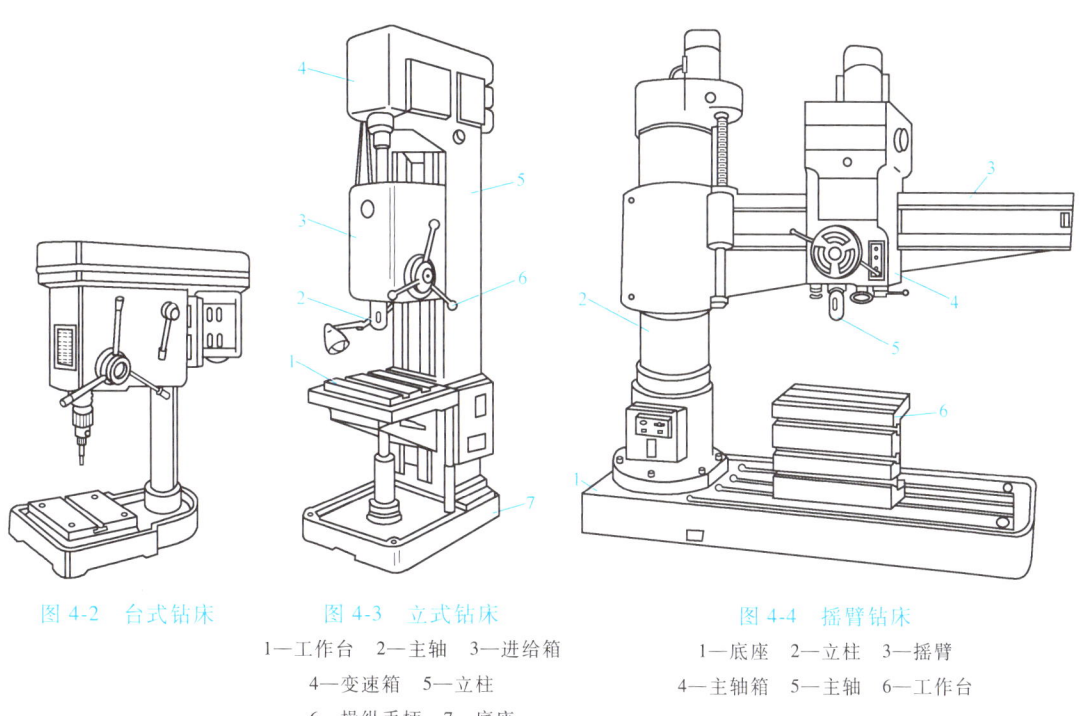

图 4-2　台式钻床　　　图 4-3　立式钻床　　　　　图 4-4　摇臂钻床

1—工作台　2—主轴　3—进给箱　　　　1—底座　2—立柱　3—摇臂

4—变速箱　5—立柱　　　　　　4—主轴箱　5—主轴　6—工作台

6—操纵手柄　7—底座

3. 摇臂钻床

摇臂钻床广泛地用于大、中型零件上直径 $d \leqslant 80\text{mm}$ 孔的加工，其外形如图 4-4 所示。主轴箱 4 可以在摇臂 3 上水平移动，摇臂 3 既可以绕立柱 2 转动，又可沿立柱 2 垂直升降。

加工时，工件在工作台 6 或底座 1 上安装固定，通过调整摇臂 3 和主轴箱 4 的位置，使主轴 5 中心线与被加工孔的中心线重合。

4.3 钻削刀具

1. 麻花钻

钻孔最常用的刀具是麻花钻，用麻花钻钻孔属于粗加工。主要用于质量要求不高的孔的终加工，例如螺栓孔、油孔等，也可作为质量要求较高孔的预加工。

麻花钻由工具厂专业生产，其常备规格为 $\phi0.1 \sim \phi80$mm。麻花钻的结构主要由柄部、颈部及工作部分组成，如图 4-5 所示。

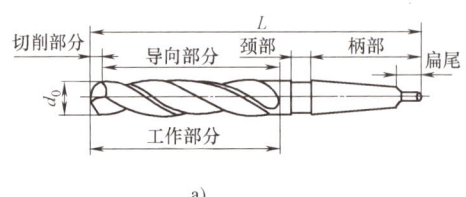

a)

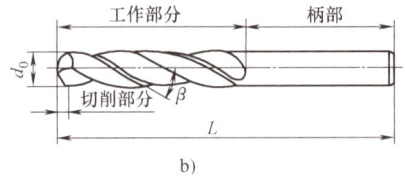

b)

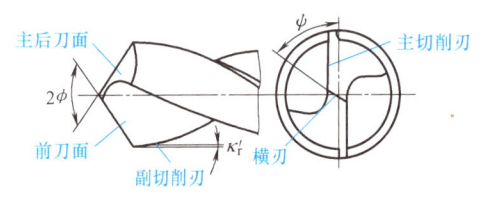 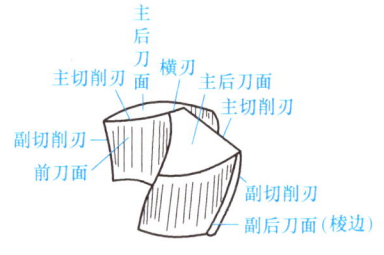

c)

图 4-5 麻花钻的结构

a）锥柄麻花钻 b）直柄麻花钻 c）麻花钻切削部分

柄部是钻头的夹持部分，用以传递扭矩和轴向力。柄部有直柄和锥柄两种形式，钻头直径小于 12mm 时制成直柄，如图 4-5b 所示；钻头直径大于 12mm 时制成莫氏锥度的圆锥柄，如图 4-5a 所示。锥柄后端的扁尾可插入钻床主轴的长方孔中，以传递较大的扭矩。

颈部是柄部和工作部分的连接部分，是磨削柄部时砂轮的退刀槽，也是打印商标和钻头规格的地方。直柄钻头一般不制有颈部。

钻头的工作部分包括切削部分和导向部分。切削部分担负主要切削工作。如图 4-5c 所示，切削部分由两条主切削刃、两条副切削刃和一条横刃及两个前刀面和两个后刀面组成。螺旋槽的一部分为前刀面，钻头的顶锥面为主后刀面。导向部分的作用是当切削部分切入工件后起导向作用，也是切削部分的后备部分。导向部分有两条螺旋槽和两条棱边，螺旋槽起排屑和输送切削液作用，棱边起导向、修光孔壁作用。导向部分有微小的倒锥度，即从切削部分向柄部每 100mm 长度上钻头直径 d 减少 $0.03\sim0.12mm$，以减少与孔壁的摩擦。

麻花钻的主要几何角度有顶角 2ϕ，螺旋角 β，前角 γ_{o}，后角 α_{o} 和横刃斜角 ψ 等。这些几何角度对钻削加工的性能、切削力大小，排屑情况等都有直接的影响，使用时要根据不同加工材料和切削要求来选取。

麻花钻虽然是孔加工的主要刀具，长期以来一直被广泛使用，但是由于麻花钻在结构上存在着比较严重的缺陷，致使钻孔的质量和生产率受到很大影响，这主要表现在：

1）钻头主切削刃上各点的前角变化很大，钻孔时，外缘处的切削速度最大，而该处的前角最大，刀刃强度最薄弱，因此钻头在外缘处的磨损特别严重。

2）钻头横刃较长，横刃及其附近的前角为负值，达 $-55°\sim-60°$。钻孔时，横刃处于挤刮状态，轴向抗力较大。同时横刃过长，不利于钻头定心，易产生引偏，致使加工孔的孔径增大，孔不圆或孔的轴线歪斜等。

3）钻削加工过程是半封闭加工。钻孔时，主切削刃全长同时参加切削，切削刃长，切屑宽，而各点切屑的流出方向和速度各异，切屑呈螺旋状，而容屑槽又受钻头本身尺寸的限制，因而排屑困难，切削液也不易注入切削区域，冷却和散热不良，大大降低了钻头寿命。

2. 扩孔钻

扩孔钻是对工件上已钻出、铸出或锻出的孔进行扩大加工。扩孔可在一定程度上校正原孔轴线的偏斜，扩孔属于半精加工。扩孔常用作铰孔前的预加工，对于质量要求不高的孔，扩孔也可作孔加工的最终工序。

扩孔钻结构形式分为带柄和套式两类。如图 4-6 所示，带柄的扩孔钻由工作部分及柄部组成；套式扩孔钻由工作部分及 1:30 锥孔组成。

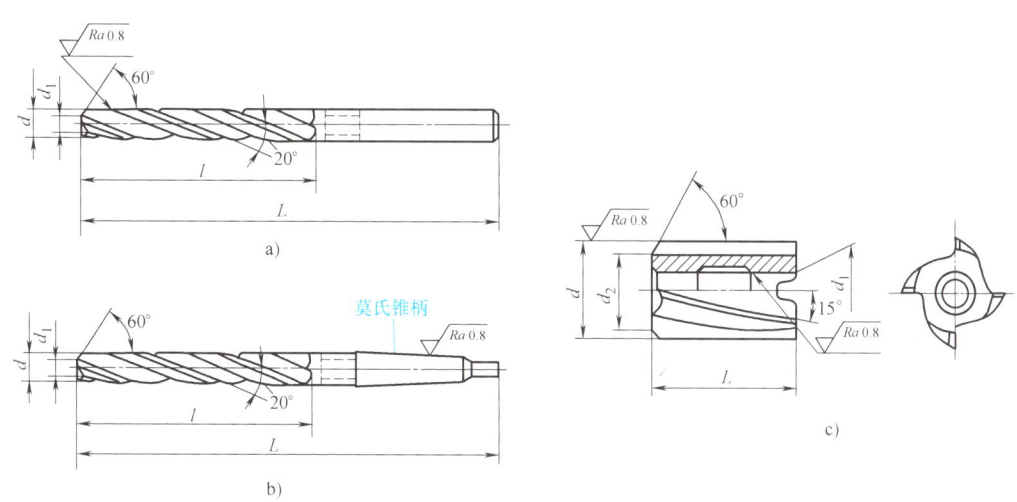

图 4-6 扩孔钻类型

a）直柄式 b）锥柄式 c）套式

扩孔钻与麻花钻相比，容屑槽浅窄，可在刀体上做出 3~4 个切削刃，所以可提高生产率。同时，切削刃增多，棱带也增多，使扩孔钻的导向作用提高了，切削较稳定。此外，扩孔钻没有横刃，钻芯粗大，轴向力小，刚性较好，可采用较大的进给量。选用扩孔钻时应根据被加工孔及机床夹持部分的形式，选用相应直径及形式的扩孔钻。通常直柄扩孔钻适用范围为 $\phi3~\phi20mm$；锥柄扩孔钻适用范围为 $\phi7.5~\phi50mm$；套式扩孔钻主要用于大直径及较深孔的扩孔加工，其适用范围为 $\phi20~\phi100mm$。扩孔余量一般为 0.5~4mm（直径值）。

3. 铰刀

用铰刀从被加工孔的孔壁上切除微量金属，使孔的精度和表面质量得到提高的加工方法，称为铰孔。铰孔是应用较普遍的对中小直径孔进行精加工的方法之一，它是在扩孔或半精镗孔的基础上进行的。根据铰刀的结构不同，铰孔可以加工圆柱孔、圆锥孔；可以用手工操作，也可以在机床上进行。

铰刀的结构如图 4-7 所示，铰刀由柄部、颈部和工作部分组成。工作部分包括切削部分和修光部分（标准部分）。切削部分为锥形，担负主要切削工作。修光部分起校正孔径、修光孔壁和导向作用。为减少修光部分刀齿与已加工孔壁的摩擦，并防止孔径扩大，修光部分的后端为倒锥形状。

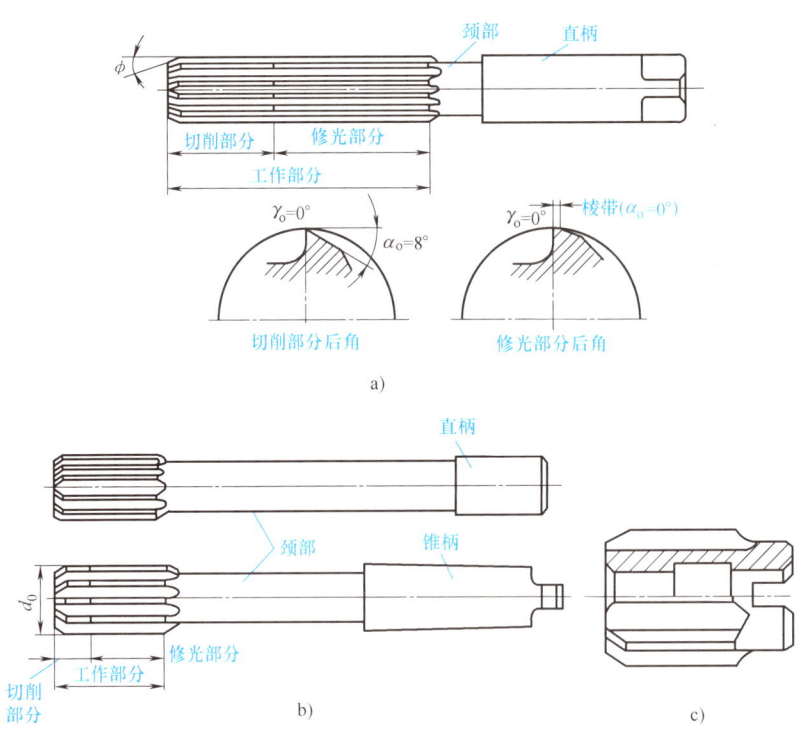

图 4-7　铰刀结构

a）手用铰刀　b）直柄、锥柄机用铰刀　c）套式机用铰刀

铰刀可分为手用铰刀和机用铰刀两种。手用铰刀为直柄（见图 4-7a），其工作部分较长，导向性好，可防止铰孔时铰刀歪斜。机用铰刀又分为直柄、锥柄和套式三种（见图 4-7b、c）。选用铰刀时，应根据被加工孔的特点及铰刀的特点正确选用。一般手用铰刀用于小批生产或修配工作中，对未淬硬孔进行手工操作的精加工。手用铰刀适用范围为 $\phi1~\phi71mm$。

机用铰刀适用于在车床、钻床、数控机床等机床上使用。主要对钢、合金钢、铸铁、铜、铝等工件的孔进行半精加工和精加工。一般机用铰刀的适用范围为 $\phi1\sim\phi50mm$，套式机用铰刀适合于较大孔径的加工，其范围为 $\phi25\sim\phi100mm$。

另外，铰刀分为三个精度等级，分别用于不同精度孔的加工（IT7、IT8、IT9）。在选用时，应根据被加工孔的直径、精度和机床夹持部分的形式来选用相应的铰刀。

铰孔生产率高，容易保证孔的精度和表面粗糙度，但铰刀是定值刀具，一种规格的铰刀只能加工一种尺寸和精度的孔，且不宜铰削非标准孔、台阶孔和不通孔。对于中等尺寸以下较精密的孔，钻-扩-铰是生产中经常采用的典型工艺方案。

4. 深孔钻

对于孔的深度与直径之比 $L/D=5\sim10$ 的普通深孔，可以用加长麻花钻加工；对于孔的深度与直径之比 $L/D>5\sim10$ 的深孔，必须采用特殊结构的深孔钻才能加工。

深孔加工难度大，技术要求高，这是深孔加工的特点所决定的。因此，设计和使用深孔钻时应注意钻头的导向，防止偏斜；保证可靠的断屑和排屑；采取有效的冷却和润滑措施。下面介绍几种常见深孔钻的工作原理与结构特点。

（1）单刃外排屑深孔钻 单刃外排屑深孔钻又称枪钻，主要用于加工直径 $\phi3\sim\phi20mm$，孔深与直径之比 $L/D>100$ 的小深孔。其工作原理如图4-8所示。切削时高压切削液（3.5～10MPa）从钻杆和切削部分的进液孔注入切削区域，以冷却、润滑钻头，切屑经钻杆与切削部分的 V 形槽冲出，因此称之为外排屑。

枪钻的特点是结构较简单，钻头背部圆弧支承面在切削过程中起导向、定位作用，切削稳定，孔加工直线性好。

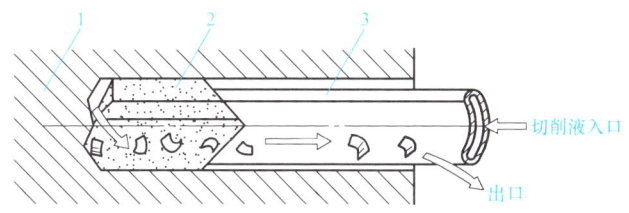

图4-8 单刃外排屑深孔钻工作原理

1—工件 2—切削部分 3—钻杆

（2）错齿内排屑深孔钻 错齿内排屑深孔钻适于加工直径 $d>20mm$，孔深与直径比 $L/D<100$ 的直径较大的深孔。其工作原理如图4-9所示。切削时高压切削液（2～6MPa）由

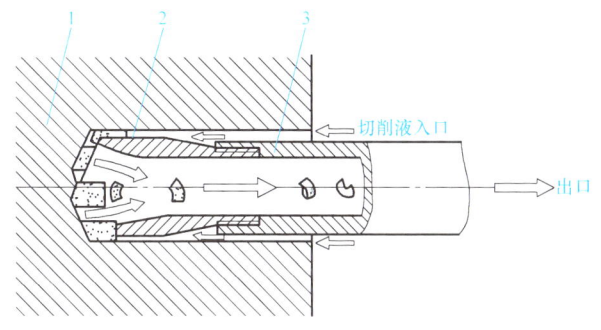

图4-9 错齿内排屑深孔钻工作原理

1—工件 2—钻头 3—钻杆

工件孔壁与钻杆的表面之间的间隙进入切削区，以冷却、润滑钻头切削部分，并利用高压切削液把切屑从钻头和钻管的内孔中冲出。

错齿内排屑深孔钻的切削部分由数块硬质合金刀片交错排列焊接在钻体上，实现了分屑，便于切屑排出；切屑是从钻杆内部排出而不与工件已加工表面接触，所以可获得好的加工表面质量；分布在钻头前端的硬质合金导向条，使钻头支承在孔壁上，实现了切削过程中的导向，增大了切削过程的稳定性。

（3）喷吸钻　喷吸钻适用于加工直径 $\phi 16 \sim \phi 65 mm$，孔深与直径比 $L/D < 100$ 的中等直径一般深孔。喷吸钻主要由钻头、内钻管、外钻管三部分组成，钻头部分的结构与错齿内排屑深孔钻基本相同，工作原理如图 4-10 所示。工作时，切削液以一定的压力（一般为 $0.98 \sim 1.96 MPa$）从内外钻管之间输入，其中 2/3 的切削液通过钻头上的小孔压向切削区，对钻头切削部分及导向部分进行冷却与润滑；另外 1/3 切削液则通过内钻管上月牙形槽喷嘴喷入内钻管，由于月牙形槽缝隙很窄，喷入的切削液流速增大而形成一个低压区，切削区的高压与内钻管内的低压形成压力差，使切削液和切屑一起被迅速"吸"出，提高了冷却和排屑效果，所以喷吸钻是一种效率高，加工质量好的内排屑深孔钻。

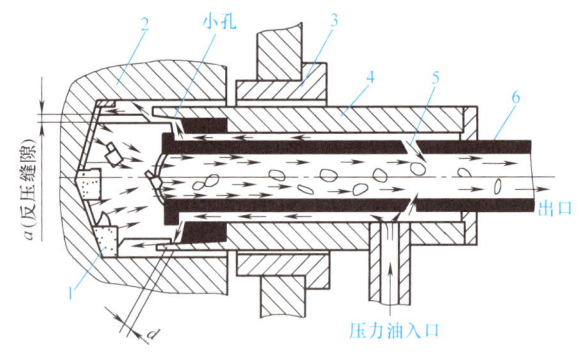

图 4-10　喷吸钻工作原理

1—钻头　2—工件　3—钻套　4—外钻管　5—月牙形槽喷嘴　6—内钻管

【课后小结】

钻削加工是小孔的主要加工方法，钻削加工的工艺范围也很广，钻、扩、铰孔完成孔的粗-半精-精加工，加工螺纹，还可以锪圆锥面、沉孔、凸台表面。

单元5

磨削加工机床

【课前预习】

1. 磨床有哪些种类？分别加工什么表面？
2. 什么情况需要采用磨削加工？磨削加工的特点是什么？

磨床及磨削加工

5.1 磨削加工工艺范围

用磨具以较高的线速度对工件表面进行加工的方法称为磨削。磨削加工是一种多刀多刃的高速切削方法，它适用于零件精加工和硬表面的加工。

磨削的工艺范围很广，可以划分为粗磨、精磨、细磨及镜面磨。磨削加工采用的磨具（或磨料）具有颗粒小、硬度高、耐热性好等特点，因此可以加工较硬的金属材料和非金属材料，如淬硬钢、硬质合金刀具、陶瓷等；加工过程中同时参与切削运动的颗粒多，能切除极薄极细的切屑，因而加工精度高，表面粗糙度值小。磨削加工作为一种精加工方法，在生产中得到广泛应用。目前，由于强力磨削的发展，也可以直接将毛坯磨削到所需要的尺寸和精度，从而获得较高的生产率。

磨削加工可以加工外圆、内孔、平面、沟槽及各种成形表面，如图 5-1 所示。

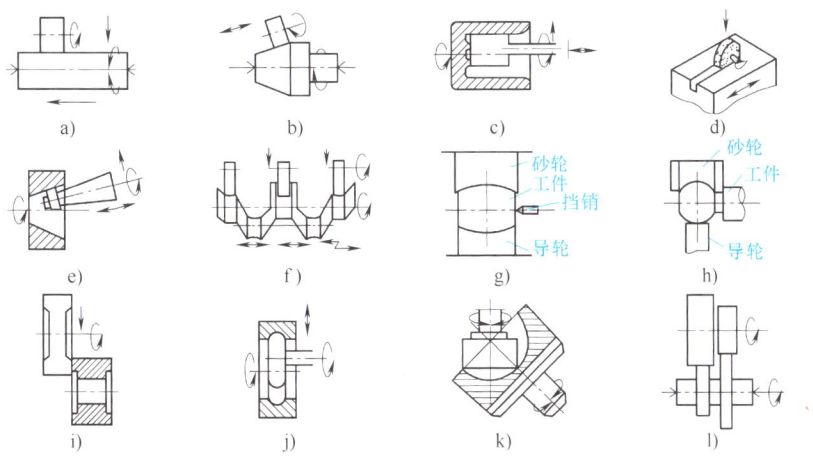

图 5-1 磨削加工工艺范围

a）磨外圆 b）磨锥面 c）磨内孔 d）磨沟槽 e）磨锥孔 f）磨曲轴
g）磨曲面 h）磨圆球面 i）磨平面 j）磨内沟槽 k）磨凹曲面 l）磨台阶面

5.2 磨削方法

1. 外圆磨床的磨削方法

外圆表面磨削一般在外圆磨床或无心外圆磨床上进行，也可采用砂带磨床磨削。在外圆磨床上磨削工件外圆时，轴类零件常用顶尖装夹，其方法与车削时基本相同，但磨床所用顶尖不随工件一起转动。这样，主轴与轴承的制造误差、轴承间隙、顶尖的同轴度误差等就不会反映到工件上，可提高加工精度。盘套类工件则用心轴和顶尖装夹，所用心轴和车削心轴基本相同，只是形状和位置精度以及表面粗糙度要求较严格。磨削短又无中心孔的轴类工件时，可用自定心卡盘或单动卡盘装夹。

在外圆磨床上常用的磨削方法有：

（1）纵磨法 如图 5-2a 所示，砂轮高速旋转起切削作用，工件旋转做圆周进给运动，并和工作台一起做纵向往复直线进给运动。工作台每往复一次，砂轮沿磨削深度方向完成一次横向进给，每次进给（吃刀深度）都很小，全部磨削余量是在多次往复行程中完成的。当工件磨削接近最终尺寸时（尚有余量 0.005~0.01mm），应无横向进给光磨几次，直到火花消失为止。纵磨法加工精度和表面质量较高，适应性强，用同一砂轮可磨削直径和长度不同的工件，但生产率低。在单件、小批量生产及精磨中应用广泛，特别适用于磨削细长轴等刚性差的工件。

（2）横磨法（切入法） 如图 5-2b 所示，磨削时，工件不做纵向往复运动，砂轮以缓慢的速度连续或间断地向工件做横向进给运动，直到磨去全部余量。横磨时，工件与砂轮的接触面积大，磨削力大，发热量大而集中，所以易发生工件变形、烧刀和退火。横磨法生产效率高，适用于成批或大量生产中，磨削长度短、刚性好、精度低的外圆表面及两侧都有台肩的轴颈。若将砂轮修整成形，也可直接磨削成形面。

（3）综合磨法 如图 5-2c 所示，先用横磨法将工件分段进行粗磨，相邻之间有

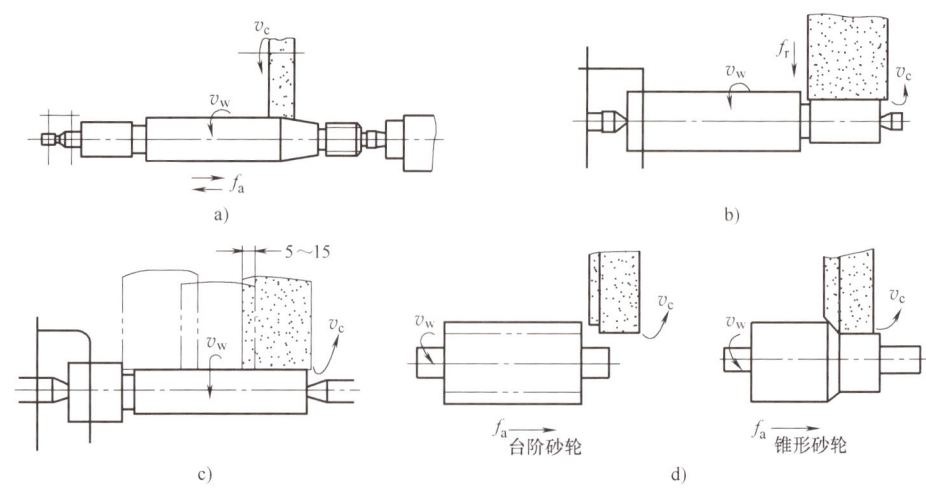

图 5-2 外圆磨床的磨削方法

a）纵磨法 b）横磨法 c）综合磨法 d）深磨法

5~15mm 的搭接，每段上留有 0.01~0.03mm 的精磨余量，精磨时采用纵磨法。这种磨削方法综合了纵磨和横磨法的优点，适用于磨削余量较大（余量 0.6~0.7mm）的工件。

（4）深磨法　如图 5-2d 所示，磨削时，采用较小的纵向进给量（1~2mm/r）和较大的吃刀量（0.2~0.6mm）在一次进给中磨去全部余量。为避免切削负荷集中和砂轮外圆棱角迅速磨钝，应将砂轮修整成锥形或台阶形，外径小的台阶起粗磨作用，可修粗些；外径大的起精磨作用，应修细些。深磨法可获得较高精度和生产率，表面粗糙度值较小，适用于大批大量生产中，加工刚性好的短轴。

2. 无心外圆磨床的磨削方法

在无心磨床磨削工件外圆时，工件不用顶尖来定心和支承，而是直接将工件放在砂轮和导轮（用橡胶结合剂做的粒度较粗的砂轮）之间，由托板支承，工件被磨削的外圆面做定位面，如图 5-3 所示。

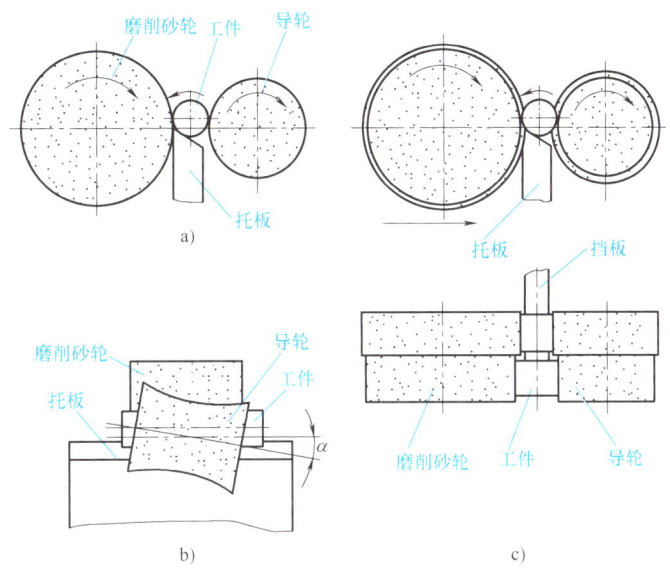

图 5-3　无心外圆磨削的加工示意图

在磨床上磨削外圆表面时，应采用充足的切削液，一般磨钢件多用苏打水或乳化液；铝件采用加少量矿物油的煤油；铸铁、青铜件一般不用切削液，而用吸尘器清除尘屑。

3. 平面磨床的磨削方法

常用的平面磨削有平行平面磨削、垂直平面磨削和倾斜平面磨削。在平面磨削中最主要的工作内容是平行平面的磨削，磨削平行面需要达到的技术要求是被磨削平面本身的表面粗糙度和平面度，两平面间的平行度及尺寸精度。垂直面的磨削可以用精密平口钳装夹磨削，如图 5-4 所示；也可以用精密角铁装夹磨削，如图 5-5 所示。另外，磨垂直面时，还可以用导磁直角铁装夹，以及用精密 V 形块装夹，如图 5-6 和图 5-7 所示。

平面磨床用于磨削各种零件的平面。常见的平面磨削方式分四种，如图 5-8 所示。工件安装在具有电磁吸盘的矩形或圆形工作台上，做纵向往复直线运动或圆周进给运动。由于砂轮宽度限制，需要砂轮沿轴线方向做横向进运动，为了逐步地切除全部余量，砂轮还需周期性地沿垂直于工件被磨削表面的方向进给。

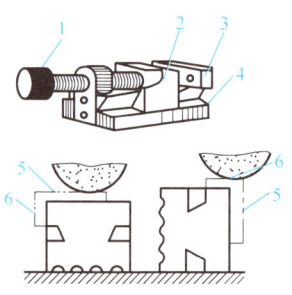

图 5-4　用精密平口钳装夹磨削垂直面

1—螺杆　2—活动钳口　3—固定钳口

4—底座　5—平面　6—垂直面

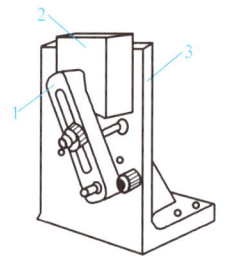

图 5-5　用精密角铁装夹磨削垂直面

1—压板　2—工件　3—精密角铁

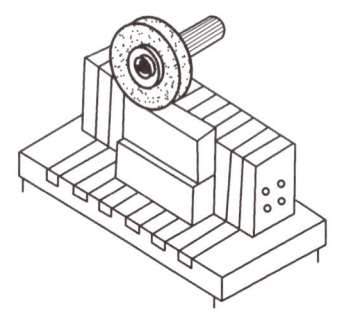

图 5-6　用导磁直角铁装夹磨削垂直面

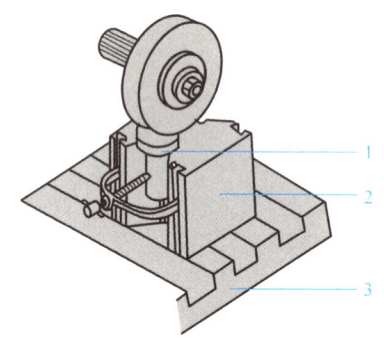

图 5-7　用精密 V 形块装夹磨削垂直面

1—工件　2—精密 V 形块　3—电磁吸盘

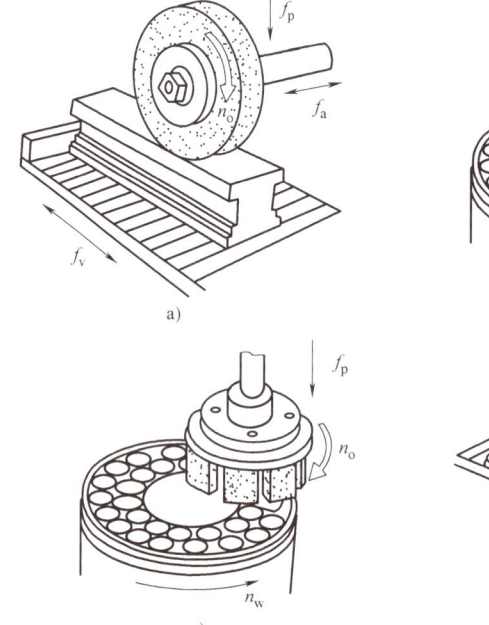

a)

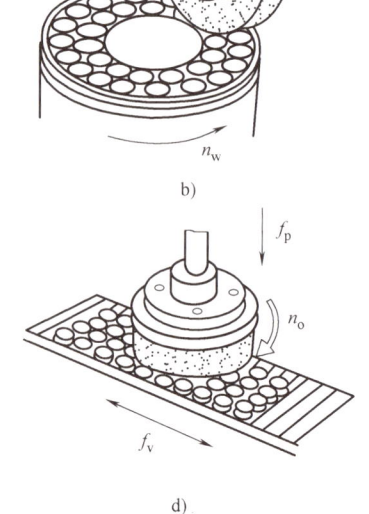

b)

c)

d)

图 5-8　平面磨削方式

a）卧轴矩台平面磨床磨削　b）卧轴圆台平面磨床磨削　c）立轴圆台平面磨床磨削　d）立轴矩台平面磨床磨削

图 5-8a、b 属于圆周磨削。这时砂轮与工件的接触面积小，磨削力小，排屑及冷却条件好，工件受热变形小，且砂轮磨损均匀，所以加工精度较高。然而，砂轮主轴呈悬臂状态，刚性差，不能采用较大的磨削用量，生产率较低。

图 5-8c、d 属于端面磨削，砂轮与工件的接触面积大，同时参加磨削的磨粒多。另外，磨床工作时是主轴受压力，刚性较好，允许采用较大的磨削用量，故生产率高。但是在磨削过程中，磨削力大，发热量大，冷却条件差，排屑不畅，造成工件的热变形较大，且砂轮端面沿径向各点的线速度不等，使砂轮磨损不均匀，所以这种磨削方法的加工精度不高。

5.3 磨床的类型

1. 外圆磨床

M1432A 型万能外圆磨床主要用于磨削内外圆柱面、内外圆锥面、阶梯轴轴肩以及端面和简单的成形回转表面等。它属于普遍精度级机床，磨削精度可达 IT7～IT6 级，表面粗糙度值为 $Ra1.25～0.08\mu m$。这种机床通用性强，但自动化程度较低，磨削效率不高，适用于工具车间、维修车间和单件小批生产类型。其主参数为：最大磨削直径为 320mm。

图 5-9 为 M1432A 型万能外圆磨床外形图。由图可见，在床身 1 的纵向导轨上装有工作台 8，台面上装有头架 2 和尾架 5，用以夹持不同长度的工件，头架带动工件旋转。工作台由液压传动沿床身导轨往复移动，使工件实现纵向进给运动。工作台由上下两层组成，其上部可相对下部在水平面内偏转一定的角度（一般不大于 ±10°），以便磨削锥度不大的圆锥面。砂轮架 4 安装在滑鞍 6 上，转动横向进给手轮 7，通过横向进给机构带动滑鞍及砂轮架做快速进退或周期性自动切入进给。内圆磨具 3 放下时用以磨削内圆（图示处于抬起状态）。

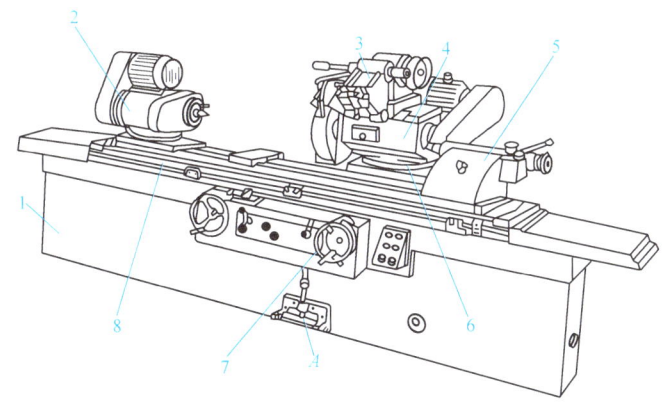

图 5-9 M1432A 型万能外圆磨床

1—床身 2—头架 3—内圆磨具 4—砂轮架 5—尾架 6—滑鞍 7—手轮 8—工作台 A—脚踏操纵板

普通外圆磨床和万能外圆磨床在结构上的区别是，普通外圆磨床的砂轮架和头架都不能绕垂直轴线调整角度，主轴头架也不能转动，没有内圆磨具，因此工艺范围较窄，只能磨外圆柱面和锥度较小的锥面。但由于主要部件的结构层次少、刚件好，可采用较大的磨削用量，因此生产率较高。

2. 无心外圆磨床

在无心外圆磨床上磨削外圆表面，工件不需要打中心孔，装卸简单省时；用贯穿法磨削时，加工过程可连续不断地进行，工件支承刚度好，可用较大切削用量进行，而磨削余量可较小（没有因中心孔偏心而造成的余量不均匀现象），故生产率较高。

无心外圆磨床如图 5-10 所示，由于工件定位面为外圆表面，消除了工件中心孔误差，消除了外圆磨床工作台运动方向与前后顶尖连线的不平行以及顶尖的径向跳动等项误差的影响，所以磨削出来的工件尺寸精度和几何精度都比较高，表面粗糙度值也较小。

但无心外圆磨床调整费时，只适于成批及大量生产；又因工件的支承与传动特点，只能用来加工尺寸较小、形状比较简单的零件。此外，无心磨床不能磨削不连续的外圆表面，如带有键槽、小平面等表面，也不能保证被加工面与其他面间的相互位置精度。

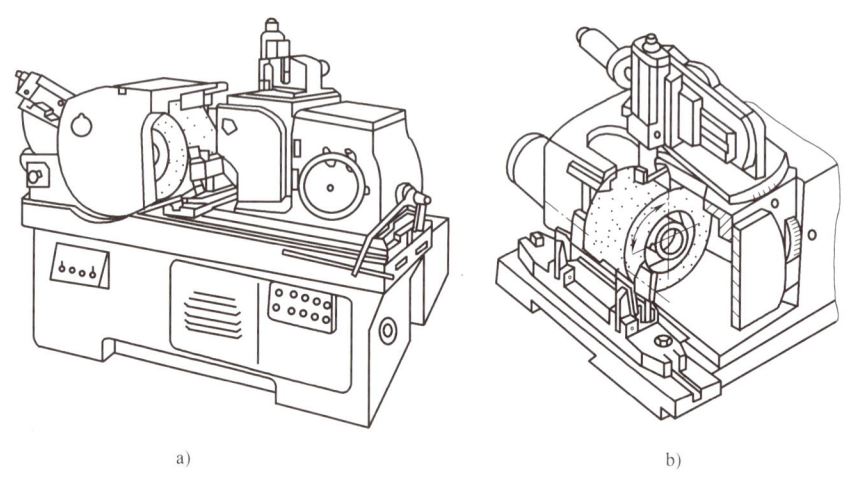

a)   b)

图 5-10　无心外圆磨床
a）磨床外形　b）导轮架结构

3. 平面磨床

根据磨削方法和机床布局不同，平面磨床主要有以下四种类型：卧轴矩台平面磨床、卧轴圆台平面磨床、立轴矩台平面磨床和立轴圆台平面磨床。其中前两种磨床用砂轮的周边磨削，砂轮主轴为水平布置（卧式）；后两种磨床用砂轮端面磨削，砂轮主轴为竖直放置。目前生产中应用最广的是卧轴矩台和立轴圆台两种平面磨床。

图 5-11 为卧轴矩台平面磨床，这种机床的砂轮主轴通常是用内连式异步电动机带动的，往往电动机轴就是主轴，电动机的定子就装在砂轮架 3 的壳体内。砂轮架 3 可沿滑座 4 的燕尾导轨做间歇的横向进给运动（手动或液动）。滑座 4 和砂轮架 3 一起沿立柱 5 的导轨做间歇的竖直切入运动（手动）。工作台 2 沿床身 1 的导轨做纵向往复运动（液压传动）。

卧轴矩台平面磨床采用周边磨削，磨削时砂轮和工件接触面积小，发热量少，冷却和排屑条件好，可获得较高的加工精度和较小的表面粗糙度，且工艺范围较宽。除了用砂轮的周边磨削水平面外，还可用砂轮的端面磨削沟槽、台阶等垂直侧平面，故特别适用于多品种生产的机械加工车间、修理车间和工具车间等。

图 5-12 为立轴圆台平面磨床，砂轮架 3 的主轴也是由内连式异步电动机直接驱动，砂轮架 3 可沿立柱 4 的导轨做间歇的竖直切入运动，圆工作台旋转做圆周进给运动。为了便于

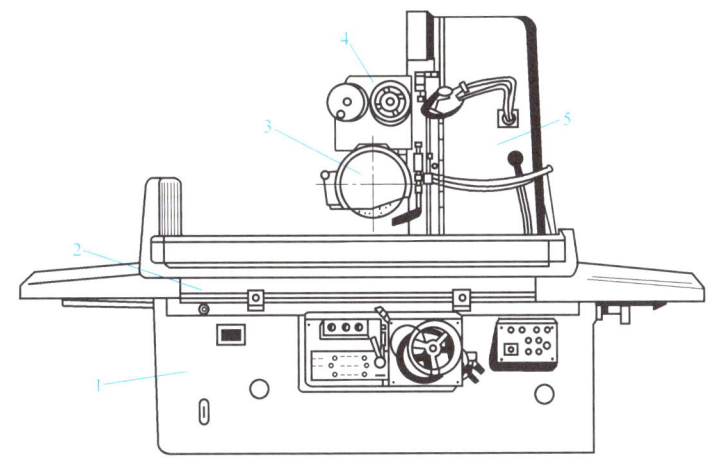

图 5-11 卧轴矩台平面磨床

1—床身 2—工作台 3—砂轮架 4—滑座 5—立柱

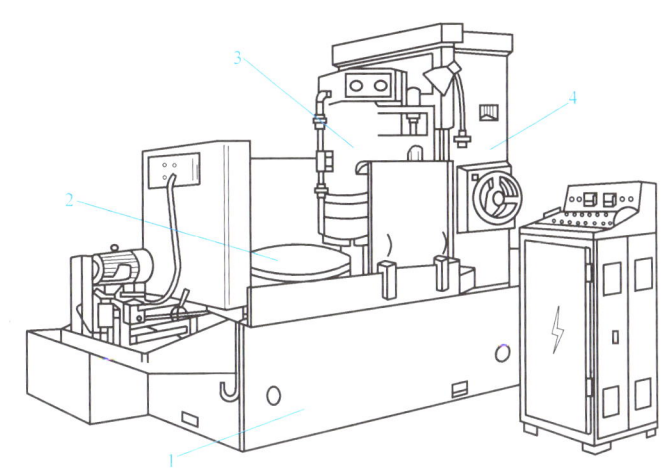

图 5-12 立轴圆台平面磨床

1—床身 2—工作台 3—砂轮架 4—立柱

装卸工件，圆工作台 2 还能沿床身导轨纵向移动。

立轴圆台平面磨床由于采用端面磨削，砂轮与工件的接触面积大，同时参与磨削的磨粒多，且为连续磨削，没有工作台的换向时间损失，故生产率较高。但磨削时发热量大，冷却和排屑条件差，且工艺范围较窄，主要用于成批大量生产中磨削一般精度的工件或粗磨铸、锻毛坯件。

在平面磨床上装夹工件，除形状复杂以及由非磁性材料制造的工件需采用特殊夹具外，凡是由钢、铸件等磁性材料制造，具有平行平面的工件，一般都采用电磁吸盘。

4. 内圆磨床

内圆磨床主要用于磨削各种内孔（包括圆形通孔、不通孔、阶梯孔以及圆锥孔等）。某些内圆磨床还附有磨削端面的磨头。

内圆磨床的主要类型有普通内圆磨床、无心内圆磨床和行星式内圆磨床。

图 5-13 为普通内圆磨。头架 3 装在工作台 2 上并由它带着沿床身 1 的导轨做纵向往复运动。头架主轴由电动机经带传动做圆周进给运动。砂轮架 4 上装有磨削内孔的砂轮主轴，由电动机经带传动砂轮架沿滑鞍 5 的导轨做周期性的横向进给（流动式手动），头架可绕竖直轴调整一定的角度，以磨削锥孔。

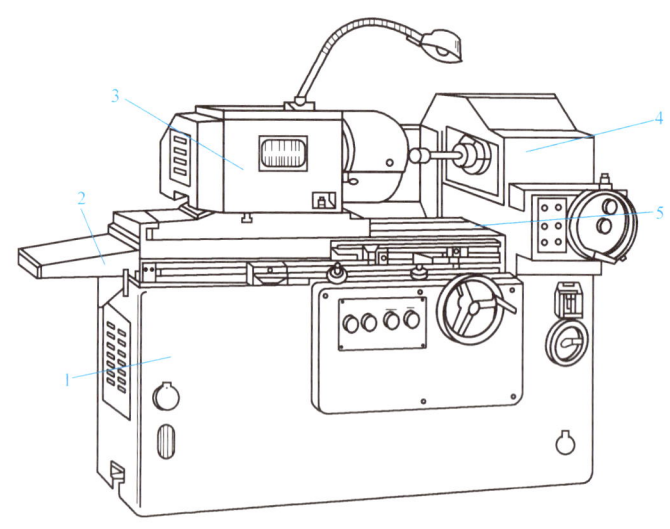

图 5-13　普通内圆磨床

1—床身　2—工作台　3—头架　4—砂轮架　5—滑鞍

为了满足成批和大量生产的需要，现在大部分普通内圆磨床设计为半自动或全自动的。

【课后小结】

磨削加工是用于提高零件加工精度和表面质量的一种加工方法，被广泛应用于零件的精加工阶段，但不适用于有色金属材料。

单元6

其他加工机床

齿轮加工机床

【课前预习】

1. 了解齿轮的分类和齿轮加工设备。
2. 镗削机床的加工工艺范围是什么？
3. 刨削、插削的加工工艺范围是什么？
4. 拉削加工的特点是什么？

6.1 齿轮加工机床

齿轮在各种机械、仪器、仪表中应用广泛，它是传递运动和动力的重要零件。齿轮的质量直接影响到机电产品的工作性能、承载能力、使用寿命和工作精度等。常用的齿轮副有圆柱齿轮、锥齿轮及蜗杆蜗轮等，如图 6-1 所示。其中，外啮合直齿圆柱齿轮是最基本的，也是应用最多的。

在现代机电产品中，虽然数控技术和液压电气传动技术有很大的发展，但由于齿轮传动的传动效率高、传动比准确，在高速重载条件下工作，齿轮传动体积小，因此应用仍很广泛。随着科学技术的发展和机电产品精度的不断提高，对齿轮的传动精度和圆周速度等方面的要求越来越高。因此，齿轮齿形加工在机械制造业中仍占重要地位。

齿轮的齿形曲线有渐开线、摆线、圆弧等，其中最常用的是渐开线。下面介绍渐开线齿轮齿形的加工方法。

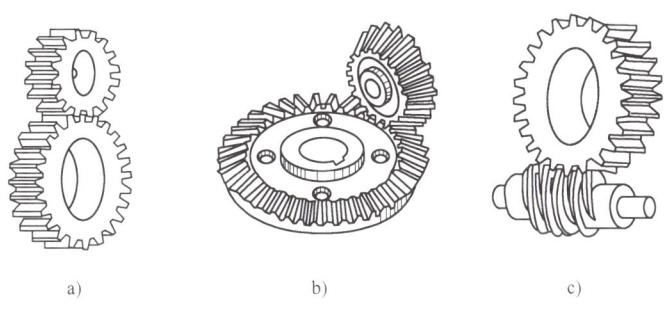

a)   b)   c)

图 6-1 常用的齿轮副

a）圆柱齿轮 b）锥齿轮 c）蜗杆蜗轮

6.1.1　齿轮的加工方法

1. 成形法

成形法加工齿轮齿形是利用与被加工齿轮齿槽法向截面形状相符的成形刀具，在齿坯上加工出齿形的方法。成形法加工齿轮的方法有铣齿、拉齿、插齿及磨齿等，其中最常用的方法是在普通铣床上用成形铣刀铣削齿形。当齿轮模数 $m <$ 8mm 时，一般在卧式铣床上用盘形铣刀铣削，如图 6-2a 所示；当齿轮模数 $m \geqslant$ 8mm 时，在立式铣床用指状铣刀铣削，如图 6-2b 所示。

铣削时，将齿坯装夹在心轴上，心轴装在分度头顶尖和尾座顶尖间，模数铣刀做旋转主运动，工作台带着分度头、齿坯做纵向进给运动，实现齿槽的成形铣削加工。每铣完一个齿槽，工件退回，按齿数 z 进行分度，然后再加工下一个齿槽，直至铣完所有的齿槽。铣削斜齿圆柱齿轮应在万能铣床上进行，铣削时，工作台偏转一个齿轮的螺旋角 β，齿坯在随工作台进给的同时，由分度头带动做附加转动，形成螺旋线运动。

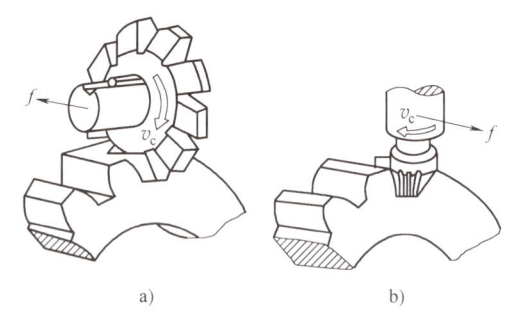

图 6-2　直齿圆柱齿轮的成形铣削
a）盘形齿轮铣刀铣削　b）指状齿轮铣刀铣削

用成形法加工齿轮的齿廓形状是由模数铣刀切削刃形状来保证；齿廓分布的均匀性则由分度头分度精度保证。标准渐开线齿轮的齿廓形状是由该齿轮的模数 m 和齿数 z 决定的。因此，要加工出准确的齿形，就必须要求同一模数不同齿数的齿轮都有一把相应的模数铣刀，这将导致刀具数量非常多，在生产中是极不经济的。实际生产中，将同一模数的铣刀一般只做出 8 把，分别铣削齿形相近的一定齿数范围的齿轮。模数铣刀刀号及其加工齿数范围见表 6-1。

表 6-1　模数铣刀刀号及其加工齿数范围

刀号	1	2	3	4	5	6	7	8
加工齿数范围	12~13	14~16	17~20	21~25	26~34	35~54	55~134	135 以上

每种刀号齿轮铣刀的刀齿形状均按加工齿数范围中最少齿数的齿形设计，所以在加工该范围内其他齿数齿轮时，会有一定的齿形误差产生。

当加工精度要求不高的斜齿圆柱齿轮时，可以借用加工直齿圆柱齿轮的铣刀。但此时铣刀的刀号应按照斜齿轮法向截面内的当量齿数 z_d 来选择。

$$z_d = \frac{z}{\cos^3 \beta}$$

式中　z——斜齿圆柱齿轮齿数；

　　　β——斜齿圆柱齿轮的螺旋角。

成形法铣齿的优点在于：可在一般铣床上进行，对于缺乏专用齿轮加工设备的工厂较为方便；模数铣刀比其他齿轮刀具结构简单，制造容易，因此生产成本低。但由于每铣一个齿槽均需进行切入、切出、退刀以及分度等工作，加工时间和辅助时间长，因此生产率低。由于受刀具的齿形误差和分度误差的影响，加工的齿轮存在较大的齿形误差和分齿误差，故铣齿精度较低。加工精度为 9~12 级、齿轮表面粗糙度值为 $Ra6.3~3.2\mu m$。

成形法铣齿一般用于单件小批量生产或机修工作中，加工直齿、斜齿和人字齿圆柱齿轮，也可加工重型机械中精度要求不高的大型齿轮。

2. 展成法

展成法加工齿轮齿形是利用一对齿轮啮合的原理来实现的，即把其中一个转化为具有切削能力的齿轮刀具，另一个转化为被切工件，通过专用齿轮加工机床，强制刀具和工件作严格的啮合运动（展成运动），在运动过程中，刀具切削刃的运动轨迹逐渐包络出工件的齿形。

展成法加工齿轮，一种模数和压力角的刀具，可以加工出相同模数和压力角而齿数不同的齿轮，其加工过程是连续的，具有较高的加工精度和生产率，是齿轮齿形主要的加工方法。滚齿加工和插齿加工是展成法中最常见的两种加工方法。

（1）滚齿加工 滚齿加工是按照展成法的原理来加工齿轮的。用滚刀来加工齿轮相当于一对交错轴的螺旋齿轮啮合。在这对啮合的齿轮副中，一个齿数很少、只有一个或几个，螺旋角很大，就演变成了一个蜗杆状齿轮，为了形成切削刃，在该齿轮垂直于螺旋线的方向上开出容屑槽，磨前、后刀面，形成切削刃和前、后角，于是就变成了滚刀。滚刀与齿坯按啮合传动关系做相对运动，在齿坯上切出齿槽，形成了渐开线齿面，如图 6-3a 所示。在滚切过程中，分布在螺旋线上的滚刀各刀齿相继切出齿槽中一薄层金属，每个齿槽在滚刀旋转中由几个刀齿依次切出，渐开线齿廓则由切削刃一系列瞬时位置包络而成，如图 6-3b 所示。因此，滚齿加工齿面的成形方法是展成法，成形运动是由滚刀的旋转运动和工件的旋转运动组成的复合运动（$B_{11}+B_{12}$），这个复合运动称为展成运动。当滚刀与工件连续啮合转动时，便在工件整个圆周上依次切出所有齿槽。在这一过程中，齿面的形成与齿轮分度是同时进行的，因而展成运动也就是分度运动。

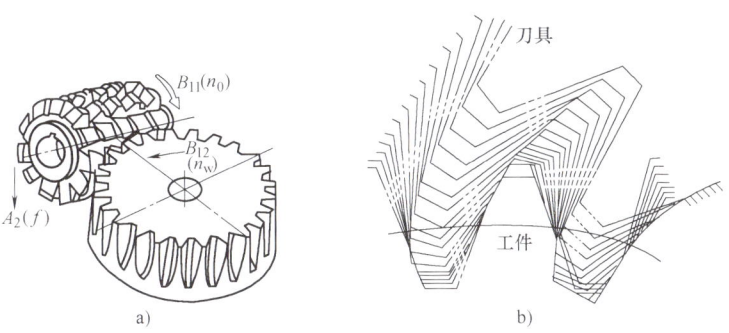

图 6-3 滚齿加工原理

综上所述，为了得到渐开线齿廓和齿轮齿数，滚齿时，滚刀和工件间必须保持严格的相对运动关系，即当滚刀转过 1 转时，工件相应地转过 K/z 转（K 为滚刀头数，z 为工件齿数）。

（2）插齿加工 插齿是利用插齿刀在插齿机上加工内、外齿轮或齿条等的齿面加工方法。

插齿的加工过程，从原理上讲，相当于一对直齿圆柱齿轮的啮合。工件和插齿刀的运动形式如图 6-4a 所示。插齿刀相当于一个在齿轮上磨出前角和后角，形成切削刃的齿轮，而齿轮齿坯则作为另一个齿轮。插齿时刀具沿工件轴线方向做高速的往复直线运动，形成切削加工的主运动，同时还与工件做无间隙的啮合运动，在工件上加工出全部轮齿齿廓。在加工过程中，刀具每往复一次仅切出工件齿槽的很小一部分，工件齿槽的齿面曲线是由插齿刀切

削刀多次切削的包络线所组成的，如图 6-4b 所示。

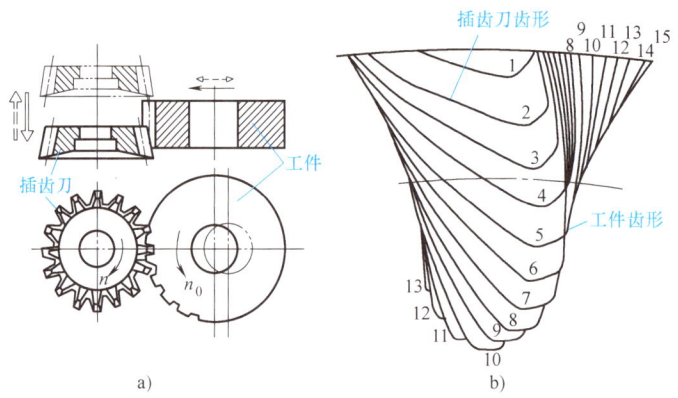

图 6-4　插齿加工原理

（3）剃齿加工　剃齿加工是利用剃齿刀在专用剃齿机上对齿轮齿形进行精加工的一种方法，专门用来加工未经淬火（35HRC 以下）的圆柱齿轮。剃齿加工精度可达 7~6 级，齿轮的表面粗糙度值可达 $Ra0.8~0.4\mu m$。剃齿在原理上属于展成法加工。剃齿刀的形状类似于螺旋齿轮，齿形做得非常准确，在齿面上沿渐开线方向开有许多小沟槽以形成切削刃（见图 6-5a）。当剃齿刀与被加工齿轮啮合运转时，剃齿刀齿面上的众多切削刃将从工件齿面上剃下细丝状的切屑，使齿形精度提高和齿面表面粗糙度值降低。

剃齿加工时工件与刀具的运动形式如图 6-5b 所示。工件安装在心轴上，由剃齿刀带动旋转，由于剃齿刀刀齿是倾斜的（螺旋角为 β），为使它能与工件正确啮合，必须使其轴线相对于工件轴线倾斜一个 β 角。剃齿时，剃齿刀在啮合点 A 的圆周速度 v_A 可以分解为沿工件切向速度 v_{An} 和沿工件轴向速度 v_{At}，v_{An} 使工件旋转，v_{At} 为齿面相对滑动速度，即剃齿速度。为了剃削工件的整个齿宽，工件应由工作台带动做往复直线运动。工作台每次往复行程终了时，剃齿刀沿工件径向做进给运动，使工件齿面每次被剃去一层厚为 0.007~0.03mm 的金属。在剃削过程中，剃齿刀时而正转，剃削轮齿的一个侧面；时而反转，剃削轮齿的另一个侧面。

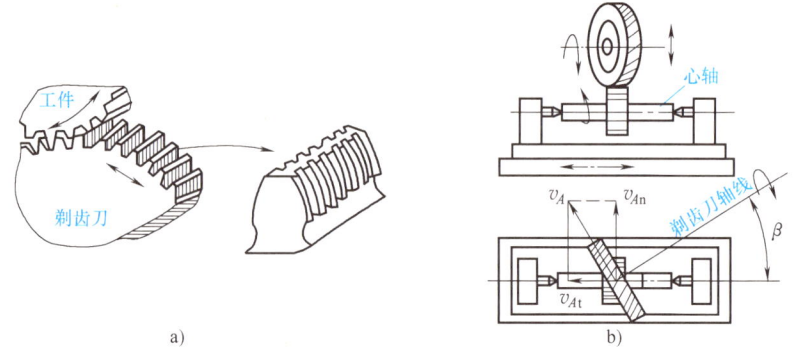

图 6-5　剃齿刀和剃齿加工原理

a）剃齿刀　b）剃齿加工原理

剃齿加工主要用于提高齿形精度和齿向精度，降低齿面表面粗糙度值。剃齿不能修正分齿误差。剃后齿轮精度可达 7~6 级，表面粗糙度值为 $Ra0.8~0.2\mu m$。剃齿主要用于成批和大量生产中精加工齿面未淬硬的直齿和斜齿圆柱齿轮。

（4）珩齿加工　当工件硬度超过35HRC时，使用珩齿加工代替剃齿加工。珩齿加工是在珩磨机上用珩磨轮对齿轮进行精加工的一种方法，其原理和运动与剃齿加工相同。珩磨轮是用金刚砂及环氧树脂等浇注或热压而成的具有较高齿形精度的斜齿轮，它的硬度极高，其外形结构与剃齿刀相似，只是齿面上无容屑槽，是靠磨粒进行切削的。珩磨时珩磨轮转速高（为1000~2000r/min），可同时沿齿向和渐开线方向产生滑动进行连续切削，生产率高。珩磨过程具有磨、剃、抛光等综合作用。珩齿加工对齿形精度改善不大，主要用于剃齿加工后需淬火齿轮的精加工，能去除氧化皮、毛刺，改善热处理后的轮齿表面粗糙度值（$Ra0.4 \sim 0.2\mu m$）。珩齿加工也可用于非淬硬齿轮加工。

（5）磨齿加工　磨齿加工是用砂轮在专用磨齿机上对已淬火齿轮进行精加工的一种方法。按加工原理可分为成形法和展成法两种。

1）成形法磨齿。成形法磨齿和成形法铣齿的原理相同，砂轮截面形状修整成与被磨齿轮齿槽一致，磨齿时的工作状况与盘铣刀铣齿工作状况相似，如图6-6所示。磨齿时的分度运动是不连续的，在磨完一个齿之后必须进行分度，再磨下一个齿，轮齿是逐个加工出来的。成形法磨齿由于砂轮一次就能磨削出整个渐开线齿面，故生产率高，但受砂轮修整精度和机床分度精度的影响，其加工精度较低（6~5级），在生产中应用较少。

2）展成法磨齿。展成法磨齿是将砂轮的磨削部分修整成锥面（图6-7a），以构成假想齿条的齿面。磨削时，砂轮做高速旋转运动（主运动），同时沿工件轴向做往复直线运动，以磨出全齿宽。工件则严格按照一齿轮沿固定齿条做纯滚动的方式，边转动、边移动，从齿根向齿顶方向先后磨出一个齿槽两侧面。之后砂轮退离工件，机床分度机构进行分度，使工件转过一个齿，磨削下一个齿槽的齿面，如此重复上述循环，直至磨完全部齿槽齿面。

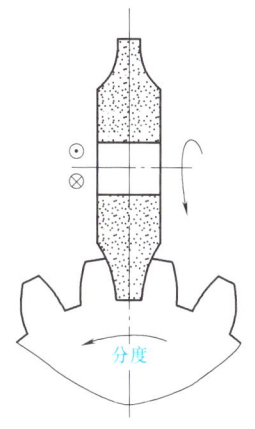

图6-6　成形法磨齿

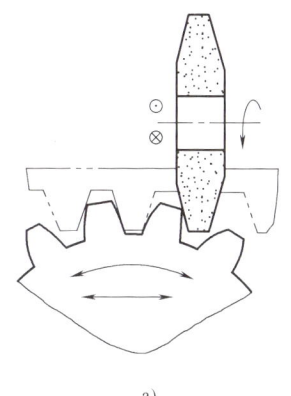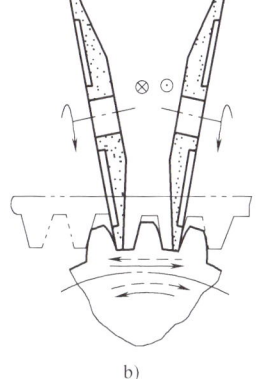

a)　　　　　　　　　　　b)

图6-7　展成法磨齿
a）单砂轮磨齿　b）双砂轮磨齿

锥面砂轮磨齿精度可达6~4级，齿面表面粗糙度值为$Ra0.4 \sim 0.2\mu m$，主要用于单件、小批生产中加工精度要求很高的淬硬或非淬硬齿轮。

如果将两个碟形砂轮倾斜成一定角度，以构成假想齿条两个齿的两个外侧面，同时对齿轮轮齿的两个齿面进行磨削（图6-7b），其原理同前述锥面砂轮磨齿相同。这种磨齿方法，加工精度高（最高可达3级），齿面表面粗糙度值为$Ra0.4 \sim 0.2\mu m$，但所用设备结构复杂，成本高、生产率低，故应用不广。

6.1.2 齿轮加工机床的类型

1. 滚齿机

图 6-8 所示为 Y3150E 型滚齿机，是一种中型通用滚齿机，主要用于加工直齿和斜齿圆柱齿轮，也可以用径向切入法加工蜗轮，可以加工的工件最大直径为 500mm，最大模数为 8mm。立柱固定在床身上，刀架溜板可沿立柱导轨上下移动。刀架体安装在刀架溜板上，可绕自己的水平轴线转位。滚刀安装在刀杆上做旋转运动，工件安装在工作台的心轴上，随同工作台一起转动。后立柱和工作台一起装在床鞍上，可沿机床水平导轨移动，用于调整工件的径向位置或径向进给运动。

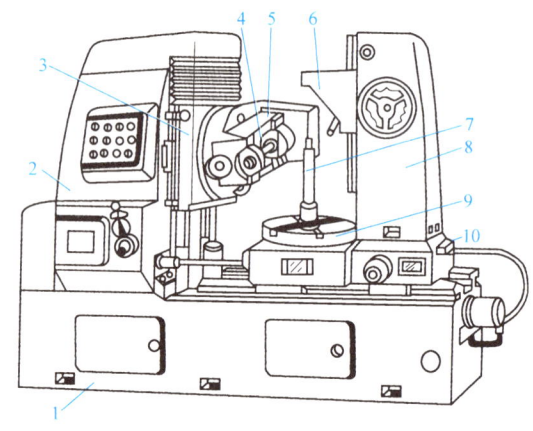

图 6-8 Y3150E 型滚齿机

1—床身 2—立柱 3—刀架溜板 4—刀杆 5—刀架体 6—支架 7—心轴 8—后立柱 9—工作台 10—床鞍

2. 插齿机

插齿机如图 6-9 所示，主要用于加工内、外啮合的圆柱齿轮，尤其适用于加工在滚齿机上不能加工的多联齿轮、内齿轮和齿条。

3. 磨齿机

磨齿机如图 6-10 所示，升降台 2 可做上、下移动，以调整工件的上、下位置；台面 3 可以在水平方向移动，以调整被磨齿轮的轴向位置；4 是滚圆盘和钢带，当工件头架或钢带支座做垂直于工件主轴的移动时，滚圆盘连同装在工件主轴前端的工件在钢带的迫使下，在钢带上滚动而产生展成运动；5 为钢带支架，采用无差动法加工时，它是不动的，在有差动法加工时，它在垂直于工件主轴方向做横向移动，使滚圆盘产生附加转动；6 为工件头架，不论采用差动法或无

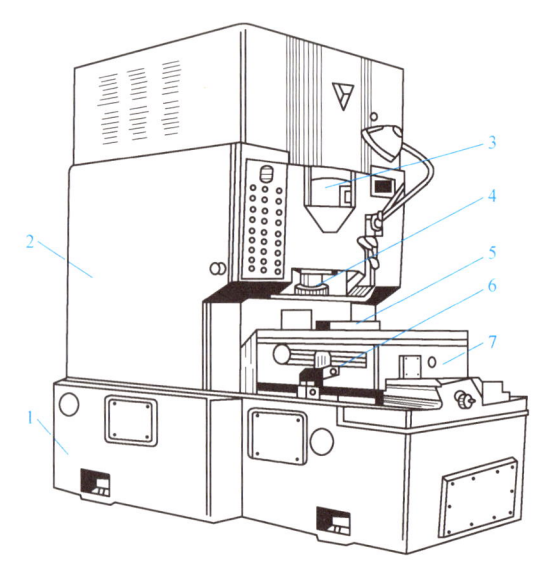

图 6-9 插齿机

1—床身 2—立柱 3—刀架 4—主轴
5—工作台 6—挡块支架 7—工作台溜板

46

差动法加工时，工件头架均做垂直于工件主轴方向的横向运动，迫使滚圆盘在钢带上滚动而产生展成运动；7 为工件主轴；锥形砂轮 8 做旋转的主运动；9 是砂轮修整器；砂轮架滑座 10 带着砂轮做往复直线运动；立柱 11 连同装在立柱上的砂轮架滑座，可绕床身中央点在水平面内旋转，以调整不同的角度，适应加工不同螺旋角的斜齿圆柱齿轮的要求。

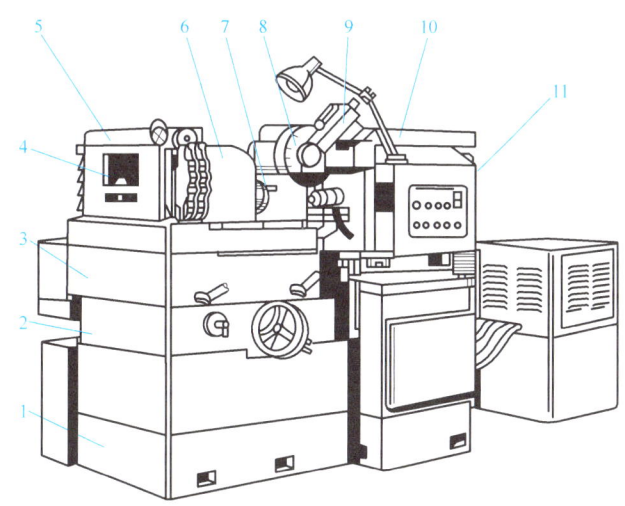

图 6-10　磨齿机

1—床身　2—升降台　3—台面　4—滚圆盘和钢带　5—钢带支架　6—工件头架
7—工件主轴　8—锥形砂轮　9—砂轮修整器　10—砂轮架滑座　11—立柱

镗床及镗削加工

6.2　镗削机床

镗孔是用镗刀在已加工孔的工件上使孔径扩大并达到精度和表面粗糙度要求的加工方法。镗孔是常用的孔加工方法之一，根据工件的尺寸形状、技术要求及生产批量的不同，镗孔可以在镗床、车床、铣床、数控机床和组合机床上进行。一般回旋体零件上的孔，多用车床加工；而箱体类零件上的孔或孔系（即要求相互平行或垂直的若干孔），则可以在镗床上加工。

镗孔不但能校正原有孔轴线偏斜，而且能保证孔的位置精度，所以镗削加工适用于加工机座、箱体、支架等外形复杂的大型零件上的孔径较大、尺寸精度要求较高、有位置要求的孔和孔系。

6.2.1　镗削加工工艺范围

镗削机床的主要工作是用镗刀进行镗孔，此外，还可进行钻孔、铣平面和车削等工作。镗床可以分为卧式镗床、坐标镗床以及金刚镗床等。

卧式镗床因其工艺范围广泛而得到普遍使用，尤其适应大型、复杂的箱体类零件精度要求高的镗孔加工。卧式镗床除镗孔外，还可车端面、铣平面、车外圆、车螺纹及钻孔等。零件可在一次安装中完成大量的加工工序，图 6-11 所示为卧式镗床的主要加工方法。

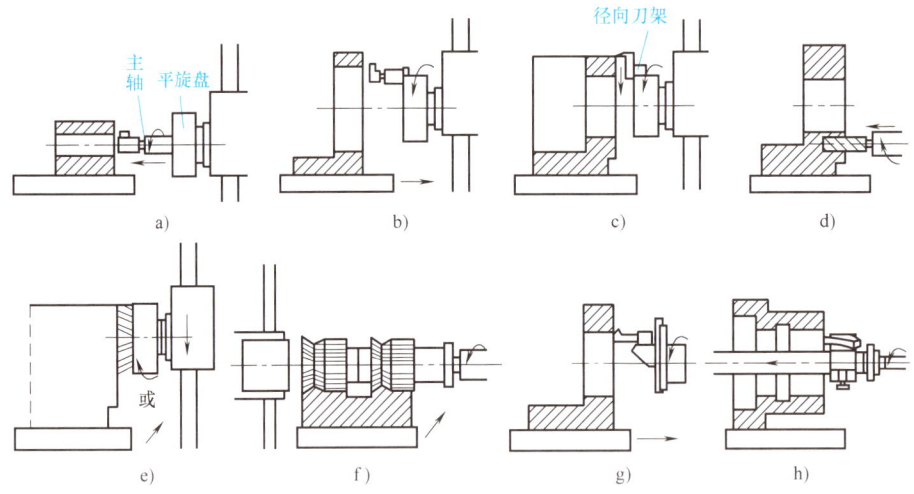

图 6-11 卧式镗床的主要加工方法

6.2.2 镗削机床的类型

镗床主要用于加工尺寸较大且精度要求较高的孔，特别是分布在不同表面上、孔距和位置精度要求很严格的孔系，如箱体、汽车发动机缸体等零件上的孔系加工。镗床工作时，由刀具做旋转主运动，进给运动则根据机床类型和加工条件的不同或者由刀具完成，或者由工件完成。镗床主要类型有卧式镗床、坐标镗床以及金刚镗床等。

1. 卧式镗床

卧式镗床的外形如图 6-12 所示。它主要由床身 10、主轴箱 8、工作台 3、平旋盘 5 和前后立柱 7、2 等组成。主轴箱中装有键轴 6、平旋盘 5 及主运动和进给运动的变速、操纵机

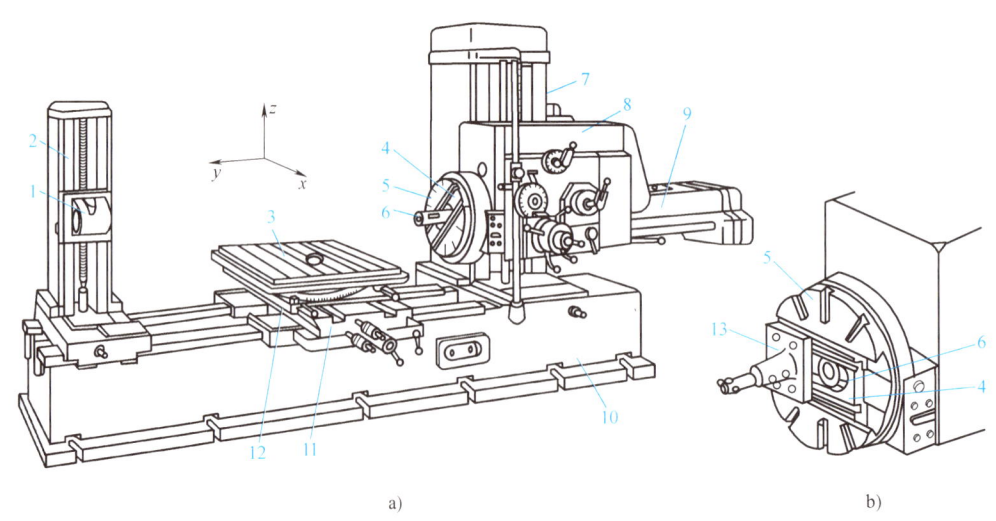

图 6-12 卧式镗床

1—支架　2—后立柱　3—工作台　4—径向刀架　5—平旋盘　6—键轴
7—前立柱　8—主轴箱　9—后尾筒　10—床身　11—下滑座　12—上滑座　13—刀座

构。加工时，镗轴6带动镗刀旋转形成主运动，并可沿其轴线移动实现轴向进给运动；平旋盘5只做旋转运动，装在平旋盘端面燕尾导轨中的径向刀架4除了随平旋盘一起旋转外，还可带动刀具沿燕尾导轨做径向进给运动；主轴箱8可沿前立柱7的垂直导轨做上下移动，以实现垂直进给运动。工件装夹在工作台3上，工作台下面装有下滑座11和上滑座12，下滑座可沿床身10水平导轨做纵向移动，实现纵向进给运动；工作台还可在上滑座的环形导轨上绕垂直轴回转，进行转位；上滑座可沿下滑座的导轨做横向移动，实现横向进给。再利用主轴箱上、下位置调节，可使工件在一次装夹中，对工件上相互平行或成一定角度的平面或孔进行加工。后立柱2可沿床身导轨做纵向移动，支架1可在后立柱垂直导轨上，进行上下移动，用以支承悬伸较长的镗杆，以增加其刚性。

综上所述，卧式镗床的主运动有：镗轴和平旋盘的旋转运动（二者是独立的，分别由不同的传动机构驱动）；进给运动有：镗轴的轴向进给运动，平旋盘上径向刀架的径向进给运动，主轴箱的垂直进给运动，工作台的纵向、横向进给运动；此外，辅助运动有：工作台转位，后立柱纵向调位，后立柱支架的垂直方向调位，以及主轴箱沿垂直方向和工作台沿纵、横方向的快速调位运动。

卧式镗床结构复杂，通用性较大，除可进行镗孔外，还可进行钻孔、加工各种形状沟槽、铣平面、车削端面和螺纹等。卧式镗床的主参数是镗轴直径。它广泛用于机修和工具车间，适用于单件小批量生产。图6-13所示为其典型加工方法。

其中，图6-13a所示为利用装在镗轴上的镗刀镗孔，纵向进给运动f_1由镗轴移动完成；图6-13b所示为利用后立柱支架支承长镗杆镗削同轴孔，纵向进给运动f_3由工作台移动完成；图6-13c所示为利用平旋盘上刀具镗削大直径孔，纵向进给运动f_3由工作台完成；图6-13d所示为利用装在镗轴上的面铣刀铣平面，垂直进给运动f_2由主轴箱完成；图6-13e、f所示为利用装在平旋盘径向刀架上的刀具车内沟槽和端面，径向进给运动f_4由径向刀架完成。

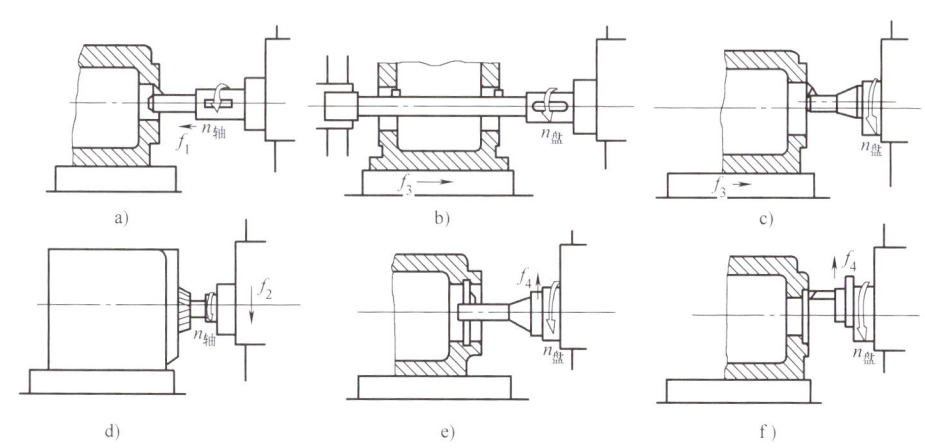

图6-13 卧式镗床的典型加工方法

2. 坐标镗床

该类机床上具有坐标位置的精密测量装置，加工孔时，按直角坐标来精密定位，所以称为坐标镗床。坐标镗床是一种高精度机床，主要用于镗削高精度的孔，特别适用于相互位置精度很高的孔系，如钻模、镗模等的孔系。坐标镗床还可以进行钻、扩、铰孔及精铣加工。

此外，坐标镗床还可以做精密刻线、样板画线、孔距及直线尺寸的精密测量等工作。

坐标镗床按其布局和形式不同，可分为立式单柱、立式双柱和卧式等主要类型。

（1）立式单柱坐标镗床　立式单柱坐标镗床如图6-14所示，立式单柱坐标镗床的主轴在水平面上的位置是固定的。镗孔坐标位置由工作台3沿床鞍2导轨的纵向移动和床鞍2沿床身1导轨的横向移动来确定。装有主轴组件的主轴箱5装在立柱4的垂直导轨上，可上下调整位置以适应加工不同高度的工件，主轴由精密轴承支承在主轴套筒中（旋转精度和刚度都有很高要求），主轴的旋转运动由立柱4内的电动机经V带和变速器传动以完成主运动。当进行镗孔、钻孔、扩孔、铰孔等工序时，主轴由主轴套筒带动，在垂直方向做机动或手动进给运动。当进行铣削时，则由工作台在纵、横方向移动完成进给运动。

这种类型机床工作台的三个侧面都是敞开的，操作比较方便，但由于这种坐标镗床的工作台须实现两个坐标方向的移动，使工作台和床身之间层次增多，削弱了刚度。此外，由于主轴箱悬臂安装，当机床尺寸较大时，给保证加工精度增加了困难。因此，此种布局形式多为中、小型坐标镗床采用。

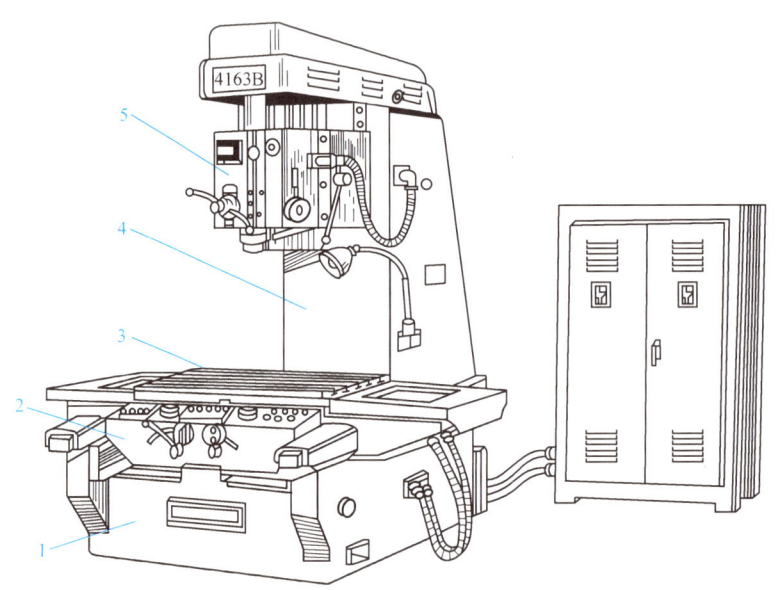

图6-14　立式单柱坐标镗床
1—床身　2—床鞍　3—工作台　4—立柱　5—主轴箱

（2）立式双柱坐标镗床　立式双柱坐标镗床如图6-15所示，它具有由两侧立柱、顶梁和床身构成的龙门框架式结构。主轴箱5装在可沿立柱导轨上下调整位置的横梁2上，工作台1则直接支承在床身8的导轨上。镗孔的坐标位置由主轴箱沿横梁导轨横向移动和工作台沿床身导轨纵向移动来确定。立式双柱坐标镗床的主轴箱（装在龙门框架上）的悬伸距离较小，并且工作台和床身之间层次少，所以这种坐标镗床刚度较高，承载能力较强。因此，大、中型坐标镗床常采用这种布局形式。

（3）卧式坐标镗床　卧式坐标镗床如图6-16所示，其主轴水平布置，与工作台台面平行。安装工件的工作台由下滑座7、上滑座1以及可做精密分度的回转工作台2三层组成。镗孔的坐标位置由下滑座沿床身6的导轨纵向移动和主轴箱5沿立柱4的导轨垂直移动来确定。镗孔时的进给运动，可由主轴 3 轴向移动完成，也可由上滑座 1 横向移动完成。

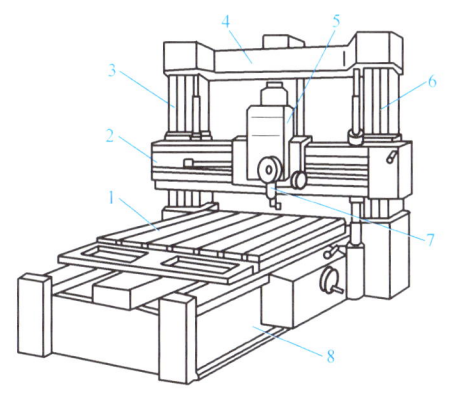

图 6-15　立式双柱坐标镗床

1—工作台　2—横梁　3、6—立柱　4—横梁
5—主轴箱　7—主轴　8—床身

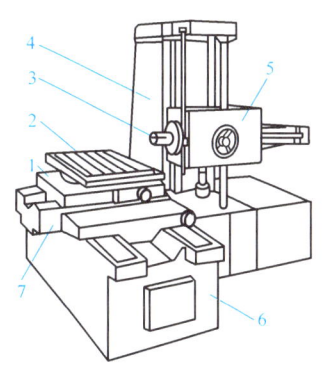

图 6-16　卧式坐标镗床

1—上滑座　2—回转工作台　3—主轴　4—立柱
5—主轴箱　6—床身　7—下滑座

3. 金刚镗床

金刚镗床是一种高速精密镗床，因以前采用金刚石镗刀而得名，现已大量采用硬质合金刀具。这种机床的特点是切削速度很高（加工钢件 $v = 1.7 \sim 3.3 \mathrm{m/s}$，加工有色合金件 $v = 5 \sim 25 \mathrm{m/s}$），而背吃刀量和进给量极小（背吃刀量一般不超过 0.1mm，进给量一般为 $0.01 \sim 0.14 \mathrm{mm/r}$），因此可以获得很高的加工精度（孔径公差等级一般为 IT6、IT7，圆度误差为 $3 \sim 5 \mu\mathrm{m}$）和表面质量（表面粗糙度值一般为 $Ra0.08 \sim 1.25 \mu\mathrm{m}$）。金刚镗床在成批生产、大量生产中获得了广泛的应用，常用于加工发动机的气缸、连杆、活塞等零件上的精密孔。

图 6-17 所示为单面卧式金刚镗床的外形。机床的主轴箱 1 固定在床身 4 上，主轴高速旋转带动镗刀做主运动。工件通过夹具安装在工作台 3 上，工作台沿床身导轨做平稳的低速纵向移动以实现进给运动，工作台一般为液压驱动，可实现半自动循环。

主轴组件是金刚镗床的关键部件，它的性能好坏，在很大程度上决定着机床的加工质量，这类机床的主轴短而粗，在镗杆的端部设有消振器；主轴采用精密的角接触球轴承或静压轴承支承，并由电动机经传动带直接带动主轴旋转，可保证主轴组件准确平稳地运转。

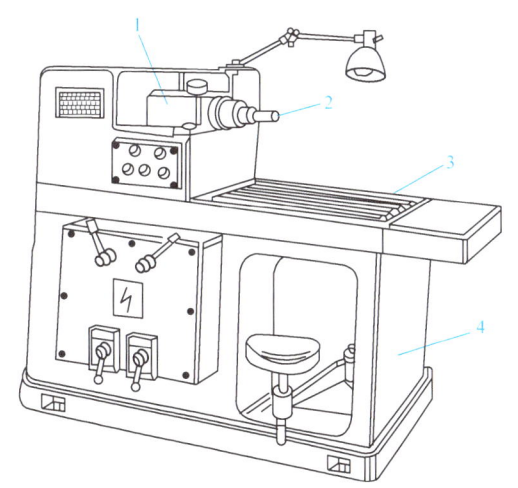

图 6-17　单面卧式金刚镗床外形

1—主轴箱　2—主轴　3—工作台　4—床身

金刚镗床的种类很多，按其布局形式可分为单面、双面和多面；按其主轴的位置可分为立式、卧式和倾斜式；按其主轴的数量可分为单轴、双轴及多轴。

6.3 刨削、插削机床

6.3.1 刨削机床

1. 刨削加工工艺范围

刨削加工主要用于加工各种平面（如水平面、垂直面和斜面等）和沟槽（如 T 形槽、燕尾槽、V 形槽等）。刨削加工的典型表面如图 6-18 所示（图中的切削运动是按牛头刨床加工时标注的）。

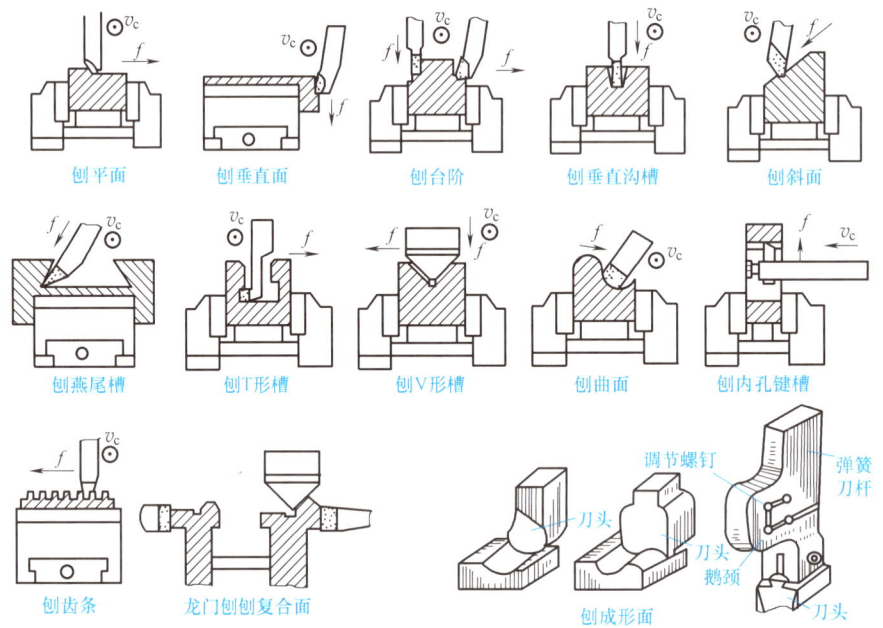

图 6-18　刨削加工的典型表面

2. 刨床的类型

（1）牛头刨床　如图 6-19 所示，牛头刨床主要由床身、横梁、工作台、滑枕、刀架等组成，因其滑枕和刀架形似"牛头"而得名。牛头刨床工作时，装有刀架 1 的滑枕 3 由床身 4 内部的摆杆带动，沿床身顶部的导轨做直线往复运动，由刀具实现切削过程的主运动。夹具或工件则安装在工作台 6 上，加工时，工作台 6 带动工件沿横梁 5 上导轨做间歇横向进给运动。横梁 5 可沿床身的垂直导轨上下移动，以调整工件与刨刀的相对位置。刀架 1 还可以沿刀架座上的导轨上下移动（一般为手动），以调整刨削深度，以及在加工垂直平面和斜面做进给运动时，调整转盘 2，可以使刀架左右回旋，以便加工斜面和斜槽。

牛头刨床的刀具只在一个运动方向上进行切削，刀具在返回时不进行切削，空行程损失大，此外，滑枕在换向的瞬间，有较大的冲击惯性，因此主运动速度不能太高；加工时通常只能单刀加工，所以它的生产率比较低。牛头刨床的主参数是最大刨削长度。它适用于单件小批量生产或机修车间，用来加工中、小型工件的平面或沟槽。

（2）龙门刨床 图6-20所示为龙门刨床的外形图，因它具有一个"龙门"式框架而得名。龙门刨床工作时，工件装夹在工作台9上，随工作台沿床身10的水平导轨做直线往复运动以实现切削过程的主运动。装在横梁2上的垂直刀架5、6可沿横梁导轨做间歇的横向进给运动，用以刨削工件的水平面，垂直刀架的溜板还可使刀架上下移动，做切入运动或刨竖直平面。此外，刀架溜板还能绕水平轴调整至一定角度位置，以加工斜面或斜槽。横梁2可沿左右立柱3、7的导轨做垂直升降以调整垂直刀架位置，适应不同高度工件的加工需要。装在左右立柱上的侧刀架1、8可沿立柱导轨做垂直方向的间歇进给运动，以刨削工件竖直平面。

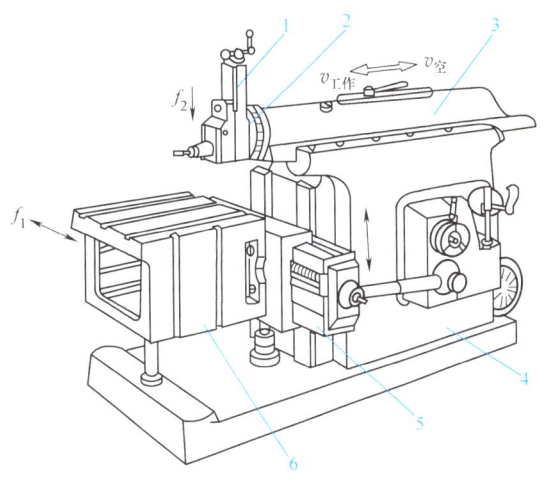

图6-19 牛头刨床

1—刀架 2—转盘 3—滑枕
4—床身 5—横梁 6—工作台

与牛头刨床相比，龙门刨床具有形体大、动力大、结构复杂、刚性好、工作稳定、工作行程长、适应性强和加工精度高等特点。龙门刨床的主参数是最大刨削宽度。它主要用来加工大型零件的平面，尤其是窄而长的平面，也可加工沟槽或在一次装夹中同时加工数个中、小型工件的平面。

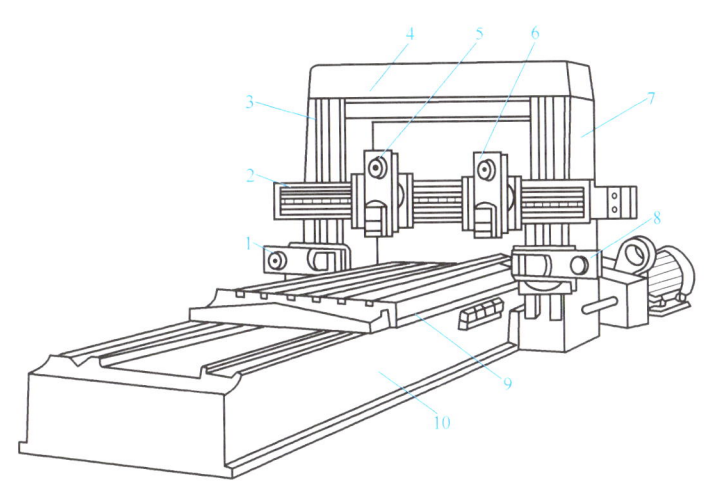

图6-20 龙门刨床

1、8—左、右侧刀架 2—横梁 3、7—立柱 4—顶梁 5、6—垂直刀架 9—工作台 10—床身

6.3.2 插削机床

插削和刨削的切削方式基本相同，只是插削是在竖直方向进行切削，因此，可以认为插床是一种立式的刨床。图6-21所示为插床的外形图。插削加工时，滑枕2带动插刀沿垂直方向做直线往复运动，实现切削过程的主运动。工件安装在圆工作台1上，圆工作台可实现

纵向、横向和圆周方向的间歇进给运动。此外，利用分度装置5，圆工作台还可进行圆周分度。滑枕导轨座3和滑枕一起可以绕销轴4在垂直平面内相对立柱倾斜，以便插削斜槽和斜面。

插床的主参数是最大插削长度。插削主要用于单件、小批量生产中加工工件的内表面，如方孔、多边形孔和键槽等。在插床上加工内表面比刨床方便，但插刀刀杆刚性差，为防止"扎刀"，前角不宜过大，因此加工精度比刨削低。

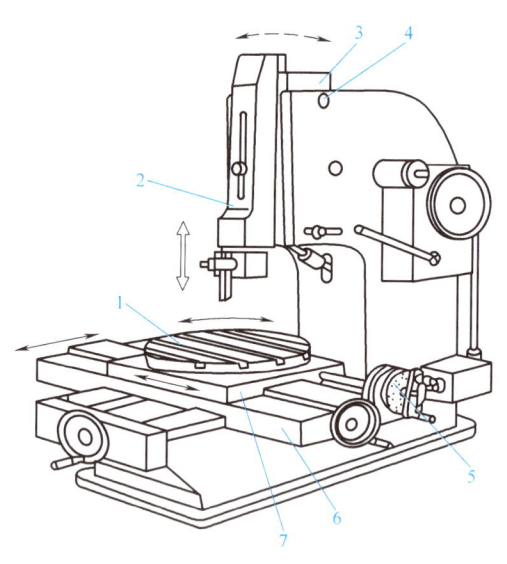

图 6-21　插床
1—圆工作台　2—滑枕　3—滑枕导轨座
4—销轴　5—分度装置　6—床鞍　7—溜板

6.4　拉削机床

1. 拉削加工工艺范围

在拉床上用拉刀加工工件的工艺过程，称为拉削加工。拉削工艺范围广，不但可以加工各种形状的通孔，还可以拉削平面及各种组合成形表面。图6-22所示为适用于拉削加工的典型工件截面形状。由于受拉刀制造工艺以及拉床动力的限制，过小或过大尺寸的孔均不适宜拉削加工（拉削孔径一般为10～100mm，孔的深径比一般不超过5），不通孔、台阶孔和薄壁孔也不适宜拉削加工。

图 6-22　拉削加工的典型工件截面形状

2. 拉刀

根据工件加工面及截面形状不同，拉刀有多种形式。常用的圆孔拉刀结构如图6-23所示，其组成部分包括：

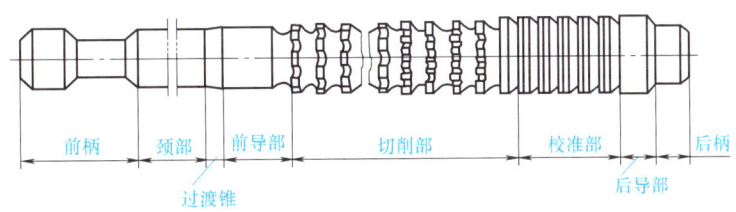

图 6-23　圆孔拉刀的结构

（1）前柄　用于拉床夹头夹持拉刀，带动拉刀进行拉削。

（2）颈部　是前柄与过渡锥的连接部分，可在此处打标记。

（3）过渡锥　起对准中心的作用，使拉刀顺利进入工件预制孔中。

（4）前导部　起导向和定心作用，防止拉孔歪斜，并可检查拉削前的孔径尺寸是否过小，以免拉刀第一个切削齿载荷太重而损坏。

（5）切削部　承担全部余量的切除工作，由粗切齿、过渡齿和精切齿组成。

（6）校准部　用以校正孔径，修光孔壁，并作为精切齿的后备齿。

（7）后导部　用以保持拉刀最后正确位置，防止拉刀在即将离开工件时，工件下垂而损坏已加工表面或刀齿。

（8）后柄　用作直径大于 60mm 既长又重拉刀的后支承，防止拉刀下垂。直径较小的拉刀可不设后柄。

3. 拉孔的工艺特点

分析前述圆孔拉刀的结构可知，拉刀是一种高精度的多齿刀具，拉刀从头部向尾部方向其刀齿高度逐齿递增，拉削过程中，通过拉刀与工件之间的相对运动，分别逐层从工件孔壁上切除金属（见图 6-24），从而形成与拉刀的最后刀齿同形状的孔。

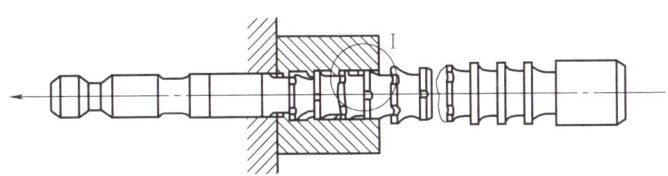

I 放大

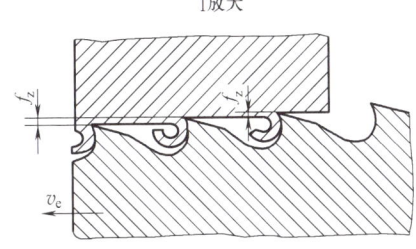

图 6-24　拉刀拉孔过程

拉孔与其他孔加工方法比较，具有以下特点：

（1）生产率高　拉削时，拉刀同时工作的刀齿数多、切削刃总长度长，在一次工作行程中就能完成粗、半精及精加工，机动时间短，因此生产率很高。

（2）可以获得较高的加工质量　拉刀为定尺寸刀具，有校准齿对孔壁进行校准、修光；拉孔切削速度低（$v_e = 2 \sim 8m/min$），拉削过程平稳，因此可获得较高的加工质量。一般拉孔精度可达 IT8～IT7，表面粗糙度值为 $Ra1.6 \sim 0.1\mu m$。

（3）拉刀寿命长　由于拉削速度低，切削厚度小，每次拉削过程中，每个刀齿工作时间短，拉刀磨损慢，因此拉刀寿命长。

（4）拉削运动简单　拉削的主运动是拉刀的轴向移动，而进给运动是由拉刀各刀齿的齿升量 f_z 来完成的。因此，拉床只有主运动，没有进给运动，拉床结构简单，操作方便。但拉刀结构较复杂，制造成本高。拉削多用于大批量或成批生产中。

4. 拉床

拉床按用途可分为内拉床及外拉床，按机床布局可分为卧式和立式。其中，以卧式内拉床应用最为普遍。

图 6-25 所示为卧式内拉床的外形结构。液压缸 1 固定于床身内，工作时，液压泵供给压力油驱动活塞，活塞带动拉刀 4，连同拉刀尾部活动支承 5 一起沿水平方向左移，装在固定支承上的工件 3 即被拉制出符合精度要求的内孔。其拉力通过压力表 2 显示。

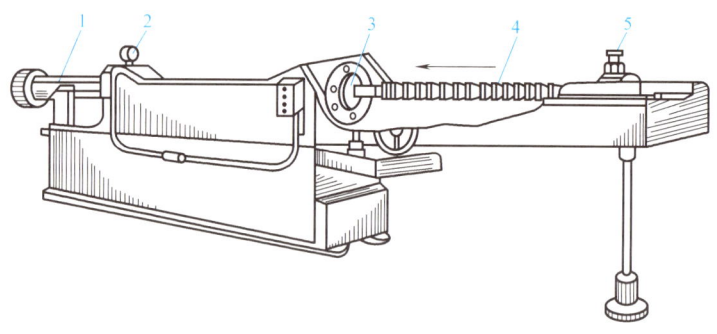

图 6-25　卧式内拉床

1—液压缸　2—压力表　3—工件　4—拉刀　5—活动支承

【知识拓展】

大国工匠洪家光

洪家光出生于普通的农村家庭，受到家庭条件的限制，他只能上完初中便早早地找了一所职业技校进行学习。本着"技多不压身"的理念，又凭着刻苦努力的学习劲头，洪家光最终被分配到"中国航空工业"沈阳黎明公司工作，跻身于优秀的工人之列。

他是普通车工和数控车工的双料高级技师，先后荣获全国职业技能大赛第一名、中

华技能大奖、全国劳动模范、全国五一劳动奖章、全国优秀共产党员、全国技术能手、中国航发技能大师等60余项殊荣。他为我国新型战机的发动机研发精密工艺装备，20多年来，经他手打造的数千件产品无一瑕疵，而作为一线产业工人，他和团队还通过不懈努力，摘取了国家科技进步二等奖。

如今，这位大国工匠已然在车间里坚守了20余年，他将自己的时间与精力付诸车间一线工作，坚定不移地为"中国梦"奉献力量。

【课后小结】

1. 齿轮加工分成形法加工和展成法加工，学会根据齿轮的加工要求正确选择齿形的加工方法。

2. 镗削加工适用于箱体、壳体、支架类零件的大孔加工、止口加工以及孔系加工。

模块2

金属切削加工

【知识架构】 切削运动；切削用量；刀具几何角度；切削变形；切削力；切削温度；刀具寿命；切屑控制；切削液。

【学习目标】 掌握切削用量三要素；掌握影响切削过程的因素；具有合理选择刀具几何角度的能力；具有合理选择切削用量的能力。

单元7

切削要素

【课前预习】

说说在机械加工实习时，使用CA6140型卧式车床加工阶梯轴外圆表面时所用的切削运动有哪些，以及选择什么样的切削用量。

7.1　切削运动

在金属切削加工过程中，用刀具切除工件材料，刀具和工件之间必须要有一定的相对运动，这种相对运动称为切削运动。依其作用不同，切削运动可分为主运动与进给运动。

1. 主运动

主运动是切除多余金属层以形成工件要求的形状、尺寸精度及表面质量所必需的基本运动，也是切削运动中速度最高、消耗功率最大的运动。在切削加工中，主运动只有且必须有一个。主运动可以是旋转运动（如车削、镗削中主轴的运动），也可以是直线运动（如刨削、拉削中的刀具运动），如图7-1所示。

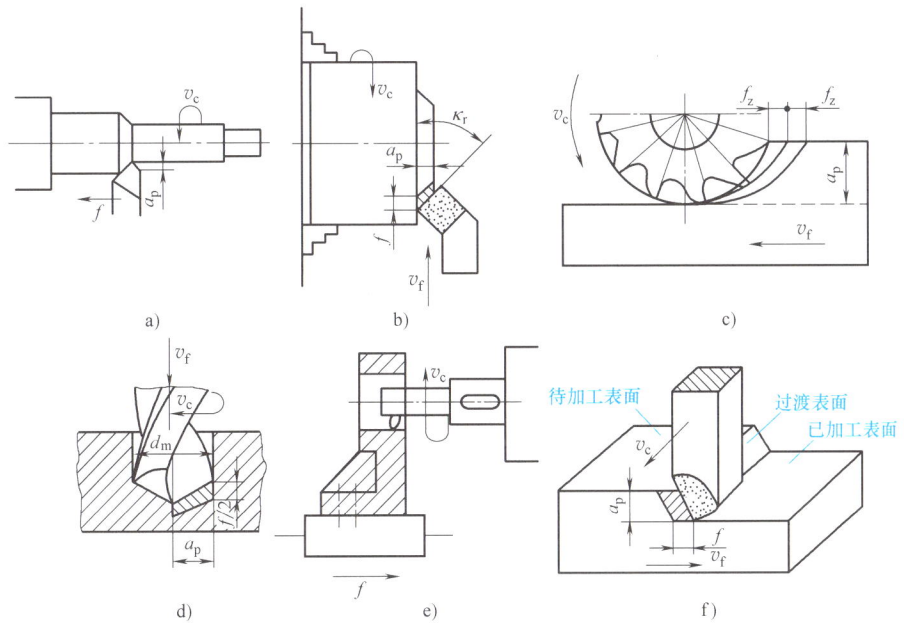

图 7-1　各种切削加工的切削运动

2. 进给运动

进给运动是使新的金属不断投入切削的运动。它保证切削工作连续或反复进行，从而切除切削层形成已加工表面。进给运动的速度较低，消耗功率较小；进给运动可由刀具完成（如车削、钻削），也可由工件完成（如铣削）；进给运动不限于一个（如滚齿），个别情况也可以没有进给运动（如拉削）；进给运动可以是连续的（如车削），也可以是间断的（如刨削）。

3. 合成切削运动

主运动和进给运动可以同时进行（车削、铣削等），也可交替进行（刨削等）。当主运动与进给运动同时进行时，刀具切削刃上某一点相对工件的运动称为合成切削运动。

切削加工过程是一个动态过程，在切削过程中，工件上通常存在着三个不断变化的切削表面，分别称为已加工表面、待加工表面和过渡表面，如图 7-2 所示。

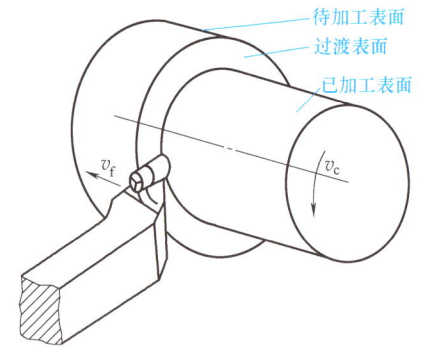

图 7-2　车削运动和切削表面

7.2　切削用量

在切削过程中，需要针对不同的工件材料、刀具材料和其他技术经济要求来选定适宜的切削速度 v_c、进给量 f 和背吃刀量 a_p。切削速度、进给量和背吃刀量通常称为切削用量三要素。

1. 切削速度 v_c

切削速度 v_c 是切削刃上选定点相对于工件的主运动的线速度，单位为 m/s 或 m/min。车削时切削速度计算式为

$$v_c = \frac{\pi d n}{1000} \qquad (7\text{-}1)$$

式中　n——主运动转速，r/s 或 r/min；

　　　d——刀具或工件的最大直径，mm。

2. 进给量 f

进给量 f 是当主运动旋转一周时，刀具（或工件）沿进给运动方向上的位移量，单位为 mm/r。进给量的大小也反映了进给速度 v_f（单位为 mm/min）的大小，关系为

$$v_f = n f \qquad (7\text{-}2)$$

3. 背吃刀量 a_p

背吃刀量 a_p 是垂直于进给运动方向来测量的切削层尺寸，单位为 mm。对车削和刨削加工来说，背吃刀量 a_p 是工件上待加工表面和已加工表面间的垂直距离。外圆车削的背吃刀量为

$$a_p = \frac{d_w - d_m}{2} \qquad (7\text{-}3)$$

式中　d_w——待加工表面直径，mm；

d_m——已加工表面直径，mm。

4. 合成运动速度 v_e

在主运动与进给运动同时进行的情况下，切削刃上任一点的实际切削速度是它们的合成速度 v_e，即

$$v_e = v_c + v_f \qquad (7\text{-}4)$$

7.3 切削层参数

切削过程中，刀具切削刃在一次进给中，从工件待加工表面上切下的金属层称为切削层。如图7-3所示，外圆车削时，工件转一转，车刀从位置 Ⅰ 移到位置 Ⅱ，所切下 Ⅰ 与 Ⅱ 之间的金属层为切削层。切削层参数共有三个，通常在垂直于切削速度的平面内测量。

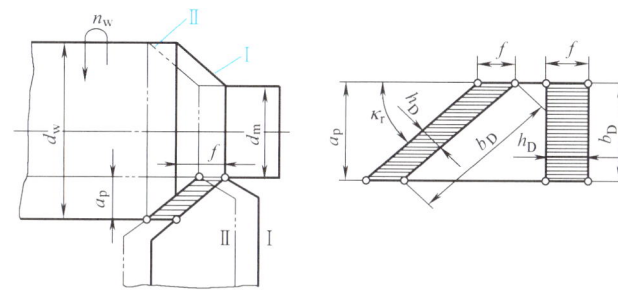

图 7-3 切削层参数

1. 切削厚度 h_D

切削厚度 h_D 是指垂直于过渡表面度量的切削层尺寸。h_D 的大小反映了切削刃单位长度上的工作负荷。由图7-3可知

$$h_D = f \sin \kappa_r$$

2. 切削宽度 b_D

切削宽度 b_D 是指沿过渡表面度量的切削层尺寸。b_D 的大小反映了切削刃参加切削的长度。由图7-3可知

$$b_D = \frac{a_p}{\sin \kappa_r}$$

3. 切削层名义面积 A_D

切削层名义面积 A_D 是指在切削层尺寸平面里度量的横截面积，即

$$A_D = h_D b_D = a_p f$$

在切削加工中，切削参数的选择对工件的加工质量、生产率和切削过程有着重要的影响。

【课后小结】

正确分析切削用量三要素。

单元8

金属切削刀具

【课前预习】

说说在机械加工实习时用过的刀具几何形状和刀具材料。

8.1 刀具切削部分组成

车刀由刀头和刀杆组成，如图 8-1 所示。刀杆用于夹持刀具，又称夹持部分；刀头用于切削，又称切削部分。切削部分由三个面、两条切削刃和一个刀尖组成。

前刀面（A_γ）：是切削过程中切屑流出所经过的刀具表面。

主后刀面（A_α）：是切削过程中与工件上过渡表面相对的刀具表面。

副后刀面（A'_α）：是切削过程中与工件上已加工表面相对的刀具表面。

主切削刃（S）：是前刀面与后刀面的交线。

副切削刃（S'）：是前刀面与副后刀面的交线。

刀尖是主切削刃和副切削刃的交点。为了改善刀尖的切削性能，常将刀尖磨成直线或圆弧形过渡刃。

不同类型的刀具，其刀面、切削刃的数量不完全相同。

图 8-1 车刀的组成

8.2 刀具角度

1. 刀具角度参考系

刀具角度

刀具要从工件上切除材料，就必须有一定的切削角度。切削角度决定了刀具的切削部分各表面之间的相对位置。定义刀具的几何角度需要建立参考系。在刀具设计、制造、刃磨和测量时用于定义刀具几何参数的参考系称为标注角度参考系或静止参考系。在此参考系中定义的角度称为刀具的标注角度。下面主要介绍刀具静止参考系中常用的正交平面参考系。

正交平面参考系是由基面 P_r、切削面 P_s 和正交平面 P_o 三个平面组成的空间直角坐标系，如图 8-2 所示。

基面 P_r：是指过主切削刃上的选定点，并垂直于该点假定切削速度方向的平面。

切削面 P_s：是指过主切削刃上的选定点，与主切削刃相切，并垂直于该点基面的平面（与工件过渡表面相切的面）。

正交平面 P_o：是指过主切削刃上的选定点，同时垂直于该点基面和切削面的平面。

2. 刀具的标注角度

如图 8-3 所示，在正交平面内标注的角度有以下几种。

前角 γ_o：是指前刀面与基面之间的夹角。前刀面与基面平行时，前角为零；刀尖位于前刀面最高点时，前角为正；刀尖位于前刀面最低点时，前角为负。前角对刀具切削性能影响很大。

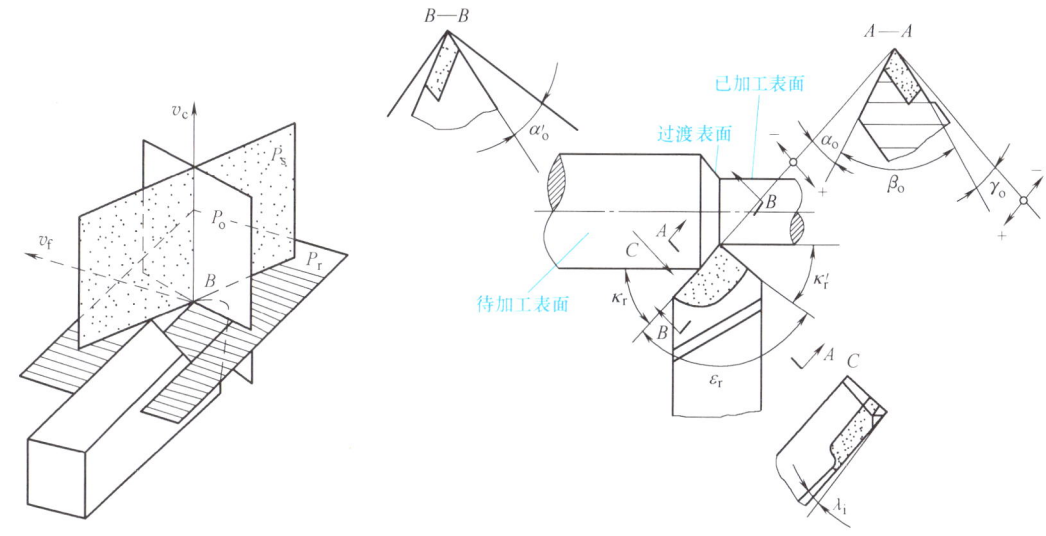

图 8-2　正交平面参考系　　　图 8-3　正交平面参考系标注角度

后角 α_o：是指后刀面与切削平面之间的夹角。刀尖位于后刀面最前点时，后角为正；刀尖位于后刀面最后点时，后角为负。后角的主要作用是减小后刀面与过渡表面之间的摩擦。

在基面内标注的角度有以下几种。

主偏角 κ_r：是指主切削刃在基面上的投影与假定进给方向之间的夹角。主偏角一般为 $0° \sim 90°$。

副偏角 κ_r'：是指副切削刃在基面上的投影与假定进给反方向之间的夹角。

在切削平面内标注的角度是刃倾角 λ_s。刃倾角 λ_s 是指主切削刃与基面之间的夹角。切削刃与基面平行时，刃倾角为零；刀尖位于切削刃最高点时，刃倾角为正；刀尖位于切削刃最低点时，刃倾角为负，如图 8-4 所示。

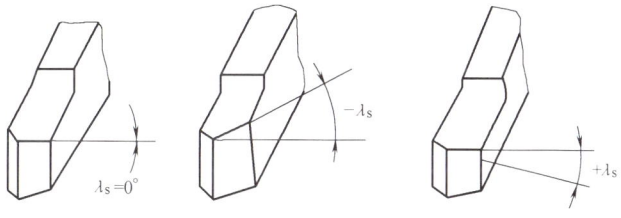

图 8-4　刃倾角

在副正交平面内标注的角度有副后角 α_o'。

参照主切削刃的研究方法，在副切削刃上同样可以定义标注的角度为副后角 α_o'，它是指副后刀面与副切削平面之间的夹角。

3. 刀具的工作角度

刀具的标注角度是在假定运动条件和假定安装条件情况下得出的。实际上，在切削加工中，由于进给运动的影响，或刀具相对于工件安装位置发生变化时，会使刀具的实际切削角度发生变化。刀具在工作状态下的切削角度，称为刀具的工作角度。工作角度记作 γ_{oe}、α_{oe}、κ_{re}、λ_{se}、α_{oe}' 等。

（1）进给运动对工作角度的影响

1）横向进给运动对工作角度的影响。车端面或切断时，车刀沿横向进给，主运动方向与合成切削运动方向的夹角为 $\mu\left(\tan\mu\ \dfrac{v_f}{v_c}=\dfrac{f}{\pi d}\right)$，切削轨迹是阿基米德螺旋线，如图 8-5 所示。这时工作基面 P_{re} 和工作切削平面 P_{se} 相对于标注参考系都要偏转一个附加的角度 μ，使车刀的工作前角 γ_{oe} 增大和工作后角 α_{oe} 减小，分别为 $\gamma_{oe}=\gamma_o+\mu$，$\alpha_{oe}=\alpha_o-\mu$。

2）纵向进给运动对工作角度的影响。车外圆或车螺纹时，如图 8-6 所示，合成运动方向与主运动方向之间的夹角为 μ_f，这时工作基面 P_{re} 和工作切削平面 P_{se} 相对于标注参考系都要偏转一个附加的角度 μ，使车刀的工作前角 γ_{oe} 增大和工作后角 α_{oe} 减小，分别为

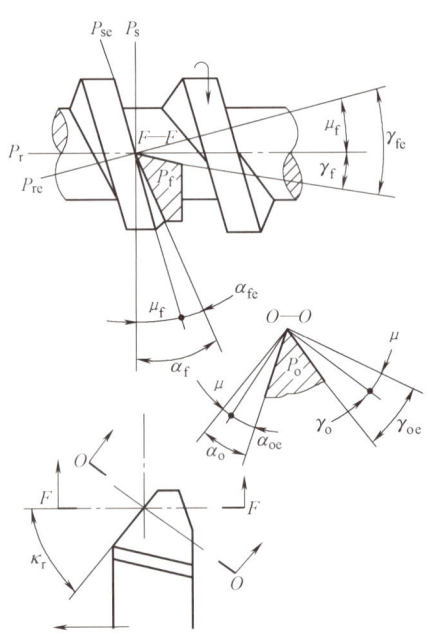

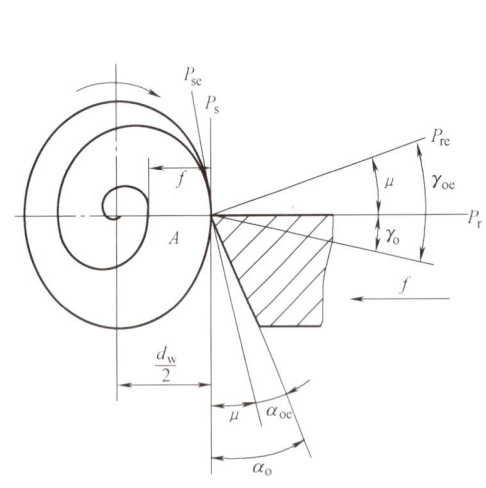

图 8-5　横向进给运动对工作角度的影响　　　图 8-6　纵向进给运动对工作角度的影响

$$\gamma_{oe}=\gamma_o+\mu,\ \alpha_{oe}=\alpha_o-\mu \tag{8-1}$$

$$\tan\mu=\tan\mu_f\sin\kappa_r=\frac{f\sin\kappa_r}{\pi d} \tag{8-2}$$

式中　f——纵向进给量，或被切螺纹的导程，mm/r；

　　　d——工件选定点的直径，mm；

　　　μ_f——螺旋升角，(°)。

（2）刀具安装对工作角度的影响

1）切削刃安装高度对工作角度的影响。车削时刀具的安装常会出现切削刃安装高于或低于工件回转中心的情况，如图 8-7 所示，此时工作基面、工作切削平面相对于标注参考系产生 θ 角的偏转，将引起工作前角和工作后角的变化，即 $\gamma_{oe}=\gamma_o\pm\theta$，$\alpha_{oe}=\alpha_o\mp\theta$。

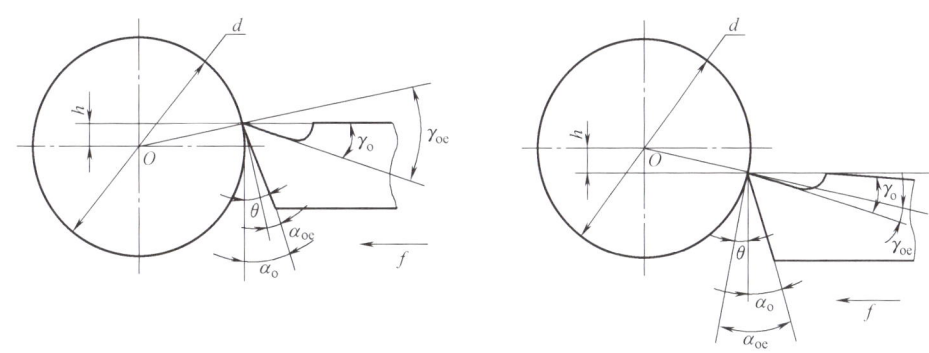

图 8-7　切削刃安装高度对工作角度的影响

2）刀杆安装偏斜对工作角度的影响。在车削时会出现刀杆与进给方向不垂直的情况，如图 8-8 所示，此时刀杆垂线与进给方向产生 θ 角的偏转，将引起工作主偏角和工作副偏角的变化，即 $\kappa_{re}=\kappa_r\pm\theta$，$\kappa'_{re}=\kappa'_r\mp\theta$。

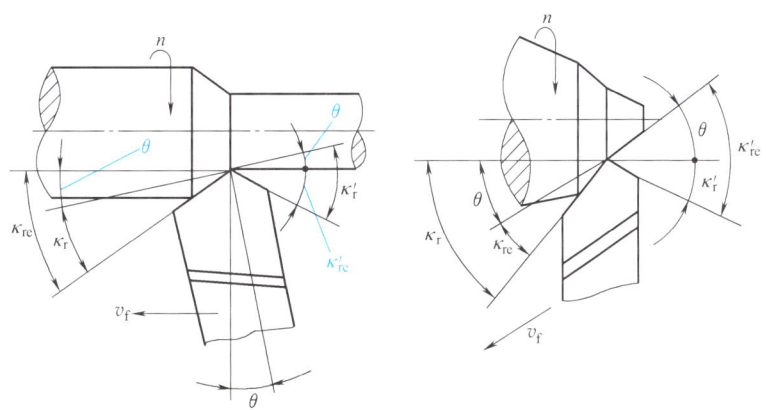

图 8-8　刀杆安装偏斜对工作角度的影响

8.3　刀具材料

　　刀具材料是指刀具切削部分的材料。刀具切削性能的优劣取决于刀具材料、切削部分几何形状以及刀具的结构。刀具材料的选择对于刀具寿命、加工质量、生产率影响极大。

1. 刀具材料应具备的性能

　　切削过程中，刀具切削部分是在很大的切削力、较高的切削温度及剧烈摩擦等条件下工作的，同时，由于切削余量和工件材质不均匀或切削时形不成带状切屑，还伴随冲击和振动，因此刀具切削部分的材料的性能应具备以下几点要求。

（1）高的硬度和耐磨性 硬度是刀具材料最基本的性能。刀具材料的硬度必须高于工件材料的硬度，以便刀具切入工件。在常温下刀具材料的硬度应在60HRC以上。耐磨性是刀具抵抗磨损的能力，在剧烈的摩擦下刀具磨损要小。一般来说，材料的硬度越高，耐磨性越好。刀具材料含有耐磨的合金碳化物越多、晶粒越细、分布越均匀，则耐磨性越好。

（2）足够的强度和韧性 刀具材料只有具备足够的强度和韧性，才能承受较大的切削力和切削时产生的振动，以防刀具断裂和崩刃。

（3）较高的耐热性 高耐热性是指刀具在高温下仍能保持原有的硬度、强度、韧性和耐磨性的性能。

（4）良好的工艺性 为便于刀具本身的制造，刀具材料还应具有良好的工艺性能，如切削性能、磨削性能、焊接性能及热处理性能等。

（5）经济性 经济性是评价刀具材料的重要性能指标之一。刀具材料的价格低廉，则便于推广。而有些材料虽然单件成本很高，但因其使用寿命长，故分摊到每个工件上的成本不一定很高。

2. 常用刀具材料

刀具材料有高速工具钢、硬质合金、工具钢、陶瓷、立方氮化硼和金刚石等。目前，在生产中所用的刀具材料主要是高速工具钢和硬质合金两类。碳素工具钢、合金工具钢因耐热性差，仅用于手工或切削速度较低的刀具。

（1）高速工具钢 高速工具钢（又称锋钢，白钢）是含有较多的钨（W）、钼（Mo）、铬（Cr）、钒（V）等合金元素的高合金工具钢。其性能见表8-1。高速工具钢具有较高的硬度（63~70HRC）和耐热性，在切削温度高达500~650℃时仍能进行切削；高速工具钢的强度高（抗弯强度是一般硬质合金的2~3倍，陶瓷的5~6倍）、韧性好，可在有冲击、振动场合应用；它可以用于加工有色金属、结构钢、铸铁、高温合金等范围广泛的材料。高速工具钢的制造工艺性好，容易磨出锋利的切削刃，适用于制造各类刀具，尤其适于制造结构复杂的成形刀具及钻头、丝锥、铣刀、拉刀、齿轮刀具等形状复杂的刀具。由于高速工具钢的硬度、耐磨性、耐热性不及硬质合金，因此只适用于制造中、低速切削的各种刀具。

表8-1 常见高速工具钢的性能比较

类　型	牌　号	常温硬度 HRC	抗弯强度 /GPa	冲击韧度 /MJ·m^{-2}	高温硬度 HRC （600℃）
普通高速工具钢	W18Cr4V	63~66	2.94~3.33	0.176~0.344	48.5
	W2Mo9Cr4V2	63~66	3.43~3.92	0.294~0.392	48
	W6Mo6Cr4V2	67~69	3.1~3.5	0.2~0.28	54
高性能高速工具钢	W2Mo9Cr4VCo8	67~69	2.65~3.72	0.225~0.294	55
	W6Mo5Cr4V3	67~69	2.84~3.82	0.225~0.294	55
	W10Mo4Cr4V3Co10	65~67	~3.316	~0.245	52

高速工具钢按切削性能可分为普通高速工具钢和高性能高速工具钢。

1）普通高速工具钢是切削硬度在280HBW以下的大部分结构钢和铸铁的基本刀具材

料，切削普通钢料时的切削速度一般不高于 60m/min。

2）高性能高速工具钢是在普通高速工具钢的基础上增加一些含碳量、含钒量并添加钴、铝等合金元素熔炼而成，其耐热性好，在 630~650℃ 时仍能保持接近 60HRC 的硬度，适用于加工高温合金、钛合金、奥氏体不锈钢、高强度钢等难加工材料。

（2）硬质合金　硬质合金是用高硬度、难溶的金属碳化物（WC、TiC 等）和金属黏结剂（Co、Ni 等）在高温条件下烧结而成的粉末冶金制品。硬质合金的常温硬度达 89~93HRA，在 800~1000℃ 时硬质合金还能进行切削，刀具寿命比高速工具钢刀具高几倍到几十倍，可以加工包括淬硬钢在内的多种材料。但硬质合金的抗弯强度低，冲击韧性差，使用中很少制成整体刀具，一般制成各种形状的刀片，焊接或夹固在刀体上。切削工具用硬质合金分为 6 类，其基本成分及力学性能见表 8-2。

硬质合金刀具适应的加工条件见表 8-3。

表 8-2　切削工具用硬质合金的基本成分及力学性能

组　别		基　本　成　分	力　学　性　能		
类别	分组号		洛氏硬度 HRA，不小于	维氏硬度 HV_3，不小于	抗弯强度 R_{tr}/MPa，不小于
P	01	以 TiC、WC 为基，以 Co（Ni+Mo、Ni+Co）作黏结剂的合金/涂层合金	92.3	1750	700
	10		91.7	1680	1200
	20		91.0	1600	1400
	30		90.2	1500	1550
	40		89.5	1400	1750
M	01	以 WC 为基，以 Co 作黏结剂，添加少量 TiC（TaC、NbC）的合金/涂层合金	92.3	1730	1200
	10		91.0	1600	1350
	20		90.2	1500	1500
	30		89.9	1450	1650
	40		88.9	1300	1800
K	01	以 WC 为基，以 Co 作黏结剂，或添加少量 TaC、NbC 的合金/涂层合金	92.3	1750	1350
	10		91.7	1680	1460
	20		91.0	1600	1550
	30		89.5	1400	1650
	40		88.5	1250	1800
N	01	以 WC 为基，以 Co 作黏结剂，或添加少量 TaC、NbC 或 CrC 的合金/涂层合金	92.3	1750	1450
	10		91.7	1680	1560
	20		91.0	1600	1650
	30		90.0	1450	1700
S	01	以 WC 为基，以 Co 作黏结剂，或添加少量 TaC、NbC 或 TiC 的合金/涂层合金	92.3	1730	1500
	10		91.5	1650	1580
	20		91.0	1600	1650
	30		90.5	1550	1750

（续）

组 别		基 本 成 分	力 学 性 能		
类别	分组号		洛氏硬度 HRA,不小于	维氏硬度 HV_3,不小于	抗弯强度 R_{tr}/MPa,不小于
H	01	以 WC 为基,以 Co 作黏结剂,或添加少量 TaC、NbC 或 TiC 的合金/涂层合金	92.3	1730	1000
	10		91.7	1680	1300
	20		91.0	1600	1650
	30		90.5	1520	1500

注:1. 洛氏硬度和维氏硬度中任选一项。
　　2. 以上数据为非涂层硬质合金要求,涂层产品可按对应的维氏硬度下降30~50。

表 8-3　硬质合金刀具适应的加工条件

代号	被加工材料	适应的加工条件
M20	不锈钢、铸钢、锰钢、合金钢、合金铸铁、可锻铸铁	中等切削速度、中等切削截面条件下的车削、铣削
M30	不锈钢、铸钢、锰钢、合金钢、合金铸铁、可锻铸铁	中等和高等切削速度、中等或大切削截面条件下的车削、铣削、刨削
M40	不锈钢、铸钢、锰钢、合金钢、合金铸铁、可锻铸铁	车削、切断、强力铣削加工
K01	铸铁、冷硬铸铁、短切削可锻铸铁	车削、精车、铣削、镗削、刮削
K10	布氏硬度高于 220HBW 的铸铁、短切屑的可锻铸铁	车削、铣削、镗削、刮削、拉削
K20	布氏硬度低于 220HBW 的灰铸铁、短切屑的可锻铸铁	用于中等切削速度下、轻载荷粗加工、半精加工的车削、铣削、镗削等
K30	铸铁、短切屑的可锻铸铁	用于在不利条件下[①]可能采用大切削角的车削、铣削、刨削、切槽加工,对刀片的韧性有一定的要求
K40	铸铁、短切屑的可锻铸铁	用于在不利条件下[①]的粗加工,采用较低的切削速度,大的进给量
N01	有色金属、塑料、木材、玻璃	高切削速度下,有色金属铝、铜、镁、塑料、木材等非金属材料的精加工
N10	有色金属、塑料、木材、玻璃	较高切削速度下,有色金属铝、铜、镁、塑料、木材等非金属材料的精加工或半精加工
N20	有色金属、塑料	中等切削速度下,有色金属铝、铜、镁、塑料等的半精加工或粗加工
N30	有色金属、塑料	中等切削速度下,有色金属铝、铜、镁、塑料等的粗加工
S01	耐热和优质合金:含镍、钴、钛的各类合金材料	中等切削速度下,耐热钢和钛合金的精加工
S10	耐热和优质合金:含镍、钴、钛的各类合金材料	低切削速度下,耐热钢和钛合金的半精加工或粗加工
S20	耐热和优质合金:含镍、钴、钛的各类合金材料	较低切削速度下,耐热钢和钛合金的半精加工或粗加工
S30	耐热和优质合金:含镍、钴、钛的各类合金材料	较低切削速度下,耐热钢和钛合金的断续切削,适于半精加工或粗加工
H01	淬硬钢、冷硬铸铁	低切削速度下,淬硬钢、冷硬铸铁的连续轻载精加工
H10	淬硬钢、冷硬铸铁	低切削速度下,淬硬钢、冷硬铸铁的连续轻载精加工、半精加工
H20	淬硬钢、冷硬铸铁	较低切削速度下,淬硬钢、冷硬铸铁的连续轻载半精加工、粗加工
H30	淬硬钢、冷硬铸铁	较低切削速度下,淬硬钢、冷硬铸铁的半精加工、粗加工

① 不利条件系指原材料或铸造、锻造的零件表面硬度不匀,加工时的切削深度不匀,间断切削以及振动等情况。

（3）其他刀具材料

1）陶瓷。用于制作刀具的陶瓷材料有两类：氧化铝基陶瓷和氮化硅基陶瓷。陶瓷材料制作的刀具硬度可达 90~95HRA，耐热温度高达 1200~1450℃，能承受的切削速度比硬质合金还要高，但抗弯强度低，冲击韧性差，目前主要用于半精加工和精加工高硬度、高强度钢及冷硬铸铁等材料。

2）立方氮化硼。立方氮化硼（CBN）是由六方氮化硼经高温高压处理转化而成，其硬度高达 8000HV，仅次于金刚石。CBN 是一种新型刀具材料，它可耐 1300~1500℃ 的高温，热稳定性好；它的化学稳定性也很好，即使温度高达 1200~1300℃ 也不与铁产生化学反应，一般用于高硬度、难加工材料的精加工。

3）人造金刚石。金刚石分为天然和人造两种，由于天然金刚石价格昂贵，工业上多使用人造金刚石。人造金刚石是在高温、高压下由石墨转化而成的，其硬度接近于 10000HV，可用于加工硬质合金、陶瓷、高硅铝合金等高硬度、高耐磨材料。人造金刚石目前主要用于制作磨具及磨料，作为刀具材料主要用于有色金属的高速精细切削。金刚石不是碳的稳定状态，遇热易氧化和石墨化，用金刚石刀具进行切削时需对切削区进行强制冷却。金刚石刀具不宜加工铁族元素，因为金刚石中的碳原子和铁族元素的亲和力大，刀具寿命低。

【课后小结】

1. 掌握常用刀具的几何角度。
2. 掌握材料应具备的性能。

单元9

金属切削过程及影响因素

【课前预习】

1. 说说你所见过的切屑类型有哪些。
2. 说说在切削加工过程中你所看到的切削现象。

金属切削过程是指：在金属切削机床上，使用金属切削刀具，切除工件上多余金属，使工件达到规定的几何形状、尺寸精度和表面精度的一种加工过程。金属切削加工过程的各种物理现象，如切削力、切削热、刀具磨损及加工表面质量等，都与切屑形成过程的变形有关。

9.1 切削变形

1. 切屑的形成

切屑的形成是被切削的金属受到刀具的剪切和挤压，产生"剪切滑移"，使切削层与本体金属分离的结果。

由材料力学可知，图 9-1 所示的被加工工件，当切削层受到刀具的挤压时，切削层产生弹性变形。由于工件是被固定的；切削层便沿 OM 线产生滑移，形成塑性变形。当塑性变形超过极限时，切削层脱离本体金属，切屑便形成了。OM 线与作用力的方向成 $40° \sim 50°$，称为滑移线。

2. 切削时的变形区

如图 9-2 所示，一把前角为 γ_o 的刀具以切削速度 v_c、切削层公称厚度 h_D 对金属材料进行切削。根据试验，塑性变形由 OA 开始，至 OM 终了，形成 AOM 塑性变形区；由于塑性变形的主要特点是晶格间的剪切滑移，因此这一区域称为剪切区或第I变形区；当切削层经剪切后形成的切屑以 v_{ch} 速度沿前刀面流出时，摩擦力使切屑底层的金属又以剪切滑移的方法再一次变形，由于这种变形主要由摩擦所引起，因此称为摩擦变形区或第Ⅱ变形区；刀具后刀面和工件已加工表面之间，由于挤压、摩擦，使已加工表面产生变形，此区域称为第Ⅲ变形区。

这三个变形区汇集在切削刃附近，内应力比较集中而且复杂。金属就在此处被分离，一部分变成切屑，一部分形成已加工表面。刀具的几何角度、切削刃的形状及锋利程度、切削用量的大小等因素，决定着这三个变形区的大小。其中切削刃对切屑的切除和已加工表面的形成影响最大。

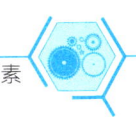

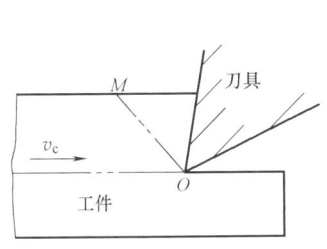

图 9-1 金属的挤压变形

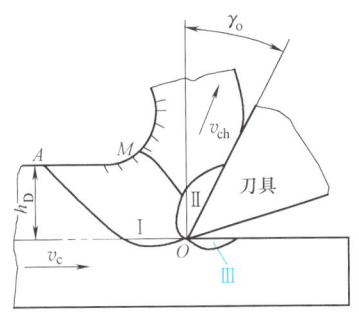

图 9-2 切削时的三个变形区

3. 剪切区的变形

剪切区（第 I 区）是金属切削过程中，切应力最大、变形最剧烈的区，切屑的形成就是从这个区开始的。

如图 9-3 所示，当切削层中的某一质点 P，以切削速度 v_c 向刀具接近，未达到剪切区时，只产生弹性变形。随着 P 点向刀具的逐步逼近，弹性变形越来越大，被切削金属的内应力也随之增大。当 P 点到达滑移线 OA 上的 1 点时，内应力达到材料的屈服极限而产生剪切滑移，于是 P 点未能到达 2' 点，而是沿滑移线 OB 滑移到 2 点。同样，P 点也未能到达滑移线 OC、OM 上的 3'、4' 点，而是沿 3、4 点从前刀面流出，将 2-2'、3-3'、4-4' 称为滑移量；将金属开始产生滑移的滑移线 OA 称为始滑移线；结束滑移的滑移线 OM 称为终滑移线。这个区域就是所说的剪切区。在这个区域内，金属沿滑移线产生剪切滑移形成塑性变形，从而形成切屑。

图 9-3a 中，每条滑移线都代表一个切应力相等的曲面，不同的滑移线上的切应力大小不相等。OA 上的切应力值等于被加工金属的屈服极限，而 OB、OC、OM 上的切应力，则由于加工硬化而依次升高，在 OM 达到最大值 τ_{max}。当 τ 未达到金属的抗剪极限时，产生的切屑为带状切屑；当 τ 达到抗剪极限时，就产生挤裂切屑。

剪切区是一很窄的区域，在一般切削速度范围内宽度为 0.02~0.2mm。为方便起见，常用一个平面 OM 代表这个区域，称为剪切面。如图 9-3b 所示，剪切面 OM 与切削速度 v_c 之间的夹角 ϕ 称为剪切角。

可以把金属切削过程粗略地模拟为图 9-4 的示意图。金属的被切削层好比一叠卡片 1'、2'、3'、4' 等，当刀具切入时，这叠卡片被推挤到 1、2、3、4…的位置。卡片之间沿剪切面发生滑移。卡片与刀具前刀面接触部分由于刀具的挤压和摩擦变得较为平整，而外侧则呈锯

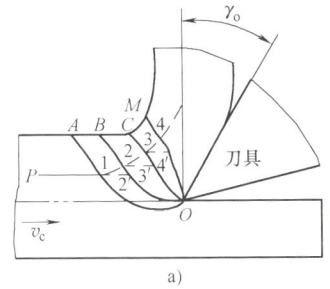

a)　　　　　b)

图 9-3 剪切区与剪切面

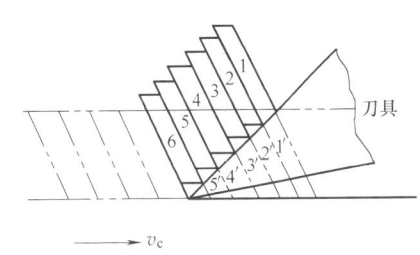

图 9-4 金属切削过程示意图

齿形，或呈不明显的毛茸状，并产生卷曲，这便是切屑。

9.2 积屑瘤的影响及控制

1. 积屑瘤现象

以中等的切削速度切削一般钢料或其他塑性金属时，常常在刀具前刀面靠近刀尖处黏附着一块呈楔状的金属，其硬度很高，约为工件材料硬度的 2~3 倍，称为积屑瘤，如图 9-5 所示。

2. 积屑瘤的成因

切屑在前刀面上流动时，由于前刀面的摩擦和挤压作用会产生黏结现象。切屑底层金属黏结在前刀面上形成滞流层，滞流层以上的金属从其上流过产生内摩擦，底层上面的金属因内摩擦而变形，会发生加工硬化而被阻滞并与底层黏在一起。这样，黏结层逐渐扩大，就形成了积屑瘤。由于摩擦时的加工硬化，积屑瘤的硬度比母体金属硬得多。当积屑瘤处于稳定状态时，可以代替刀尖进行切削。当积屑瘤长大到一定高度时，受外力或振动的作用可能发生局部断裂或脱落，当温度和压力适合时，积屑瘤又开始形成和长大。积屑瘤的产生、长大和脱落是周期性的动态过程。

产生积屑瘤的条件主要决定于切削温度。切削温度很低时，切屑与前面呈点接触，摩擦系数小，故不易形成黏结区，不易形成积屑瘤；切削温度很高时，与前面摩擦的切屑底层金属呈微熔状态，摩擦系数也较小，积屑瘤也不易形成；在中等切削温度时，例如以 $v_c =$ 20m/min 的速度切削中碳钢，温度在 300~350℃时，黏结严重，摩擦系数最大，产生的积屑瘤高度到达最高值，如图 9-6 所示。

此外，刀具和切屑接触面间的压力、刀具前刀面的表面粗糙度、黏结强度等因素都影响积屑瘤的产生。

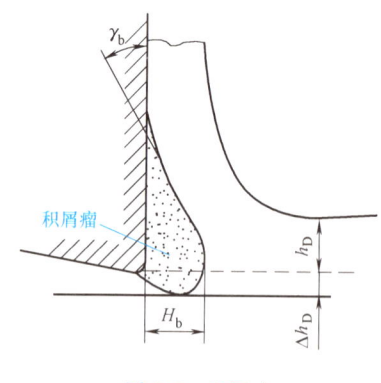

图 9-5 积屑瘤

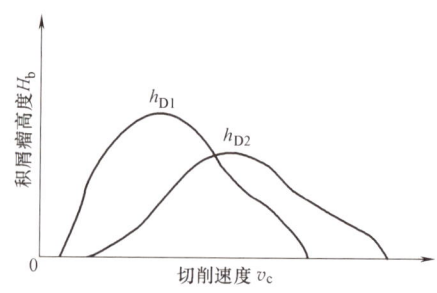

图 9-6 积屑瘤高度与切削速度关系示意图

3. 积屑瘤对切削过程的影响

积屑瘤对切削过程的影响既有积极的一面，也有消极的一面，主要体现在如下几个方面。

1）增大了刀具实际前角 γ_o：积屑瘤越高、实际前角越大，可使切削力降低。

2）改变了背吃刀量 a_p：如图 9-5 中的 Δh_D，由于积屑瘤是周期性产生的，因此是变化的，这就可能引起加工振动，影响加工精度和表面粗糙度。

3）积屑瘤破碎后，其碎片会黏附在工件已加工表面上，直接影响到工件表面粗糙度和质量。

4）稳定的积屑瘤代替刀刃切削，可减少刀具磨损，提高刀具寿命，但破碎时可使刀具材料颗粒剥落，反而增加刀具磨损和破损。

据此可以认为，积屑瘤对粗加工是有利的。对精加工则相反，因为精加工要求较高的尺寸精度和较小的表面粗糙度值，但积屑瘤会降低尺寸精度和增大已加工表面粗糙度值。

4. 积屑瘤的控制

精加工时，为防止产生积屑瘤，可采取下列措施。

1）避开采用产生积屑瘤的速度切削，即宜采用低速或高速。但因低速加工效率低，且容易产生鳞刺，影响加工表面质量，故多采用高速切削。

2）采用润滑性能良好的切削液，减少切屑与前刀面的摩擦。

3）采用大前角刀具切削，以减少刀具和切屑接触的压力。

4）提高工件硬度，减少加工硬化倾向。

9.3　切削力的影响及控制

切削过程中，切削力直接影响着切削热、刀具磨损、刀具寿命、加工精度和已加工表面质量。在生产中，切削力又是计算切削功率，制定切削用量，设计机床、刀具、夹具的重要依据。因此，研究和掌握切削力的规律和计算、实验方法，对生产实践有重要的实用意义。

9.3.1　切削力的来源及分解

1. 切削力的来源

加工时，使切削层产生弹性、塑性变形的切削抗力作用在刀具上；前刀面与切屑间、后刀面与已加工表面间的摩擦力也作用在刀具上，这些力称为切削力。如图9-7所示，作用于前刀面的力有法向力 $F_{\gamma n}$ 和摩擦力 F_γ，作用于后刀面的力有法向力 $F_{\alpha n}$ 和摩擦力 F_α。$F_{\gamma n}$ 和 F_γ 合成为 $F_{\gamma,\gamma n}$，$F_{\alpha n}$ 与 F_α 合成为 $F_{\alpha,\alpha n}$，$F_{\gamma,\gamma n}$ 与 $F_{\alpha,\alpha n}$ 再合成为 F，F 就是作用在刀具上的总切削力。对于锐利的刀具，作用在前刀面上的力是主要的。作用在后刀面上的 $F_{\alpha n}$ 和 F_α 很小，分析问题时可以忽略不计。

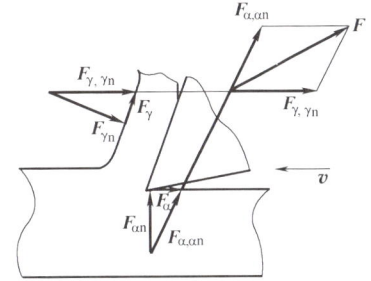

图9-7　作用在刀具上的切削力

2. 切削力的分解

图9-8所示为车削外圆时的切削力。为了便于测量、研究和计算，常将切削合力 F 分解为3个互相垂直的分力：

（1）切削力 F_c（切向力）　切削合力 F 在主运动方向的分力。它垂直于基面，与切削速度 v_c 的方向一致。用于计算刀具强度、设计机床零件和确定机床功率等。

（2）背向力 F_p（径向力）　切削合力 F 在加工表面法向方向上的分力。它在基面内，并与进给方向相垂直。也称吃刀抗力、切深抗力。用于计算与加工精度有关的工件挠度和刀具机床零件的强度等，是产生切削振动的主要作用力。

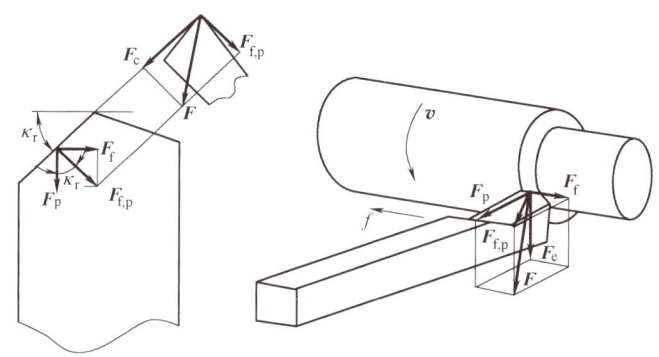

图 9-8 切削力的分解

（3）进给力 **F**$_f$（轴向力） 切削合力 **F** 在进给方向的分力。它在基面内，并与进给方向相平行。也称进给抗力。用于计算进给功率和设计机床进给机构等。

由图 9-8 可知

$$F = \sqrt{F_c^2 + F_{f,p}^2} = \sqrt{F_c^2 + F_p^2 + F_f^2}$$

F_p、F_f 与 $F_{f,p}$ 有如下关系

$$F_p = F_{f,p}\cos\kappa_r$$
$$F_f = F_{f,p}\sin\kappa_r$$

其中，F_c 最大，F_p 和 F_f 小一些。

9.3.2 切削力和切削功率的计算

1. 切削力的计算

通过大量实验，用测力仪测得各向分力后，通过数据处理，可得切削力的经验公式。生产中切削力的经验公式分两类：一是指数公式；二是按单位切削力计算的公式。

（1）计算切削力的指数公式

切削力
$$F_c = C_{F_c} a_p^{x_{F_c}} f^{y_{F_c}} v_c^{z_{F_c}} k_{F_c}$$

背向力
$$F_p = C_{F_p} a_p^{x_{F_p}} f^{y_{F_p}} v_c^{z_{F_p}} k_{F_p}$$

进给力
$$F_f = C_{F_f} a_p^{x_{F_f}} f^{y_{F_f}} v_c^{z_{F_f}} k_{F_f}$$

式中 C_{F_c}、C_{F_p}、C_{F_f}——与工件材料、刀具材料有关的影响系数，其大小与实验条件有关；

x_{F_c}、x_{F_p}、x_{F_f}——背吃刀量 a_p 对切削各分力的影响指数；

y_{F_c}、y_{F_p}、y_{F_f}——进给量 f 对切削各分力的影响指数；

z_{F_c}、z_{F_p}、z_{F_f}——切削速度 v_c 对切削各分力的影响指数；

k_{F_c}、k_{F_p}、k_{F_f}——修正系数。

对于最常见的外圆车削、镗孔等，$x_{F_c} = 1$，$y_{F_c} = 0.75$，$z_{F_c} = 0$，这是一组最典型的值。不仅用于计算切削力，还可用于分析切削中的一些现象。

（2）单位切削力的计算公式 用单位切削力 p 来计算主切削力是一种更简便的形式。

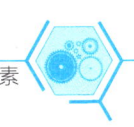

单位切削力是指切除单位切削层面积所产生的主切削力。用 p 表示为

$$p = \frac{F_c}{A_c} = \frac{F_c}{a_p f} = \frac{F_c}{h_D b_D}$$

2. 切削功率的计算

切削功率 P_c 是指在切削过程中所消耗的功率，是各切削分力消耗功率的和。由于主运动方向上的功率消耗最大，通常用主运动消耗的功率表示切削功率 P_c（kW），即

$$P_c = \frac{F_c v_c}{60} \times 10^{-3}$$

则机床电动机所需功率 P_E（kW）为

$$P_E = P_c / \eta$$

式中　η——机床传动的效率，一般取 $\eta = 0.75 \sim 0.85$。F_c 的单位是 N，v_c 的单位是 m/min。

9.3.3　影响切削力的因素

1. 工件材料的影响

工件材料的物理力学性能、加工硬化程度、热处理情况都影响切削力的大小，其中影响较大的主要因素是强度、硬度和塑性。工件材料的强度、硬度越高，则屈服强度越高，切削力越大。在强度、硬度相近的情况下，材料的塑性（伸长率）、韧性越大，则刀具前面上的平均摩擦系数越大，切削力也就越大。另外，加工硬化程度大，切削力也增大。

2. 切削用量的影响

（1）进给量 f 和背吃刀量 a_p　进给量 f 和背吃刀量 a_p 的增加，都使切削面积 A_D 增大，但进给量 f 的增加使变形程度减小，切削层单位面积切削力减小，故切削力有所增加；而背吃刀量 a_p 增加时，切削层单位面积切削力不变，切削刃上的切削负荷也随之增大，即切削变形抗力和刀具前面上的摩擦力均成正比例增加。实验证明，当其他切削条件一定时，a_p 增大一倍，切削力增大一倍；f 加大一倍，切削力增加不到一倍。因此，生产中常用增大 f 来提高生产率。

（2）切削速度 v_c　在中速区，切削速度对切削力的影响主要取决于积屑瘤的存在与否。在积屑瘤生长阶段，v_c 增加，积屑瘤高度增加，变形程度减小，切削力减小；而积屑瘤的减小会使切削力增大。在无积屑瘤阶段，v_c 增加，切削温度升高，前刀面的摩擦力减小，变形程度减小，切削力减小。因此，生产中常用高速切削来提高生产率。

在切削脆性金属工件材料时，因为塑性变形很小，前刀面上的摩擦力也很小，所以切削速度 v_c 对切削力无明显的影响。

3. 刀具几何参数的影响

（1）前角 γ_o　前角 γ_o 增大时，若后角不变，刀具容易切入工件，有助于切削变形的减小，使变形抗力减小，所以切削力减小。此外，前角的增大，导致剪切角 ϕ 的增大并促使切削变形减小，从而使切削力减小，如图9-9所示。一般情况下，加工塑性大的材料，增大前角则总切削力明显减小；而加工脆性材料时，增大前角对减小总切削力的作用不显著。

（2）负倒棱　前刀面上的负倒棱能显著提高刀具的刃口强度，可以提高刀具寿命；但负倒棱使切削变形增加，所以切削力增大。

（3）主偏角 主偏角 κ_r 变大时，会使 F_p 减小，F_f 增大，如图 9-10 所示。因此，生产中常采用主偏角为 75° 的车刀。

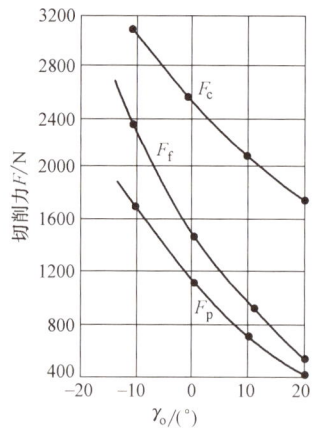

图 9-9 前角对切削力的影响

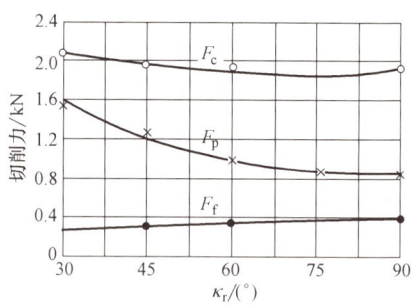

图 9-10 主偏角对切削力的影响

（4）刃倾角 刃倾角 λ_s 对主切削力 F_c 的影响较小，对进给力 F_f 和背向力 F_p 影响较大，如图 9-11 所示。

（5）刀尖圆弧半径 刀尖圆弧半径 r_ε 增大，则切削刃圆弧部分的长度增长，切削变形增大，使切削力增大。此外，r_ε 增大，整个主切削刃上各点主偏角的平均值减小，从而使 F_p 增大，F_f 减小。

4. 刀具磨损及切削液的影响

刀具后面磨损后，后角为零，作用在后

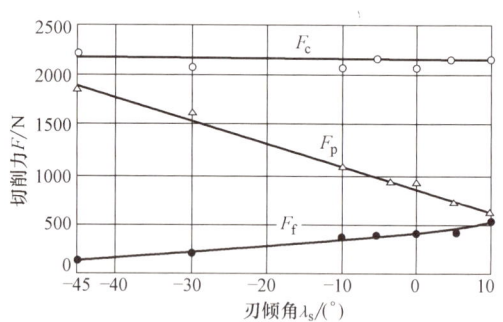

图 9-11 刃倾角对切削力的影响

面上的法向力 $F_{f\alpha}$ 和摩擦力 $F_{f\alpha}$ 都增大，故切削力 F_c、背向力 F_p 增大。

切削过程中采用切削液可减小刀具与工件间及刀、屑间的摩擦，有利于减小切削力。

9.4 切削温度的影响及控制

切削热和由它产生的切削温度会使整个工艺系统的温度升高，一方面会引起工艺系统的变形，另一方面会加速刀具的磨损，从而影响工件的加工精度、表面质量及刀具寿命。因此，研究切削热和切削温度的产生及其变化规律具有很重要的意义。

9.4.1 切削热的来源与传导

1. 切削热的产生

切削加工时，切削层金属发生弹性变形和塑性变形所消耗的能量 98% 以上都转换成为热能，这是切削热的一个主要来源。另外，刀、屑面间的摩擦以及后刀面与工件间的摩擦，是切削热的又一个来源。在三个切削变形区都产生切削热，如图 9-12 所示。

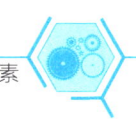

如果忽略进给运动所消耗的功，并假定主运动所消耗的功全部转化为热能，则单位时间内产生的切削热可由下式算出

$$Q = F_c v_c$$

式中　Q——每秒钟产生的热量，J/s；

　　　F_c——切削力，N；

　　　v_c——切削速度，m/s。

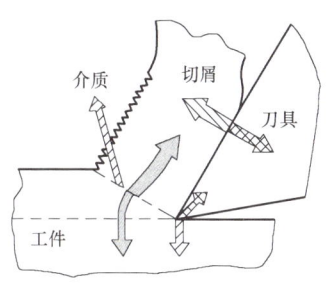

图9-12　切削热的产生与传导

2. 切削热的传导

切削热由切屑、工件、刀具以及周围的介质传导出去。影响热传导的主要因素是工件和刀具材料的导热系数，以及周围介质的状况。工件的导热系数越大，则通过工件和切屑传走的热量越多，切削区的温度降低，有利于提高刀具寿命，但工件的温度升高了，就会降低工件加工精度。刀具的导热系数越大，则通过刀具传走的热量越多，可降低切削区的温度。据有关资料介绍，切削热由切屑、工件、刀具以及周围的介质传导出去的比例约为：车削时，50%~86%由切屑带走，10%~40%传入车刀，3%~9%传入工件，1%左右通过辐射传入空气；钻削时，28%由切屑带走，14.5%传入刀具，52.5%传入工件，5%左右传入周围介质；磨削时，4%由磨屑带走，12%传给砂轮，84%传入工件。

9.4.2　切削温度

切削温度一般是指切屑与前刀面接触区域的平均温度，由于刀具上各点与3个热源（3个变形区）的距离不同，因此刀具上各点的温度分布不均匀。图9-13所示为切削塑性材料时，刀具、切屑和工件的温度分布示意图。切屑沿前刀面流出时，热量累积导致温度升高，而热传导又十分不利，在距离刀尖一定长度的地方温度最高，刀具磨损也是在此处开始。在切削脆性材料时，切

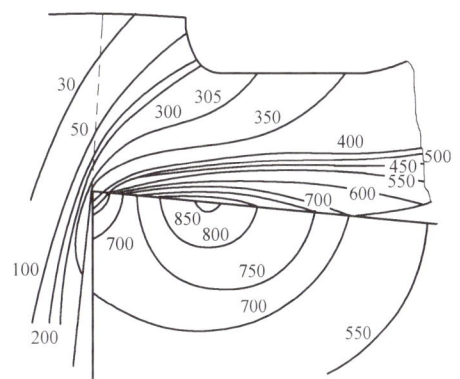

图9-13　刀具、切屑和工件的温度分布
示意图（数字的单位为℃）

屑呈崩碎状，第一区的塑性变形不严重，与前刀面的接触长度很短，使第二区的摩擦减小，因此，第一区和第二区的温度不高，只有第三区的工件与刀尖的摩擦热是主要热源，这时刀具上温度最高点是在刀尖且靠近后刀面的地方，磨损也从此处开始。

9.4.3　影响切削温度的因素

1. 切削用量的影响

（1）切削速度 v_c　随着切削速度的提高，切削温度将显著上升。这是因为，切屑沿前刀面流出时，切屑底层与前刀面发生强烈摩擦从而产生大量切削热；由于切削速度很高，在一个很短时间内切屑底层的切削热来不及向切屑内部传导，而是大量积聚在切屑底层，从而使切屑温度显著升高。另外，随着切削速度的提高，金属切除量成正比例增加，消耗的机械功增大，使切削温度上升。

（2）进给量 f　随着进给量的增大，金属切除量增多，切削热增加，使切削温度上升。

但单位切削力和单位切削功率随 f 的增大而减小，切除单位体积金属产生的热量也减小；另外，f 增大使切屑变厚，切屑的热容量增大，由切屑带走的热量增加，故切削区的温度上升不显著。

（3）背吃刀量 a_p　背吃刀量 a_p 对切削温度的影响很小。因为 a_p 增大以后，切削区产生的热量虽增加，但切削刃参加工作长度增加，散热条件明显改善，故切削温度升高并不明显。

切削温度对刀具磨损和耐用度影响很大。由以上规律（切削用量中，v_c 对切削温度影响最大，f 次之，a_p 最小）可知，为有效控制切削温度以提高刀具寿命，选用大的背吃刀量或进给量，比选用大的切削速度有利。

2. 刀具几何参数的影响

（1）前角 γ_o　前角 γ_o 的大小直接影响切削过程中的变形和摩擦，对切削温度有明显影响。前角大，切削温度低；前角小，切削温度高；但前角达 $18° \sim 20°$ 后，对切削温度影响减小，这是因为楔角变小使散热体积减小的缘故。

（2）主偏角 κ_r　主偏角 κ_r 加大后，切削刃工作长度缩短，切削热相对地集中；同时刀尖角减小，使散热条件变差，切削温度将升高。若减小主偏角，则刀尖角和切削刃工作长度加大，散热条件改善，从而使切削温度降低。

3. 刀具磨损的影响

刀具磨损后切削刃变钝，使金属变形增加；同时刀具后刀面与工件的摩擦加剧。所以，刀具磨损后切削温度上升。后刀面上的磨损量越大，切削温度的上升越迅速。

4. 工件材料的影响

工件材料的硬度和强度越高，切削时切削力越大，所消耗的功越多，产生的切削热越多，切削温度就越高。

工件材料导热系数的大小，直接影响切削热的导出，如不锈钢和高温合金，不仅导热系数小，且在高温下仍有较高的强度和硬度，故切削温度高。

灰铸铁等脆性材料，切削时金属变形小，切屑呈崩碎状，与前刀面摩擦小，产生切削热少，故切削温度一般较切削钢料时低。

5. 切削液的影响

切削液对降低切削温度有明显的效果。

9.5　刀具磨损因素及刀具寿命控制

切削金属时，刀具一方面切下切屑，另一方面刀具本身也要发生损坏。刀具损坏的形式主要有磨损和破损两类。前者是连续的逐渐磨损，属正常磨损；后者包括脆性破损（如崩刃、碎断、剥落、裂纹破损等）和塑性破损两种，属非正常磨损。刀具磨损后，使工件加工精度降低，表面粗糙度值增大，并导致切削力加大，切削温度升高，甚至产生振动，不能继续正常切削。因此，刀具磨损直接影响加工效率、质量和成本。

刀具寿命是表征刀具材料切削性能优劣的综合性指标。在相同切削条件下，刀具寿命越高，则刀具材料的耐磨性越好。在比较不同的工件材料切削加工性时，刀具寿命也是一个重要的指标，刀具寿命越高，则工件材料的切削加工性越好。

9.5.1 刀具磨损

切削时，刀具表面与切屑和工件表面间的接触区产生剧烈摩擦，同时温度和压力很高，其结果是刀具的前刀面和后刀面磨损。

1. 刀具磨损的形态

（1）前刀面磨损（月牙洼磨损）　加工塑性材料时，若切削速度较高、切削厚度较大，会在前刀面上磨出一个月牙洼（图9-14）。因为月牙洼处的切削温度最高，因此磨损最大。月牙洼和切削刃之间有一条棱边。在磨损过程中，月牙洼逐渐加深加宽。当月牙洼扩展到接近刃口时，切削刃的强度将大大减弱，结果导致崩刃。月牙洼磨损量以其宽度 K_B 和深度 K_T 表示。

（2）后刀面磨损　由于加工表面和后刀面间存在着强烈的摩擦，在后刀面上毗邻切削刃的地方很快就磨出一个后角为零的小棱面，这就是后刀面磨损（图9-14）。在切削速度较低、切削厚度较小的情况下，切削塑性金属以及脆性金属时，一般不产生月牙洼磨损，但会发生后刀面磨损。

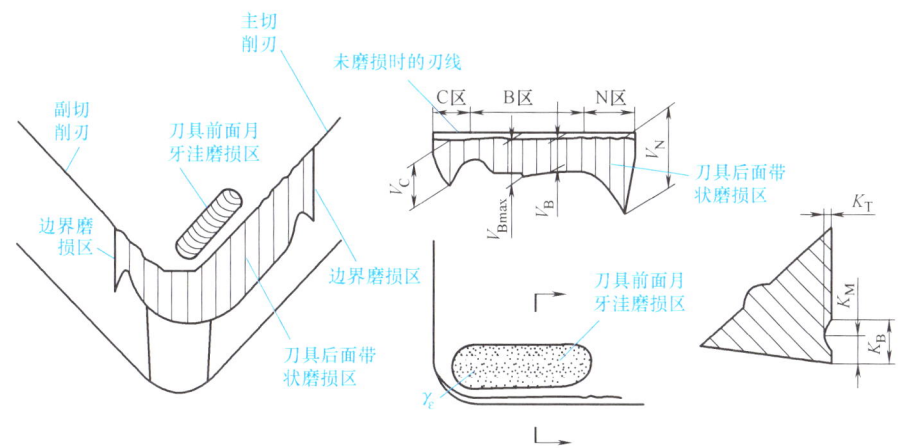

图 9-14　车刀典型磨损形式示意图

在切削刃参加切削工作的各点上，后刀面磨损是不均匀的。从图9-14可见，在刀尖部分（C区）由于强度和散热条件差，因此磨损剧烈，其最大值为 V_C。在切削刃靠近工件外表面处（N区），由于加工硬化层或毛坯表面硬层等影响，往往在该区产生较大的磨损沟而形成缺口。该区域的磨损量用 V_N 表示。N区的磨损又称为边界磨损。在参与切削的切削刃中部（B区），其磨损较均匀，以 V_B 表示平均磨损值，以 V_{Bmax} 表示最大磨损值。

（3）前刀面和后刀面同时磨损　这是一种兼有上述两种情况的磨损形式。在切削塑性金属时，若切削厚度适中，则经常会发生这种磨损。

2. 刀具磨损的原因

（1）硬质点磨损　硬质点磨损（亦称机械磨损或磨料磨损），是由于工件材料中的杂质和基本组织中所含有的硬质点（如碳化物、氮化物和氧化物）以及积屑瘤的碎片等在刀具表面上划出沟纹而造成的磨损。硬质点在前刀面上划出一条条与切削运动方向一致的沟纹，在后刀面上划出一条条与工件运动方向一致的沟纹，如图9-15所示。

高速工具钢刀具的这种磨损比较显著，硬质合金刀具相对少些。各种切削速度下，刀具都存在硬质点磨损，但它是低速切削刀具（如拉刀、扳牙、丝锥）磨损的主要原因。因为在低速下，切削温度较低，其他各种形式的磨损还不显著。一般可以认为，由硬质点磨损产生的磨损量与刀具和工件相对滑动距离或切削路程成正比。

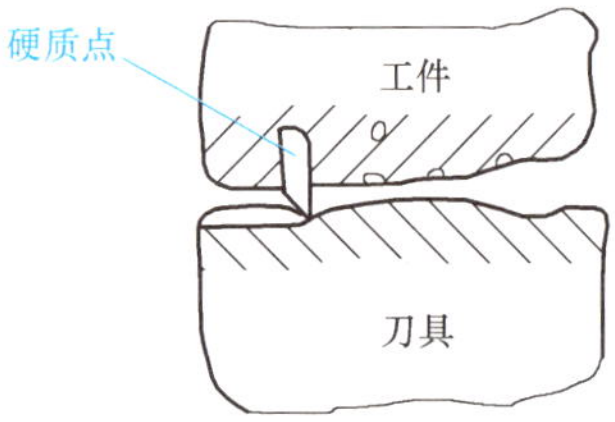

减小硬质点磨损的主要措施是提高刀具表面的硬度和耐磨性。

图 9-15　硬质点磨损

（2）黏结磨损　刀具与工件、切屑之间，在一定的温度和压力作用下，将产生黏结现象，并在相对运动过程中黏结点将产生剪切破坏，如果剪切发生在刀具内部，则造成刀具的黏结磨损。通常情况下，剪切发生在工件材料一方，但由于交变应力、接触疲劳、热应力及刀具表层结构或组织缺陷等原因，剪切也可能发生在刀具这一方。刀具材料的颗粒被切屑或工件一点点地逐渐带走，从而造成了刀具磨损。

黏结磨损产生的原因与接触面间压力、温度和材料间的亲和程度有关。切削温度低时，是由于局部接触点产生塑性变形所致，亦称冷焊；切削温度较高时，温度将促使材料软化和分子间热运动加剧，再加上压力的作用，更易产生黏结，亦称温度黏结。硬质合金刀具在产生积屑瘤的条件下很容易产生黏结磨损。加工钛合金和含钛的不锈钢时，不宜采用含钛类硬质合金的原因是：高温下钛元素之间产生亲和作用，造成黏结磨损。

（3）扩散磨损　由于切削时处于高温，刀具表面始终与被切除的表面相接触，使其有极高的化学活泼性。当摩擦表面的化学元素浓度相差较大时，它们就可能在固态下互相扩散到对方中去，改变刀具和工件材料的化学成分，使刀具材料变得脆弱而造成刀具磨损，这种磨损称为扩散磨损。

（4）化学磨损　化学磨损又称为氧化磨损。切削时，在一定的温度下，刀具材料与周围介质的某些成分（如空气中的氧，切削液中的极压添加剂硫、氯等）起化学作用，在刀具表面形成一层硬度较低的化合物，而被切屑带走，加速刀具的磨损，这种磨损称为化学磨损。一般情况下，空气不易进入刀具与切屑、刀具与工件接触区，所以只是在切削刃工作边界的刀面上形成氧化膜，故又称为边界磨损，如图 9-16 所示。

（5）热电磨损　工件材料与刀具材料不同，在高温下切削区将产生热电势，并通过机床形成一个回路，产生一个热电流。这种热电流促进扩散、加速刀具的磨损，这种磨损称为热电磨损。如果将刀具或工件对机床绝缘，就可避免热电磨损。

综上所述，刀具磨损的原因很多，也很复杂，本质是由于机械摩擦和切削温度的作用，其中切削温度起着决定性的作用。图 9-17 所示为硬质合金刀具加工钢料时，在不同的切削速度（切削温度）下，各类磨损所占的比重。从图中可以看出，刀具磨损过程中，有可能是多种磨损原因都在起作用。不同的切削条件、工件材料、刀具材料，对磨损起主导作用的磨损原因、磨损的强度都是不同的。

必须指出，高速工具钢刀具在中、低速时，一般产生硬质点磨损和黏结磨损。超过中速，由于高温使刀具材料产生相变而丧失切削能力，属于非正常磨损。

3. 刀具磨损过程

用切削时间 T 和后刀面磨损量 V_B 两个参数为坐标，则磨损过程可以用图 9-18 所示的一

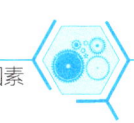

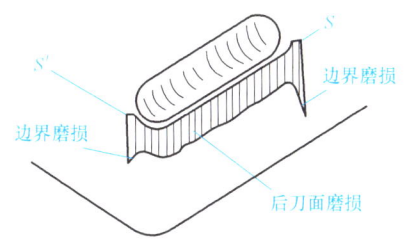

图 9-16 边界磨损

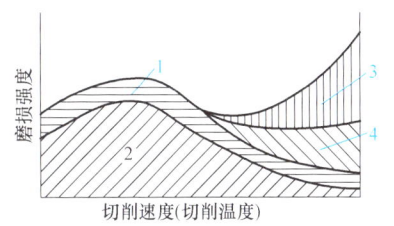

图 9-17 切削速度对刀具磨损强度的影响

1—硬质点磨损　2—黏结磨损　3—扩散磨损　4—化学磨损

条磨损曲线来表示。磨损过程分为三个阶段。

（1）初期磨损阶段　其磨损的特点是：在极短的时间内 V_B 上升很快。由于新刃磨后的刀具，表面存在微观不平度，后刀面与工件之间为凸峰点接触，故磨损很快。所以，初期磨损量的大小与刀具刃磨质量有很大的关系，通常 $V_B = 0.05 \sim 0.1mm$。经过研磨的刀具，初期磨损量小，而且要耐用得多。

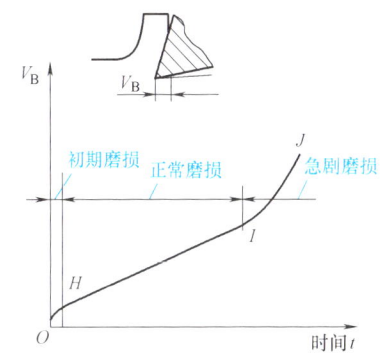

（2）正常磨损阶段　其磨损的特点是：刀具在较长的时间内缓慢地磨损，且 V_B-t 基本呈线性关系。经过初期磨损后，后刀面上的微观不平度被磨掉，后刀面与工件的接触面积增大，压强减小，且分布均匀，

图 9-18 刀具磨损曲线

所以磨损量缓慢且均匀地增加。这就是正常磨损阶段，也是刀具工作的有效阶段。曲线的斜率代表了刀具正常工作时的磨损强度。磨损强度是衡量刀具切削性能的重要指标之一。

（3）急剧磨损阶段　其磨损的特点是：在相对很短的时间内 V_B 猛增，刀具因而完全失效。刀具经过正常磨损阶段后，切削刃变钝，切削力增大，切削温度升高，这时刀具的磨损情况发生了质的变化而进入急剧磨损阶段。这一阶段磨损强度很大。此时如刀具继续工作，不但不能保证加工质量，反而消耗刀具材料，经济上不合算。因此，刀具在进入急剧磨损阶段前必须换刀或重新刃磨。

4. 刀具的磨钝标准

刀具磨损到一定限度就不能继续使用，这个磨损限度称为磨钝标准。一般刀具的后刀面上都有磨损，它对加工质量、切削力和切削温度的影响比前刀面磨损显著，同时后刀面磨损量易于测量。因此，常用后刀面的磨损量来制定刀具的磨钝标准。它是以后刀面磨损带中间部分平均磨损量允许达到的最大值 V_B 表示。国际标准 ISO 统一规定以 $1/2$ 背吃刀量处后刀面上测定的磨损带高度 V_B 作为刀具磨钝标准，如图 9-19 所示。

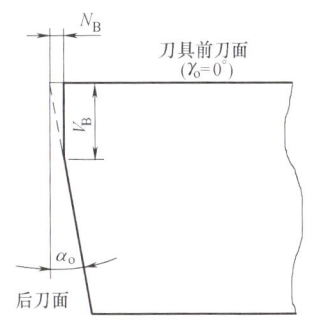

图 9-19 车刀的磨损量

自动化生产中用的精加工刀具，常以沿工件径向的刀具磨损尺寸作为衡量刀具的磨钝标准，称为刀具径向磨损量，以 N_B 表示，如图 9-19 所示。

规定磨钝标准有两种考虑：一种是充分利用正常磨损阶段的磨损量，来充分利用刀具材料，减少换刀次数，它适用于粗加工和半精加工；另一种是根据加工精度和表面质量要求确定磨钝标准，此时，V_B 值应取较小值，称为工艺磨钝标准（磨钝标准的数值可参阅《金属切削手册》）。在柔性加工设备上，经常用切削力的数值作为刀具的磨钝标准，从而实现对刀具磨损状态的自动监控。工艺系统刚性较差时应规定较小的磨钝标准，这是因为当后刀面磨损后，切削力将增大，尤以背向力 F_p 增大最为显著。

切削难加工材料时，切削温度较高，一般应选用较小的磨钝标准。

国际标准 ISO 推荐硬质合金外圆车刀的磨钝标准，可以是下列任何一种：

1）$V_B = 0.3\text{mm}$。

2）如果主后刀面为无规则磨损，取 $V_{Bmax} = 0.6\text{mm}$。

3）前刀面磨损量 $K_T = 0.06 + 0.3f$（f 为进给量）。

9.5.2 刀具寿命

1. 刀具一次刃磨寿命与刀具的总寿命

刃磨后的刀具自开始切削直到磨损量达到磨钝标准为止的切削时间称为刀具一次刃磨寿命，以 T 表示。刀具一次刃磨寿命是指净切削时间，不包括用于对刀、测量、快进、回程等非切削时间。

刀具一次刃磨寿命还可以用达到磨钝标准时所走过的切削路程 L_m 来定义。L_m 等于切削速度 v_c 和刀具一次刃磨寿命 T 的乘积，即 $L_m = v_c T$。

刀具一次刃磨寿命是一个重要参数。在相同切削条件下切削某种工件材料时，可以用刀具一次刃磨寿命来比较不同刀具材料的切削性能；同一刀具材料切削各种工件材料，可以用刀具一次刃磨寿命来比较材料的切削加工性；还可以用刀具一次刃磨寿命来判断刀具几何参数是否合理。对于某一切削加工，当工件、刀具材料和刀具几何形状选定之后，切削用量是影响刀具一次刃磨寿命的主要因素。

刀具的总寿命是指一把新刀具从使用到报废为止的切削时间。它是刀具一次刃磨寿命与刀具刃磨次数的乘积。

2. 切削用量对刀具一次刃磨寿命的影响

切削用量与刀具一次刃磨寿命的关系是用实验方法求得的。通过单因素实验，先选定刀具后刀面的磨钝标准，固定其他切削条件，分别改变切削速度、进给量和背吃刀量，求出对应的 T 值，在双对数坐标纸上画出它们的图形，经过数据整理后可得出刀具一次刃磨寿命实验公式。

切削速度与刀具一次刃磨寿命的关系，在常用的切削速度范围内，用不同的切削速度 v_1、v_2、v_3 …试验，可以得到各种切削速度下的刀具磨损曲线，如图 9-20 所示。根据规定的磨钝标准 V_B，求出各种曲线速度下对应刀具一次刃磨寿命 T_1、T_2、T_3 …再在双对数坐标纸上标出（T_1，v_1）、（T_2，v_2）、（T_3，v_3）… 各点，如图 9-21 所示。可见，在一定的切削速度范围内，这些点基本分布在一条直线上。切削速度 v 对刀具一次刃磨寿命的影响最大，进给量 f 次之，背吃刀量 a_p 最小，这与三者对切削温度的影响顺序完全一致。这也反映出切削温度对刀具磨损、刀具一次刃磨寿命有着最重要的影响。

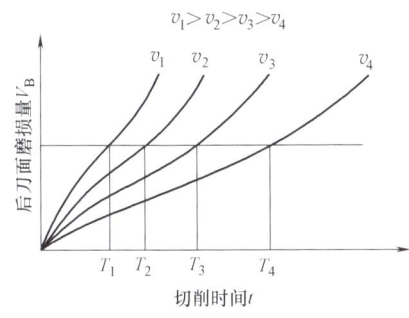

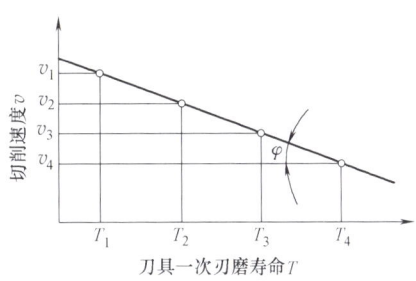

图 9-20　刀具磨损曲线　　　　图 9-21　在双对数坐标上的 T-v 曲线

3. 刀具一次刃磨寿命的选择

在实际生产中，刀具一次刃磨寿命同生产率和加工成本之间存在着较复杂的关系。因此，刀具一次刃磨寿命并不是越高越好，如果把刀具一次刃磨寿命选得过高，则切削用量势必被限制在很低的水平，虽然此时刀具的消耗及其费用较少，但过低的加工效率也会使经济效果变得很差。若刀具一次刃磨寿命选得过低，虽可采用较高的切削用量使金属切除量增多，但由于刀具磨损加快而使换刀、刃磨的工时和费用显著增加，同样达不到高效率、低成本的要求。

在制定切削用量时，应首先选择合理的刀具一次刃磨寿命，而合理的刀具一次刃磨寿命就应根据优化目标而定。生产实际中有两种方法：一是最高生产率刀具一次刃磨寿命，即根据单件工时最少的目标确定刀具一次刃磨寿命；二是最低成本刀具一次刃磨寿命，即根据工序成本最低的目标确定刀具一次刃磨寿命。在一般情况下，应采用最低成本刀具一次刃磨寿命，只有当生产任务急迫或生产中出现不平衡的薄弱环节时，才选用最高生产率刀具一次刃磨寿命。

常用刀具一次刃磨寿命的参考值如下：硬质合金焊接车刀为 60min；高速工具钢钻头为 80~120min；硬质合金面铣刀为 120~180min；齿轮刀具为 200~300min。

在生产中选择刀具一次刃磨寿命时，一般应考虑以下原则。

1）刀具的复杂程度和制造、重磨的费用。简单的刀具如车刀、钻头等，刀具一次刃磨寿命应选得低些；结构复杂和精度高的刀具，如拉刀、齿轮刀具等，刀具一次刃磨寿命应选得高些。同一类刀具，尺寸大的，制造和刃磨成本均较高，刀具一次刃磨寿命应规定得高些。

2）装卡、调整比较复杂的刀具，如多刀车床上的车刀，组合机床上的钻头、丝锥、铣刀以及自动机及自动线上的刀具，刀具一次刃磨寿命应选得高一些，一般为通用机床上同类刀具的 2~4 倍。

3）生产线上的刀具一次刃磨寿命应规定为一个班或两个班，以便能在换班时间内换刀。如有特殊快速换刀装置时，可将刀具一次刃磨寿命减少到正常数值。

4）精加工尺寸很大的工件时，刀具一次刃磨寿命应按零件精度和表面粗糙度要求决定。为避免在加工同一表面时中途换刀，刀具一次刃磨寿命应足够完成一次进给。

【课后小结】

切削过程中，切削用量及刀具几何参数对切削变形、切削力、切削温度及刀具耐用度的影响。

单元10

切削参数的合理选择

【课前预习】

1. 你认为如何选择切削用量更有利?
2. 你认为如何选择刀具几何角度能更好地发挥刀具的使用性能?

10.1 切削用量的选择

切削用量不仅是在机床调整前必须确定的重要参数,而且其数值合理与否对加工质量、加工效率、生产成本等有着非常重要的影响。所谓"合理的"切削用量是指充分利用刀具切削性能和机床动力性能(功率、转矩),在保证质量的前提下,获得高的生产率和低的加工成本的切削用量。

切削用量选择原则:能达到零件的质量要求(主要指表面粗糙度和加工精度),并在工艺系统强度和刚性允许下及充分利用机床功率和发挥刀具切削性能的前提下选取一组最大的切削用量。

1. 确定切削用量时考虑的因素

(1) 生产率 在切削加工中,金属切除率与切削用量三要素 a_p、f、v_c 均保持线性关系,即其中任一参数增大一倍,都可使生产率提高一倍。但受刀具寿命的制约,当任一参数增大时,其他两个参数必须减小。因此,选择的切削用量,应是三者的最佳组合。一般情况下尽量优先增大 a_p,以求一次进刀全部切除加工余量。

(2) 机床功率 背吃刀量 a_p 和切削速度 v_c 增大时,均使切削功率成正比增加。进给量 f 对切削功率影响较小。所以,粗加工时,应选尽可能大的进给量。

(3) 刀具寿命(刀具一次刃磨寿命 T) 切削用量对刀具寿命的影响程度依次为 v_c、f、a_p。因此,从保证合理的刀具寿命出发,在确定切削用量时,应首先采用尽可能大的背吃刀量 a_p,然后再选用大的进给量 f,最后求出切削速度 v_c。

(4) 加工表面粗糙度 一般情况下,增大进给量将使表面粗糙度值变大。因此,较小的进给量影响了精加工时的生产率。在较理想的情况下,提高切削速度 v_c,能降低表面粗糙度值;背吃刀量 a_p 对表面粗糙度的影响较小。

综上所述,选择切削用量的基本原则是:首先选择一个尽量大的背吃刀量 a_p,其次根据机床进给动力允许条件或被加工表面粗糙度的要求,选择一个较大的进给量 f,最后根据已确定的 a_p 和 f,并在刀具一次刃磨寿命和机床功率允许条件下,选择一个合理的切削速度 v_c。

2. 制订切削用量的原则

粗加工时，一般以提高生产率为主，但也应考虑经济性和加工成本；半精加工和精加工时，则以保证加工质量为前提，并兼顾切削效率、经济性和加工成本。

（1）背吃刀量 a_p 的选择　应根据加工余量大小来确定。除留下后续工序的余量外，尽可能一次切除，以使进给次数最小。半精车和精车的加工余量一般为

半精车（$Ra6.3\sim1.6\mu m$），$1\sim3mm$。

精车（$Ra1.6\sim0.8\mu m$），$0.05\sim0.8mm$。

当粗切余量太大或工艺系统的刚性较差时，则分几次切除，但前几次的背吃刀量应大些。通常取 $a_{p1}=(2/3\sim3/4)z$，$a_{p2}=(1/4\sim1/3)z$，z 为总余量。

（2）进给量 f 的选择　主要根据工艺系统的刚性和强度而定，可利用计算或查手册资料来确定进给量 f 的值。表10-1为在上述限制条件下制定的粗车进给量。

表10-1　高速工具钢及硬质合金车刀车削外圆及端面的粗车进给量

工件材料	车刀刀杆尺寸/mm	工件直径/mm	背吃刀量 a_p/mm				
			≤3	>3~5	>5~8	>8~12	>12
			进给量 f/mm·r⁻¹				
碳素结构钢、合金结构钢及耐热钢	16×25	20	0.3~0.4	—	—	—	—
		40	0.4~0.5	0.3~0.4	—	—	—
		60	0.5~0.7	0.4~0.6	0.3~0.5	—	—
		100	0.6~0.9	0.5~0.7	0.5~0.6	0.4~0.5	—
		400	0.8~1.2	0.7~1	0.6~0.8	0.5~0.6	—
	20×30 25×25	20	0.3~0.4	—	—	—	—
		40	0.4~0.5	0.3~0.4	—	—	—
		60	0.6~0.7	0.5~0.7	0.4~0.6	—	—
		100	0.8~1.2	0.7~0.9	0.5~0.7	0.4~0.7	—
		400	1.2~1.4	1~1.2	0.8~1	0.6~0.9	0.4~0.6
铸铁及铜合金	16×25	40	0.4~0.5	—	—	—	—
		60	0.6~0.8	0.5~0.8	0.4~0.6	—	—
		100	0.8~1.2	0.7~1	0.6~0.8	0.5~0.7	—
		400	1~1.4	1~1.2	0.8~1	0.6~0.8	—
	20×30 25×25	40	0.4~0.5	—	—	—	—
		60	0.6~0.9	0.5~0.8	0.4~0.7	—	—
		100	0.9~1.3	0.8~1.2	0.7~1	0.5~0.8	—
		400	1.2~1.8	1.2~1.6	1~1.3	0.9~1.1	0.7~0.9

注：1. 加工断续表面及有冲击的工件时，表内进给量应乘以系数0.75~0.85。
　　2. 在无外皮加工时，表内进给量应乘以系数1.1。
　　3. 加工耐热钢及其合金时，进给量不大于1mm/r。
　　4. 加工淬硬钢时，进给量应减小。当钢的硬度为44~56HRC时，乘以系数0.8；硬度为57~62HRC时，乘以系数0.5。

在半精加工和精加工时，进给量主要受到表面粗糙度值的限制，表10-2为按照表面粗糙度值制定的进给量。

表10-2　按表面粗糙度值选择进给量的参考值

工件材料	表面粗糙度值 Ra/μm	切削速度 v_c/m·min⁻¹	刀尖圆弧半径/mm		
			0.5	1	2
			进给量 f/mm·r⁻¹		
碳素钢及合金钢	10~5	≤50	0.3~0.5	0.45~0.6	0.55~0.7
		>50	0.4~0.55	0.55~0.65	0.65~0.7
	5~2.5	≤50	0.18~0.25	0.25~0.3	0.3~0.4
		>50	0.25~0.3	0.3~0.35	0.35~0.5
	2.5~1.25	≤50	0.1	0.11~0.15	0.15~0.22
		50~100	0.11~0.16	0.16~0.25	0.25~0.35
		>100	0.16~0.2	0.2~0.25	0.25~0.35
铸铁及铜合金	10~5	不限	0.25~0.4	0.4~0.5	0.5~0.6
	5~2.5		0.15~0.25	0.25~0.4	0.4~0.6
	2.5~1.25		0.1~0.15	0.15~0.25	0.2~0.35

注：适用于半精车和精车的进给量的选择。

（3）切削速度 v_c 的确定　按刀具一次刃磨寿命 T 所允许的切削速度 v_T 来计算，除了用计算方法外，生产中经常按实践经验和有关手册资料选取切削速度。表10-3为车削加工的切削速度参考数值。

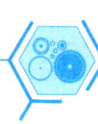

表10-3　车削加工的切削速度参考值

加工材料	硬度 HBW	背吃刀量 a_p/mm	高速工具钢刀具 v_c/m·min⁻¹	f/mm·r⁻¹	硬质合金刀具 未涂层 v_c/m·min⁻¹ 焊接式	可转位	f/mm·r⁻¹	材料	涂层 v_c/m·min⁻¹	f/mm·r⁻¹	陶瓷(超硬材料)刀具 v_c/m·min⁻¹	f/mm·r⁻¹	说明
易切削钢 低碳	100~200	1	55~90	0.18~0.2	185~240	220~275	0.18	P10	320~410	0.18	550~700	0.13	
		4	41~70	0.4	135~185	160~215	0.5	P20	215~275	0.4	425~580	0.25	
		8	34~55	0.5	110~145	130~170	0.75	P40	170~220	0.5	335~490	0.4	
碳素钢 中碳	175~225	1	52	0.2	185	20	0.18	P10	308	0.18	520	0.13	
		4	40	0.4	125	150	0.5	P20	200	0.4	395	0.25	
		8	30	0.5	100	120	0.75	P40	160	0.5	305	0.4	
碳素钢 低碳	125~225	1	43~46	0.18	140~150	170~195	0.18	P10	280~290	0.18	520~580	0.13	切削条件较好时可用冷压 Al_2O_3 陶瓷;切削条件较差时,宜用 Al_2O_3 + TiC 热压混合陶瓷
		4	34~33	0.4	115~125	135~150	0.5	P20	170~190	0.4	365~425	0.25	
		8	27~30	0.3	85~100	105~120	0.75	P40	135~150	0.5	275~365	0.4	
碳素钢 中碳	175~275	1	34~40	0.18	115~130	150~160	0.18	P10	220~240	0.18	460~520	0.13	
		4	23~30	0.4	90~100	115~125	0.5	P20	145~160	0.4	280~350	0.25	
		8	20~26	0.5	70~78	90~100	0.75	P40	115~125	0.5	200~260	0.4	
碳素钢 高碳	175~275	1	30~37	0.18	115~130	140~155	0.18	P10	215~230	0.18	460~520	0.13	
		4	24~27	0.4	88~95	105~120	0.5	P20	145~150	0.4	275~335	0.25	
		8	18~21	0.5	69~76	84~95	0.75	P40	115~120	0.5	185~245	0.4	
合金钢 低碳	125~225	1	41~46	0.18	135~150	170~185	0.18	P10	220~235	0.18	520~580	0.13	
		4	32~37	0.4	105~120	135~145	0.5	P20	175~190	0.4	365~395	0.25	
		8	24~27	0.5	84~95	105~115	0.75	P40	135~145	0.5	275~335	0.4	
合金钢 中碳	175~225	1	34~41	0.18	105~115	130~150	0.18	P10	175~200	0.18	460~520	0.13	
		4	26~32	0.4	85~90	105~120	0.4~0.5	P20	135~160	0.4	280~360	0.25	
		8	20~24	0.5	67~73	82~95	0.5~0.75	P40	105~120	0.5	220~265	0.4	
合金钢 高碳	175~275	1	30~37	0.18	105~115	135~145	0.18	P10	175~190	0.18	460~520	0.13	
		4	24~27	0.4	84~90	105~115	0.5	P20	135~150	0.4	275~335	0.25	
		8	18~21	0.5	66~72	82~90	0.75	P40	105~120	0.5	215~245	0.4	
高强钢	225~350	1	20~25	0.18	90~105	115~135	0.18	P10	150~185	0.18	380~440	0.13	>300HBW 时,宜用 W12Cr4V5Co5 及 W2Mo9Cr4VCo8
		4	15~20	0.4	69~84	90~105	0.4	P20	120~135	0.4	205~265	0.25	
		8	12~15	0.5	53~66	69~84	0.5	P40	90~105	0.5	145~205	0.4	

工件材料	硬度 HBW	a_p	f			f	刀具牌号			f	备注
高速工具钢	200~225	1	0.13~0.18	15~24	76~105	85~125	0.18	M10,P10	115~160	420~460	0.13	—
		4	0.25~0.4	12~20	60~84	69~100	0.4	M20,P20	90~130	250~275	0.25	
		8	0.4~0.5	9~15	46~64	53~76	0.5	M30,P40	69~100	190~215	0.4	
不锈钢 奥氏体型	135~275	1	0.18	18~34	58~105	67~120	0.18	K01,M10	84~60	275~425	0.13	> 225HBW 时，宜用 W12Cr4V5Co5 及 W2Mo9Cr4VCo8
		4	0.4	15~27	49~100	58~105	0.4	K20,M10	76~135	150~275	0.25	
		8	0.5	12~21	38~76	46~84	0.5	K20,M10	60~105	90~185	0.4	
不锈钢 马氏体型	175~325	1	0.18	20~44	87~140	95~175	0.18	M10,P10	120~260	350~490	0.13	> 275HBW 时，宜用 W12Cr4V5Co5 及 W2Mo9Cr4VCo8
		4	0.4	15~35	69~15	75~135	0.4	M10,P10	100~170	185~335	0.25	
		8	0.5	12~27	55~90	58~105	0.5~0.75	M20,P20	76~135	120~245	0.4	
灰铸铁	160~260	1	0.18	26~43	84~135	100~165	0.18~0.25	K30,M20	130~190	395~550	0.13~0.25	> 190HBW 时，宜用 W12Cr4V5Co5 及 W2Mo9Cr4VCo8
		4	0.4	17~27	69~110	81~125	0.4~0.5		105~160	245~365	0.25~0.4	
		8	0.5	14~23	60~90	66~100	0.5~0.75		84~130	185~275	0.4~0.5	
可锻铸铁	160~240	1	0.18	30~40	120~160	135~185	0.25	M10,P10	185~235	305~365	0.13~0.25	—

（续）

加工材料	硬度 HBW	背吃刀量 a_p/mm	高速工具钢刀具 v_c/m·min⁻¹	高速工具钢刀具 f/mm·r⁻¹	硬质合金刀具 未涂层 v_c/m·min⁻¹ 焊接式	未涂层 v_c/m·min⁻¹ 可转位	未涂层 f/mm·r⁻¹	材料	涂层 v_c/m·min⁻¹	涂层 f/mm·r⁻¹	陶瓷（超硬材料）刀具 v_c/m·min⁻¹	陶瓷（超硬材料）刀具 f/mm·r⁻¹	说明
可锻铸铁	160~240	4	23~30	0.4	90~120	105~135	0.5	M10, P10	135~185	0.4	230~290	0.25~0.4	—
		8	18~24	0.5	76~100	85~115	0.75	M20, P20	105~145	0.5	150~230	0.4~0.5	
铝合金	30~150	1	245~305	0.18	550~610	max	0.25	K01, M10	—	—	365~915	0.075~0.15	金刚石刀具 $\alpha_p = 0.13 \sim 0.4$mm
		4	215~275	0.4	425~550		0.5	K20, M10			245~760	0.15~0.3	$\alpha_p = 0.4 \sim 1.25$mm
		8	185~245	0.5	305~365		1	K20, M10			150~460	0.3~0.5	$\alpha_p = 1.25 \sim 3.2$mm
铜合金	—	1	40~175	0.18	84~345	90~395	0.18	K01, M10	—	—	305~1460	0.075~0.15	金刚石刀具 $\alpha_p = 0.13 \sim 0.4$mm
		4	34~145	0.4	69~290	76~335	0.5	K20, M10			150~855	0.15~0.3	$\alpha_p = 0.4 \sim 1.25$mm
		8	27~120	0.5	64~270	70~305	0.75	K30, M20			90~550	0.3~0.5	$\alpha_p = 1.25 \sim 3.2$mm
钛合金	300~350	1	12~24	0.13	38~66	49~76	0.13	K01, M10			—	—	高速工具钢采用 W12Cr4V5Co5 及 W2Mo9Cr4VCo8
		4	9~21	0.25	32~56	41~66	0.2	K20, M10			—		
		8	8~18	0.4	24~43	26~49	0.25	K30, M20			—		

（4）校验机床功率　机床功率所允许的切削速度（单位：m/min）为

$$v_c \leqslant \frac{P_E \eta \times 6 \times 10^4}{F_c}$$

式中　P_E——机床电动机功率，kW；

　　　F_c——切削力，N；

　　　η——机床传动效率，一般 $\eta = 0.75 \sim 0.85$。

3. 提高切削用量的途径

1）采用切削性能更好的新型刀具材料。

2）在保证工件力学性能的前提下，改善工件材料的可加工性。

3）改善冷却润滑条件。

4）改进刀具结构，提高刀具制造质量。

10.2　刀具几何参数的选择

刀具几何参数可分为两类，一类是刀具角度参数，另一类是刀具刃型尺寸参数。各参数之间存在着相互依赖、相互制约的作用，因此应综合考虑各种参数，以便进行合理的选择。虽然刀具材料的优选对于切削过程的优化具有关键作用，但是，如果刀具几何参数的选择不合理也会使刀具材料的切削性能得不到充分的发挥。

在保证加工质量的前提下，能够满足刀具寿命长、生产率高、加工成本低的刀具几何参数，称为刀具的合理几何参数。

10.2.1　选择刀具几何参数应考虑的因素

1. 工件材料

要考虑工件材料的化学成分、制造方法、热处理状态、物理和力学性能（包括硬度、抗拉强度、断后伸长率、冲击韧度、导热系数等），还有毛坯表层情况、工件的形状、尺寸、精度和表面质量要求等。

2. 刀具材料和刀具结构

除了要考虑刀具材料的化学成分、物理和力学性能（包括硬度、抗弯强度、冲击值、耐磨性、热硬性和热导率）外，还要考虑刀具的结构型式，如是整体式，还是焊接式或机夹式。

3. 具体的加工条件

考虑机床、夹具的情况，工艺系统刚性及功率大小，切削用量和切削液性能等。一般来说，粗加工时，着重考虑保证最大的生产率；精加工时，主要考虑保证加工精度和已加工表面的质量要求；对于自动线生产用的刀具，主要考虑刀具工作的稳定性，有时要考虑断屑问题；机床刚性和动力不足时，刀具应力求锋利，以减小切削力和振动。

10.2.2　刀具角度的选择

1. 前角及前刀面的选择

（1）前刀面形式　有平面型、曲面型和带倒棱型三种，如图10-1所示。

平面型前刀面：制造容易，重磨方便，刀具廓形精度高。

曲面型前刀面：起卷刃作用，并有助于断屑和排屑，主要用于粗加工塑性金属刀具和孔加工刀具，如丝锥、钻头。

带倒棱型前刀面：是提高刀具强度和刀具寿命的有效措施。

（2）前角的功用　前角影响切削过程中的变形和摩擦，同时还影响刀具的强度。

前角 γ_o 影响切削的难易程度。增大前角能使切削刃变得锋利，使切削轻快，可减小切削力和切削热，对刀具寿命有利。前角的大小对表面粗糙度、排屑和断屑等也有一定影响。增大前角还可以抑制积屑瘤的产生，改善已加工表面的质量。

但是，增大前角会使楔角 β 减小，这一方面使切削刃强度降低，容易造成崩刃；另一方面会降低散热效应，使切削温度升高，对刀具寿命不利。因此，刀具前角存在一个最佳值 γ_{opt}，通常称 γ_{opt} 为刀具的合理前角，如图10-2所示。

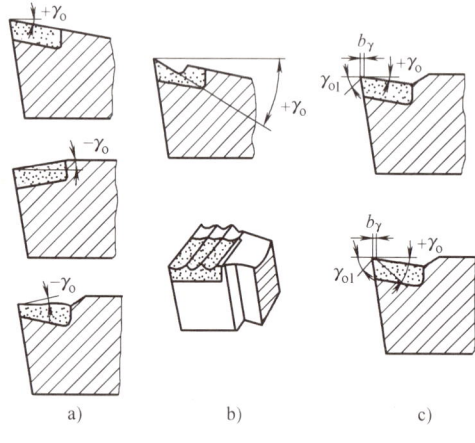

图 10-1　前刀面形式

a）平面型　b）曲面型　c）带倒棱型

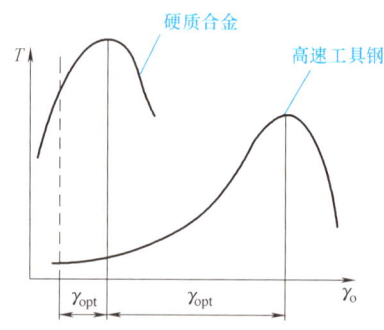

图 10-2　刀具的合理前角

（3）前角的选用原则　在刀具强度许可条件下，尽可能选用大的前角。

工件材料的强度、硬度低，前角应选得大些，反之小些（如有色金属加工时，选前角较大）。

刀具材料韧性好（如高速工具钢），前角可选得大些，反之应选得小些（如硬质合金）。

精加工时，前角可选得大些；粗加工时，应选得小些。

表10-4为硬质合金车刀前角的合理值。

表 10-4　硬质合金车刀前角的合理值

工件材料	低碳钢	中碳钢	合金钢	淬火钢	不锈钢	灰铸铁	铜及铜合金	铝及铝合金	钛合金
粗车	20°~25°	10°~15°	10°~15°	−15°~ −5°	15°~20°	10°~15°	10°~15°	30°~35°	5°~10°
精车	25°~30°	15°~20°	15°~20°		20°~25°	5°~10°	5°~10°	35°~40°	

2. 后角（副后角）、后刀面的选择

（1）后角的功用　后角 α_o 的主要功用是减小后刀面与工件间的摩擦和后刀面的磨损，

其大小对刀具寿命和加工表面质量都有很大影响。后角同时还影响刀具的强度。

（2）后角的选用原则 增大后角（副后角），可减轻刀具后面与过渡表面之间的摩擦，使刀具磨损减小，寿命提高。故后角不能取负值。增大后角，还可使切削刃更锋利，有利于改善加工表面质量。但后角过大，刀具的楔角会太小，刃部强度降低，散热效果减小，刀具磨损加快，反而会使刀具寿命降低。因此，后角也存在一个合理值。粗加工以确保刀具强度为主，可在 4°~6° 范围内选取；精加工以确保加工表面质量为主，常取 8°~12°。

一般地，切削厚度越大，刀具后角越小；工件材料越软，塑性越大，后角越大；工艺系统刚性较差时，应适当减小后角（切削时起支承作用，增加系统刚性并起消振作用）；工件的尺寸精度要求较高时，后角宜取小值。

表 10-5 为硬质合金车刀后角的合理值。

表 10-5 硬质合金车刀后角的合理值

工件材料	低碳钢	中碳钢	合金钢	淬火钢	不锈钢	灰铸铁	铜 及 铜合金	铝 及 铝合金	钛合金
粗车	8°~10°	5°~7°	5°~7°	8°~10°	6°~8°	4°~6°	6°~8°	8°~10°	10°~15°
精车	10°~12°	6°~8°	6°~8°		8°~10°	8°~10°	6°~8°	10°~12°	

（3）后刀面的形式

1）双重后刀面。为保证刃口强度，减少刃磨后刀面的工作量，常在车刀后刀面磨出双重后角，如图 10-3a 所示。

2）消振棱。为了增加后刀面与过渡表面之间的接触面积，增加阻尼作用，消除振动，可在车刀后刀面上刃磨出一条有负后角的倒棱，称为消振棱，如图 10-3b 所示。其参数为 $b_{a1} = 0.1 \sim 0.3 \mathrm{mm}$ ，$\alpha_{o1} = -5° \sim -20°$。

3）刃带。对一些定尺寸刀具（如钻头、铰刀等），为便于控制刀具尺寸，避免重磨后尺寸精度的变化，常在车刀后刀面上刃磨出后角为 0° 的小棱边，称为刃带，如图 10-3c 所示。刃带形成一条与切削刃等距的棱边，可对刀具起稳定、导向和消振的作用，延长刀具寿命。刃带不宜太宽，否则会增大摩擦作用。通常刃带宽度 $b_{a1} = 0.02 \sim 0.3 \mathrm{mm}$。

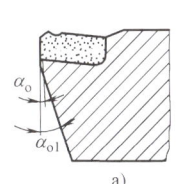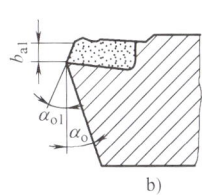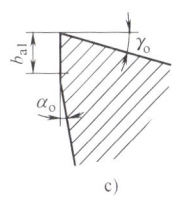

图 10-3 后刀面的形式

a）双重后刀面 b）消振棱 c）刃带

3. 主偏角、副偏角及过渡刃的选择

（1）主偏角和副偏角的功用

1）影响已加工表面的残留面积高度。减小主偏角和副偏角，可以减小已加工表面粗糙度值，特别是副偏角对已加工表面粗糙度值影响更大。

2）影响切削层形状。主偏角直接影响切削刃工作长度和单位长度切削刃上的切削负荷。在切削深度和进给量一定的情况下，增大主偏角，切削宽度减小，切削厚度增大，切削

刃单位长度上的负荷随之增大。因此，主偏角直接影响刀具的磨损和刀具寿命。

3）影响切削分力的大小和比例关系。增大主偏角可减小背向力 F_p，但增大了进给力 F_f。同理，增大副偏角，也可使 F_p 减小。而 F_p 的减小，有利于减小工艺系统的弹性变形和振动。

4）影响刀尖角的大小。主偏角和副偏角共同决定了刀尖角 ε_r，故直接影响刀尖强度、导热面积和容热体积。

5）影响断屑效果和排屑方向。增大主偏角，切屑变厚变窄，容易折断。

（2）主偏角的选择　在工艺系统刚性很好时，减小主偏角可提高刀具寿命，减小已加工表面粗糙度值，所以 κ_r 宜取小值；在工件刚性较差时，为避免工件的变形和振动，应选用较大的主偏角。

（3）副偏角的选择　一般情况下，选取较小的副偏角，以减小副切削刃和副后刀面与工件已加工表面之间的摩擦和防止切削振动。

（4）过渡刃的形式　在主切削刃与副切削刃之间有一条过渡刃，如图 10-4 所示。过渡刃有直线过渡刃和圆弧过渡刃两种。过渡刃的作用是提高刀具强度，延长刀具寿命，降低表面粗糙度值。

1）直线刃（见图 10-4a）。在粗车或强力车削时，一般取过渡刃偏角 $\kappa_{r\varepsilon} = \dfrac{1}{2}\kappa_r$，长度 $b_\varepsilon = 0.5 \sim 2\text{mm}$。

2）圆弧刃（见图 10-4b）。即刀尖圆弧半径 r_ε。r_ε 增大时，可减小表面粗糙度值，且能提高刀具寿命，但会增大背向力 F_p，容易引起振动，所以 r_ε 不能过大。通常高速工具钢车刀 $r_\varepsilon = 0.5 \sim 3\text{mm}$，硬质合金车刀 $r_\varepsilon = 0.5 \sim 2\text{mm}$。

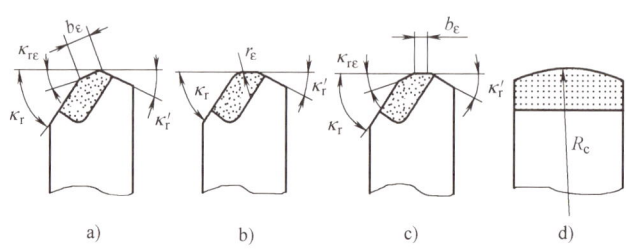

图 10-4　过渡刃的形式
a）直线刃　b）圆弧刃　c）水平修光刃　d）大圆弧刃

3）水平修光刃（见图 10-4c）。是在刀尖处磨出一小段 $\kappa_r' = 0°$ 的水平直线切削刃。长度一般应大于进给量，即 $b_\varepsilon = (1.2 \sim 1.5)f$。具有修光刃的刀具若切削刃平直，装刀精确，工艺系统刚度足够，即使在大进给切削条件下，仍能获得很小的表面粗糙度值。

4）大圆弧刃（见图 10-4d）。即半径为 $300 \sim 500\text{mm}$ 的圆弧过渡刃，常用在宽刃精车刀、宽刃精刨刀、浮动镗刀等刀具上。

4. 刃倾角的选择

（1）刃倾角的功用　刃倾角 λ_s 主要影响刀头的强度和切屑流动的方向（见图 10-5）。

（2）刃倾角 λ_s 选用原则　主要根据刀具强度、流屑方向和加工条件而定。

粗加工时，为提高刀具强度，λ_s 取负值；精加工时，为不使切屑划伤已加工表面，λ_s

常取正值或零。

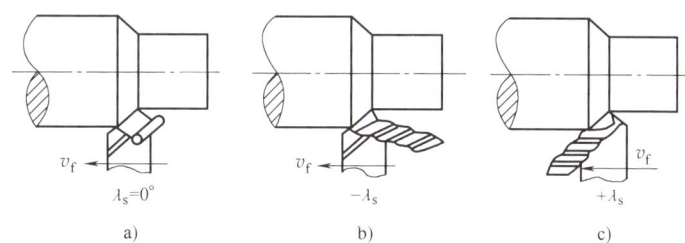

图 10-5　刃倾角对切屑流向的影响

10.3　切屑的控制

在切削加工过程中，切屑的形状对正常生产和安全操作有很大的影响。因此，掌握切屑形状的变化规律对指导生产有重要的现实意义。

10.3.1　切屑的类型

由于工件材料、切削条件、刀具几何参数的不同，切屑的形态、尺寸、颜色以及硬度也不同，从变形的角度出发，主要有四种类型，如图 10-6 所示。

1. 带状切屑

这是最常见的一种切屑，它连续不断呈带状，内表面是光滑的，外表面呈毛茸状。一般加工塑性材料时，如果切削层公称厚度较小，切削速度较高，刀具前角较大，往往得到这类切屑。形成带状切屑的切削过程较平稳，切削力波动较小，已加工表面粗糙度值较小。

2. 节状切屑

节状切屑又称为挤裂切屑，切屑外表面呈较大的锯齿形，内表面有时有裂纹。

在采用较小的切削层公称厚度、较高的切削速度、较大的刀具前角时，易得到这类切屑。

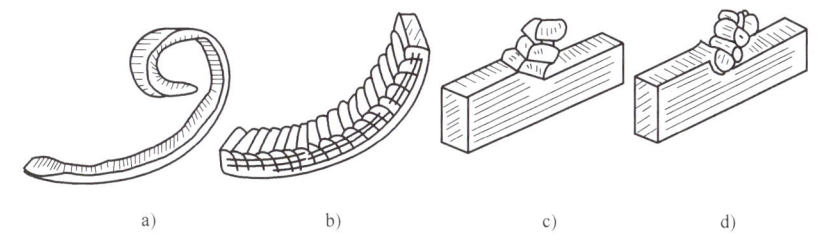

图 10-6　切屑的类型

a）带状切屑　b）节状切屑　c）粒状切屑　d）崩碎切屑

3. 粒状切屑

粒状切屑又称为单元切屑，如果在节状切屑的剪切面上，裂纹扩展到整个面上，则切屑被分割成梯形状，这是一种比节状切屑长度更小的切屑。在采用大的切削厚度、较低的切削速度和小前角或负前角的刀具切削时，易产生粒状切屑。

4. 崩碎切屑

这是在切削脆性金属材料时产生的切屑，由于材料的塑性很小，抗拉强度较低，刀具切入时，切削层内靠近切削刃和刀具前刀面的局部金属，未经明显的塑性变形就在拉应力状态下脆断，形成不规则的碎块状切屑，并使工件表面凹凸不平。工件材料越硬、越脆，切削层公称厚度越大时，越容易产生这种切屑。

以上前三种切屑为切削塑性材料时的切屑，形成带状切屑时切削过程最平稳，切削力波动最小；节状切屑在切屑折断或碎裂时切削力突变，引起切削力波动；形成粒状切屑时波动最大，切削过程最不平稳。

如果在形成节状切屑的条件下，加大刀具前角，提高切削速度，减少切削层公称厚度，就可以得到带状切屑；反之，则得到粒状切屑。这说明，切屑的形态是可以随着切削条件的改变而转化的，可以通过控制切削条件，使切屑的形态向有利于加工的方向转化。例如，在数控机床或加工中心等自动化加工中，从排屑的角度考虑，就希望得到节状切屑。

10.3.2 切屑的卷曲和折断

1. 切屑的卷曲

为控制切屑的卷曲，生产中常采用在前刀面上磨出卷屑槽的方法，通过改变卷屑槽的形状和角度来控制切屑按一定规律向外排出或折断。卷屑槽的形式有三种：全圆弧形、直线圆弧形和折线形，如图10-7所示。

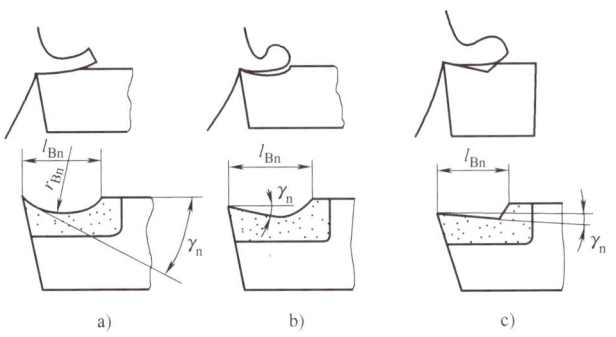

图 10-7 卷屑槽形式

a）全圆弧形 b）直线圆弧形 c）折线形

全圆弧形卷屑槽主要用于切削高塑性材料，采用较大角度（$\gamma_n = 25° \sim 30°$）的刀具。直线圆弧形卷屑槽和折线形卷屑槽适用于切削碳素钢、合金结构钢、工具钢等，前角一般为 $\gamma_n \approx 15°$ 的刀具。卷屑槽的宽度应根据具体加工条件而定，如工件材料、切削用量等。通常是，进给量 f、背吃刀量 a_p 和主偏角 κ_r 越大，工件材料的塑性、韧性越差，卷屑槽宽度 l_{Bn} 也就选得较大，反之则选小值。切削碳素钢时 $l_{Bn} = 10f$；切削合金钢时 $l_{Bn} = 7f$。卷屑槽圆弧半径 $r_{Bn} = (0.4 \sim 0.7) l_{Bn}$。

卷屑槽斜角 ρ_{Br} 是卷屑槽的侧边与主切削刃之间的夹角，它对切屑的流向和屑形也有影响。常见的有外斜式、平行式和内斜式三种，如图10-8所示。

（1）外斜式 这种卷屑槽前宽后窄，前深后浅，用于中等背吃刀量 a_p，断屑范围较宽，断屑效果稳定可靠，切削中碳钢时，$\rho_{Br} = 10° \sim 15°$。

（2）平行式　这种卷屑槽在切削碳素钢时与外斜式效果相似。当 a_p 变化范围较大时，宜采用这种形式。

（3）内斜式　这种卷屑槽断屑范围较窄，主要用于精车或半精车，$\rho_{Br} = 8° \sim 10°$。

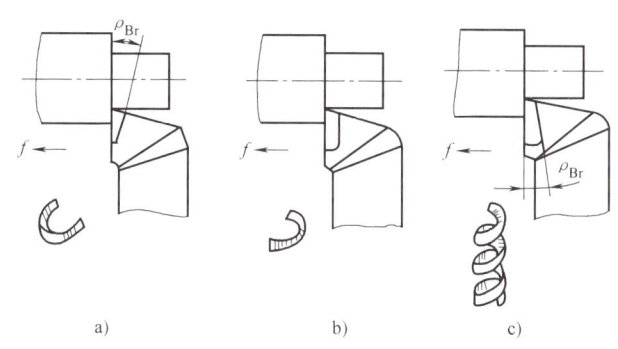

图 10-8　卷屑槽斜角

a）外斜式　b）平行式　c）内斜式

2. 切屑的折断

卷曲的切屑流出时，碰在刀具后刀面或工件上，切屑因受阻而变形，当某断面应力超过其强度极限，切屑就折断。若切屑流出时碰不到后刀面或工件，切屑将以各种螺旋形卷屑流出，到一定长度后，靠自重甩断。但如果卷屑槽参数不合适，切屑就成连绵不断的带状切屑。

10.4　切削液

10.4.1　切削液的作用

切削液可以减小切削区的切屑、刀具、工件间的摩擦，减小热量的产生，同时可以将切削区产生的热量带走，使切削温度降低。

1. 切削液的润滑作用

切削液的润滑作用是通过在切屑、工件与刀具的接触面之间形成油膜而达到的。切削时，由于工件、切屑与刀具之间的摩擦及载荷作用，由外部供给的切削液，要到达切削区十分困难。主要依靠切屑与刀具前刀面之间存在的微小间隙，形成的毛细管现象和切屑与前刀面相对运动时因高温而形成的气压差产生的泵吸作用，渗入到前

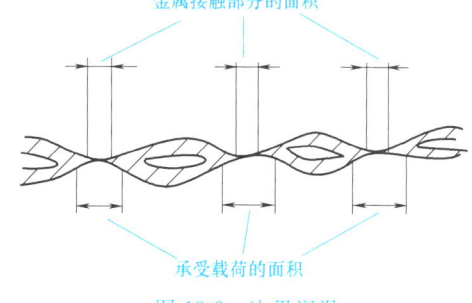

图 10-9　边界润滑

刀面上。因此，切削过程中的润滑大多属于边界润滑，即接触面之间部分为润滑油膜，部分为金属表面接触，如图 10-9 所示。

切削液的润滑能力与切削液渗透性、成膜能力及油膜的强度有密切的关系。为增强渗透性，可加入油性添加剂，如动物油、植物油、脂肪酸等物质。为增加润滑油的成膜能力和油膜的强度，可加入极压添加剂，如含有氯、硫、磷等的有机化合物。这些化合物能在高温时

与金属表面起化学反应，而生成 FeS、FeCl、FeP 等化学吸附膜，它比物理吸附膜耐高温和高压。

2. 冷却作用

切削液能带走切削时产生的大量切削热，使切削温度降低，从而有效地减少刀具磨损。冷却能力的好坏，取决于切削的导热系数、比热容、汽化热、流量、流速等。常用的切削液中，水溶液的冷却效果最好，切削油稍差。

3. 清洗与防锈作用

切削液的清洗作用是将黏附在机床、夹具、刀具上的细碎切屑和磨料磨粉清除，以减小刀具的磨损，防止划伤已加工表面和机床导轨。清洗性能的好坏，取决于切削液的油性、流动性和使用压力。

切削液的防锈作用，是为了保护工件、机床、刀具不受周围介质的影响而腐蚀。防锈作用的强弱，取决于切削液本身的成分与添加剂的作用。例如，油比水的防锈能力强；加入防锈剂可有效地提高防锈能力。

10.4.2 切削液的种类及选用

1. 切削液的种类

金属切削加工中最常用的切削液可分为四大类：水溶液、切削油、极压切削油和乳化液。

（1）水溶液 水溶液的主要成分是水，冷却性能好，若配成透明状液体，还便于操作者观察。但纯水易使金属生锈、润滑性能也差，故使用时应加入适量的防锈添加剂（如亚硝酸钠、磷酸三钠等），使其既保持冷却性能又有良好的防锈性能和一定的润滑性能。

（2）切削油 切削油的主要成分是矿物油，特殊情况下也可采用动、植物油或复合油。切削油润滑性能好但冷却性能差，常用于精加工工序。

（3）极压切削油 极压切削油是在矿物油中添加氯、硫、磷等极压添加剂配置而成。它在高温下不破坏润滑膜，具有良好的润滑效果，故被广泛采用。

（4）乳化液 乳化液是用质量分数为 95%~98% 的水将由矿物油、乳化剂和添加剂配置成的乳化油膏稀释而成，外观程乳白色或半透明，具有良好的冷却性能。因其含水量大，润滑、防锈性能较差，所以常加入一定量的油性、极压添加剂和防锈添加剂，配置成极压乳化液或防锈乳化液。

2. 切削液的合理选用

（1）粗加工 粗加工时切削用量较大，产生大量的切削热，容易导致高速工具钢刀具迅速磨损。这时宜选用冷却性能为主的切削液（如质量分数为 3%~5% 的乳化液），以降低切削温度。

硬质合金刀具耐热性好，一般不用切削液。在重型切削或切削特殊材料时，为防止高温下刀具发生黏结磨损和扩散磨损，可选用低浓度的乳化液和水溶液，但必须连续充分地浇注，切不可断断续续，以免因冷热不均产生大的热应力，使刀具因热裂而损坏。

在低速切削时，刀具以硬质点磨损为主，宜选用以润滑性能为主的切削油；在较高速度下切削时，刀具主要是热磨损，要求切削液有良好的冷却性能，宜选用水溶液和乳化液。

（2）精加工 精加工以减小工件表面粗糙度值和提高加工精度为目的，因此应选用润

滑性能好的切削液。加工一般钢件时，切削液应具有良好的润滑性能和一定的冷却性能。高速工具钢刀具在中、低速下（包括铰削、拉削、螺纹加工、插齿、滚齿加工等）切削，应选用极压切削油或高浓度极压乳化液。硬质合金刀具精加工时，采用的切削液与粗加工时基本相同，但应适当提高其润滑性能。加工铜、铝及其合金和铸铁时，可选用高浓度的乳化液。但应注意，因硫对铜有腐蚀作用，因此切削铜及其合金时不能选用含硫的切削液。加工铸铁床身导轨时，用煤油做切削液效果好，但较浪费能源。

（3）难加工材料的加工　切削高强度钢、高温合金等难加工的材料时，由于材料中所含的硬质点多、导热系数小，加工均处于高温、高压的边界摩擦润滑状态，因此宜选用润滑和冷却性能均好的极压切削油或极压乳化液。

（4）磨削加工　磨削加工速度高、温度高，热应力会使工件变形，甚至产生表面裂纹，且磨削产生的碎屑会划伤已加工表面和机床滑动表面，所以宜选用冷却和清洗性能好的水溶液或乳化液。但磨削难加工材料时，宜选用润滑性好的极压乳化液和极压切削油。

（5）封闭或半封闭容屑加工　钻削、攻螺纹、铰孔和拉削等加工的容屑为封闭或半封闭方式，需要切削液有较好的冷却、润滑及清洗性能，以减小刀-屑摩擦生热并带走切屑，宜选用乳化液、极压乳化液和极压切削油。

【知识拓展】

蒋新松：中国机器人事业的奠基人、开拓者

蒋新松，机器人专家，战略科学家，1994 年 5 月当选为中国工程院首批院士。生前系中国科学院沈阳自动化研究所所长，研究员，博士生导师，国家"863"计划自动化领域首席科学家。他牵头创建了国家机器人技术研究开发工程中心和中科院机器人学开放实验室，建立了机器人学研究及机器人技术工程化基地。1996 年获中国工程院首届工程科技奖，先后获得全国科学大会成果奖、中国科学院重大成果奖、中国科学院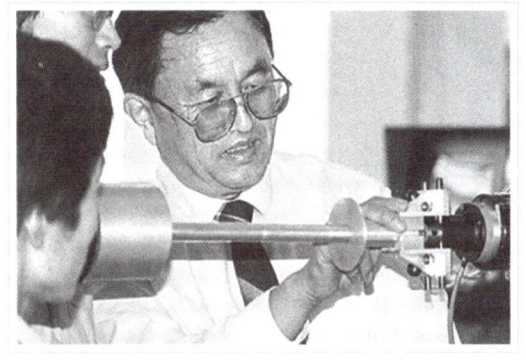科技进步一等奖等荣誉，并参加了国家高技术研究发展计划的制订工作。在我国水下机器人的研制史上，记录着一页页辉煌的篇章："海人一号"实现了我国水下机器人零的突破，"瑞康四号"开创了我国近海石油勘探钻井首次使用国产机器人的成功纪录，"探索者一号"则刷新了深潜 1000m 纪录；中俄两国共同研制成功 6000m 水下机器人，使我国跻身于世界机器人研制的强国行列……短短十几年，我国水下机器人事业由梦想变为现实。这一连串耀眼的成果都与一个人的名字紧紧相连，他就是中国机器人科研事业的开拓者——蒋新松。

【课后小结】

合理地选择切削用量和刀具几何参数，是保证加工质量，降低加工成本的关键。

模块3

典型零件制造

【知识架构】 外圆、内孔、平面的加工方案；机械加工工艺规程编制；零件加工精度检测。

【学习目标】 掌握外圆、内孔、平面的加工方案选择；具有简单零件机械加工工艺规程的编制能力。

单元11

零件加工表面成形方案

【课前预习】

1. 加工阶段有哪几个？为什么要划分加工阶段？

2. 加工精度和表面质量是不是一回事？

11.1 外圆加工方案的选择

根据零件加工精度要求，外圆表面加工方案可参考表11-1选择。

表 11-1 外圆表面加工方案

序号	加 工 方 法	经济精度（公差等级表示）	表面粗糙度值 $Ra/\mu m$	适 用 范 围
1	粗车	IT11~IT13	10~50	适用于淬火钢以外的各种金属
2	粗车—半精车	IT8~IT10	2.5~6.3	
3	粗车—半精车—精车	IT7~IT8	0.8~1.6	
4	粗车—半精车—精车—滚压（或抛光）	IT7~IT8	0.025~0.2	
5	粗车—半精车—磨削	IT7~IT8	0.4~0.8	主要用于淬火钢，也可用于未淬火钢，但不宜加工有色金属
6	粗车—半精车—粗磨—精磨	IT6~IT7	0.1~0.4	
7	粗车—半精车—粗磨—精磨—超精加工（或轮式超精磨）	IT5	0.012~0.1（或 $Rz0.1\mu m$）	
8	粗车—半精车—精车—精细车（金钢车）	IT6~IT7	0.025~0.4	主要用于要求较高的有色金属加工
9	粗车—半精车—粗磨—精磨—超精磨（或镜面磨）	IT5 以上	0.006~0.025（或 $Rz0.05\mu m$）	极高精度的外圆加工
10	粗车—半精车—粗磨—精磨—研磨	IT5 以上	0.006~0.1（或 $Rz0.05\mu m$）	

11.2 内圆加工方案的选择

根据零件加工精度要求，内圆表面加工方案可参考表11-2选择。

表 11-2　内圆表面加工方案

序号	加工方法	经济精度 （公差等级表示）	表面粗糙度值 $Ra/\mu m$	适用范围
1	钻	IT11～IT13	12.5	加工未淬火钢及铸铁的实心毛坯，也可用于加工有色金属，孔径小于15mm
2	钻—铰	IT8～IT10	1.6～6.3	
3	钻—粗铰	IT7～IT8	0.8～1.6	
4	钻—扩	IT10～IT11	6.3～12.5	加工未淬火钢及铸铁的实心毛坯，也可用于加工有色金属，孔径大于20mm
5	钻—扩—铰	IT8～IT9	1.6～3.2	
6	钻—扩—粗铰—精铰	IT7	0.8～1.6	
7	钻—扩—机铰—手铰	IT6～IT7	0.2～0.4	
8	钻—扩—拉	IT7～IT9	0.1～1.6	大批大量生产
9	粗镗（或扩孔）	IT11～IT13	6.3～12.5	除淬火钢外各种材料，毛坯有铸出孔或锻出孔
10	粗镗（粗扩）—半精镗（精扩）	IT9～IT10	1.6～3.2	
11	粗镗（粗扩）—半精镗（精扩）—精镗（铰）	IT7～IT8	0.8～1.6	
12	粗镗（粗扩）—半精镗（精扩）—精镗—浮动镗刀精镗	IT6～IT7	0.4～0.8	
13	粗镗（扩）—半精镗—磨孔	IT7～IT8	0.2～0.8	主要用于淬火钢，也可用于未淬火钢，但不宜用于有色金属
14	粗镗（扩）—半精镗—粗磨—精磨	IT7～IT8	0.1～0.2	
15	粗镗—半精镗—精镗—精镗—精细镗（金刚镗）	IT6～IT7	0.05～0.4	主要用于精度要求高的有色金属
16	钻—（扩）—粗铰—精铰—珩磨；钻—（扩）—拉—珩磨；粗镗—半精镗—精镗—珩磨	IT6～IT7	0.025～0.2	精度要求很高的孔
17	以研磨代替上述方法中的珩磨	IT5～IT6	0.006～0.1	

11.3　平面加工方案的选择

根据零件加工精度要求，平面加工方案可参考表 11-3 选择。

表 11-3　平面加工方案

序号	加工方法	经济精度 （公差等级表示）	表面粗糙度值 $Ra/\mu m$	适用范围
1	粗车	IT11～IT13	12.5～50	端面
2	粗车—半精车	IT8～IT10	3.2～6.3	
3	粗车—半精车—精车	IT7～IT8	0.8～1.6	
4	粗车—半精车—磨削	IT6～IT8	0.2～0.8	
5	粗刨（或粗铣）	IT11～IT13	6.3～25	一般不淬硬平面（端铣表面粗糙度值较小）
6	粗刨（或粗铣）—精刨（或精铣）	IT8～IT10	1.6～6.3	

（续）

序号	加 工 方 法	经济精度 （公差等级表示）	表面粗糙度值 $Ra/\mu m$	适 用 范 围
7	粗刨（或粗铣）—精刨（或精铣）—刮研	IT6～IT7	0.1～0.8	精度要求较高的不淬硬平面，批量较大时宜采用宽刃精刨方案
8	以宽刃精刨代替上述刮研	IT7	0.2～0.8	
9	粗刨（或粗铣）—精刨（或精铣）—磨削	IT7	0.2～0.8	精度要求高的淬火硬平面或不淬硬平面
10	粗刨（或粗铣）—精刨（或精铣）—磨削	IT6～IT7	0.025～0.4	
11	粗铣—拉	IT7～IT9	0.2～0.8	大量生产，较小的平面（精度视拉刀精度而定）
12	粗铣—精铣—磨削—研磨	IT5 以上	0.006～0.1 （或 $Rz0.05\mu m$）	高精度平面

【课后小结】

根据零件的加工要求，参照表中的经济精度列、表面粗糙度列的范围，合理选择平面、内孔、外圆的加工方案。

单元12

轴类零件制造

【课前预习】

1. 轴类零件一般有哪些技术要求？
2. 轴类零件通常选用什么材料？如何选择毛坯类型？

典型实例选取为某公司生产的数控车床 LK32-20207 主轴零件（见图 12-1），通过对其机械加工工艺过程的分析，掌握轴类零件的工艺分析、加工方法；学会轴类零件的工艺规程编制。

12.1 轴类零件加工工艺过程设计

12.1.1 零件的工艺分析

在制订零件的机械加工工艺规程前，首先要进行零件的分析。零件的工艺分析主要是从加工制造的角度对零件进行可行性分析，主要包括零件图样分析和零件的结构工艺性分析两方面内容。

1. 零件各加工表面分析

1）支承轴颈 $\phi(75\pm0.0095)\,\mathrm{mm}$、$\phi(65\pm0.0085)\,\mathrm{mm}$，及 $\phi(75\pm0.0095)\,\mathrm{mm}$ 与 $\phi85_{-0.010}^{\ \ 0}\,\mathrm{mm}$ 之间的台阶面用于安装主轴轴承，是主轴部件的装配基准，它们的精度高低直接影响车床的回转精度（径向圆跳动、轴向窜动等），尺寸公差等级 IT5～IT6。该主轴两支承轴颈的圆柱度和其公共轴线的同轴度公差均为 $0.005\,\mathrm{mm}$，表面粗糙度值 Ra 不大于 $0.8\,\mu\mathrm{m}$。前支承台阶面对两支承轴颈公共轴线的轴向圆跳动公差为 $0.01\,\mathrm{mm}$，表面粗糙度值 Ra 不大于 $0.8\,\mu\mathrm{m}$。$1:4$ 短锥、$1:4$ 短锥与 $\phi135\,\mathrm{mm}$ 外圆之间的法兰面是安装卡盘或拨盘的定位面，它们的精度影响卡盘或拨盘的定心精度；它们对两支承轴颈公共轴线的斜向圆跳动和轴向圆跳动公差均为 $0.008\,\mathrm{mm}$，表面粗糙度值 Ra 不大于 $0.8\,\mu\mathrm{m}$，锥面接触面积应大于 85%。

2）莫氏 6 号主轴锥孔是主轴的主要工作表面之一，一般有三种用途：第一是在装配机床时，用于调整车床主轴轴线与床身导轨之间的平行度（即上素线与侧素线）；第二用于安装加工夹具，保证工件的重复定位精度；第三用于安装顶尖或工具锥柄，其轴线与两个支承轴颈的轴线尽量重合，否则将影响机床精度，使工件产生同轴度误差。因此，主轴锥孔对两支承轴颈公共轴线的斜向圆跳动，在近轴端的公差为 $0.01\,\mathrm{mm}$，距轴端 $300\,\mathrm{mm}$ 处的公差为

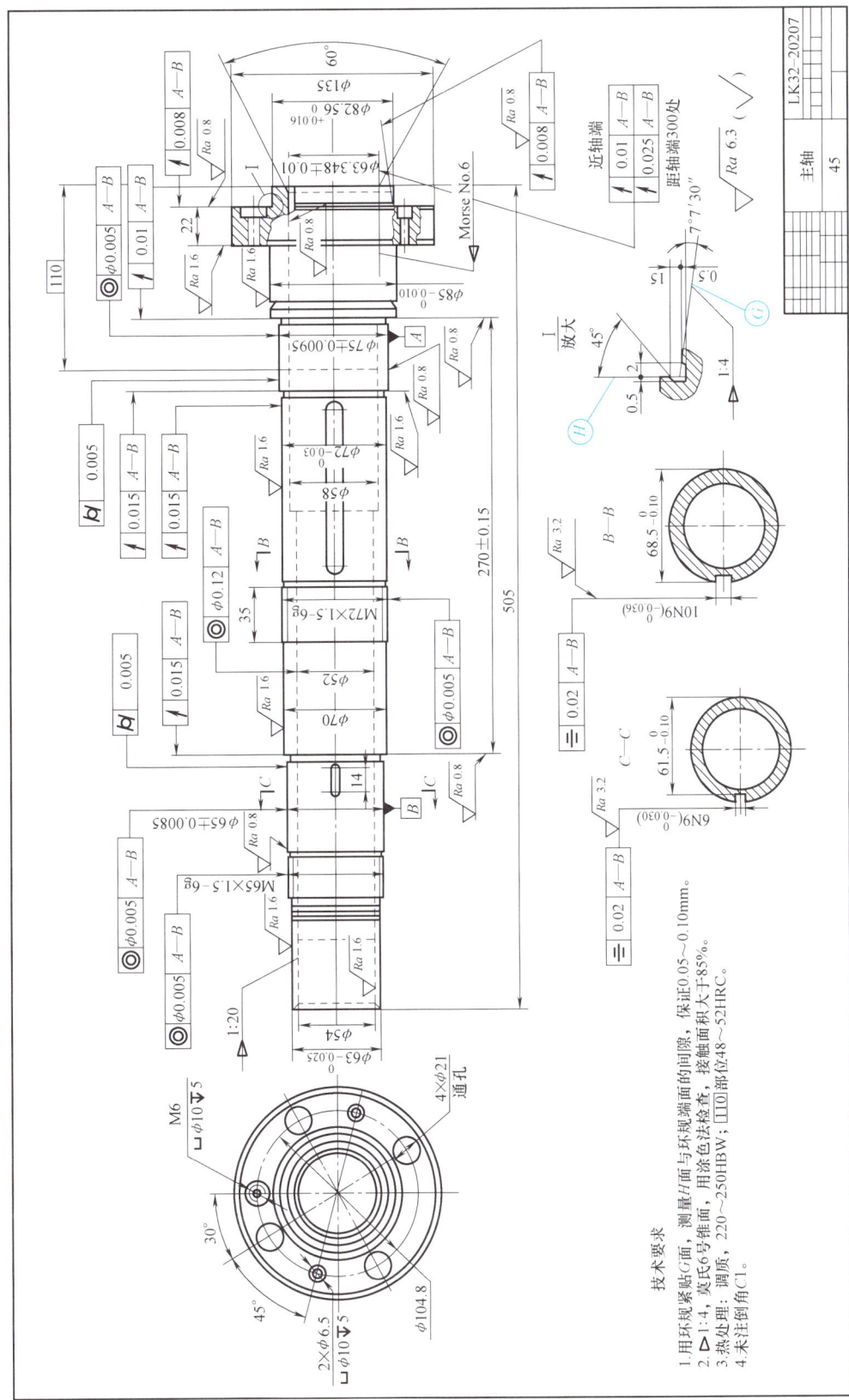

图12-1 LK32-20207 主轴零件图

技术要求

1. 用环规紧贴G面，测量H面与环规端面的间隙，保证0.05～0.10mm。
2. △1:4，莫氏6号锥面，用涂色法检查，接触面积大于85%。
3. 热处理：调质，220～250HBW；□□部位48～52HRC。
4. 未注倒角C1。

0.025mm，表面粗糙度值 Ra 不大于 $0.8\mu m$，锥面接触面积应大于85%，距轴端110mm范围的硬度要求为48~52HRC。

3）$\phi 72_{-0.03}^{0}$ mm、$\phi 63_{-0.025}^{0}$ mm、M65×1.5-6g、M72×1.5-6g、$\phi 72_{-0.03}^{0}$ mm与（$\phi 75 \pm 0.0095$）mm之间的台阶面、（$\phi 65 \pm 0.0085$）mm与 $\phi 70$ mm之间的台阶面，以及10N9、6N9键槽八处加工表面，这些表面主要用来支承和夹紧齿轮等传动部件，它们的加工精度主要影响车床的平稳性和噪声。

4）后端面1：20锥孔是工艺用孔，对机床的精度没有影响，但影响着其他加工表面的加工质量，是主轴加工和修配用的工艺基准。

5）其余表面，单从零件本身来说作用不是很大，只是起到连接的作用，但它们影响机床的平稳性。当主轴装在车床上做高速转动时，如果这些加工表面的同轴度不好，就会产生很大的振动，特别是外圆越大，其离心力越大，产生的振动也越大，因此必须对它进行精度控制。

从上述分析可以看出，主轴的主要加工表面是两个支承轴颈、锥孔、前端面及其端面、安装齿轮的各个轴颈等。而保证支承轴颈本身的尺寸精度、几何形状精度、两个支承轴颈之间的同轴度、支承轴颈与其他表面的位置精度和表面粗糙度，则是主轴加工的关键。

2. 相关知识

（1）轴类零件功用和分类　轴类零件是机械产品中的主要零件之一，它通常被用于支承传动零件（齿轮、带轮、凸轮等）、传递转矩、承受载荷，以及保证装在轴上的零件（或刀具）具有一定的回转精度。轴类零件根据结构形状可分为光轴、空心轴、半轴、阶梯轴、花键轴、十字轴、偏心轴、曲轴及凸轮轴等，如图12-2所示。

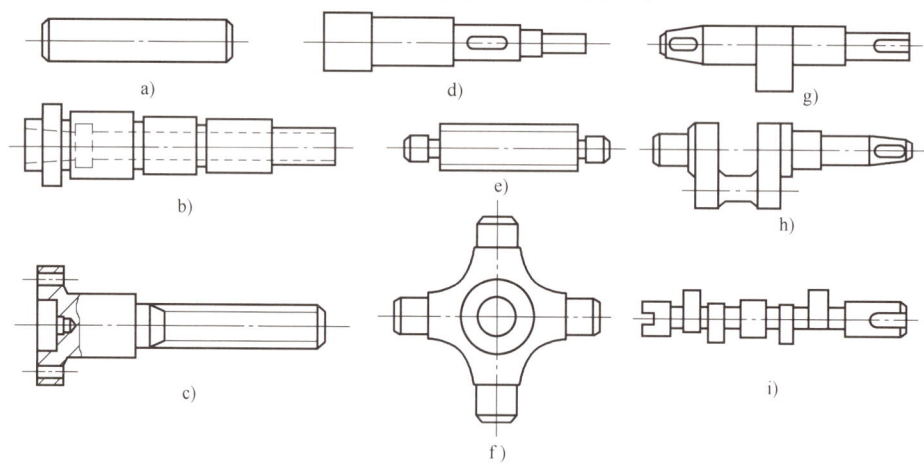

图12-2　轴的种类

a）光轴　b）空心轴　c）半轴　d）阶梯轴　e）花键轴　f）十字轴　g）偏心轴　h）曲轴　i）凸轮轴

轴类零件根据轴的长度 L 与直径 d 之比，又可分为刚性轴（$L/d \leq 12$）和挠性轴（$L/d > 12$）两类。由上述各种轴的结构形状可以看到，轴类零件一般为回转体零件，其长度大于直径，加工表面通常有内外圆柱面、圆锥面以及螺纹、花键、键槽、横向孔、沟槽等。

图12-1所示的轴，既是阶梯轴又是空心轴，并且是长径比小于12的刚性轴。根据其结构和精度要求，在加工过程中对这种轴的定位基准面选择、深孔加工和热处理变形等方面，应给予足够的重视。

（2）轴类零件的技术要求

1）尺寸精度。轴类零件的尺寸精度主要是指轴的直径尺寸精度和长度精度。按使用要求，轴类零件的支承轴颈一般与轴承配合，是轴类零件的主要表面，影响轴的回转精度及工作状态，通常对其尺寸公差等级要求较高，为IT5～IT7；对于装配传动件的配合轴颈，尺寸公差等级要求低一些，为IT6～IT9。轴的长度尺寸通常规定为公称尺寸，对于阶梯轴的各台阶长度，按使用要求可相应给定公差。

2）几何形状精度。轴颈的几何形状精度（圆度、圆柱度），一般应限制在直径公差范围内。对几何形状精度要求较高时，可在零件图上另行规定其允许的公差。

3）位置精度。主要是指装配传动件的配合轴颈相对于装配轴承的支承轴颈的同轴度，通常是用配合轴颈对支承轴颈的径向圆跳动来表示的；根据使用要求，规定高精度轴公差为0.001～0.005mm，一般精度轴公差为0.01～0.03mm。

4）表面粗糙度。根据机器的精密程度、运转速度的高低，轴类零件的表面粗糙度要求也不相同。一般配合轴颈的表面粗糙度值为 $Ra2.5～0.63\mu m$，支承轴颈的表面粗糙度值为 $Ra0.63～0.16\mu m$。

（3）轴类零件的结构工艺性　轴类零件的结构工艺性是指轴类零件的结构应尽量简单，有良好的加工和装配工艺性，以利于减少劳动量、提高生产率，减少应力集中，提高轴类零件的疲劳强度。

1）为减少加工时的换刀时间及装夹工件的时间，同根轴上的所有圆角半径、倒角尺寸、退刀槽宽度应尽可能统一；当轴上有两个以上键槽时，应置于轴的同一条素线上，以便一次装夹后就能同时加工。

2）轴上的某轴段需磨削时，应留有砂轮的越程槽；需车削螺纹时，应留有退刀槽。

3）当采用过盈配合连接时，配合轴段的零件装入端常加工成导向锥面。若还附加键连接，则键槽的长度应延长到锥面处，以便于轮毂上键槽与键的对中。

4）如果需从轴的一端装入两个过盈配合的零件，则轴上两配合轴段的直径不应相等，否则第一个零件压入后，会把第一个零件配合的表面拉毛，影响配合。

5）为去掉毛刺，利于装配，轴端应倒角。

6）轴上相邻轴段的直径不应相差过大；在直径变化处，尽量用圆角过渡，且圆角半径尽可能大。当圆角半径增大受到结构限制时，可将圆弧延伸到轴肩中，称为内切圆角；也可加装过渡环，使零件轴向定位。

7）轴上与传动件轮毂孔配合的轴段，会产生应力集中。配合越紧，零件材料越硬，应力集中越大。尤其在配合边缘，应力集中更为严重，需要在轴、轮毂上开卸载槽。

8）选用应力集中小的定位方法。采用紧定螺钉、圆锥销钉、弹性挡圈、圆螺母等定位时，需在轴上加工出凹坑、横孔、环槽、螺纹，易引起较大的应力集中时应尽量不用；用套筒定位则无应力集中。在条件允许时，用渐开线花键代替矩形花键，用盘铣刀加工的键槽代替面铣刀加工的键槽，均可减小应力集中。

12.1.2　轴类零件的材料与毛坯选择

1. 实例主轴零件分析

（1）主轴零件的材料选择　主轴零件的材料在没有特殊要求的情况下，通常选用45钢或者40Cr，主要有以下四方面原因：

毛坯类型

1）经调质处理后能获得良好的综合力学性能。

2）加工性能良好。

3）热处理性能良好，在淬火方面虽然存在缺陷（如产生裂纹），但经正火等处理后，缺陷还是可以控制的。

4）材料比较普遍，取材容易，价格实惠。

图 12-1 所示的主轴选用的是综合性能良好的 45 钢。

（2）主轴零件的毛坯选择 主轴零件的毛坯主要有两种：一是型材直接下料，二是锻件。

根据零件图分析，毛坯应选择锻件：

1）因本零件最大直径 $\phi135mm$（法兰）和最小直径 $\phi63mm$ 相差较大，而且最大直径的长度只有 22mm，大部分的径向尺寸相对较小，因此采用锻件省时、省料。

2）锻造零件能细化晶粒，使内部组织更致密。

LK32-20207 主轴零件每月生产 150 件，年生产纲领为 1800 件，锻件重量 25.44kg，生产类型属于中批生产。考虑到该主轴为阶梯轴，结构简单，实际生产中采用自由锻件做毛坯。

2. 相关知识

（1）轴类零件的材料 材料的选用应满足其力学性能（包括材料强度、耐磨性和耐蚀性等），同时，选择合理热处理和表面处理方法（指发蓝处理、镀铬等），以使零件达到良好的强度、刚度和所需的表面硬度。

一般轴类零件常用 45 钢，根据不同的工作条件采用不同的热处理规范（如正火、调质、淬火等），以获得一定的强度、韧度和耐磨性。

对中等精度而转速较高的轴类零件，可选用 40Cr 等合金钢。这类钢经调质和表面淬火处理后，具有较高的综合力学性能。精度较高的轴，有时还用轴承钢 GCr15 和弹簧钢 65Mn 等材料，它们通过调质和表面淬火处理后，具有更高耐磨性和耐疲劳性能。

对于高转速、重载荷等条件下工作的轴，可选用 20Cr、20CrMnTi 等低碳合金钢或 38CrMoAl 氮化钢。低碳合金钢经渗碳淬火处理后，具有很高的表面硬度、抗冲击韧度和心部强度，热处理变形却很小。

（2）轴类零件的毛坯 轴类零件的毛坯最常用的是圆棒料和锻件，只有某些大型的、结构复杂的轴才采用铸件。由于毛坯经过加热锻造后，能使金属内部纤维组织沿表面均匀分布，从而获得较高的抗拉、抗弯及抗扭强度，因此，除光轴、直径相差不大的阶梯轴可使用棒料外，比较重要的轴，大都采用锻件。

根据生产规模的大小决定毛坯的锻造方式。一般模锻件因需要昂贵的设备和专用锻模，成本高，故适用于大批量生产；而单件小批量生产时，一般宜采用自由锻件。轴类零件的主要加工表面是外圆。各种精度等级和表面粗糙度要求的外圆表面，可采用不同的典型加工方案来获得。

（3）轴类零件的热处理 主轴零件在机加工前、后和过程中一般均需安排一定的热处理工序。

在制订工艺路线时，应根据零件的技术要求和材料的性质，合理地安排热处理工序。常用的热处理工序有：退火、正火、调质、时效、淬火、渗碳、渗氮、表面处理等。按照热处理的目的，分为预备热处理和最终热处理。

1）预备热处理。

① 正火和退火。在粗加工前通常安排退火或正火处理，以消除毛坯制造时产生的内应力，稳定金属组织和改善金属的切削性能。例如，对碳的质量分数低于0.5%的低碳钢和低碳合金钢，应安排正火处理以提高硬度；而对碳的质量分数高于0.5%的碳素钢和合金钢，应安排退火处理；对于铸铁件，通常采用退火处理。

② 调质。调质就是淬火后高温回火。经调质的钢材，可得到较高的综合力学性能。调质可作为表面淬火和化学热处理的预备热处理，也可作为某些硬度和耐磨性要求不高零件的最终热处理。调质处理通常安排在粗加工之后、半精加工之前进行，这也有利于消除粗加工中产生的内应力。

③ 时效处理。时效处理的主要目的，是消除毛坯制造和机械加工中产生的内应力。对于形状复杂的大型铸件和精度要求较高的零件（如精密机床的床身、箱体等），应安排多次时效处理，以消除内应力。

2）最终热处理。

① 淬火。淬火可提高零件的硬度和耐磨性。零件淬火后，会出现变形，所以淬火工序应安排在半精加工后、精加工前进行，以便在精加工中纠正其变形。

② 渗碳淬火。对于用低碳钢和低碳合金钢制造的零件，为使零件表面获得较高的硬度及良好的耐磨性，常用渗碳淬火的方法来提高表面硬度。渗碳淬火容易产生零件变形，应安排在半精加工和精加工之间进行。

③ 渗氮。渗氮是向零件的表面渗入氮原子的过程。渗氮不仅可以提高零件表面的硬度和耐磨性，还可提高疲劳强度和耐蚀性。渗氮层很薄且较脆，故渗氮处理应尽量靠后安排。另外，为控制渗氮时零件变形，应安排去应力处理。渗氮后的零件最多再进行精磨或研磨。

④ 表面处理。表面处理（表面镀层和氧化）可以提高零件的耐蚀性和耐磨性，并使表面美观。表面处理通常安排在工艺路线最后。

12.1.3 轴类零件的工艺过程设计

1. 主轴零件分析

毛坯制造—热处理（退火或正火）—主要表面的粗加工—次要表面加工—调质（或时效）—主要表面的半精加工—次要表面加工—热处理（淬火或渗碳淬火）—修基准—主要表面的精加工—表面处理—检验—入库。

（1）主轴定位基准的选择　LK32-20207主轴各外圆表面、锥孔、锥面、螺纹表面以及它们之间的同轴度，端面、台阶面对旋转轴线的圆跳动、垂直度，其设计基准都是轴的中心线，因此主轴的主要定位基准为两端中心孔，符合基准重合和基准统一原则。粗车时，切削力大，采用"一夹一顶"。半精车、粗磨、精磨锥孔时，以两个圆柱面为定位基准面。锥孔加工后，粗磨、半精磨、精磨外圆表面、短锥、端面、台阶面时，使用锥堵。主轴支承轴颈与内锥面互为基准，交替使用，以保证支承轴颈与主轴内锥面的同轴度要求。

（2）主要表面加工方法的选择　LK32-20207主轴的主要加工表面是两个支承轴颈、锥孔、前端短锥面及其端面、安装齿轮的各个轴颈等，材料为45钢。根据主要加工表面的加工精度和表面粗糙度的要求，参考《机械加工工艺手册》等有关资料，其加工方法选择如下。

1）支承轴颈 $\phi(75\pm0.0095)$mm、$\phi(65\pm0.0085)$mm，及 $\phi(75\pm0.0095)$mm 与 $\phi85_{-0.010}^{0}$mm 之间的台阶面，1:4 短锥、1:4 短锥与 $\phi135$mm 外圆之间的法兰面，配合轴颈 $\phi72_{-0.03}^{0}$mm、$\phi63_{-0.025}^{0}$mm、$\phi72_{-0.03}^{0}$mm 与 $\phi(75\pm0.0095)$mm 之间的台阶面、$\phi(65\pm0.0085)$mm 与 $\phi70$mm 之间的台阶面，外圆表面尺寸公差等级为 IT5~IT7，表面粗糙度值 Ra 不大于 1.6μm，整体调质处理，距短锥面110mm 的部位淬火处理，需采用粗车—半精车—粗磨—半精磨—精磨的加工方法。

2）莫氏 6 号锥孔，其锥面接触面积大于 85%，表面粗糙度值为 $Ra0.8\mu$m，整体调质处理，需采用粗车—钻深孔—半精车—粗磨—半精磨—精磨的加工方法。

3）后端面 1:20 工艺锥孔，表面粗糙度值为 $Ra1.6\mu$m，整体调质处理，需采用钻深孔—半精车—粗磨—半精磨的加工方法。

4）M65×1.5-6g、M72×1.5-6g 外螺纹，表面粗糙度值为 $Ra6.3\mu$m，宜采用粗车—半精车—精车的加工方法。

5）$\phi70$mm 外圆，其表面粗糙度值为 $Ra1.6\mu$m，采用粗车—半精车—粗磨的加工方法。

6）$\phi52$mm 内孔，其轴线对支承轴颈轴线的同轴度公差为 $\phi0.12$mm，表面粗糙度值为 $Ra6.3\mu$m，采用钻深孔—车的加工方法。

7）10N9、6N9 键槽，表面粗糙度值为 $Ra3.2\mu$m，采用立铣加工即可。

（3）主轴加工顺序的安排　LK32-20207 主轴的工艺过程，一开始就在小端钻 $\phi10$mm×12mm 的孔，孔口倒角 3mm×30°，为粗车和半精车外圆准备定位基准；半精车外圆又为深孔加工、前后锥孔加工准备了定位基准。反过来，前后锥孔装上锥堵后的中心孔，又为此后的精加工外圆准备了定位基准；而最后磨锥孔的定位基准，则是上工序精磨好的轴颈表面。

LK32-20207 主轴零件要进行三次热处理：调质、淬火、时效，以不同的热处理工序作为分界线，将主轴零件的机械加工分成粗加工、半精加工、精加工、光整加工四个阶段。

LK32-20207 主轴零件的粗加工分为钻中心孔、粗车外圆、深孔钻三道工序，这三道工序也可以合并成一道工序放在粗车工序中加工。对于专业机床厂家，每个月的生产数量比较大，集中加工在这道工序上也要安排几台车床，因此可将其细分。钻深孔工序也可以直接放在车床上钻。要钻深孔，在加工过程中没有冷却是不行的，在加工过程中冷却时间要比加工时间多好几倍，甚至几十倍，因而生产效率不高。在普通车床上对深孔加工的冷却比较困难，最好设计一台专用设备来完成深孔加工工序，即采用特殊的深孔钻结构。

LK32-20207 主轴零件的半精加工安排两道工序：半精车外圆、钻法兰孔。因为半精加工后还需对头部进行淬火处理，热处理后 110mm 部位的硬度将达到 50HRC，因此在半精加工中安排半精车，半精车后只留磨削余量。淬火处理后硬度高，加工孔的难度较大，因此应在淬火热处理前安排钻法兰面上的各孔的工序。

LK32-20207 主轴零件的精加工分为精磨外圆、立铣键槽、精车螺纹、精磨内孔四道工序。精磨是为立铣和精车加工的定位基准做准备，因此把它放在精加工的第一位。铣键槽和精车螺纹是为完成各自的表面加工，放在精密加工阶段也可以；这两道工序看似简单，但加工后产生的应力比较大，因此应放在时效处理前进行。立铣和精车两道工序前后互调没有大的问题，可以立铣后精车，也可以精车后立铣，主要看前后加工对零件的装夹及尺寸链的影响。

LK32-20207 主轴零件的光整加工分为半精磨和精磨两道工序。这两道工序可以合在一起定为精磨，分开的目的是让操作者明白主轴精密加工的重要性，相差几丝误差都不行。

（4）加工方案分析　LK32-20207数控车床主轴具有内锥孔，对于这类空心轴类零件，在考虑支承轴颈、一般轴颈和内锥孔等主要表面的加工顺序时，可以有以下几种加工方案：

1）外表面粗加工—钻深孔—外表面精加工—锥孔粗加工—锥孔精加工。

2）外表面粗加工—钻深孔—锥孔粗加工—锥孔精加工—外表面精加工。

3）外表面粗加工—钻深孔—锥孔粗加工—外表面精加工—锥孔精加工。

第一方案：在锥孔粗加工时，由于要用已精加工过的外圆表面作精基准面，会破坏外圆表面的精度和表面粗糙度，所以此方案不宜采用。

第二方案：在精加工外圆表面时，还要再插上锥堵，这样会影响锥孔精度。另外，在加工锥孔时，不可避免地会有加工误差（锥孔的磨削条件比外圆磨削条件差），加上锥堵本身的误差等，就会造成外圆表面和内锥面的不同轴，故此方案也不宜采用。

第三方案：在锥孔精加工时，虽然也要用已精加工过的外圆表面作为精基准面，但由于锥孔精加工的加工余量已很小，磨削力不大；同时锥孔的精加工已处于轴加工的最终阶段，对外圆表面的精度影响不大，同时，这一方案的加工顺序，可以采用外圆表面和锥孔互为基准，交替使用，能逐步提高主轴精度。

经过比较可知，像LK32-20207主轴一类的轴类零件的加工顺序，以第三方案为佳。

基于上面的分析，LK32-20207主轴零件的机械加工工艺过程为：锻造—钻中心孔—粗车—深孔钻—热处理（调质）—半精车—钻孔—热处理（淬火）—粗磨—立铣—精车—热处理（油炉定性处理）—半精磨—终检—入库。

2. 相关知识

（1）主轴零件定位基准的选择　在轴类零件的加工中，为了保证各主要表面的相互位置精度，选择定位基准时应尽可能使其与装配基准重合和使各工序的基准统一，并且考虑在一次安装中尽可能加工出较多的表面。

基准选择原则

1）以工件的两中心孔作为定位基准。由于外圆表面的设计基准为相同的中心线，在加工轴时，若能以轴线作为定位基准，就能符合基准重合与基准统一的原则，可以避免误差的产生，因此轴类零件加工都用轴两端的中心孔作为精基准。中心孔的精度越高，加工精度就有可能越高。用中心孔作为定位基准，能在一次安装中加工出各段外圆表面及其端面等，既符合基准统一的原则，又保证了各外圆表面的同轴度，以及各外圆表面与端面的垂直度要求。对于实心轴（锻件或棒料毛坯），在粗车之前，均先钻中心孔，然后粗车外圆。

2）以外圆和中心孔作定位基准（一夹一顶）。用两中心孔定位虽然定心精度高，但刚性差，尤其是加工较重的工件时不够稳固，切削用量也不能太大。粗加工时，为了提高零件的刚度，可采用轴的外圆表面和一中心孔作为定位基准来加工。这种定位方法能承受较大的切削力，是轴类零件最常见的一种定位方法。

3）以两外圆表面作定位基准。轴类零件加工的位置精度指标主要是各段外圆的同轴度、径向圆跳动，以及锥孔和外圆的同轴度、斜向圆跳动。主轴的装配基准主要是前后两个支承轴颈面，为了保证1∶4短锥面、莫氏6号锥孔与支承轴颈面有较高的同轴度，应以加工好的支承轴颈为定位基准来终磨锥孔和短锥面，这符合基准重合的原则。为了避免支承轴颈被拉毛或损伤，并考虑到有些机床主轴的支承轴颈带有锥度，不便于夹具制造等因素，在实际生产中也有不选用支承轴颈作为定位基准，而用和它靠近的圆柱轴颈作为定位基准的。

4）以两端孔口 60°倒角或者两端锥孔作定位基准。对于内孔不大的空心轴，以外圆定位加工孔并在两端孔口倒角或车两端内锥孔，作为以后加工的基准。

两端锥孔（或两端孔口 60°倒角）的质量好坏，对加工精度影响很大，应尽量做到两端锥孔的轴线相互重合，孔的锥角 60°要准确，它与顶尖的接触面积要大，表面粗糙度值要小，否则装卡于两顶尖间的轴在加工过程中将因接触刚度的变化而出现圆度误差。因此，经常注意两端锥孔的质量，是轴类零件加工中的关键问题。

5）以带有中心孔的锥堵作定位基准。大部分机床主轴的毛坯是实心的，但最后要加工成空心轴，从选择定位基准的角度来考虑，希望采用中心孔来定位，而把深孔加工工序安排在最后。但深孔加工是粗加工工序，要切除大量金属，会引起主轴变形而影响加工质量，所以只好在粗车外圆之后就把深孔加工出来。在成批生产中，深孔加工之后，为了还能用中心孔作定位基准，可考虑在轴的通孔两端加工出工艺锥面，插上两个带中心孔的锥堵或锥套心轴（见图 12-3），来安装工件。在小批生产中，为了节省辅助设备，常用外圆找正的方法来安装工件。

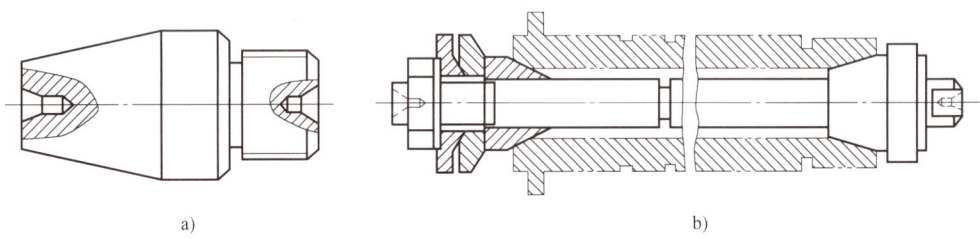

图 12-3 锥堵和锥套心轴
a）锥堵 b）锥套心轴

6）主轴的支承轴颈与内锥面互为基准。为了保证支承轴颈与主轴内锥面的同轴度要求，在选择精基准时，要采取互为基准的原则。例如 LK32-20207 主轴，在车、粗磨小端 1：20 锥孔和大端莫氏 6 号锥孔时，用的分别是与前、后支承轴颈相邻且用同一基准加工出来的外圆柱面为定位基准（直接用前支承轴颈作为定位基准当然更好，但是会拉毛或损伤支承轴颈）。在工序 130 半精磨各外圆（包括两个支承轴颈）时，即是以上述前后锥孔所配锥堵的中心孔为定位基准，半精磨莫氏 6 号锥孔、1：20 锥孔时，又以两个圆柱面为定位基准面，这就是符合互为基准原则的基准转换。由于定位基准的精度比上一工序有所提高，故该工序的定位误差有所减小。在工序 140 精磨两个支承轴颈和主要外圆表面时，再次以半精磨的锥孔所配锥堵的中心孔为定位基准，定位基准再次转换，定位精度比前又有所提高，最后精磨莫氏 6 号锥孔时，直接以精磨后的外圆柱面为定位基准，这又再一次转换定位基准，进一步提高了定位精度。这些定位基准转换过程是精度提高的过程，使用精加工前有精度较高的精基准，完全符合互为基准的原则。转换次数的多少，要根据加工精度要求而定。

根据上述分析可知，对于实心轴类零件，精基准就是中心孔；而对于像 LK32-20207 主轴的空心轴，精基准除锥堵外还有轴颈等外圆表面，并且两者交替使用，互为基准。只要有可能，实心轴应尽量以中心孔定位进行以后的加工，空心轴则尽量以锥堵或者两端锥孔定位进行以后的加工。

（2）主轴零件加工顺序的安排

1）加工阶段的划分。由于主轴的精度要求高，并且在加工过程中要切除大量金属，因此，必须将主轴的加工过程划分为几个阶段，将粗加工和精加工分别安排在不同的阶段中。

机床主轴的加工过程大致可分为四个阶段，每个阶段包括的工序多少不等，主要根据精度的要求而定。

根据粗、精加工分开原则来划分阶段极为必要，这是由于加工过程中热处理、切削力、切削热、夹紧力等对工件产生较大的加工误差和应力，为了消除前一道工序的加工误差和应力，需要进行另次新加工，且新加工所带来的误差和应力总是要比前一次的小。加工次数增多以后，精度便逐渐提高。精度要求越高，加工次数越多。

热处理后出现变形是显而易见的，像正火、调质和淬火等工序往往使工件弯曲或扭曲，而且调质和淬火后，往往伴随着产生内应力，因此，热处理之后，经常需要安排一次机械加工（如车削或磨削），以纠正零件的变形和消除一部分内应力。但机械加工之后，由于工件的内应力重新平衡，又会留下新的变形和新的加工应力，虽其数值比未加工之前大为减少，仍必须用新的机械加工方法加以消除，故在粗磨之后又需进行半精磨、精磨等工序。对于精度要求高的轴件，又需在粗磨或精车之后进行低温时效处理，以提高轴件尺寸精度的稳定性。

粗加工之前，毛坯余量较大，而且余量往往不均（如锻件的外形与加工后的形状相差较大且不均匀），因而在粗加工中需用较大的切削力，并常常因此产生大量切削热，使轴件在加工中产生热变形和受力变形，进而出现形状误差（如鼓形和鞍形等）；由于外圆余量不均又将出现圆度、锥度等误差，同时也出现大的加工应力，故粗加工之后要进行半精加工（如半精车、精车等），这也是锻件毛坯要比棒料毛坯多车一次的原因。此后即使不插入热处理工序，也还需要进行一些精加工，以提高精度。为了改善主轴的力学性能（如增加表面硬度），往往在半精加工（半精车或精车）之后进行淬火处理，因而又需进一步进行一系列的精加工（如磨削等）。后一次加工所带来的切削力和热量，均比前一次的小（因其余量逐渐减小），因而出现的误差和应力亦随之减小，这就是进行多次加工能提高精度的原因。

综上所述，粗、精加工不能在同一次安装中完成，而应当把粗、精加工分别作为两个工序或者在不同的机床上进行，最好粗、精加工间隔一些时间（一天或几天），让上道工序加工的内应力逐步消失（自然时效）。另外，粗加工机床要求功率大和刚度好，要能承受大的切削力，而精加工机床则要求精度高。若以精加工机床进行粗加工，易丧失精度和降低机床寿命。从机床保养角度来看，粗、精加工亦应分开。精加工所用机床的精度，要与被加工工件所要求的精度相适应，最好略高些，这是选取机械加工经济精度时所要注意的。

2）机械加工顺序的安排。安排轴的加工顺序时，应注意以下几点：

① 基准先加工。工序中的定位基准面要安排在该工序之前加工。例如 LK32-20207 主轴，其工艺过程一开始就铣端面、钻中心孔，这是为粗车和半精车外圆准备定位基准；半精车外圆又为深孔加工、前后锥孔加工准备定位基准。反过来，前后锥孔装上锥堵后的中心孔，又为此后的精加工外圆准备了定位基准；而最后磨锥孔的定位基准则又是上工序精磨好的轴颈表面。

② 先粗后精。对各表面的加工要粗、精分开，即先粗加工后精加工，多次加工，以逐步提高其精度和表面质量。主要表面的精加工应安排在最后。

③ 先主后次。优先考虑主要表面的加工顺序，次要表面的加工适当穿插在主要表面加

工工序之间。例如 LK32-20207 主轴，其主要表面为支承轴颈、装配轴颈、1∶4 短锥、莫氏 6 号锥孔，为了保证其精度，安排粗车、半精车、精车、粗磨、精磨五道工序；为了保证主轴支承轴颈与大头端面及短锥间的相互位置精度，在最后加工时应在一次安装中磨出这些表面。主轴上的花键、键槽、螺纹、横向小孔等次要表面的加工，则安排在外圆精车、粗磨之后，精磨之前进行。因为如果在精车前就铣出键槽，精车时因断续切削易产生振动，既影响加工质量，又容易损坏刀具，也难以控制键槽的深度。但是这些加工也不宜放在主要表面精磨之后，以免破坏主要表面已获得的精度。主轴上的螺纹和不淬火部位的精密小孔等，最好安排在最终热处理之后，以克服淬火后产生的变形，而且车螺纹使用的定位基准与精磨外圆使用的基准应当相同，否则也达不到较高的同轴度要求。

④ 周转路线短。为了缩短工件在车间内的运输距离，避免工件的往返流动，加工顺序应考虑车间设备的布置情况，当设备呈机群式布置时，尽可能将同工种的工序相继安排。

⑤ 兼顾刚度。确定工序先后顺序时，还要兼顾轴件本身的刚度能承受切削力的程度。对于刚度较大的轴，应先车小端外圆，而且先从小直径按次向大直径处加工，然后掉头车大端外圆，这样加工比较方便，生产率较高；对于刚度差的轴则相反，先加工大端外圆，然后加工小端外圆，而且在加工小端外圆时，先从大直径处依次向小直径处加工，这样加工虽不太方便，但可以避免轴的刚度进一步降低。

3）热处理工序的安排。为了改善金属组织和加工性能而安排的热处理工序，如退火、正火等，一般应安排在机械加工之前。

为了提高零件的力学性能和消除内应力而安排热处理工序，如调质、时效处理等，一般应安排在粗加工之后、精加工前。如 LK32-20207 主轴在粗加工、深孔加工之后，随即安排了调质处理，其目的是为了获得均匀细致的索氏体组织，以提高零件的综合力学性能和表面质量。又如，在粗磨与半精磨之间安排了定性处理（时效处理），是为了消除内应力和提高尺寸精度的稳定性。

为了提高零件表面的硬度而安排的热处理工序有淬火、氮化等。淬火一般安排在粗磨之前；氮化一般安排在粗磨之后、精磨之前。需要注意的是，凡是需要在淬硬表面上加工的孔、螺孔、键槽等，都应安排在淬火之前加工完毕，这是因为表面淬硬后不容易加工。经淬火后，会产生一定的变形，所以还需要安排修整加工。在非淬硬表面上的孔、花键、键槽等，尽可能放在淬火后面加工（一般在外圆精车之后、精磨之前进行）。如果在精车之前就已加工出这些表面，一方面在车削时，由于断续切削而产生振动，会影响表面质量，也易损坏车刀；另一方面也难以保证它们的尺寸要求。对于要求较高的表面，甚至在磨削时，尚须用工艺键将键槽暂时堵起来。但也不宜在主要表面的磨削加工之后才安排加工这些表面，否则在加工过程中反复运输，会碰伤已加工的主要表面。主轴的螺纹对支承轴颈有一定的同轴度要求，所以螺纹加工一般安排在最后一次热处理之后的精加工阶段，这样它就不会受半精加工后由于内应力重新分布所引起的变形和热处理变形的影响。

4）检验工序的安排。检验工序是保证质量、防止废品的重要措施。检验工序一般安排在粗加工全部结束之后、精加工之前、重要工序的前后和花费工时较多的工序前后、送往外车间加工的前后，总检验则放在最后。

除了安排几何尺寸检验工序之外，有的零件还要安排无损检测、密封、称重、平衡等检验工序。

5）其他工序的安排。

① 零件表层或内腔的毛刺对机器的装配质量影响甚大，切削加工之后，应安排去毛刺工序。

② 零件在进入装配之前，一般都应安排清洗工序。工件内孔、箱体内腔易存留切屑；研磨、珩磨等光整加工工序之后，微小磨粒易附着在工件表面上，要注意清洗。

③ 在用磁力夹紧工件的工序之后，要安排去磁工序，防止吸附的切屑影响加工质量，避免带有剩磁的工件进入装配线。

（3）轴类零件外圆表面的加工方法　轴类零件外圆表面的加工方法主要有车削加工和磨削加工，加工质量要求特别高的还有光整加工。

1）轴类零件外圆表面的数控车削。数控车削加工是数控加工中应用最广的一种加工方法。跟通用车床相比，数控车床具有无可比拟的优越性，如能加工精度高、表面粗糙度值低的零件，能加工轮廓形状复杂或难以控制尺寸、带特殊螺纹的零件。车削中心的加工范围更广。

针对数控车削的特点，下面几类零件最适合利用数控车床加工：

① 精度要求高的回转体零件。数控车削的刀具运动是通过高精度插补运算和伺服驱动实现的，且机床的刚性好、制造精度高，所以它既能保证高的尺寸精度，又能加工对素线直线度、圆度、圆柱度等形状精度要求高的零件。数控车床一般可加工尺寸公差等级高达0.001mm或更小的零件；并且其加工的形状、位置和表面等精度也都远远高于普通车床的加工精度。数控车床的恒线速度切削功能，更能保证各种变径表面零件的形状精度和表面质量。

② 轮廓形状特别复杂或难以控制尺寸的回转体零件。由于数控装置上直线和圆弧插补功能的应用，使得数控车床可以车削由任意直线和平面曲线组成的形状复杂的回转体零件及难以控制尺寸的零件。这些轮廓形状复杂的回转体零件，其轮廓曲线可以是数学方程式描述的曲线，也可以是列表曲线。

③ 带特殊螺纹的回转体零件。数控车床不仅能车削任何等导程的直、锥和端面螺纹，而且能车削增导程、减导程及等变导程之间平滑过渡的螺纹，还可以车削高精度的模数螺旋零件（如各种蜗杆零件）；并且数控车削加工出的螺纹零件精度高、表面粗糙度值小。

对于带有键槽、径向孔（含螺钉孔）、端面有分布孔（含螺钉孔）系的轴类零件，如带法兰的轴，带键槽或方头的轴，还可以在车削中心上加工，除了能进行普通的数控车削外，零件上的各种槽、孔（含螺钉孔）、面等加工表面也一并能加工完毕。由于工序高度集中，其加工效率较普通数控车削更高，加工精度也更为稳定、可靠。

2）轴类零件外圆表面的磨削。

① 磨削精度和工艺范围。磨削加工是轴类零件外圆精加工的主要方法。它既可以加工淬火零件，也可以加工非淬火零件。磨削加工可以达到的经济精度为IT5～IT6级，表面粗糙度值可以达到$Ra0.8～0.2\mu m$，若采用细粗糙度磨削方法，可达到$Ra0.16～0.01\mu m$。磨削加工是一种获得高精度、低表面粗糙度值的最有效、最通用、最经济的加工工艺方法。

磨削加工可以有效地提高轴类零件尤其是淬硬件的加工质量，因此，磨削常作为回转类零件的最终加工工序。

② 磨削方式。磨削可分为中心磨削和无心磨削两大类。

a. 中心磨削。中心磨削是普通的外圆磨削，即被磨削的工件由中心孔定位，在外圆磨床和万能外圆磨床上加工。磨外圆时，常用的方法有纵磨法和横磨法，另外还有综合磨法和深磨法，如图 5-2 所示。

b. 无心磨削。无心磨削是一种高生产率的精加工方法。在无心外圆磨床上磨削工件外圆时，工件不用顶尖来定心和支承，而是直接放在砂轮和导轮之间，由托板支承，以工件被磨削的外圆本身作为定位基准，如图 5-3 所示。

无心磨削调整费时，只适于成批及大量生产；由于不能纠正外圆与内孔的轴线位置误差，工件的同轴度、垂直度等相互位置精度较低；对带有键槽、缺口、纵向平面的轴也不能加工。

3）轴类零件外圆表面的光整加工。对于超精密零件的表面，往往需要采用特殊的机工方法，在特定的环境下加工才能达到要求，外圆表面的光整加工就是提高零件加工质量的特殊加工方法。

① 研磨。研磨是一种古老、简便且可靠的表面光整加工方法，属于自由磨粒加工。在加工过程中，那些直接参与切除工件材料的磨粒不像砂轮、油石和砂带、砂纸那样总是固结或涂附在磨具上，而是处于自由游离状态。经研磨的表面，尺寸和几何形状精度可达 $1 \sim 3 \mu m$，表面粗糙度值为 $Ra0.16 \sim 0.01 \mu m$。若研具精度足够高，加工的尺寸和几何形状精度可达 $0.3 \sim 0.1 \mu m$，表面粗糙度值为 $Ra0.04 \sim 0.01 \mu m$。

研磨是通过研具在一定压力下与加工面进行复杂的相对运动完成的。研具和工件之间的磨粒与研磨剂在相对运动中分别起机械切削作用和物理、化学作用，使磨粒能够从工件表面上切去极薄的一层材料，从而得到极高的尺寸精度和极小的表面粗糙度值。如图 12-4 所示，在研磨塑性材料时，磨粒受到压力的作用，首先使工件加工面产生裂纹；随着磨粒的运动，裂纹扩大、交错，以致形成碎片（即切屑），最后脱离工件。研具与工件的相对运动较复杂，磨粒在

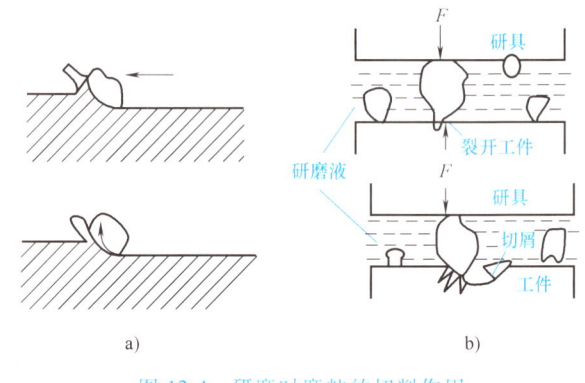

图 12-4　研磨时磨粒的切削作用
a）加工塑性材料　b）加工脆性材料

工件表面上的运动不重复，可以除去"高点"，这就是机械切削作用。

研磨时，磨粒与工件接触点的局部压力非常大，因而瞬时产生高温，产生挤压作用，以致使工件表面平滑，表面粗糙度值下降，这是研磨时的物理作用。

由于研磨剂中加入了硬脂酸或油酸，其与覆盖在工件表面的氧化物薄膜间还会产生化学作用，使被研表面软化，从而加速研磨效果。

研磨分为手工研磨和机器研磨两种。

手工研磨外圆时，工件夹持在车床卡盘上或用顶尖支承，做低速回转，研具套在工件上，在研具与工件之间加入研磨剂，然后用手推动研具做往复运动。往复运动的速度常选用 $20 \sim 70 m/min$。常用的外圆研具如图 12-5 所示。

机器研磨效率高，可以单面研磨，也可以双面研磨。图 12-6 所示为一种行星传动式的双面研磨机。中心传动齿轮 5 带动六个工件 2 和工件夹盘 3。工件夹盘 3 本身在传动中就是一个行星齿轮。这六个行星齿轮的外圆又同时与一个中心内齿轮 4 啮合。行星齿轮除了以 n_3 的转速做自转外，还做公转。研磨盘以 n_1 转速旋转。工件则置于行星齿轮（即工件夹盘）的槽中，并随行星齿轮与研磨盘做相对运动。机器研磨不仅可以研磨外圆柱面、内圆柱面，还适用于平面、球面、半球面的表面研磨。

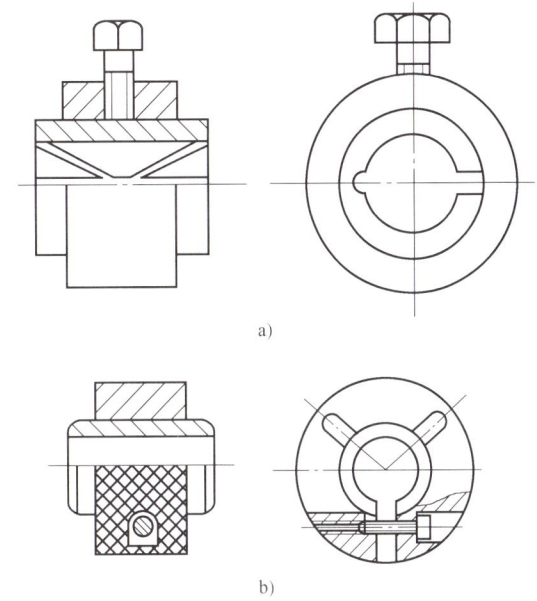

图 12-5　常用外圆研具

a）粗研套（孔内有油槽，可储存研磨剂）　b）精研套（无油槽）

研磨能获得其他机械加工较难达到的稳定的高精度表面，即经研磨的表面，其表面光滑、耐磨性、耐蚀性能良好；同时操作技术、作用设备和工具简单；被加工材料适用范围广，无论钢、铸铁还是非铁金属，均可采用研磨方法进行精加工，尤其对脆性材料更显特色。

研磨适用于多品种、小批量的产品零件加工，只要改变研具形状就能方便地加工出各种形状的表面。但必须注意的是，研磨质量在很大程度上取决于前道工序的加工质量。

② 超精加工。超精加工实际上是摩擦抛光的过程，是降低表面粗糙度值的一种有效的光整加工方法。它具有设备简单、操作方便、效果显著、经济性好等优点。

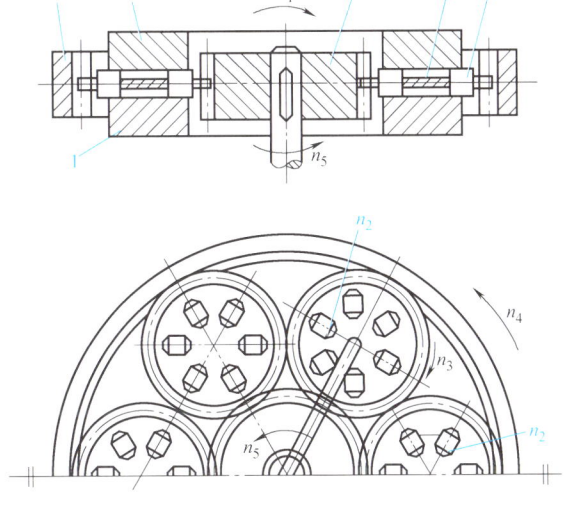

图 12-6　行星传动式双面研磨机

1—下研磨盘　1′—上研磨盘　2—工件　3—工件夹盘　4—中心内齿轮　5—中心传动齿轮

n_1—研磨盘转速　n_2—工件转速　n_3—工件夹盘转速　n_4—内齿圈转速　n_5—中心传动齿轮转速

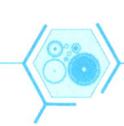

超精加工使用细粒度磨条（磨石）以较低的压力和切削速度对工件表面进行精密加工，如图 12-7 所示。超精加工中有三种运动，即工件的回转运动；磨头轴向进给运动；磨条的高速往复振动。这三种运动使磨粒在工件表面形成的轨迹是正弦曲线。

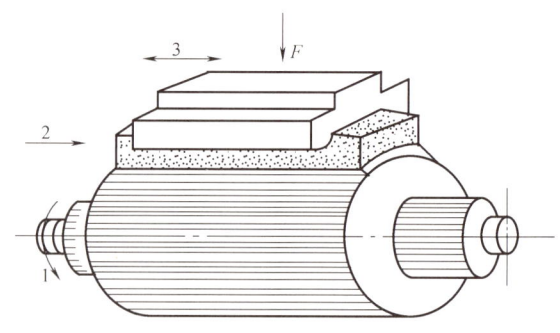

图 12-7 超精加工运动
1—工件回转运动 2—轴向进给运动 3—往复振动

超精加工的切削过程与磨削、研磨不同，只能切去工件表面的凸峰，当工件表面磨平后，切削作用能自动停止。超精加工大致可分为以下四个阶段：

a. 强力切削阶段。油石磨粒细，压力小，工件与磨条之间易形成油膜，单位面积上的压力大，故切削作用强烈。

b. 正常切削阶段。当少数凸峰磨平后，接触面积上的压力降低，切削磨条自锐性作用减弱，进入正常切削阶段。

c. 微弱切削阶段。随着切削面积的增大，单位面积上的压力更低，切削作用微弱，且细小的切屑形成氧化物而嵌入油石空隙中，使油石产生光滑表面，具有摩擦抛光作用，从而降低工件表面的粗糙度。

d. 自动停止阶段。工件磨平后，单位面积上压力极低，工件与磨条之间又形成了油膜，不再接触，切削作用自动停止。

超精加工时，磨粒的运动轨迹复杂，能由切削过程过渡到抛光过程，表面粗糙度值达 $Ra0.01 \sim 0.04\mu m$；磨条的粒度极细，只能切削工件凸峰，加工余量很小，一般为 $0.005 \sim 0.0025mm$；磨条进行高速往复振动，磨条的微刃进行两面切削，磨屑易于清除，不会在工件表面形成划痕；超精加工的切削速度小，磨条压力小，工件表面不易发热，不会烧伤表面，也不易使工件表面变形；超精加工的表面层的耐磨性好。

③ 双轮珩磨。双轮珩磨也是一种高效率的光整加工方法。珩磨时，工件在两顶尖上以转速 n_w 旋转（见图 12-8a），两个珩轮修整成双曲线，其轴线反向倾斜，与工件轴线成 α 角（见图 12-8b），安装在工件两边，用弹簧 3 压向工件 1。工件靠摩擦力带动珩轮 2 旋转，同时沿工件轴向做往复运动。珩轮和工件的相对滑动速度 v 使其产生切削作用。

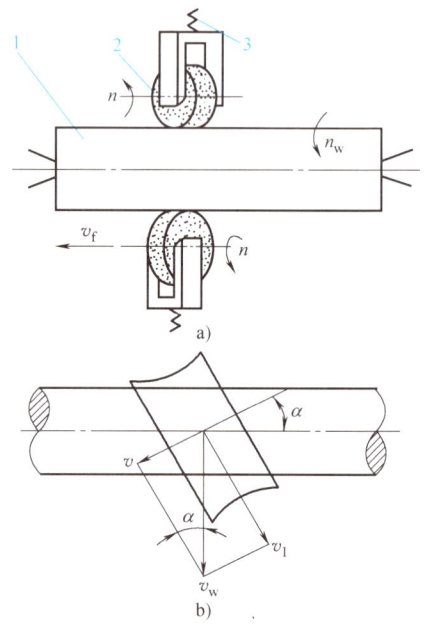

图 12-8 双轮珩磨
1—工件 2—珩轮 3—弹簧

双轮珩磨出来的工件表面呈黑色镜面，其表面粗糙度值达 $Ra0.0012 \sim 0.025\mu m$。此外，由于珩轮本身回转，磨损均匀，因此寿命较长。采用这种加工方法的最大特点是对前道工序的表面粗糙度值要求不高，即使是车削表面，也可直接进行珩磨。但采用这种方法不能纠正前道工序的圆度误差。

④ 滚压。滚压是冷压加工方法之一，属于无屑加工。滚压加工是利用金属产生塑性变形从而达到改变工件的表面性能、获得工件形状尺寸的目的。

外圆表面的滚压加工一般可用各种相应的滚压工具，例如滚压轮（见图 12-9a）、滚珠（见图 12-9b）等，在卧式车床上对加工表面在常温下进行强行滚压，使工件的金属表面层产生塑性变形，修正金属表面的微观几何形状，减小加工表面的表面粗糙度值，提高工件的耐磨性、耐蚀性和疲劳强度。经滚压后的外圆表面粗糙度值可达 $Ra0.4 \sim 0.25\mu m$，硬化层深度约 $0.05 \sim 0.2\mu m$，硬度可提高 $5\% \sim 20\%$。

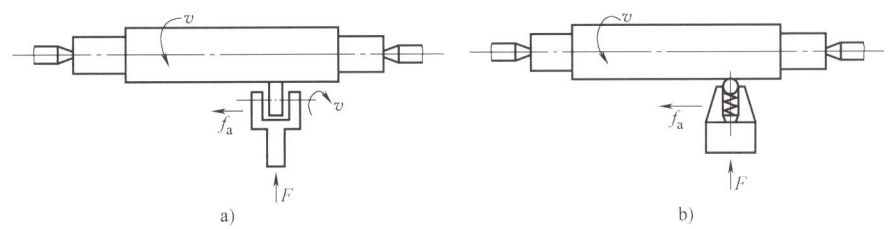

图 12-9 滚压加工示意图
a）滚压轮式 b）滚珠式

滚压加工的特点：前道工序的表面粗糙度值 Ra 不大于 $5\mu m$，压前表面要洁净，直径方向的余量为 $0.02 \sim 0.03mm$；滚压后工件的形状精度主要取决于前道工序的形状位置精度。前道工序的表面圆柱度、圆度较差，则还会出现表面粗糙度不均匀的现象；滚压的对象一般只适宜塑性材料，并要求材料的组织均匀，滚压后工件表面的耐磨性、耐蚀性显著提高；滚压加工的生产率高、工艺范围广，不仅可以加工外圆表面，还可以加工内孔、端面。

4）轴类零件外圆表面加工方法的选择。

① 最终工序为车削的加工方案，适用于除淬火钢以外的各种金属。

② 最终工序为磨削的加工方案，适用于淬火钢、未淬火钢和铸铁，不适用于非铁金属。非铁金属的韧性大，磨削时易堵塞砂轮。

③ 最终工序为精细车或金刚车的加工方案，适用于要求较高的非铁金属的精加工。

④ 最终工序为光整加工，如研磨、超精磨及超精加工等，为提高生产率和加工质量，一般在光整加工前进行精磨。

⑤ 要求表面粗糙度低而尺寸精度要求不高的外圆，可采用滚压或抛光。

（4）轴类零件加工的工艺过程分析 前面介绍了轴类零件外圆表面加工常用的几种方法，仅用一种方法加工时，零件表面的精度要求难以达到，通常需要不同加工方法的有序组合。加工方案的选择通常采用倒推法，即先由加工表面的技术要求确定最终加工方法，然后根据此种加上方法的特点确定前道工序的加工方法，依此类推。

1）基本加工路线。外圆加工的方法很多，基本加工路线可归纳为以下四种。

① 粗车—半精车—精车。对于一般常用材料，这是外圆表面加工采用的最主要的加工路线。

② 粗车—半精车—粗磨—精磨。对于钢铁材料，精度要求高和表面粗糙度值要求小、

零件需要淬硬时，其后续工序常用磨削。

③ 粗车—半精车—精车—金刚车。对于非铁金属，用磨削加工通常不易得到所要求的表面粗糙度值，因为有色金属一般比较软，容易堵塞砂粒间的空隙，因此其最终工序多用精车和金刚车。

④ 粗车—半精车—粗磨—精磨—光整加工。对于钢铁材料的淬硬零件，精度要求高和表面粗糙度值要求很小时，常采用此加工路线。

2）典型加工工艺路线。主轴零件的主要加工表面是外圆表面，一般还有锥孔及常见的特形表面，针对各种精度等级和表面粗糙度要求，应按经济精度选择加工方法。

对于加工质量要求高的主轴零件，其完整的典型工艺路线如下：

毛坯—预备热处理（正火、退火）—粗加工—热处理（调质）—半精加工—最终热处理—精加工—光整加工—检验入库。

3）大批生产和小批生产工艺过程的比较。小同的生产类型具有不同的工艺特征，生产类型不同，各工作地的专业化程度、采用的工艺方法、机床设备、工艺装备均不同。

① 大批生产时，主轴的工艺过程基本体现了基准重合、基准统一与互为基准原则，而单件小批生产时，按具体情况有较多变化。同样一种类型主轴的加工，当生产规模不同时，定位基准的选择也会不一样，表 12-1 可供参考。

表 12-1　不同生产类型的主轴定位基准的选择

工序名称	定位基准	
	大批生产	小批生产
加工中心孔	毛坯外圆	划线
粗车外圆	夹一端,顶另一端	夹一端,顶另一端
钻深孔	粗车后的支承轴颈	夹一端,托另一端
半精车和精车	两端锥堵的中心孔	夹一端,顶另一端
粗、精磨外锥	两端锥堵的中心孔	两端锥堵的中心孔
粗、精磨外圆	两端锥堵的中心孔	两端锥堵的中心孔
粗、精磨锥孔	两支承轴颈外表面或靠近两支承轴颈的外圆表面	夹小端,托大端

② 对于两端中心孔的加工，在单件小批生产时，多在车床或钻床上通过划线找正中心，并经两次安装才加工出来，不但生产率低，精度也低。在大批生产时，可在中心孔钻床上一次安装加工出两个端面上的中心孔，生产率高，加工精度也高。若专用机床（如双面铣钻床）能在同一工序中铣出两端面并打好中心孔，则更适用于大批量生产。

③ 外圆车削是粗加工和半精加工外圆表面应用最广泛的加工方法。单件小批生产时，多在卧式车床、数控车床上进行；而大批生产时，则广泛采用高生产率的多刀半自动车床或液压仿形车床等设备，但加工精度则取决于调整精度（指多刀半自动车床加工）或机床本身的精度（如用液压仿形车床时，主要取决于液压仿形系统的精度及靠模的精度）。大批量的生产通常都需组成专用生产线（用专用机床或组合机床组成流水线或自动线）。

④ 磨削是外圆表面的精加工方法。主轴外圆的磨削通常采用中心磨法，在外圆磨床或万能外圆磨床上进行，前、后两个顶尖均使用精度很高的固定顶尖，且工件上两中心孔都经过研磨，从而具有很好的接触刚度。单件小批生产时，往往粗磨和精磨在一台磨床上完成，仅在精磨前对磨削用量做适当调整，并对砂轮进行精细的修正。大批量生产时，粗磨和精磨

则应在不同的磨床上进行，并常采用组合磨削、成形砂轮磨削等高效磨削方法。

⑤ 对于深孔加工，单件小批生产时，通常在车床上用麻花钻进行加工，当钻头长度不够时，可用焊接的办法把钻头柄接长。为了减少引偏（钻歪），可以用几个不同长度的钻头分几次钻，先用短的，后用长的。有时也可以从轴的两端分别钻孔，以减短钻孔深度，但在孔的接合部会产生台肩。大批量生产时，可采用锻造的无缝钢管作为毛坯，从根本上免去了深孔加工工序；若采用实心毛坯，可用深孔钻头在深孔钻床上进行加工；如果孔径较大，还可采用套料的先进工艺，不仅生产率高，还能节约大量的金属材料。

⑥ 对于花键轴加工，单件小批生产时，常在卧式铣床上用分度头分度并以盘铣刀铣削；而大批生产（甚至小批生产）都广泛采用花键滚刀在专用花键轴铣床上加工。

（5）主轴零件加工中的几个工艺问题

1）锥堵和锥套心轴的使用。对于空心的轴类零件，在深孔加工后，为了尽可能使各工序的定位基准统一，一般都采用锥堵（俗称闷头）或锥套心轴的中心孔（见图 12-3）作为定位基准。

当主轴锥孔的锥度比较小时，如 LK32-20207、CA6140 车床主轴的锥孔分别为 1：20 和莫氏 6 号，常用锥堵。当锥度较大时，如 X6132 主轴锥孔是 7：24，常用带锥堵的锥套心轴。

使用锥堵或锥套心轴时应注意以下几点：

① 一般不允许中途更换锥堵或锥套心轴，也不要将同一锥堵或锥套心轴卸下后再重新装上，以减少重复安装误差。不管锥堵或锥套心轴的制造精度怎样高，其锥面和中心孔也会有程度不等的同轴度误差，因此，必然会引起加工后的主轴外圆表面与锥孔之间的同轴度误差。如果中途更换或卸下后再装上，就会在上述误差的基础上又增加新的同轴度误差，使加工精度降低，特别是在精加工时这种影响更为明显。若外圆和锥孔需反复多次互为基准进行加工，则在重新安装锥堵时，需按外圆找正和修磨锥堵上的中心孔。

② 用锥套心轴时，两个锥堵的锥面要求同轴，否则旋紧螺母后会使工件变形。图 12-3 所示的锥套心轴结构比较合理，其特点是右端锥堵与拉杆心轴是一体的，其锥面与中心孔的同轴较好，而左端有个球面垫圈，旋紧螺母时，能保证左端锥堵与锥孔配合良好，使锥堵的锥面、工件的锥孔及拉杆心轴上的中心孔三者有较好的同轴度。

③ 装配锥堵或锥套心轴时，不能用力过大，特别是对壁厚较薄的轴类零件，如果用力过大，会引起轴件变形，使加工后出现圆度等误差。为防止零件变形，可使用塑料或尼龙制的锥套心轴。

④ 因锥堵与莫氏 6 号或 1：20 锥面接合比较紧密（自锁），因此要考虑便于拆卸的装置；同时，工件两端都用锥堵或锥套心轴堵上，锥孔内空气流通不畅，还要考虑使空气流通的装置。

2）中心孔的修研。要提高外圆的加工质量，修研中心孔是主要手段之一。此外，对于实心轴或锥堵上的中心孔，因为要承受工件的重量和切削力的作用，常会磨损、拉毛；并且工件在热处理时，中心孔还会氧化及变形。所以，在热处理工序之后和磨削加工之前，对中心孔要进行修研，以消除误差。修研中心孔的方法常用以下几种。

① 用铸铁顶尖修研。即以铸铁顶尖作为研磨工具，在车床或钻床上对工件顶尖孔进行研磨。在铸铁顶尖与被研磨的中心孔之间应加适量的研磨剂。研磨转速以 200～400r/min 为宜。用这种方法研磨出来的顶尖孔，其精度比较高，但研磨所费的时间较长，效率很低，除了在个别情况下用来修正尺寸较大或精度要求特别高的中心孔外，一般很少采用。

② 用油石或橡胶砂轮修研。研磨时，先将圆柱形油石或橡胶砂轮装夹在车床的夹盘上，用装在刀架上的金刚钻将其前端修整成顶尖形状（60°圆锥体），接着将工件顶在油石或橡胶砂轮顶尖和车床后顶尖之间（见图 12-10），再加上少量润滑油（柴油或轻机油），

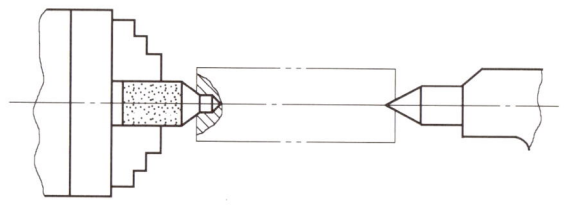

图 12-10　用油石研磨中心孔

然后开动车床使油石（或橡胶砂轮）转动，进行研磨。研磨过程中，用手把持工件并使其连续而缓慢地转动。用这种方法研磨出来的中心孔能达到高的精度和表面质量，且研磨的时间比较短，是目前常用的方法。其缺点是油石或橡胶砂轮易磨损，要不断地用金刚石笔修正，因此油石与橡胶砂轮消耗量大。

③ 用硬质合金顶尖修研。把硬质合金顶尖的 60°圆锥体修磨成角锥的形状，使圆锥面只留下六条（或四条）均匀分布的极狭的棱带（见图 12-11）。刮研中心孔时，可在专用中心孔研磨机上进行，也可在车床或钻床上进行。这种刮研工具留下六条 $f = 0.2 \sim 0.5$mm（四棱的 $f = 0.1 \sim$

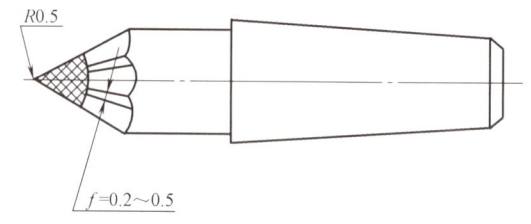

图 12-11　六棱硬质合金顶尖

0.2mm）的刃带，这些刃带具有微小的切削性能，可对中心孔的几何形状做微量的修正，而且又可起抛光作用。用这种方法刮研出的中心孔的精度较高，表面粗糙度值小。

除了以上三种中心孔修研外，还可以采用专用中心孔磨床磨削。

上述三种研磨中心孔的方法可以联合应用。如对精度和表面粗糙度要求高的中心孔，可以先用硬质合金顶尖刮研，然后再选用油石或橡胶砂轮顶尖研磨。又如，对于高精度的顶尖孔，也可先把研磨用的铸铁顶尖和磨床顶尖在磨床的一次调整中加工出来，然后用铸铁顶尖安装在磨床的锥孔内以研磨工件（或锥堵）的中心孔，这样研磨出来的中心孔，可以保证其角度与磨床顶尖的角度一致。中心孔经研磨后，加工出的外圆表面的圆度、同轴度等误差可减小到 0.001~0.002mm。

12.2　轴类零件工艺规程编制

12.2.1　机械加工工艺过程卡片编制

制订机械加工工艺规程前，需要掌握零件的材料状况或毛坯状况，零件的加工余量是多少，熟悉零件的使用要求、零件图样、生产纲领、现场加工设备、生产条件，是全部自己加工还是部分工序外协加工等。

1. 机械加工工艺过程设计

LK32-20207 主轴零件的机械加工工艺过程已在前面做了详细分析，其机械加工工艺过程为：锻造—钻中心孔—粗车—深孔钻—热处理（调质）—半精车—钻孔—热处理（淬

火）—粗磨—立铣—精车—热处理（油炉定性处理）—半精磨—精磨—终检—入库。

2. 机械加工工艺过程卡片及其编制

机械加工工艺过程卡片是以工序为单位、简要说明零件机械加工过程的一种工艺文件。这种卡片列出了整个零件加工所经过的工艺路线（包括毛坯、机械加工和热处理等），但对各工序的说明不够具体，故一般不能直接指导工人操作，而多在生产管理方面使用，主要用于单件小批生产的零件和中批生产的普通零件。

机械加工工艺过程卡片填写的主要内容有：

（1）产品型号、产品名称、零件图号、零件名称、材料牌号、每台件数　这些内容在零件图样上都有注明，一般写上即可。如LK32-20207主轴零件，产品型号为LK-32，产品名称为数控车床，零件图号为LK32-20207，零件名称为主轴，零件使用的材料牌号为45钢，每台产品需要零件数量为1件。

（2）毛坯种类、毛坯外形尺寸、每毛坯可制件数　这三项内容由工艺人员制订，主要依据是零件的结构形状、生产纲领、原材料规格等。如LK32-20207主轴零件的毛坯采用锻造，毛坯的最大尺寸为ϕ150mm×515mm，每毛坯可制作件数为1件。

（3）正文部分

1）工序号：是根据确定的工艺过程顺序给每一道工序规定的一个序号，一般从前到后用10、20、30等整数来排列，便于以后更改、插入。

2）工序名称：用本工序缩写名称来表示，一看就明白，或者由公司制定标准，统一规定每种工序名称的缩写名称。如车削加工，就写一个"车"字，铣削加工写"卧铣"或"立铣"等。例如LK32-20207主轴零件，由于内、外圆柱面加工质量要求高，分工序30粗车、工序60半精车、工序110精车等。

3）工序内容：是每道工序操作的步骤，既是为了指导工人加工，又是指导检验和制订工时定额的依据。缩写要清楚明了，规定每道工序各加工表面的工序尺寸及其公差，或留多少余量给下一道工序；本工序定位基准和夹紧位置等。LK32-20207主轴的主要加工表面为内、外圆柱面、短锥、莫氏锥孔，加工精度与表面质量要求较高，而轴向尺寸要求较低。下面以支承轴颈ϕ（75±0.0095）mm为例说明工序尺寸与公差的确定。

由于支承轴颈的设计基准与定位基准重合，因此工序尺寸与公差的确定无须进行尺寸链计算，根据各工序的加工余量和经济精度即可确定。支承轴颈ϕ（75±0.0095）mm的工序加工余量、工序尺寸及公差、表面粗糙度值见表12-2。

表12-2　支承轴颈ϕ（75±0.0095）mm的工序加工余量、工序尺寸及公差、表面粗糙度值

工序名称	工序加工余量 /mm	工序经济公差等级 /mm	表面粗糙度值 /μm	工序尺寸及公差 /mm
精磨	0.08	IT6,0.019	$Ra0.8$	$\phi75±0.0095$
半精磨	0.12	IT7,0.03	$Ra1.6$	$\phi75.08_{-0.03}^{0}$
粗磨	0.4	IT8,0.046	$Ra3.2$	$\phi75.08_{-0.046}^{0}$
半精车	2.4	IT10,0.12	$Ra6.3$	$\phi75.6_{-0.12}^{0}$
粗车	7	IT12,0.3	$Ra12.5$	$\phi78_{-0.3}^{0}$
毛坯	10	4	—	$\phi85±2$

4）车间、工段：是根据每个公司的编制来确定的，在制定零件机械加工工艺过程卡片

时，尽量把每道工序的加工放在同一车间或工段执行，防止过多地中转。

5）机床设备：所选机床设备的尺寸规格应与工件的外廓尺寸相适应，机床设备的精度应与本工序要求的加工精度相适应，并要将零件加工均衡地分布在公司的同一种加工设备上。如 LK32-20207 主轴工序 20 在小端打样冲钻孔，工序 70 大端法兰钻 4×ϕ21mm 通孔、2×ϕ6.5mm 沉孔、攻 M6 螺纹，由于孔的中心不在主轴轴线上，选用 Z3050 摇臂钻床。工序 100 铣 6N9、10N9 圆头封闭键槽，选用立式铣床 X5032。

6）工艺装备：是指本工序用到的所有刀具、夹具、量具、检具等。实际在企业里每个工种都备有必要的刀具、通用夹具、量具、检具等，因此在编制机械加工工艺过程卡片时，就不需要面面俱到，只规定几种不常用的刀具、专用夹具、量具、检具即可。如 LK32-20207 主轴零件工序 100 铣 6N9、10N9 圆头封闭键槽，分别采用直柄键槽铣刀 6e8、10e8。

7）工序工时：工序工时分为终准工时和单件工时。终准工时指工人为了生产一批产品或零部件，进行准备和结束工作所消耗的时间，如识图、借领刀具及夹具、领料、安装刀具及夹具、零件完工后交检、归还刀具及夹具等。在大量生产中，产品终年不变，可不计终准工时。单件工时由基本时间、辅助时间、布置工作地时间、休息与生理需要时间四部分组成。基本时间、辅助时间将本工序各工步工时累加即可。布置工作地时间、休息与生理需要时间一般按作业时间的 4%～10% 计算。

表 12-3～表 12-6 为 LK32-20207 主轴零件的机械加工工艺过程卡片。

12.2.2　机械加工工序卡片编制

机械加工工序卡片是在工艺过程卡片的基础上，按每道工序所编制的一种工艺文件。主要内容有工序简图，该工序中每个工步的加工内容、工艺参数、操作要求以及所用设备和工艺装备等。工序卡片主要用于大批量生产中所有的零件，中批生产中复杂产品的关键零件以及单件小批生产中关键工序。按机械加工工艺过程卡片的要求，对于复杂的工序、零件图样较大（图样在车间中转容易损坏）、要求工序简化、生产批量大等工序，一般要编制机械加工工序卡片，有的零件甚至要按工步来编制机械加工工序卡片。工序卡片编制越仔细，对于操作工人的技术要求越简单，这要根据具体的情况来确定。如 LK32-20207 主轴，因为要将工件的定位基准、装夹方式等在工序简图中表示出来，因此就把工序卡片按每个工步的要求细分了。

机械加工工序卡片的编制按以下要求编写：

1）产品型号、产品名称、零件图号、零件名称同机械加工工艺过程卡片一样，按图样填写即可。

2）工序简图按零件图要求绘制，将要加工的零件部位表示清楚即可，其他不加工的部位只要与加工面无关，就可以不表示。工序简图上要将定位面、夹紧面及夹紧方式等表示清楚；加工表面用粗实线表示，不加工表面用细实线表示，一般情况下不使用虚线；图样尺寸大小可不按比例绘制，加工表面要标注尺寸、公差、表面粗糙度及按要求需标注的几何公差等。

3）车间、工序号、工序名称、材料牌号、毛坯种类、毛坯外形尺寸、每个毛坯可制件数、每台件数、设备名称、设备型号同机械加工工艺过程卡片，设备编号为企业固定资产编号。

4）夹具编号、夹具名称在编制机械加工工艺过程卡片时一般已确定，可以根据机械加工工艺过程卡片填写。

5）同时加工件数一般根据夹具结构确定。

表12-3 机械加工工艺过程卡片（一）

机械加工工艺过程卡片		产品型号	LK-32	零件图号	LK32-20207			
		产品名称	数控车床	零件名称	主轴	共4页	第1页	
材料牌号	45	毛坯种类	锻件	毛坯外形尺寸	φ150mm×515mm	每毛坯可制件数 1	每台件数 1	备注
工序号	工序名称	工序内容	车间	工段	设备	工艺装备	工序工时（准终/单件）	
10	锻	按锻造工艺制作		锻工				
20	钻	在小端中心划中心位置线，并打样冲眼，钻φ10mm×12mm孔,孔口倒角3mm×30°	金工		Z3050	φ10mm钻头、φ1～φ16mm钻夹头、φ5mm中心钻		
30	粗车	见粗车工序卡片	金工		CW6163	顶尖,90°外圆车刀,90°端面车刀,0～200mm、0～500mm游标卡尺,中心架,φ25mm、φ50mm钻头,75～100mm螺旋千分尺		
40	钻	见深孔加工工序卡片	金工		深孔钻	φ50mm喷吸钻,中心架		
50	热	调质处理:220～250HBW		热				
60	半精车	见半精车加工工序卡片	金工		LK-40	大头活动顶尖,90°外圆,端面车刀,90°外圆车刀,0～200mm、0～1000mm游标卡尺,中心架,95°内孔车刀,莫氏6号塞规,2mm宽切槽刀,45°左,右封油槽刀,50～75mm,75～100mm螺旋千分尺 J01-01/LK32-20207 1：20锥度塞规 J02-01/LK32-20207 1：4短锥环规		
					设计（日期）	审核（日期）	标准化（日期）	会签（日期）
标记	处数	更改文件号	签字	日期	标记	处数	更改文件号	签字	日期

描图
描校
底图号
装订号

表12-4 机械加工工艺过程卡片（二）

机械加工工艺过程卡片	产品型号	LK-32	零件图号	LK-32-20207		共4页	第2页
	产品名称	数控车床	零件名称	主轴			

材料牌号	毛坯种类	毛坯外形尺寸	每毛坯可制件数	每台件数	备注
45	锻件	φ150mm×515mm	1	1	

工序号	工序名称	工序内容	车间	工段	设备	工艺装备	工时 准终	工时 单件
70	钻	见钻加工工序卡片	金工		Z3050	借用 Z01/LK010-20201,φ21mm 钻头,φ5.1mm 钻头,φ15.5mm 钻头,φ15.9H8 铰刀,φ6.5mm,φ10.5mm 钻头,φ10.5mm 锪平钻头,M6 攻螺纹 工具一套		
80	热	110 部位淬火,回火处理:48~52HRC	热			盐浴炉,硬度计,回火油炉		
90	粗磨	见粗磨加工工序卡片	金工		M1432A	大头顶尖,0~25mm 千分尺,50~75mm 千分尺,75~100mm 千分尺,中心架,J01-02/LK32-20207 塞规,莫氏 6 号塞规 2,M01-01/LK32-20207 闷头,M01-02/LK32-20207 闷头,J02-02/LK32-20207 环规,F46 白刚玉砂轮		

			设计(日期)	审核(日期)	标准化(日期)	会签(日期)
标记	处数	更改文件号	签字	日期	标记	处数	更改文件号	签字	日期

描图

描校

底图号

装订号

表 12-5 机械加工工艺过程卡片（三）

		机械加工工艺过程卡片		产品型号	LK-32	零件图号	LK32-20207		共 4 页	第 3 页
材料牌号	45	毛坯种类	锻件	产品名称		零件名称	主轴			
				毛坯外形尺寸	φ150mm×515mm	每毛坯可制件数		每台件数	1	备注
工序号	工序名称	工序内容		车间	工段	设备	工艺装备			工序工时
									终准	单件
100	铣键槽	见铣键槽加工工序卡片		金工		X5032	X01/LK32-20207 夹具，φ10mm，φ6mm 键槽铣刀，0～150mm 游标卡尺，φ6mm，φ10mm 键槽塞规				
110	精车	见精车加工工序卡片		金工		LK-40	M01-02/LK32-20207 闷头，60°螺纹车刀，M65×1.5、M72×1.5 螺纹环规，3mm 切槽刀，百分表，活动顶尖，中心架，深孔车刀等				
120	热	定性处理		热		回火油炉					
							设计（日期）	审核（日期）	标准化（日期）	会签（日期）
标记	处数	更改文件号	签字	日期	标记	处数	更改文件号	签字	日期	

描图 描校 底图号 装订号

125

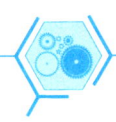

表 12-6　机械加工工艺过程卡片（四）

机械加工工艺过程卡片		产品型号	LK-32	零件图号	LK32-20207		共 4 页	第 4 页
		产品名称	数控车床	零件名称	主轴			
材料牌号	45	毛坯种类	锻件	毛坯外形尺寸	φ150mm×515mm	每毛坯可制件数	1	每台件数	1	备注	

工序号	工序名称	工序内容	车间	工段	设备	工艺装备		工序工时	
---	---	---	---	---	---	---	---	终准	单件
130	半精磨	见半精磨加工工序卡片	金工		MG1432A	M01-01/LK32-20207 闷头，M01-02/LK32-20207 闷头，50~75mm 千分尺，75~100mm 千分尺，J01-03/LK32-20207 塞规，J02-03/LK32-20207 环规，中心架，莫氏 6 号塞规 3，百分表，磁性表座，F46 白刚玉砂轮		
140	精磨	见精磨加工工序卡片	金工		MG1432A	M01-01/LK32-20207 闷头，M01-02/LK32-20207 闷头，50~75mm 千分尺，75~100mm 千分尺，J02-04/LK32-20207 环规，中心架，莫氏 6 号塞规，J02-04/LK32-20207 环规，中心架，磁性表座，百分表，磁性表座，F60 白刚玉砂轮		
150	检	综合检查						
160	入库	清洗干净，涂上防锈油，入库						

					设计（日期）	审核（日期）	标准化（日期）	会签（日期）
标记	处数	更改文件号	签字	日期	标记	处数	更改文件号	签字	日期

描图
描校
底图号
装订号

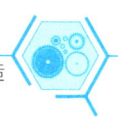

6）填写工位器具编号、工位器具名称。工位器具是在零件加工过程中放置零件的工具，这种工具一般也由工艺人员设计，根据零件长短、大小、轻重等设计，并按企业标准对所设计的工位器具进行编号、命名。

7）切削液根据加工需要选择。一般的公司大都不需要确定，如车床用乳化液、铣床用炼油、磨床用乳化液等。现在切削液的品种越来越多，对每种零件、每道工序的切削液也可能完全不同，必要时需注明。

8）工序工时同机械加工工艺过程卡片。

9）工步号按每个工步加工前后次序，以1、2、3…编号。

10）工步内容即本工序各工步加工的具体内容，是工序卡片的关键。

11）工艺装备即本工步使用的刀具、夹具、量具及辅助工具等。有国家、行业标准的、能外购的一般填写标准代号及规格；没有国家、行业标准的，一般由企业制定标准，规定每种刀、夹、量具等的编号方式，在工艺装备栏中填上自编代号。如LK32-20207主轴前端孔的钻模，编号为Z01/LK32-20207，"Z"表示钻夹具，01表示本零件第一副钻夹具，LK32-20207表示该夹具要加工的零件。有的夹具对于其他零件也可通用，就在其他零件的工艺过程卡片和工序卡片中写上该夹具的编号，有时还可以加上"借用"两字加以区别。

12）主轴转速、切削速度、进给量、背吃刀量按切削加工的要求合理选择。进给量和主轴转速按理论查表计算后，须根据机床的进给量和主轴转速表进行选择，所以选择的实际进给量和主轴转速一般小于或接近理论计算值。切削速度根据最终选择的实际主轴转速和本工序加工前工件的待加工表面直径计算求得。

13）进给次数根据加工余量、背吃刀量和加工精度确定。

14）确定工步工时（机动和辅助）。根据刀具行程长度、主轴转速、进给量、进给次数计算机动时间，辅助时间一般按基本时间的15%～20%估算。

15）标记、处数、更改文件号、签字、日期等内容在机械加工工艺过程卡片和其他图样中都有，它们主要在更改零件或工艺文件内容时使用。

① 标记在更改处使用，一般本图样或工艺文件第一次更改用"ⓐ"表示；第二次更改用"ⓑ"表示；……依次类推。

② 处数是指一次更改几处位置。

③ 更改文件号是公司更改技术文件的一种编号，如GG01/LK32-20207，"GG"是汉语拼音"更改"的缩写，01是更改技术文件号，表示本产品的技术文件第一次更改，LK32-20207表示产品代号（LK32数控车床主轴）。

④ 签字即更改责任人签字。

⑤ 日期即为更改日期。

更改文件的形式由各公司根据技术文件管理标准自行决定。

16）设计、审核、标准化、会签。

① 设计由工艺编制人员签字。

② 审核由产品或图样设计人员签字。

③ 标准化是由标准化管理人员审查签字，看图样、内容等是否符合国家、行业及企业标准要求。

④ 会签一般由生产部门人员审查签字。

表12-7～表12-32为LK32-20207主轴零件机械加工工序卡片。

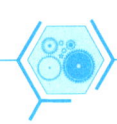

机械制造技术　第2版

表12-7　机械加工工序卡片（工序30，工步1）

机械加工工序片

机械加工工序片		产品型号	LK-32	零件图号	LK32-20207		共26页	第1页
		产品名称	数控车床	零件名称	主轴		材料牌号	45

车间	工序号	工序名称		每台件数
金工	30	粗车		1
毛坯种类	毛坯外形尺寸	每毛坯可制件数		同时加工件数
锻件	φ150mm×515mm	1		1
设备名称	设备型号	设备编号		切削液
卧式车床	CW6163			
夹具编号		夹具名称		
工位器具编号		工位器具名称		工序工时
				终准　单件

$\sqrt{Ra\ 6.3}$　$\sqrt{Ra\ 6.3}$　$\sqrt{Ra\ 12.5}$（　）

φ40　φ68　φ89　φ75　φ78$_{-0.3}^{0}$　φ88$_{-0.05}^{+0.05}$　φ150

155　270　470　45　45　43

工步号	工 步 内 容	工 艺 装 备	主轴转速/（r/min）	切削速度/（m/min）	进给量/（mm/r）	背吃刀量/mm	进给次数	工步工时 机动	工步工时 辅助
1	A. 夹大端外圆，顶小端中心孔，校正，用端面车刀车大台阶面及小端面至工序图尺寸 B. 车各外圆，φ88mm，φ68mm外圆留余量2mm，其余一刀车至工序图尺寸 C. 车φ88mm，φ68mm外圆至工序图尺寸	活动顶头 90°端面车刀 90°外圆车刀 0~200mm游标卡尺 0~500mm游标卡尺 75~100mm螺旋千分尺							

			设计（日期）	审核（日期）	标准化（日期）	会签（日期）
标记	处数	更改文件号	签字	日期		
标记	处数	更改文件号	签字	日期		

描图　描校　底图号　装订号

表12-8 机械加工工序卡片（工序30，工艺2）

机械加工工序卡片

	产品型号	LK-32	零件图号	LK32-20207		共26页	第2页
	产品名称	数控车床	零件名称	主轴		材料牌号	45

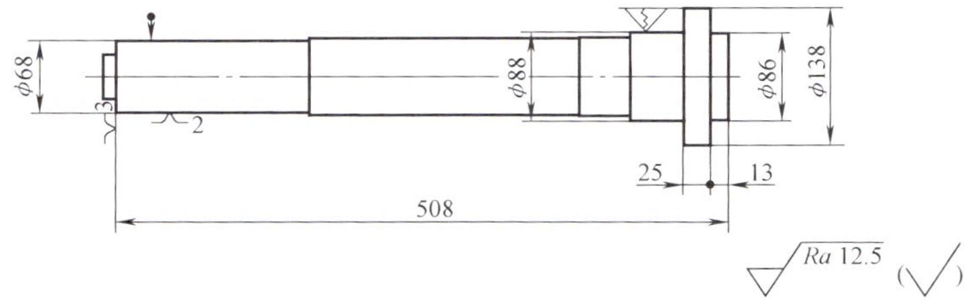

车间	工序号	工序名称	每台件数
金工	30	粗车	1

毛坯种类	毛坯外形尺寸	每毛坯可制件数	同时加工件数
锻件	φ150mm×515mm	1	

设备名称	设备型号	设备编号	切削液
卧式车床	CW6163		

夹具编号	夹具名称	工位器具编号	工位器具名称	工序工时	
				终准	单件

工步号	工步内容	工艺装备	主轴转速 /(r/min)	切削速度 /(m/min)	进给量 /(mm/r)	背吃刀量 /mm	进给次数	工步工时	
								机动	辅助
2	夹φ68mm外圆，在φ88mm处搭中心架，车大端各外圆、端面至工序图尺寸	中心架 90°端面车刀 0~200mm游标卡尺							

$\sqrt{Ra\ 12.5}$ （√）

（图示尺寸：φ138、φ98、13、25、φ88、508、89φ）

				设计（日期）	审核（日期）	标准化（日期）	会签（日期）
标记	处数	更改文件号	签字	日期	标记	处数	更改文件号	签字	日期

描图　描校　底图号　装订号

表12-9 机械加工工序卡片(工序30，工步3)

机械加工工序卡片

	产品型号	LK-32	零件图号	LK32-20207	共26页	第3页
	产品名称	数控车床	零件名称	主轴	材料牌号	45

车间	工序号	工序名称	每台件数
金工	30	粗车	
毛坯种类	毛坯外形尺寸	每毛坯可制件数	同时加工件数
锻件	φ150mm×515mm	1	1
设备名称	设备型号	设备编号	夹具名称	切削液
卧式车床	CW6163			
夹具编号	工位器具编号	工位器具名称	工序工时 终准 / 单件

$\sqrt{Ra\,12.5}$ ($\sqrt{\ }$)

φ50　80　φ88　φ89

工步号	工步内容	工艺装备	主轴转速 /(r/min)	切削速度 /(m/min)	进给量 /(mm/r)	背吃刀量 /mm	进给次数	工步工时 机动	辅助
3	夹φ68mm外圆，在φ88mm处搭中心架，校正φ68mm、φ88mm外圆径向圆跳动不大于0.05mm，钻φ50mm孔至工序图尺寸	中心架 φ25mm、φ50mm麻花钻头 0~200mm游标卡尺 百分表 磁性表座	108	17	0.5	25	1		

				设计(日期)	审核(日期)	标准化(日期)	会签(日期)

标记	处数	更改文件号	签字	日期	标记	处数	更改文件号	签字	日期

描图

描校

底图号

装订号

表12-10 机械加工工序卡片（工序40）

机械加工工序卡片

	产品型号	LK-32	零件图号	LK32-20207		共26页	第4页
	产品名称	数控车床	零件名称	主轴		材料牌号	45

$\sqrt{Ra\,12.5}$

φ50　φ88　88φ　89φ　φ68

车间	工序号	工序名称		每毛坯可制件数	每台件数
金工	40	深孔钻			1
毛坯种类	毛坯外形尺寸				
锻件	φ150mm×515mm				
设备名称	设备型号	设备编号		同时加工件数	
深孔钻专机	自制设备			1	
夹具编号	夹具名称			切削液	
工位器具编号	工位器具名称			工序工时	
				准终	单件

工步号	工步内容	工艺装备	主轴转速 /(r/min)	切削速度 /(m/min)	进给量 /(mm/r)	背吃刀量 /mm	进给次数	工步工时	
								机动	辅助
1	夹 φ68mm 外圆,在 φ88mm 处搭中心架,较正 φ68mm、φ88mm 外圆径向圆跳动不大于 0.05mm,钻 φ50mm 孔至工序图尺寸	中心架 φ50mm 喷吸钻 百分表 磁性表座	80	12.6	0.15	25	1		

	设计(日期)	审核(日期)	标准化(日期)	会签(日期)

描图							
描校		标记	处数	更改文件号	签字	日期	
底图号							
装订号		标记	处数	更改文件号	签字	日期	

表 12-11 机械加工工序卡片（工序 60，工步 1）

机械加工工序卡片

	产品型号	LK-32	零件图号	LK32-20207	共 26 页	第 5 页
	产品名称	数控车床	零件名称	主轴	材料牌号	45

车间	工序号	工序名称	毛坯外形尺寸	每毛坯可制件数	每台件数
金工	60	半精车	φ150mm×515mm	1	1

毛坯种类	设备名称	设备型号	设备编号	同时加工件数
锻件	数控车床	LK-40		

夹具编号	夹具名称	切削液

工位器具编号	工位器具名称	工序工时 终准 单件

零件图尺寸：506.5，24，12.5，φ84，φ135 +0.40/+0.30，√Ra 6.3 √( )，12.5

工步号	工步内容	工艺装备	主轴转速 /(r/min)	切削速度 /(m/min)	进给量 /(mm/r)	背吃刀量 /mm	进给次数	工步工时 机动	工步工时 辅助
1	夹小端外圆，在 φ85mm 处搭中心架，车 φ84mm、φ135mm 及端面至工序图尺寸	中心架 95°端面车刀 95°外圆车刀 0~200mm 游标卡尺							

			设计（日期）	审核（日期）	标准化（日期）	会签（日期）

描图				
描校	标记	处数	更改文件号	签字	日期
底图号	标记	处数	更改文件号	签字	日期
装订号					

表12-12 机械加工工序卡片（工序60，工步2）

机械加工工序卡片

	产品型号	LK-32	零件图号	LK32-20207	共26页	第6页
产品名称	数控车床	零件名称	主轴	材料牌号	45	

车间	金工	工序号	60	工序名称	半精车	每台件数	1
毛坯种类	锻件	毛坯外形尺寸	φ150mm×515mm	每毛坯可制件数	1	同时加工件数	1
设备名称	数控车床	设备型号	LK-40	设备编号		切削液	
夹具编号		夹具名称					
工位器具编号		工位器具名称				工序工时	终准 单件

$\sqrt{\dfrac{Ra\ 6.3}{}}$ ($\sqrt{}$)

φ135　505　φ89　2　2　60°

工步号	工步内容	工艺装备	主轴转速 /(r/min)	切削速度 /(m/min)	进给量 /(mm/r)	背吃刀量 /mm	进给次数	工步工时 机动 辅助
2	夹φ135mm外圆，在φ68mm处搭中心架，校正圆跳动不超过0.05mm，车小端面至总长505mm，孔口倒角2mm×30°	中心架 95°端面车刀 0~1000mm游标卡尺						

					设计（日期）	审核（日期）	标准化（日期）	会签（日期）
标记	处数	更改文件号	签字	日期	标记	处数	更改文件号	签字	日期

描图　描校　底图号　装订号

表12-13 机械加工工序卡片（工序60，工步3、4）

机械加工工序卡片

		产品型号	LK-32	零件图号	LK32-20207	共26页	第7页
		产品名称	数控车床	零件名称	主轴	材料牌号	45

车间	工序号	工序名称	毛坯外形尺寸	每毛坯可制件数	每台件数
金工	60	半精车	φ150mm×515mm	1	1

毛坯种类	设备名称	设备型号	设备编号	同时加工件数
锻件	数控车床	LK-40		1

夹具编号	夹具名称	工位器具编号	工位器具名称	切削液

工步号	工步内容	工艺装备	主轴转速 /(r/min)	切削速度 /(m/min)	进给量 /(mm/r)	背吃刀量 /mm	进给次数	工步工时 机动	工步工时 辅助
3	夹φ135mm外圆，顶小端中心孔，车各外圆至工序图尺寸	大活动顶尖 90°外圆车刀							
4	车各退刀槽至工序图尺寸	2mm宽切槽刀 45°左、右封油槽刀 0~200mm游标卡尺 0~500mm游标卡尺 75~100mm千分尺 50~75mm千分尺							
			设计（日期）	审核（日期）	标准化（日期）	会签（日期）			

	描图	描校	底图号	装订号
标记	处数	更改文件号	签字	日期
标记	处数	更改文件号	签字	日期

表 12-14　机械加工工序卡片（工序 60、工步 5）

机械加工工序卡片		产品型号	LK-32	零件图号	LK32-20207		共 26 页	第 8 页
		产品名称	数控车床	零件名称	主轴		材料牌号	45

$\sqrt{Ra\,6.3}$ ($\sqrt{}$)

车间	工序号	工序名称	设备名称	设备型号	设备编号	每台件数	同时加工件数
金工	60	半精车				1	1

毛坯种类	毛坯外形尺寸	每毛坯可制件数
锻件	φ150mm×515mm	1

设备名称	设备型号	设备编号
数控车床	LK-40	

夹具编号	夹具名称	切削液

工位器具编号	工位器具名称	工序工时
		终准　单件

工步号	工　步　内　容	工　艺　装　备	主轴转速 /(r/min)	切削速度 /(m/min)	进给量 /(mm/r)	背吃刀量 /mm	进给次数	工步工时 机动　辅助
5	夹 φ135mm 外圆，在 φ63mm 处搭中心架，校正圆跳动不超过 0.05mm，车 1：20 锥孔至工序图尺寸，孔口倒角 1.5mm×30°（锥度用 J01／LK32-20207 检验，接触面积不小于 60%）	中心架 95°内孔车刀 0~200mm 游标卡尺 J01-01/LK32-20207　1：20 锥度塞规	270	45.8	0.3	2	1	

				设计（日期）	审核（日期）	标准化（日期）	会签（日期）	
标记	处数	更改文件号	签字	日期	标记	处数	更改文件号	签字	日期

描图

描校

底图号

装订号

表 12-15 机械加工工序卡片（工序 60、工步 6）

机械加工工序卡片

	产品型号	LK-32	零件图号	LK32-20207		共 26 页	第 9 页
	产品名称	数控车床	零件名称	主轴		材料牌号	45

车间	工序号	工序名称	每台件数
金工	60	半精车	1

毛坯种类	毛坯外形尺寸	每毛坯可制件数	同时加工件数
锻件	φ150mm×515mm	1	

设备名称	设备型号	设备编号	切削液
数控车床	LK-40		

夹具编号	夹具名称	工序工时	
		准终	单件

工位器具编号	工位器具名称		

Morse No.6

φ62.74$^{+0.10}_{0}$

60°

110

198

1.5

φ58

φ85

φ63

$\sqrt{Ra\ 6.3}$ ($\sqrt{\ }$)

工步号	工 步 内 容	工 艺 装 备	主轴转速 /(r/min)	切削速度 /(m/min)	进给量 /(mm/r)	背吃刀量 /mm	进给次数	工步工时	
								机动	辅助
6	夹 φ63mm 外圆，在 φ85mm 外圆处搭中心架，校正圆跳动不超过 0.05mm，车大端莫氏 6 号锥孔至工序图尺寸。孔口倒角 1.5×30°（锥度）用莫氏 6 号塞规 1 检验，接触面积不小于 60%	中心架 95° 内孔车刀 0～200mm 游标卡尺 莫氏 6 号塞规 1							

设计（日期）	审核（日期）	标准化（日期）	会签（日期）

描图					
描校					
底图号					
装订号	标记	处数	更改文件号	签字	日期
	标记	处数	更改文件号	签字	日期

表12-16　机械加工工序卡片（工序60，工步7、8）

机械加工工序卡片

产品型号	LK-32	零件图号	LK32-20207		共26页	第10页
产品名称	数控车床	零件名称	主轴		材料牌号	45

车间	工序号	工序名称	毛坯种类	毛坯外形尺寸	每毛坯可制件数	每台件数
金工	60	半精车	锻件	φ150mm×515mm	1	1

设备名称	设备型号	设备编号	同时加工件数
数控车床	LK-40		1

夹具编号	夹具名称		切削液

| 工位器具编号 | 工位器具名称 | 工序工时 | |
| | | 准终 | 单件 |

$\sqrt{Ra\ 6.3}$ ($\sqrt{}$)

工步号	工步内容	工艺装备	主轴转速/(r/min)	切削速度/(m/min)	进给量/(mm/r)	背吃刀量/mm	进给次数	工步工时 机动	辅助
7	夹小端φ63mm外圆，在φ85mm处搭中心架，车大端至工序图尺寸	90°外圆车刀							
8	车退刀槽Ⅲ槽至工序图尺寸	端面切槽刀 J02-01/LK32-20207　1:4短锥环规中 心架							

	设计(日期)	审核(日期)	标准化(日期)	会签(日期)

标记	处数	更改文件号	签字	日期	标记	处数	更改文件号	签字	日期

描图　描校　底图号　装订号

表 12-17　机械加工工序卡片（工序 70）

机械加工工序卡片

	产品型号	LK-32	零件图号	LK32-20207	共 26 页	第 11 页
	产品名称	数控车床	零件名称	主轴	材料牌号	45

车间	工序号	工序名称	毛坯种类	毛坯外形尺寸	每毛坯可制件数	每台件数
金工	70	钻	锻件	φ150mm×515mm	1	1

设备名称	设备型号	设备编号	同时加工件数
摇臂钻床	Z3050		1

夹具编号	夹具名称	切削液
Z01/LK010-20201		

工位器具编号	工位器具名称	工序工时
		准终／单件

$\sqrt{Ra\,12.5}\ (\sqrt{\ })$

4×φ21通　φ104.8±0.10　30°　45°

A—A　φ10.5　2×φ6　$\sqrt{Ra\,3.2}$　7　$\phi15.9H8\binom{+0.027}{0}$　M6

工步号	工步内容	工艺装备	主轴转速/(r/min)	切削速度/(m/min)	进给量/(mm/r)	背吃刀量/mm	进给次数	工步工时 机动	工步工时 辅助
1	模钻 4×φ21mm 通孔至工序图示	借用 Z01/LK010-20201 φ21mm 钻头	130	8.6	0.24	10.5	1		
2	模钻 M6 螺纹底孔 φ5.1mm，扩 φ15.9mm 孔 至 15.5mm，铰 φ15.9H8 孔至工序图示	φ5.1mm 钻头 φ15.5mm 钻头 φ15.9H8 铰刀	480 180 80	7.7 8.8 4	0.1 0.18 0.3	2.55 5.2 0.2	1 1 1		
3	模钻 2×φ6.5mm 孔，并扩 φ10.5mm×7mm 至工序图示	φ6.5mm 钻头 φ10.5mm 锪平钻头	480 380	9.8 12.5	0.1 0.16	3.25 2	1 1		
4	攻 M6-7H 螺纹至工序图示	M6 丝锥	50	0.9	1	0.45	1		

				设计（日期）	审核（日期）	标准化（日期）	会签（日期）

	标记	处数	更改文件号	签字	日期	标记	处数	更改文件号	签字	日期

描图　描校　底图号　装订号

表12-18　机械加工工序卡片（工序90，工步1）

机械加工工序卡片

		产品型号	LK-32	零件图号	LK32-20207		共 26 页	第 12 页
		产品名称	数控车床	零件名称	主轴		材料牌号	45

车间	工序号	工序名称	材料牌号
金工	90	粗磨	45

毛坯种类	毛坯外形尺寸	每毛坯可制件数	每台件数
锻件	φ150mm×515mm	1	1

设备名称	设备型号	设备编号	同时加工件数
万能外圆磨床	M1432A		1

夹具编号	夹具名称		切削液

工位器具编号	工位器具名称		工序工时
			终准　单件

$\sqrt{Ra\ 3.2}$（√）

φ63.2 $^{0}_{-0.046}$　φ65.2 $^{0}_{-0.046}$　φ70±0.03　φ72.2 $^{0}_{-0.046}$　φ75.2 $^{0}_{-0.046}$　270±0.10　φ85.1±0.02　22 $^{+0.15}_{+0.05}$　φ135

工步号	工步内容	工艺装备	主轴转速 /(r/min)	切削速度 /(m/min)	进给量 /(mm/r)	背吃刀量 /mm	进给次数	工步工时 机动	工步工时 辅助
1	夹φ135mm外圆，顶小端中心孔，粗磨各外圆至工序图尺寸	大头顶尖 0~25mm千分尺 50~75mm千分尺 75~100mm千分尺 1-400×50×203-WAF46K5V-35m/s							

		设计（日期）	审核（日期）	标准化（日期）	会签（日期）

标记	处数	更改文件号	签字	日期	标记	处数	更改文件号	签字	日期

描图　描校　底图号　装订号

表 12-19 机械加工工序卡片（工序 90，工步 2）

机械加工工序卡片

		产品型号	LK-32	零件图号	LK32-20207		共 26 页	第 13 页
		产品名称	数控车床	零件名称	主轴		材料牌号	45
		车间	工序号	工序名称	毛坯外形尺寸	每毛坯可制件数	同时加工件数	每台件数
		金工	90	粗磨	φ150mm×515mm	1	1	1
		毛坯种类	设备名称	设备型号	设备编号		切削液	
		锻件	万能外圆磨床	M1432A				
		夹具编号	夹具名称			工序工时	终准	单件
		工位器具编号	工位器具名称					
		主轴转速 /（r/min）	切削速度 /（m/s）	进给量 /（mm/r）	背吃刀量 /mm	进给次数	工步工时 机动	辅助
		80	13	5	0.1	5		

$\sqrt{\overset{Ra\ 3.2}{\vphantom{.}}}\ (\sqrt{\ })$

工步号	工 步 内 容	工 艺 装 备						
2	夹 φ135mm 外圆，在 φ65mm 处搭中心架，校正 φ65mm，φ85mm 圆跳动不超过 0.02mm，磨小端 1：20 内锥孔至工序图要求（锥度用 J01-02/LK32-20207 检验，接触面积不于 75%）	中心架 J01-02/LK32-20207 1-40×10×13-WAF46K5V-35m/s						
		设计（日期）	审核（日期）	标准化（日期）	会签（日期）			
标记	处数	更改文件号	签字	日期	标记	处数	更改文件号	签字	日期

描图 描校 底图号 装订号

表12-20　机械加工工序卡片（工序90，工步3）

机械加工工序卡片

	产品型号	LK-32	零件图号	LK32-20207		共26页	第14页
	产品名称	数控车床	零件名称	主轴		材料牌号	45
车间		工序号	工序名称	毛坯外形尺寸	每毛坯可制件数	每台件数	
金工		90	粗磨	φ150mm×515mm	1	1	
毛坯种类		设备名称	设备型号	设备编号		同时加工件数	
锻件		万能外圆磨床	M1432A			切削液	
			夹具编号	夹具名称			
				工位器具编号	工位器具名称	工序工时	
						终准	单件

$\phi 63.14^{+0.05}$　Morse No.6　$\sqrt{Ra\ 3.2}$　φ85　φ65　φ63

工步号	工　步　内　容	工　艺　装　备	主轴转速 /(r/min)	切削速度 /(m/s)	进给量 /(mm/r)	背吃刀量 /mm	进给次数	工步工时 机动	辅助
3	夹小端外圆，在φ85mm处搭中心架，校正φ65mm、φ85mm外圆圆跳动不超过0.02mm，磨大端莫氏6号锥孔至工序图尺寸。锥孔用莫氏6号塞规2涂色法检查，接触长度不少于75%	中心架 莫氏6号塞规2 1-40×10×13-WAF46K5V-35m/s	80	13	5	0.2	7		
			设计（日期）	审核（日期）	标准化（日期）	会签（日期）			
			更改文件号	签字	日期				
标记	处数	更改文件号	签字	日期	标记	处数	更改文件号	签字	日期

描图

描校

底图号

装订号

表 12-21 机械加工工序卡片（工序 90，工步 4）

机械加工工序卡片

		产品型号	LK-32	零件图号	LK32-20207		共 26 页	第 15 页
		产品名称	数控车床	零件名称	主轴		材料牌号	45

车间	工序号	工序名称	每台件数
金工	90	粗磨	1
毛坯种类	毛坯外形尺寸	每毛坯可制件数	同时加工件数
锻件	φ150mm×515mm	1	1
设备名称	设备型号	设备编号	切削液
万能外圆磨床	M1432A		
夹具编号	夹具名称	工位器具编号	工位器具名称	工序工时
				终准 / 单件

工步号	工 步 内 容	工 艺 装 备	主轴转速 /(r/min)	切削速度 /(m/s)	进给量 /(mm/r)	背吃刀量 /mm	进给次数	工步工时 机动	辅助
4	两端锥孔装上顶头，磨 φ135mm 外圆至工序图尺寸，并靠磨大端台阶面至工序图尺寸	M01-01/LK32-20207 M01-02/LK32-20207 1-400×50×203-WAF46K5V-35m/s							

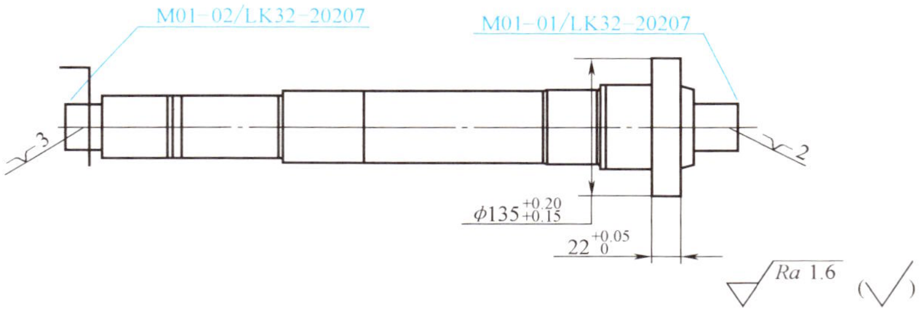

			设计（日期）	审核（日期）	标准化（日期）	会签（日期）
标记	处数	更改文件号	签字	日期		
标记	处数	更改文件号	签字	日期		

描图　描校　底图号　装订号

表12-22　机械加工工序卡片（工序90，工步5）

机械加工工序卡片

	产品型号	LK-32	零件图号	LK32-20207	共26页	第16页
	产品名称	数控车床	零件名称	主轴	材料牌号	45

M01-02/LK32-20207

M01-01/LK32-20207

$\phi 82.56^{+0.24}_{+0.20}$

1:4

$\sqrt{Ra\,3.2}$

车间	工序号	工序名称	每台件数
金工	90	粗磨	1
毛坯种类	毛坯外形尺寸	每毛坯可制件数	同时加工件数
锻件	φ150mm×515mm	1	1
设备名称	设备型号	设备编号	切削液
万能外圆磨床	M1432A		
夹具编号	夹具名称		工序工时
			终准　单件
工位器具编号	工位器具名称		

工步号	工步内容	工艺装备	主轴转速 /（r/min）	切削速度 /（m/s）	进给量 /（mm/r）	背吃刀量 /mm	进给次数	工步工时 机动　辅助
5	用两顶尖装夹（同工步4），工作台逆时针方向旋转7°7′30″，磨1：4锥面至工序图尺寸。用环规涂色法检查，接触面积不小于75%	M01-01/LK32-20207 M01-02/LK32-20207 J02-02/LK32-20207 1-400×500×203-WAF46K5V-35m/s						
			设计（日期）	审核（日期）	标准化（日期）	会签（日期）		

标记	处数	更改文件号	签字	日期	标记	处数	更改文件号	签字	日期

描图

描校

底图号

装订号

表12-23 机械加工工序卡片（工序100）

机械加工工序卡片

	产品型号	LK-32	零件图号	LK32-20207	共26页 第17页
	产品名称	数控车床	零件名称	主轴	材料牌号 45

车间	工序号	工序名称	每毛坯可制件数	每台件数
金工	100	铣键槽	1	1

毛坯种类	毛坯外形尺寸	设备编号	同时加工件数
锻件	φ150mm×515mm		

设备名称	设备型号	夹具名称	切削液
大立铣	B1-400K	铣夹具	

夹具编号	工位器具编号	工位器具名称
X01/LK32-20207		

工步号	工步内容	工艺装备	主轴转速 /(r/min)	切削速度 /(m/min)	进给量 /(mm/r)	背吃刀量 /mm	进给次数	工步工时 机动	辅助
1	夹具装上工作台,校正基准面与工作台的运动方向的平行度误差不超过0.02mm,夹紧 工件装上夹具,定位面贴实,夹紧,铣两处键槽至工序图尺寸	X01/LK32-20207 φ10mm,φ6mm键槽铣刀 0~150mm游标卡尺 φ6mm,φ10mm键槽塞规							

	设计(日期)	审核(日期)	标准化(日期)	会签(日期)

标记	处数	更改文件号	签字	日期	标记	处数	更改文件号	签字	日期

描图

描校

底图号

装订号

表12-24 机械加工工序卡片（工序110、工步1）

机械加工工序卡片

		产品型号	LK-32	零件图号	LK32-20207			共26页	第18页
		产品名称		零件名称	主轴			材料牌号	45

车间	工序号	工序名称	每台件数
金工	110	精车	1

毛坯种类	毛坯外形尺寸	每毛坯可制件数	同时加工件数
锻件	φ150mm×515mm	1	1

设备名称	设备型号	设备编号	切削液
数控车床	LK-40		

夹具编号	夹具名称	工位器具编号	工位器具名称	工序工时	
				准终	单件

工步号 1

工步内容：夹大端 φ135mm 外圆，顶小端闷头中心孔，校正 φ75mm，φ65mm 外圆圆跳动不超过 0.02mm，分别车 M65×1.5-6g，M72×1.5-6g 螺纹至工序图尺寸，注意两处外径的极限偏差车至 -0.03～-0.20mm。两处切槽加工如工序图示

工艺装备：M01-02/LK32-20207 60°螺纹车刀 3mm切槽刀

工序图标注：M01-02/LK32-20207，M6.5×1.15-6g，$\sqrt{Ra\ 6.3}$，A-B，0.02，φ65，B，3×1，59，M72×1.5-6g，3×1，117，φ75，A

主轴转速 /(r/min)	切削速度 /(m/min)	进给量 /(mm/r)	背吃刀量 /mm	进给次数	工步工时	
					机动	辅助

			设计(日期)	审核(日期)	标准化(日期)	会签(日期)
标记	处数	更改文件号	签字	日期		
标记	处数	更改文件号	签字	日期		

描图
描校
底图号
装订号

145

表 12-25 机械加工工序卡片（工序 110，工步 2）

机械加工工序卡片

	产品型号	LK-32	零件图号		LK32-20207	共 26 页	第 19 页
	产品名称	数控车床	零件名称		主轴	材料牌号	45

车间	工序号	工序名称	每台件数
金工	110	精车	1

毛坯种类	毛坯外形尺寸	每毛坯可制件数	同时加工件数
锻件	φ150mm×515mm	1	1

设备名称	设备型号	设备编号	切削液
数控车床	LK-40		

夹具编号	夹具名称	工序工时	
		终准	单件

| 工位器具编号 | 工位器具名称 | | |

$\sqrt{Ra\,6.3}$（√）

φ52　φ65　φ75　φ135　307

工步号	工　步　内　容	工　艺　装　备	主轴转速/(r/min)	切削速度/(m/min)	进给量/(mm/r)	背吃刀量/mm	进给次数	工步工时	
								机动	辅助
2	夹大端 φ135mm 处，在 φ65mm 处搭中心架，校正 φ65mm 和 φ75mm 外圆圆跳动不超过 0.03mm，车 φ52mm 内孔至工序图尺寸	中心架　深孔车刀							

			设计（日期）	审核（日期）	标准化（日期）	会签（日期）

标记	处数	更改文件号	签字	日期	标记	处数	更改文件号	签字	日期

描图　　描校　　底图号　　装订号

表12-26　机械加工工序卡片（工序130，工步1）

机械加工工序卡片

	产品型号	LK-32	零件图号	LK32-20207		共26页	第20页
	产品名称		零件名称	主轴		材料牌号	45

车间	工序号	工序名称	毛坯外形尺寸	每毛坯可制件数	每台件数
金工	130	半精磨	$\phi150mm \times 515mm$	1	1

毛坯种类	设备名称	设备型号	设备编号	同时加工件数
锻件	精密万能外圆磨床	MG1432A		1

夹具编号	夹具名称	切削液

工位器具编号	工位器具名称	工序工时
		终准 单件

图：
$\sqrt{\dfrac{Ra\ 1.6}{}}\ (\sqrt{\ })$

270±0.15　22
$\phi65.08^{\ 0}_{-0.03}$　$\phi63.08^{\ 0}_{-0.03}$
$\phi72.08^{\ 0}_{-0.03}$　$\phi75.08^{\ 0}_{-0.03}$　$\phi85^{\ 0}_{-0.1}$　$\phi135$

M01-01/LK32-20207　M01-02/LK32-20207

工步号	工步内容	工艺装备	主轴转速 /(r/min)	切削速度 /(m/min)	进给量 /(mm/r)	背吃刀量 /mm	进给次数	工步工时 机动 辅助
1	工件两端锥孔擦净，装上两端闷头，用两顶尖装夹，磨各直径至工序图尺寸，并靠磨台阶面至工序图尺寸	M01-01/LK32-20207 M01-02/LK32-20207 50~75mm 千分尺 75~100mm 千分尺 1-400×50×203-WAF46K5V-35m/s						

			设计（日期）	审核（日期）	标准化（日期）	会签（日期）
描图						
描校		标记 处数 更改文件号 签字 日期	标记 处数 更改文件号 签字 日期			
底图号						
装订号						

表 12-27 机械加工工序卡片（工序 130，工步 2）

机械加工工序卡片		产品型号	LK-32	零件图号	LK32-20207		共 26 页	第 21 页
		产品名称	数控车床	零件名称	主轴		材料牌号	45

车间	工序号	工序名称	材料牌号	每台件数
金工	130	半精磨	45	1
毛坯种类	毛坯外形尺寸	每毛坯可制件数	同时加工件数	
锻件	φ150mm×515mm	1	1	
设备名称	设备型号	设备编号	切削液	
精密万能外圆磨床	MG1432A			
夹具编号	夹具名称		工序工时	
			终准	单件
工位器具编号	工位器具名称			

工步号	工步内容	工艺装备	主轴转速 /(r/min)	切削速度 /(m/min)	进给量 /(mm/r)	背吃刀量 /mm	进给次数	工步工时 机动 辅助
2	用两顶尖装夹（同工步1），工作台逆时针方向旋转7°7′30″，磨1∶4锥面至工序图尺寸。用环规涂色法检查，接触面积不小于85%	M01-01/LK32-20207 M01-02/LK32-20207 J02-04/LK32-20207 1-400×50×203-WAF46K5V-35m/s						

√Ra 1.6

φ82.56 +0.090 +0.068

1∶4

M01-02/LK32-20207
M01-01/LK32-20207

		设计（日期）	审核（日期）	标准化（日期）	会签（日期）
描图					
描校					
底图号					
装订号					
标记	处数	更改文件号	签字	日期	标记 处数 更改文件号 签字 日期

表12-28 机械加工工序卡片（工序130，工步3）

机械加工工序卡片

	产品型号	LK-32	零件图号	LK32-20207	共26页	第22页
	产品名称	数控车床	零件名称	主轴		

车间	工序号	工序名称	材料牌号
金工	130	半精磨	45

毛坯种类	毛坯外形尺寸	每毛坯可制件数	每台件数
锻件	φ150mm×515mm	1	1

设备名称	设备型号	设备编号	同时加工件数
精密万能外圆磨床	MG1432A		

夹具编号	夹具名称	切削液

工位器具编号	工位器具名称	工序工时
		终准 单件

Morse No.6
φ63.27 +0.03 0
φ85
φ65
φ63
√ Ra 1.6 (√)

工步号	工步内容	工艺装备	主轴转速 /(r/min)	切削速度 /(m/min)	进给量 /(mm/r)	背吃刀量 /mm	进给次数	工步工时 机动 辅助
3	夹小端外圆，在φ85mm处搭中心架，校正φ65mm、φ85mm外圆圆跳动不超过0.02mm，磨大端莫氏6号锥孔至工序图尺寸。锥孔用莫氏6号塞规3涂色法检查，接触面积不少于80%	中心架 莫氏6号塞规3 百分表 磁性表座 1-40×10×13-WAF46K5V-35m/s						

			设计（日期）	审核（日期）	标准化（日期）	会签（日期）

标记	处数	更改文件号	签字	日期	标记	处数	更改文件号	签字	日期

描图

描校

底图号

装订号

表 12-29 机械加工工序卡片(工序 130,工步 4)

机械加工工序卡片

	产品型号	LK-32	零件图号	LK32-20207		共 26 页	第 23 页
	产品名称	数控车床	零件名称	主轴		材料牌号	45

车间	工序号	工序名称	每台件数
金工	130	半精磨	1

毛坯种类	毛坯外形尺寸	每毛坯可制件数	同时加工件数
锻件	φ150mm×515mm	1	

设备名称	设备型号	设备编号	切削液
精密万能外圆磨床	MG1432A		

夹具编号	夹具名称	工位器具编号	工位器具名称	工序工时
				准终 / 单件

工步号	工步内容	工艺装备	主轴转速 /(r/min)	切削速度 /(m/min)	进给量 /(mm/r)	背吃刀量 /mm	进给次数	工步工时 机动	工步工时 辅助
4	夹 φ135mm 外圆,在 φ65mm 处搭中心架,校正 φ65mm、φ85mm 圆跳动不超过 0.02mm,磨小端 1:20 内锥孔至工序图要求。用 J01-03/LK32-20207 塞规检验,接触面积不小于 80%	中心架 J01-03/LK32-20207 百分表 磁性表座 1-40×10×13-W AF46K5V-35m/s							

$\sqrt{Ra\ 1.6}$ φ54$^{+0.03}_{0}$ 1:20 φ65 φ85 φ135

	设计(日期)	审核(日期)	标准化(日期)	会签(日期)

标记	处数	更改文件号	签字	日期	标记	处数	更改文件号	签字	日期

描图 描校 底图号 装订号

表12-30 机械加工工序卡片（工序140，工步1）

机械加工工序卡片

	产品型号	LK-32	零件图号	LK32-20207	共26页	第24页
	产品名称	数控车床	零件名称	主轴		

车间	工序号	工序名称	材料牌号
金工	140	精磨	45

毛坯种类	毛坯外形尺寸	每毛坯可制件数	每台件数
锻件	φ150mm×515mm		1

设备名称	设备型号	设备编号	同时加工件数
精密万能外圆磨床	MG1432A		1

夹具编号	夹具名称		切削液

工位器具编号	工位器具名称	工序工时	
		终准	单件

M01-01/LK32-20207

M01-02/LK32-20207

Ra 1.6　Ra 0.8

φ135　φ75±0.0095　φ72 0 -0.03　φ65±0.0085　φ63 0 -0.025

270±0.15

φ0.005 A—B　0.015 A—B　0.01 A—B　0.015 A—B　0.005 A—B　0.015 A—B　0.005

工步号	工步内容	工艺装备	主轴转速/(r/min)	切削速度/(m/min)	进给量/(mm/r)	背吃刀量/mm	进给次数	工步工时	
								机动	辅助
1	顶两端闷头中心孔，磨各外圆直径至工序图尺寸	M01-01/LK32-20207　M01-02/LK32-20207　50~75mm 千分尺　75~100mm 千分尺　1-400×50×203-WAF46K5V-35m/s							

	设计（日期）	审核（日期）	标准化（日期）	会签（日期）

标记	处数	更改文件号	签字	日期	标记	处数	更改文件号	签字	日期

描图　描校　底图号　装订号

表 12-31 机械加工工序卡片（工序 140，工步 2）

机械加工工序卡片

产品型号	LK-32	零件图号	LK32-20207	共 26 页	第 25 页
产品名称	数控车床	零件名称	主轴	材料牌号	45

车间	工序号	工序名称	毛坯种类	毛坯外形尺寸	每毛坯可制件数	每台件数	同时加工件数
金工	140	精磨	锻件	φ150mm×515mm	1	45	1

设备名称	设备型号	设备编号	切削液
精密万能外圆磨床	MG1432A		

夹具编号	夹具名称	切削液

工位器具编号	工位器具名称	工序工时
		准终 单件

√ Ra 0.8

φ82.56 +0.016

1:4

0.008 A-B

M01-01/LK32-20207
M01-02/LK32-20207

工步号	工步内容	工艺装备	主轴转速 /(r/min)	切削速度 /(m/min)	进给量 /(mm/r)	背吃刀量 /mm	进给次数	工步工时 机动 辅助
2	用两顶尖装夹（同工步 1），工作台逆时针方向旋转 7°7′30″，磨 1：4 锥面至工序图尺寸。用环规涂色法检查，接触面积大于 80%	M01-01/LK32-20207 M01-02/LK32-20207 J02-03/LK32-20207 1-400×50×203-WAF60L5V-35m/s						

		设计（日期）	审核（日期）	标准化（日期）	会签（日期）

标记	处数	更改文件号	签字	日期	标记	处数	更改文件号	签字	日期

描图

描校

底图号

装订号

表12-32　机械加工工序卡片（工序140，工步3）

机械加工工序卡片	产品型号	LK-32	零件图号	LK32-20207		共 26 页	第 26 页
	产品名称	数控车床	零件名称	主轴		材料牌号	45

车间	毛坯种类	工序号	工序名称	毛坯外形尺寸	每毛坯可制件数	每台件数
金工	锻件	140	精磨	φ150mm×515mm	1	

设备名称	设备型号	设备编号	同时加工件数
精密万能外圆磨床	MG1432A		

夹具编号	夹具名称	切削液

工位器具编号	工位器具名称	工序工时
		终准 / 单件

Morse No.6　φ63.348±0.01

	A — B
0.01	A — B
0.025	A — B

距轴端300处

$\sqrt{Ra\,0.8}$ $\left(\sqrt{}\right)$

工步号	工　步　内　容	工 艺 装 备	主轴转速 /(r/min)	切削速度 /(m/min)	进给量 /(mm/r)	背吃刀量 /mm	进给次数	工步工时 机动	工步工时 辅助
3	以两支承轴颈 φ65mm、φ75mm 和小端孔口为基准。磨大端莫氏 6 号锥孔至工序图尺寸。锥孔用莫氏 6 号塞规 4 涂色法检查，接触面积大于 85%	莫氏 6 号塞规 4 1-40×10×13-WAF60L5V-35m/s							

设计（日期）	审核（日期）	标准化（日期）	会签（日期）

标记	处数	更改文件号	签字	日期	标记	处数	更改文件号	签字	日期

描图

描校

底图号

装订号

12.3 轴类零件加工质量检测与分析

12.3.1 主轴零件加工质量检测

主轴零件的加工质量检测是指主轴零件精密加工后的加工精度和表面质量检测。LK32-20207 主轴零件的加工质量检测主要为以下四个方面。

1. 尺寸精度及形状精度的检测

这种检测一般用千分尺进行测量。在同一圆柱面上多测量几个点，如在 $\phi(75\pm0.0095)$mm 圆柱面右端圆周上呈 45° 方向测量 4 个点，在 $\phi(75\pm0.0095)$mm 圆柱面左端圆周上呈 45° 方向测量 4 个点。一般把右端 4 个点或左端 4 个点的最大值与最小值之差看成是圆度误差，将 8 个点的最大值与最小值之差看成是圆柱度误差。$\phi(75\pm0.0095)$mm、$\phi(65\pm0.0085)$mm 的圆柱度公差只有 0.005mm，因此在测量时使用千分尺的经验很重要。一般要配备一副量规，用于经常校对千分尺。如测量精度要求更高，就需要用圆度仪或三坐标测量仪，以减少人的视觉误差，使测量结果更精确。

2. 锥面尺寸的检测

对于一般无配合要求的锥面，可用游标卡尺测量大端、小端及长度尺寸。在 LK32-20207 主轴的前端，有两处锥面，即 1:4 的外锥面和莫氏 6 号的内锥面，两处锥面的质量好坏对机床精度影响很大，因此检测要求很高。一般来说，测量锥面最好、最准确的方法是用涂色法检查。如 1:4 短锥的测量，第一步，在被检测的外锥面上沿锥度方向涂上三条宽 10mm 左右的蓝油，蓝油要涂得薄而均匀；第二步，用 J02/LK32-20207 环规套在被检测的外锥面上，轻轻转动环规；第三步，取下环规，检查蓝油研磨的痕迹与整个蓝油长度方向的比例，即接触长度；第四步，擦净被测锥面与环规上的监油；第五步，将环规重新套上被测锥面，用塞尺测量环规端面与主轴法兰面的距离，这就是锥面大端尺寸。一般将环规尺寸做成 "零" 位尺寸，塞尺测得的厚度尺寸除以 4，就是锥面大端尺寸的公差。

由于主轴锥面长度太短，测量时很容易产生误差，因此在设计环规时，要增加一辅助支承，即在环规后端增加一固定的圆孔，在主轴前端内锥孔压入一定位心轴。

3. 表面粗糙度的检测

在实际使用中，主轴表面与其他零件表面不产生滑动，因此对表面粗糙度的要求并不是很高，一般使用表面粗糙度样板对照就可以了。表面粗糙度样板是根据各种不同的加工方法分别制作的，有车加工工序用的、刨加工工序用的、铣加工工序用的、磨加工工序用的等。LK32-20207 主轴表面粗糙度检测为磨加工工序用表面粗糙度样板。

4. 位置精度的检测

LK32-20207 主轴零件的位置公差主要有三类：第一类是同轴度，第二类是圆跳动，第三类是对称度。

（1）同轴度的测量　正规的同轴度测量方式一般用圆度仪或三坐标测量仪，在被测物体的若干圆周上测量，然后经计算获得。这种检测方法虽然精度高，但比较麻烦，且检测设备也不够普及，因此只有在特殊情况下才使用。一般的测量方式与测量圆跳动相同，圆跳动值中最大值的一半，就是同轴度误差。

位置精度检测

（2）圆跳动的测量　一般轴类零件圆跳动的测量，是将零件两端的中心孔顶在偏摆仪上，测量用的百分表（或千分表）与被测表面接触，转动零件并记录指针变化，计算得到最大值与最小值之差即为圆跳动值。

注意：①测头与零件表面接触过程中，压表不要过多，0.2~0.3mm就可以。②测头轴线尽量与工件轴线垂直。③在同一圆柱表面上，多测量几个点，取其中最大值。

LK32-20207主轴的测量方法与上面提到的略有不同，因为它的基准在两处圆柱的轴线上[$\phi(75mm\pm0.0095)mm$、$\phi(65mm\pm0.0085)mm$]，而非在零件的轴线上。测量时，需在$\phi(75\pm0.0095)mm$、$\phi(65\pm0.0085)mm$两圆柱面位置安装两支承点（原理等同于V形块，支承点与圆柱表面接触要少），主轴后端锥孔内装一锥堵，锥堵的中心孔内用黄油粘上一大小合适的钢球，钢球既与锥堵中心孔相切，又必须露出锥堵的端面，再在后端装一角铁做支撑，顶住钢球，防止工件在转动过程中产生轴向窜动，然后用百分表（或千分表）按需要进行检测。

此外，LK32-20207主轴莫氏6号锥孔的圆跳动还有近轴端和离轴端300mm处两个要求。测量时，首先要加工一根检测心轴，一端为莫氏6号，另一端为圆柱面，圆柱长度最少300mm以上（一般在320mm左右），心轴最好是中空的，既可减小质量，又可防止心轴变形及在检测过程中重心偏移，然后把心轴插入莫氏6号锥孔，用百分表（或千分表）分别测量心轴靠近主轴大端和距离主轴端面300mm的位置，百分表（或千分表）的读数差就是两处的圆跳动值。

LK32-20207主轴上M72×1.5-6g、M65×1.5-6g的同轴度公差均为$\phi0.05mm$，由于螺纹测量比较困难，一般都不检测，只有靠工艺来保证。

（3）对称度的测量　加工一厚度与键槽一样宽的定位块，压入键槽，然后在两支承轴颈位置用两支承点支承（同测量圆跳动一样），用百分表拉平定位块的上平面，并记录读数；再将主轴旋转180°，用相同的方法测量定位块的另一侧读数，并记录，两侧读数之差，就是键槽的对称度。

12.3.2　相关知识

1. 千分表及其使用方法

千分表是一种高精度的长度测量工具，广泛用于测量工件的几何形状误差及相互位置误差，适用于尺寸公差等级为IT5~IT7的零件的校正和检验。千分表按其制造精度可分为0级、1级、2级三种，0级精度最高。使用时，应按照零件的形状和精度要求，选用合适的千分表的精度等级和测量范围。千分表及其安装方法如图12-12、图12-13所示。

量具的使用

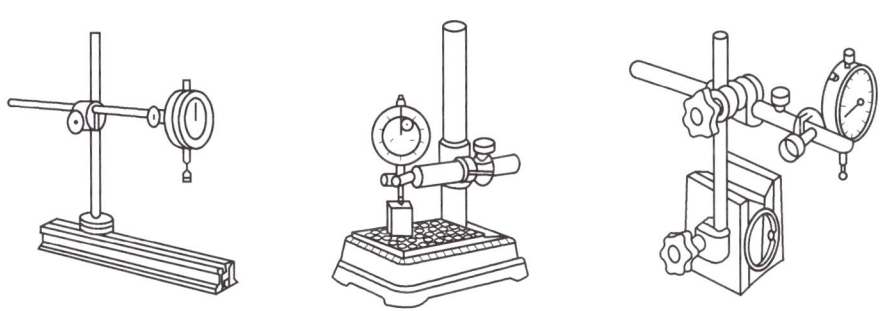

图12-12　安装在专用夹持架上的千分表

使用千分表时，应注意：

1）测量前，必须把千分表固定在可靠的表架上，并要夹牢；要多次提拉千分表的测量杆，放下测量杆与工件接触，观察其重复指示值是否相同。

2）为了保证测量精度，千分表测量杆必须与被测工件表面垂直，即使测量杆的轴线与测量尺寸的方向一致，否则将使测量杆活动不灵活或使测量结果不准确。

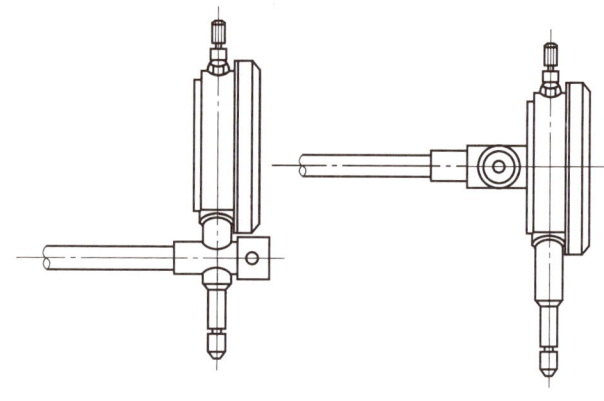

图 12-13　千分表的安装方法

3）测量时，可用手轻轻提起测量杆的上端，然后把工件移至测头下，注意不准把工件强行推入测量头下，更不准用工件撞击测头，以免影响测量精度和撞坏千分表。为了保持一定的起始测量力，测头与工件接触时，测量杆应有至少 0.1mm 的压缩量。

4）测量时，不要使测量杆的行程超过它的测量范围；不要使测量头突然撞在零件上；也不要使千分表受到剧烈的振动和撞击，免得损坏千分表的机件而失去精度。用千分表测量表面粗糙或有显著凹凸不平的零件是错误的。

5）为了保证千分表的灵敏度，测量杆上不要加油，以免油污进入表内。

6）千分表不使用时，应使测量杆处于自由状态，以免表内的弹簧失效。如内径百分表上的百分表，在不使用时应拆下来保存。

2. 主轴零件的圆度、圆柱度及跳动检测

圆度表示零件上圆的要素的实际形状与其中心保持等距的情况，即通常所说的圆整程度。圆度公差是在同一截面上，实际圆对理想圆所允许的最大变动量。

圆柱度表示零件上圆柱面外形轮廓上的各点，对其轴线保持等距的状况。圆柱度公差是实际圆柱面对理想圆柱面所允许的最大变动量。

跳动公差是指关联实际要素绕基准轴线回转一周或连续回转时所允许的最大跳动量。跳动公差包括圆跳动和全跳动。圆跳动是被测实际要素绕基准轴线做无轴向移动、回转一周中，由位置固定的指示器在给定方向上测得的最大与最小读数之差。全跳动是被测实际要素绕基准轴线做无轴向移动的连续回转，同时指示器沿理想线连续移动，由指示器在给定方向上测得的最大与最小读数之差。

圆度是形状公差，没有基准，测量的值只要满足所给的区间即可。圆跳动属于位置公差，是相对基准来说的。对于轴类零件，圆跳动在生产中可通过顶尖座上的百分表或千分表进行测量，而圆度可用圆度仪进行测量。圆跳动一般比圆度数值大，可用偏摆仪或 V 形架检查。圆度的精度不高时，可以用杠杆千分尺、两点法测量比较。

跳动和圆柱度的测量器具主要有杠杆表、高度尺、V 形架以及专用支架等。

检查工件的圆度、圆柱度或跳动时，如图 12-14 所示，将工件放在 V 形架上或专用支架上，使测量头与工件表面接触，并调整指针使其摆动，然后将刻度盘零位对准指针，接着慢慢地移动表座或工件，当指针顺时针摆动时，说明工件偏高，逆时针摆动则说明工件偏

低了。

测量轴时，以指针摆动的最大数字为读数（最高点）；测量孔时，以指针摆动的最小数字（最低点）为读数。

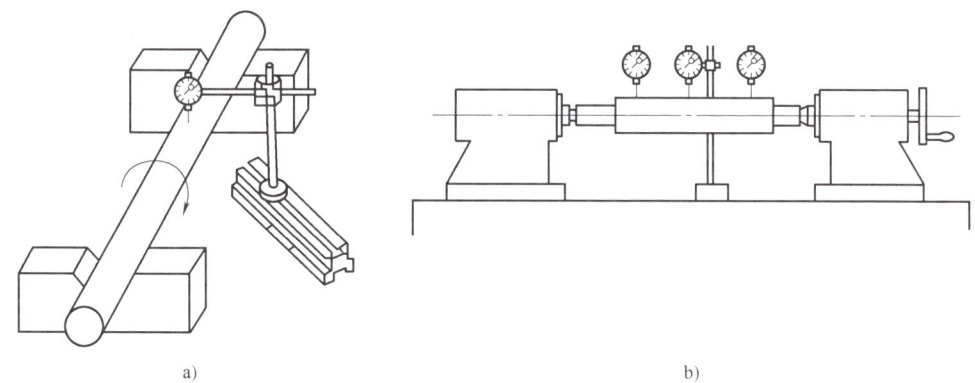

图 12-14 轴类零件圆度、圆柱度及跳动的测量

a）工件放在 V 形架上   b）工件放在专用支架上

3. 表面粗糙度的检测

表面粗糙度是零件最重要的特性之一，在计量科学中，表面质量的检测具有重要的地位。最早人们用标准样件或样块，通过肉眼观察或用手触摸，对表面粗糙度做出定性的综合评定。目前，测量表面粗糙度常用的方法有比较法、光切法、干涉法、针描法和印模法等。表面粗糙度检测的程序如下：

（1）目测检查 当工件表面粗糙度比规定的表面粗糙度明显好或不好时，不需用更精确的方法检验。工件表面存在着明显影响表面功能的表面缺陷时，选择目测法检验判定。

（2）比较检查 若用目测检查不能做出判定，可采用视觉或显微镜及粗糙度比较样块进行比较判定。

（3）仪器检查 若用粗糙度比较样块检查不能做出判定，则应采用仪器测量。

1）对不均匀表面，在最有可能出现粗糙度参数极限值的部位上进行测量。

2）对表面粗糙度均匀的表面，应在几个均布的位置上分别测量，至少测量 3 次。

3）当给定表面粗糙度参数上限或下限时，应在表面粗糙度参数可能出现最大值或最小值处测量。

4）表面粗糙度参数注明是最大值的要求时，通常在表面可能出现最大值（如有一个可见的深槽）处，至少测量 3 次。

（4）具体的测量方法

1）样块比较法。以表面粗糙度比较样块工作面上的粗糙度为标准，用视觉法与被测表面进行比较，以判定被测表面是否符合规定。用样块进行比较检验时，样块和被测表面的材质、加工方法尽可能一致。样块比较法简单易行，适合在生产现场使用。适用于直接目测 $Ra>2.5\mu m$；用放大镜 $Ra>0.32\sim0.5\mu m$。

2）显微镜比较法。将被测表面与表面粗糙度比较样块靠近在一起，用比较显微镜观察两者被放大的表面；以样块工作面上的粗糙度为标准，观察比较被测表面是否达到相应样块的表面粗糙度，从而判定被测表面粗糙度是否符合规定。此方法不能测出粗糙度参数值。适

用于 $Ra < 0.32\mu m$。

3）电动轮廓仪比较法。电动轮廓仪是触针式仪器。测量时，仪器触针尖端在被测表面垂直于加工纹理方向的截面上做水平移动，从指示仪表直接得出一个测量行程 Ra 值。这是 Ra 值测量最常用的方法。或者用仪器的记录装置描绘粗糙度轮廓曲线的放大图，再计算 Ra 值或 Rz 值。此类仪器适合在计量室使用。但便携式电动轮廓仪可在生产现场使用。适用于 $Ra\ 0.025 \sim 6.3\mu m$；$Rz\ 0.1 \sim 25\mu m$。

4）光切显微镜测量法。光切显微镜（双管显微镜）利用光切原理测量表面粗糙度值。从目镜观察表面粗糙度轮廓图像，用测微装置测量 Rz 值和 Ra 值。也可通过测量描绘出轮廓图像，再计算 Ra 值。因其方法较繁而不常用。必要时，可将粗糙度轮廓图像拍照下来评定。光切显微镜适合在计量室使用。适用于 $Rz0.8 \sim 100\mu m$。

5）干涉显微镜测量法。干涉显微镜利用光被干涉原理，以光波波长为基准来测量表面粗糙度值。被测表面有一定的粗糙度就呈现出凸凹不平的峰谷状干涉条纹，通过目镜观察，利用测量装置测量这些干涉条纹的数目和峰谷的弯曲程度，即可计算出表面粗糙度的值。必要时，还可将干涉条纹的峰谷拍照下来评定。干涉法适用于精密加工的表面粗糙度测量，适合在计量室使用。适用于 $Rz0.032 \sim 0.8\mu m$。

6）针描法。针描法又称触针法。当触针直接在工件被测表面上轻轻划过时，由于被测表面轮廓峰谷起伏，触针将在垂直于被测轮廓表面方向上产生上下移动，触针的上下运动通过传感器转换为电信号加以放大，然后通过指示表或其他输出装置将有关粗糙度的数据或图形传输出来。这种仪器适用于测定 $0.02 \sim 10\mu m$ 的 Ra 值，其中有少数型号仪器还可测定更小的参数值。仪器配有各种附件，以适应平面、内外圆柱面、圆锥面、球面、曲面，以及小孔、沟槽等形状的表面测量。常用的仪器是电动轮廓仪，测量迅速方便，测量精度高。

12.3.3 主轴零件加工质量分析

1. 机械加工精度概述

（1）加工精度与加工误差　加工精度是加工后零件表面的实际尺寸、形状、位置三种几何参数与图样要求的理想几何参数的符合程度。理想的几何参数，对尺寸而言，就是平均尺寸；对表面几何形状而言，就是绝对的圆、圆柱、平面、锥面和直线等；对表面之间的相互位置而言，就是绝对的平行、垂直、同轴、对称等。零件实际几何参数与理想几何参数的偏离数值称为加工误差。

加工精度与加工误差都是评价加工表面几何参数的术语。加工精度用公差等级衡量，等级值越小，其精度越高；加工误差用数值表示，数值越大，其误差越大。加工精度越高，就是加工误差越小，反之亦然。

任何加工方法所得到的实际参数都不会绝对准确，从零件的功能看，只要加工误差在零件图要求的公差范围内，就认为保证了加工精度。

（2）影响加工精度的因素　在加工过程中，工艺系统会产生各种误差，从而改变刀具和工件在切削运动过程中的相互位置关系而影响零件的加工精度。这些误差与工艺系统本身的结构状态和切削过程有关，产生误差的主要因素有：

1）工艺系统的几何误差：包括加工方法的原理误差、机床的几何误差、调整误差、刀具和夹具的制造误差、工件的安装误差以及工艺系统磨损所引起的误差。

2）工艺系统受力变形所引起的误差。

3）工艺系统受热变形所引起的误差。

4）工件内应力引起的误差。

2. 工艺系统的几何误差

（1）加工原理误差　加工原理误差是由于采用了近似的成形运动或近似的刀刃轮廓进行加工所产生的误差。在实践中，完全精确的加工原理常常很难实现，或者加工效率低，或者使机床或刀具的结构极为复杂，难以制造。有时由于连接环节多，使机床传动链中的误差增加，或使机床刚度和制造精度很难保证。如用滚刀切削渐开线齿轮时，滚刀应为一渐开线蜗杆，而实际上为了使滚刀制造方便，采用了阿基米德蜗杆或法向直廓基本蜗杆代替渐开线蜗杆，从而在加工原理上产生了误差。另外，由于滚刀刀刃数有限，齿形是由各个刀齿轨迹的包络线所形成，所切出的齿形实际上是一条近似渐开线的折线而不是光滑的渐开线。又如用模数铣刀成形铣削齿轮时，对于每种模数只用一把（8~26 把）铣刀来分别加工一定齿数范围内的所有齿轮，由于每把铣刀是按照一种模数的一种齿数设计制造的，因而加工其他齿数的齿轮时齿形就有了误差。再如车削模数蜗杆时，由于蜗杆的螺距等于蜗轮的齿距 πm，其中 m 为模数，而 π 是个无理数，但是车床交换齿轮的齿数是整数值，因此在选择交换齿轮时，只能将 π 化为近似的分数值计算，因而产生了由刀具相对工件的成形运动不准确而引起的加工原理误差。

采用近似的成形运动或近似的刀刃轮廓虽然会带来加工原理误差，但往往可简化机床或刀具的结构，反而能得到较高的加工精度。因此，只要其误差不超过规定的精度要求，在生产中仍能得到广泛应用。

（2）机床的几何误差

1）机床主轴的回转运动误差。

① 主轴回转运动误差。机床主轴的回转精度，对工件的加工精度有直接影响。主轴的回转精度是指主轴的实际回转轴线相对其平均回转轴线（实际回转轴线的对称中心）的漂移。

理论上，主轴回转时，其回转轴线的空间位置是固定不变的，即瞬时速度为零，但由于主轴部件在加工、装配过程中的各种误差和回转时的受力、受热等因素，使主轴在每一瞬时回转轴心线的空间位置处于变动状态，造成轴线漂移，形成回转误差。

主轴的回转误差可分为三种基本形式：轴向窜动、径向跳动和角度摆动，如图 12-15 所示。实际上，主轴工作时，其回转误差是综合地影响着主轴的回转精度，从而影响工件的加工精度。

主轴的回转误差对加工精度的影响如下：

a. 轴向窜动。对内、外圆柱面车削或镗孔影响不大。主要影响端面形状和轴向尺寸精度。车削螺纹时，使导程产生误差。

b. 径向跳动。车削内、外圆柱

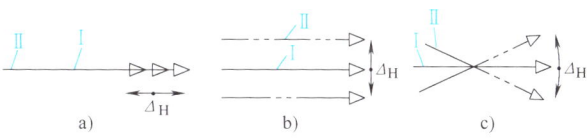

图 12-15　主轴回转误差的基本形式

a）轴向窜动　b）径向跳动　c）角度摆动

Ⅰ—理想回转轴线　　Ⅱ—实际回转轴线

面时，设通过刀尖对工件表面法线方向为 y 方向，如图 12-16 所示，当主轴在 y 方向有径向跳动误差时，它以 1∶1 的关系转化为加工误差。当其跳动频率与主轴转速一致时，将使任意直径上的半径减小量正好等于另一半径的增大量，从而抵消了直径误差。这时，虽然任意直径的尺寸相等，但加工后的圆柱面与基准圆柱面必然产生同轴度误差，横截面产生圆度误差。一般而言，应严格控制在 y 方向的跳动。

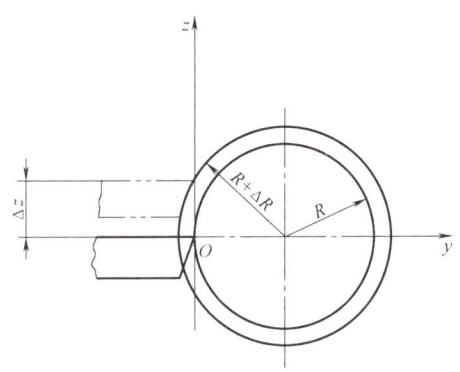

图 12-16　非敏感方向的径向跳动对车削的影响

若径向跳动在非敏感方向，如图 12-16 所示的 z 方向，则由图可知

$$(R+\Delta R)^2=\Delta z^2+R^2$$

展开并略去微小项 ΔR^2，得

$$\Delta R\approx\frac{\Delta z^2}{2R}$$

即工件的半径误差 ΔR 为跳动量 Δz 的"二次小量"，故可忽略不计。

c. 角度摆动。对于车削和镗削来说，主轴的角度摆动将使工件产生圆度和圆柱度误差。

② 主轴回转运动误差的影响因素。影响主轴回转精度的主要因素是主轴的制造误差、轴承间隙、与轴承配合的零件（主轴、箱体孔等）的精度及主轴系统的径向不等刚度和热变形等。主轴转速对主轴回转误差也有一定的影响。

③ 提高主轴回转精度的途径。

a. 设计与制造高精度的主轴部件。提高主轴的制造精度，安装轴承的主轴轴颈的尺寸和形状误差必须严格控制，其精度不应低于轴承的相应精度。主轴本身应具有较好的刚度，以免受力弯曲后造成轴承内外环滚道的相对偏转。提高轴承精度，滑动轴承可采用静压轴承和多油楔动压轴承。提高装配和调整质量。

b. 使回转精度不依赖于机床主轴。外圆磨削时，磨床的前后顶尖都不转动，只起定心作用，这就可以避免头架主轴回转误差对加工精度的影响。

2）机床导轨误差。

① 机床导轨在水平面内的直线度误差。如图 12-17 所示，导轨在 y 方向产生了直线度误差，使车刀在被加工表面的法线方向产生了位移 Δy，从而造成工件半径上的误差 $\Delta R=\Delta y$。当车削长外圆时，则产生圆柱度误差。

② 机床导轨在垂直面内的直线度误差。如图 12-18 所示，导轨在 z 方向存在误差 Δ，使车刀在被加工表面的切线方向上产生位移，造成半径上的误差 $\Delta R=\dfrac{\Delta z^2}{D}$，该误差影响不大。但对平面磨床、龙门刨床、铣床等将引起工件相对砂轮或刀具的法向位移，其误差将直接反映到被加工表面，造成形状误差。

③ 导轨面间的平行度误差。如图 12-19 所示，车床两导轨的平行度误差（扭曲）使床鞍产生横向倾斜，刀具产生位移，因而引起工件形状误差。由图示几何关系可求出 $\Delta R\approx\Delta y=(H/B)\,\Delta x$。一般车床的 $H/B\approx2/3$，外圆磨床 $H\approx B$，故 Δx 对加工精度的影响不容忽

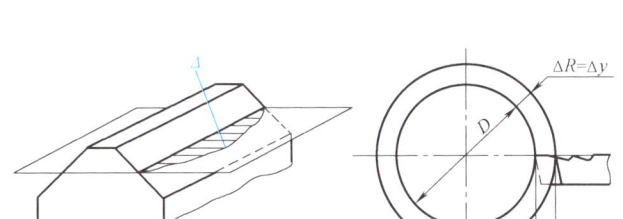

图12-17 导轨在水平面内的直线度误差引起的加工误差

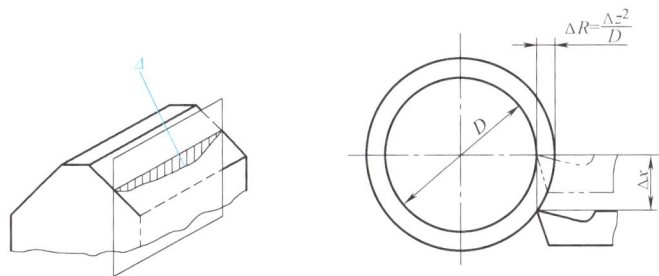

图12-18 导轨在垂直面内的直线度误差引起的加工误差

视。由于沿导轨全长上 Δx 的不同，将使工件产生圆柱度误差。

机床的安装对导轨精度影响较大，尤其是床身较长的机床，因床身刚度较差，因自重引起基础下沉而造成导轨变形。因此，机床在安装时应有良好的基础，并严格进行测量和校正，而且在使用期还应定期复校和调整。

3）传动链的传动误差。机床的切削运动是通过传动链来实现的。机床传动链由于本身的制造误差、安装误差和工作中的磨损，会破坏刀具和工件之间准确的速比关系，从而影响工件的加工精度。传动链两端元件之间的相对运动误差，称为传动误差。

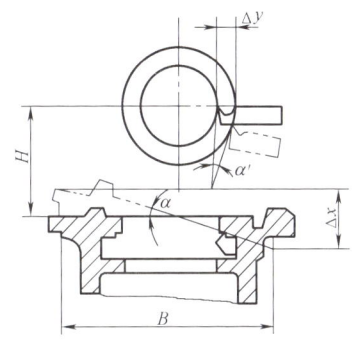

图12-19 导轨的扭曲对加工精度的影响

传动误差视传动链中各传动元件（如齿轮、分度蜗轮副、丝杠螺母副等）在传动链中的位置不同，其影响程度也不同。如各个传动齿轮的转角误差将通过传动比反映到末端（工件）。若传动链是升速传动，则传动元件的转角误差将被扩大；降速传动，则转角误差将被缩小。在螺纹加工中，直接固定在传动丝杠上的齿轮影响最大，其他中间传动齿轮的影响较小。

（3）刀具和夹具的误差

1）刀具的误差。

① 用定尺寸刀具（钻头、铰刀、拉刀等）加工时，刀具的制造误差直接影响工件的尺寸精度，刀具安装不当也会影响工件的加工精度。

② 用成形刀具（如成形车刀、模数铣刀等）加工时，刀具的形状误差直接影响工件的形状精度；用成形刀具对工件进行展成加工时，刀具的切削形状及有关尺寸的技术条件也会

直接影响工件的加工精度。

③ 一般工具（如车刀、铣刀、镗刀等）的制造误差对加工精度没有直接影响，但刀具的磨损会引起工件尺寸和形状的改变。为了减小刀具磨损对加工精度的影响，应根据工件的材料和加工要求，合理地选择刀具材料、切削用量和冷却润滑方式。

2）夹具的误差。夹具的误差包括定位误差、各元件的制造误差、装配误差、在机床上安装的误差、对刀和磨损误差等。

夹具的误差直接影响加工表面的位置精度和尺寸精度。在设计夹具时，凡影响工件精度的尺寸应严格控制，可取工件上相应尺寸或位置公差的 $\frac{1}{2} \sim \frac{1}{5}$。

3）调整误差。在工艺系统中，工件与刀具在机床上的相对位置精度通过调整机床、刀具、夹具和工件等来保证。要对工件进行检验测量，再根据测量结果对刀具、夹具、机床进行调整。因此，检测仪器的制造误差、测量方法及测量力和测量温度等都直接影响测量精度。

在试切法加工中，影响调整误差的主要因素是测量误差和进给系统精度。在低速微量进给中，进给系统常会出现"爬行"现象，其结果使刀具的实际进给量比刻度盘的数值要偏大或偏小，造成加工误差。

在调整法加工中，广泛应用行程挡块、靠模及凸轮机构来保证加工精度。这些机构的制造精度和刚度，以及与其配合使用的离合器、控制阀等的灵敏度是影响调整误差的主要因素。当用样板或样件调整时，调整精度取决于样板或样件的制造、安装和对刀精度。

3. 工艺系统受力变形引起的误差

（1）工艺系统的刚度

1）工艺系统刚度的计算。工艺系统在切削力、传动力、夹紧力、惯性力以及重力的作用下，会产生变形，从而使已经调整好的刀具与工件的相对位置发生变化，造成工件的加工误差。如车削细长轴时，工件在切削力作用下产生弯曲变形，加工后使工件产生"鼓形"。

工艺系统变形通常是弹性变形。工艺系统反抗变形的能力越大，工件的加工精度越高。人们用刚度的概念来表达工艺系统抵抗变形的能力。

从材料力学可知，作用力 F（静载）与由它所引起的在作用力方向上产生的变形量 y 的比值称为静刚度 κ（简称刚度）。

$$\kappa = \frac{F}{y}$$

式中　κ——静刚度，N/mm；

　　　　F——作用力，N；

　　　　y——沿作用力 F 方向的变形，mm。

在各种外力作用下，工艺系统各部分在各受力方向将产生相应的变形。工艺系统的受力变形，主要应研究误差敏感方向，即通过刀尖的加工表面的法线方向的位移。因此，工艺系统刚度 κ_{xt} 定义为：工件和刀具的法向切削力 F_y 与在总切削力的作用下，在该方向上的相对位移 y_{xt} 的比值，即 $\kappa_{xt} = \frac{F_y}{y_{xt}}$。

工艺系统的总变形量应为

$$y_{xt} = y_{jc} + y_{dj} + y_{jj} + y_g$$

式中　y_{xt}——工艺系统总变形量；

　　　　y_{jc}——机床变形量；

　　　　y_{dj}——刀具变形量；

　　　　y_{jj}——夹具变形量；

　　　　y_g——工件变形量。

工艺系统总刚度的一般式为

$$\kappa_{xt} = \cfrac{1}{\cfrac{1}{\kappa_{jc}} + \cfrac{1}{\kappa_{dj}} + \cfrac{1}{\kappa_{jj}} + \cfrac{1}{\kappa_g}}$$

式中　κ_{xt}——工艺系统总刚度；

　　　　κ_{jc}——机床刚度；

　　　　κ_{dj}——刀具刚度；

　　　　κ_{jj}——夹具刚度；

　　　　κ_g——工件刚度。

因此，当知道工艺系统的各个组成部分的刚度后，即可求出系统刚度。但部件刚度问题比较复杂，迄今没有合适的计算方法，只能用实验的方法加以测定。

2）影响机床部件刚度的因素。

① 接触面间的接触变形。经机械加工后的零件在相互接触时，实际接触面积只是名义接触面积的一小部分，如图 12-20 所示。在外力作用下，这些接触点产生较大的接触应力，引起接触变形，其中既有表面层的弹性变形，还有局部的塑性变形，接触表面的塑性变形是造成残余变形的原因。经过多次加载后，凸点被逐渐压平，接触状态趋于稳定，不再产生塑性变形。

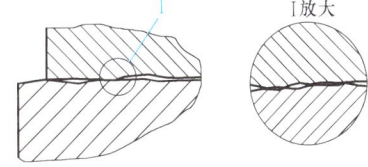

图 12-20　表面间的接触情况

② 薄弱零件变形。机床部件中薄弱零件对部件刚度影响很大。如机床中常用的楔铁，由于其结构长而薄，刚性差，加工时难以保证平直，以致装配后接触不良，在外力作用下变形较大，使部件刚度大大降低。

③ 间隙和摩擦影响。零件接触面间的间隙对接触刚度的影响主要表现在加工中载荷方向经常改变的镗床、铣床上。因为当载荷方向改变时，间隙所引起的位移破坏原来刀具与加工表面间的准确位置。对于载荷是单向的，加工时工件始终靠向一边，此时间隙的影响较小。

零件接触面间的摩擦力对接触刚度的影响在载荷变动时较为显著。如在加载时，由于摩擦力抵消一部分作用力，阻止变形的增加；卸载时，摩擦力阻止变形的恢复。由于变形的不均匀增减，进而引起加工误差。

3）机床部件刚度的测定。由于机床部件的刚度问题较为复杂，其刚度很难用一个数学式来描述，所以主要通过实验方法进行测定。

① 三向静载测定法。车床的刚度可用图 12-21 所示的三向静载测定装置来测定。它是

模拟实际切削时 F_x、F_y、F_z 的比值，从 x、y、z 三个方向加载进行测定的。在半圆弓形体 1 上每隔 15°有一个螺孔，依照实际加工时切削力 F_x 和 F_y 的比例，把加力螺杆 2 旋入相应的螺孔。螺杆 2 与模拟车刀 14 之间放置测力环 3。再按照所模拟的 F_z 和 F_y 的比例，将测力装置旋转到相应的位置。然后连续施加载荷并由床头、尾座及刀架上的三个百分表分别测出相应的变形量，绘制出各有关部件的刚度曲线，求出在一定载荷范围内的平均刚度。

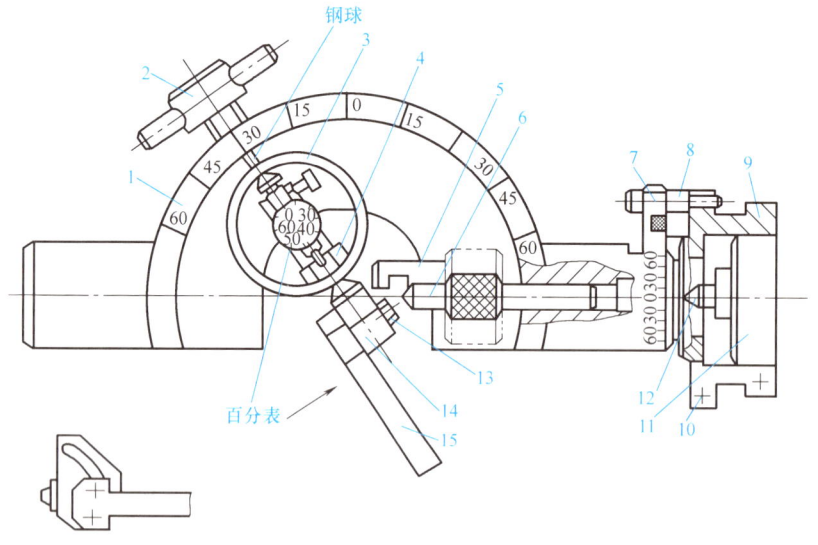

图 12-21　三向静载测定装置

1—半圆弓形体　2—加力螺杆　3—测力环　4—百分表座　5—水平对刀块
6—高度对刀块　7—固定销　8—活动销　9—固定套　10—固定螺钉
11—尾座套筒　12—后顶尖　13—夹紧螺钉　14—模拟车刀　15—刀杆

② 生产测定法。生产测定法是在切削条件下进行的，因此较符合实际情况，如图 12-22 所示。在两顶尖间车削直径分别为 D_1、D_2 的阶梯轴，由于该轴短而粗，刚度大，加工中的变形可忽略不计。当车削阶梯轴时，切削分力 F_y（$= \lambda C_{Fy} a_p f^{0.75}$）将随切削深度 a_p 的不同而异。因此车削 D_1 处的切削力大于 D_2 处的切削力，造成工艺系统在加工 D_1 和 D_2 时的位移变化，引起零件的加工误差。

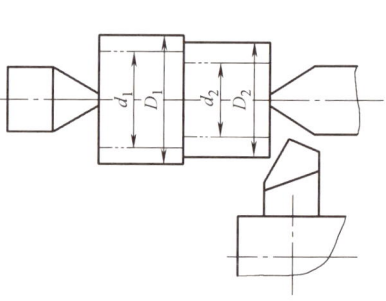

图 12-22　生产测定法

零件加工后的直径为 d_1 和 d_2，其加工误差 $\Delta_x = d_1 - d_2$，毛坯的原始误差 $\Delta_毛 = D_1 - D_2$，其比值为

$$\frac{\Delta_x}{\Delta_毛} = \frac{\lambda C_{Fy} f^{0.75}}{\kappa_{xt}}$$

式中，各系数是与切削力有关的系数，可从有关手册中查取。

由上式求得系统刚度为

$$\kappa_{xt} = \lambda C_{Fy} f^{0.75} \frac{\Delta_毛}{\Delta_x} = \lambda C_{Fy} f^{0.75} \frac{D_1 - D_2}{d_1 - d_2}$$

（2）工艺系统受力变形引起的加工误差

1）切削力作用点位置变化引起的误差。

① 在车床顶尖间车削短而粗的光轴。由于工件和刀具的变形很小，可忽略不计，则工艺系统的总位移取决于床头、尾座（包括顶尖）和刀架的位移，如图 12-23a 所示。

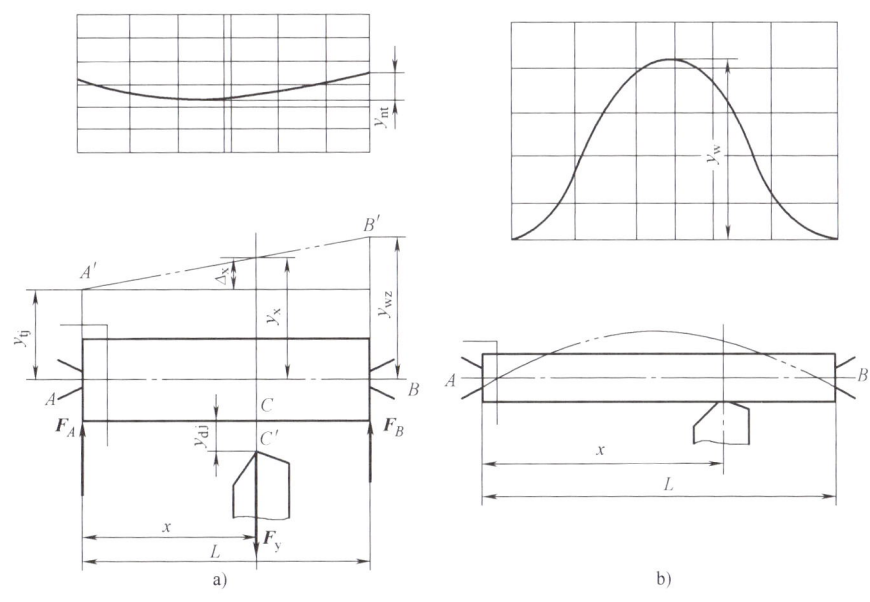

图 12-23　工艺系统变形随力作用点变化而变化

a）车短轴　b）车细长轴

当加工中车刀处于图示位置时，在切削力 F_y 的作用下，头架由 A 点位移到 A' 点，尾座由 B 点位移到 B' 点，刀架由 C 点位移到 C' 点，它们的位移量分别用 y_{tj}、y_{wz} 和 y_{dj} 表示。而工件轴线 AB 位移到 $A'B'$，刀具切削处工件轴线的位移 y_x 为

$$y_x = y_{tj} + \Delta_x$$

工艺系统的总位移为

$$y_{nt} = y_x + y_{dj} = F_y \left[\frac{1}{\kappa_{dj}} + \frac{1}{\kappa_{tj}} \left(\frac{L-x}{L} \right)^2 + \frac{1}{\kappa_{wz}} \left(\frac{x}{L} \right)^2 \right]$$

由上式可看出，工艺系统的变形是 x 的函数。因此，随着车刀位置（即切削力位置）的变化，工艺系统的变形也是变化的。变形大的地方，吃刀量较小，变形小的地方，切去较多的金属，加工出的工件呈两头粗、中间细的鞍形。其全长上的最大半径与最小半径之差即为圆柱度误差。

② 在两顶尖间车削细长轴。由于工件刚度很低，机床、夹具、刀具在切削力作用下的变形可忽略不计，则工艺系统的位移完全取决于工件的变形，如图 12-23b 所示。加工中车刀处于图示位置时，工件的轴线产生弯曲变形，根据材料力学的计算公式，其切削点的变形量为

$$y_w = \frac{F_y}{3EI} = \frac{(L-x)^2 x^2}{L}$$

由上式可看出，工件在 $\frac{1}{2}L$ 处的变形最大，在头架、尾座处的变形为零，故加工出的工件呈中间粗，两头细的鼓形。

2）切削力大小变化引起的加工误差。由于毛坯加工余量和材料硬度的变化，引起了切削力的变化，因而产生了工件的尺寸误差和形状误差。

以车削为例，如图 12-24 所示。由于毛坯的圆度误差（如椭圆），车削时使切削深度在 a_{p1} 与 a_{p2} 之间变化。因此，切削力 F_y 也随着切削深度 a_p 的变化由最大 F_{ymax} 变到最小 F_{ymin}。工艺系统将产生相应的变形，即由 y_1 变到 y_2（刀尖相对工件在法线方向的位移变化），工件因此形成圆度误差，这种现象称为"误差复映"。误差复映的大小，可用刚度计算公式求得。

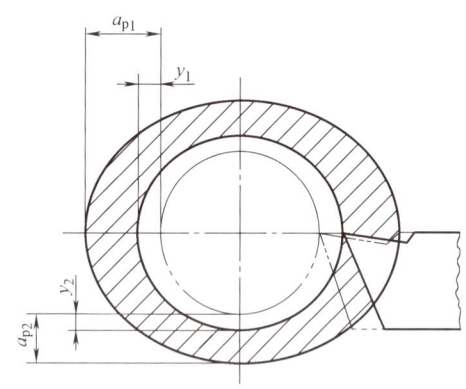

图 12-24 零件形状误差的复映

误差复映系数

$$\varepsilon = \frac{\Delta_w}{\Delta_m} = \frac{A}{\kappa_{xt}}$$

复映系数 ε 定量地反映了毛坯误差经过加工后减少的程度，它与工艺系统刚度成反比，与径向切削力系数 A 成正比。要减小工件的复映误差，可通过增加工艺系统刚度或减少径向切削力系数（例如，用主偏角接近 90° 的车刀，减少进给量 f 等）来达到。

3）其他作用力引起的加工误差。

① 惯性力引起的加工误差。切削加工中，由于高速旋转零部件（包括夹具、工件和刀具等）的不平衡而产生离心力，在每一转中不断改变方向，使工艺系统的受力变形发生变化，从而引起加工误差。如图 12-25 所示，车削一个不平衡工件，离心力 F 与切削力 F_y 方向相反时，将工件推向刀具，使背吃刀量增加。当 F 与 F_y 同向时，工件被拉离刀具，背吃刀量减小，结果造成工件的圆度误差。

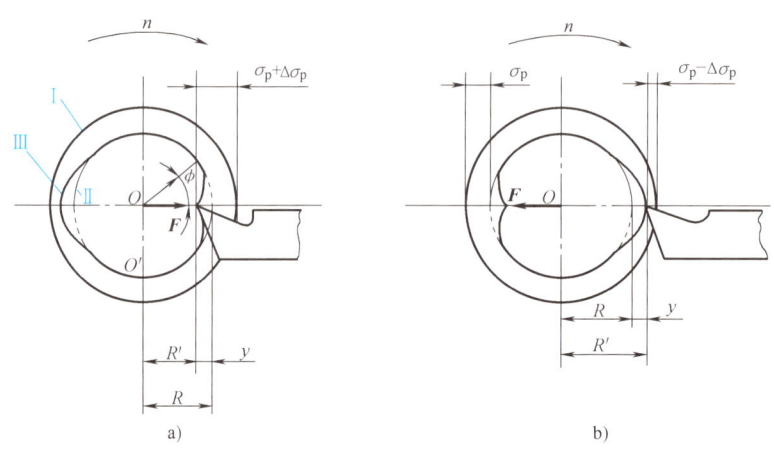

图 12-25 惯性力引起的加工误差

a）离心力与切削力方向相反时 b）离心力与切削力方向相同时

生产中遇到这种情况时，可在不平衡质量的反向配置平衡块，便两者的离心力相互抵消，必要时还须降低转速，以减小离心力对加工精度的影响。

② 由传动力引起的加工误差。在车床上或磨床上加工轴类零件时，常用单爪拨盘带动工件旋转，如图12-26所示，在拨盘的每一转中，传动力方向是变化的，有时与切削力 F_y 同向，有时反向。因此，造成了与惯性力相似的加工误差。为此，加工精密零件时应改用双爪拨盘或柔性连接装置带动工件转动。

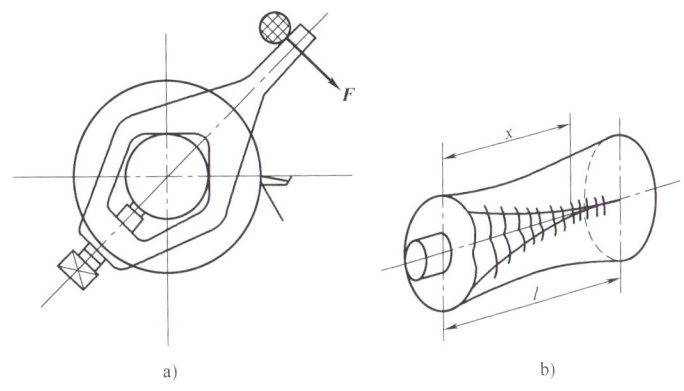

图 12-26　传动力产生的加工误差

③ 由夹紧力引起的加工误差。当加工刚性较差的工件时，若夹紧不当，会引起工件变形而产生形状误差。如图12-27所示，用自定心卡盘夹持薄壁套筒车孔时，夹紧后工件呈三棱形（12-27a），车出的孔为正圆（12-27b），但松夹后套筒的弹性变形恢复，孔就成了三棱形（图12-27c）。为了减少加工误差，应使夹紧力均匀分布，可以在夹紧时增加一个开口过渡环（图12-27d）或采用专用卡爪（图12-27e）。

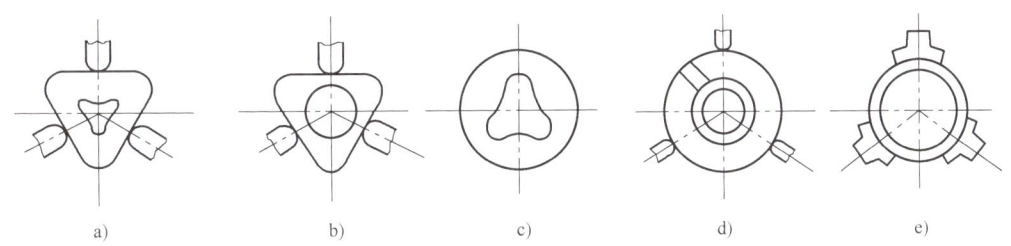

图 12-27　套筒夹紧变形误差

④ 重力所引起的加工误差。工艺系统有关零部件的重力所引起的变形也会造成加工误差。如大型立车、龙门铣床、龙门刨床刀架横梁，由于主轴箱或刀架的重力而产生变形，摇臂钻床的摇臂在主轴箱自重的影响下产生变形，造成主轴箱轴线与工作台的不垂直。

（3）减小工艺系统受力变形的主要措施

1）提高接触刚度。提高接触刚度常用的方法是改善机床部件主要零件接触面的配合质量。如对机床导轨及装配基面进行刮研；提高顶尖锥体同主轴和尾座套筒锥孔的接触质量，多次修研加工精密零件用的中心孔等。通过刮研可改善配合表面的表面粗糙度和形状精度，使实际接触面积增加，从而有效提高接触刚度。

提高接触刚度的另一措施是在接触面间预加载荷，这样可消除配合面间的间隙，增加接触面积，减少受力后的变形量，如在一些轴承的调整中就采用此项措施。

2）提高工件、部件刚度，减少受力变形。对刚度较低的叉架类、细长轴等工件，其主要措施是减小支承间的长度，如设置辅助支承、安装跟刀架或中心架。加工中还常采用一些辅助装置来提高机床部件的刚度。图 12-28 所示为在转塔车床上采用导向杆和支承座来提高刀架刚度。

3）采用合理的装夹方法。在夹具设计或工件装夹时都必须尽量减少弯曲力矩。如图 12-29 所示，在卧式铣床上加工角铁零件的端面，可用圆柱铣刀加工（图 12-29a），也可用面铣刀加工（图 12-29b）。

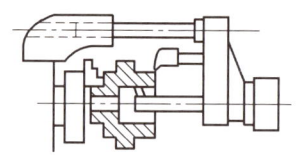

图 12-28　转塔车床上提高刀架刚度的措施

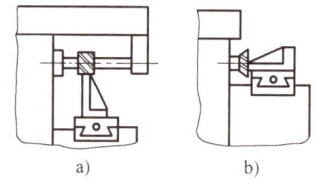

a)　　　　　b)

图 12-29　铣角铁零件的两种装夹方法

4. 工艺系统热变形引起的误差

在机械加工过程中，工艺系统因受热引起的变形称为热变形。工艺系统的热变形破坏了工件与刀具相对位置的准确性，造成加工误差。据统计，在精密加工中，由于热变形引起的加工误差，约占总加工误差的 40% ~ 70%。

引起工艺系统热变形的热源有：切削热、机床运动部件的摩擦热和外界热源的辐射及传导。

工艺系统受各种热源影响，温度会逐渐升高，与此同时，它们也通过各种方式向周围散发热量。当单位时间内传入和散发的热量相等时，则认为工艺系统达到热平衡。此时的温度场（物体上各点温度的分布称为温度场）处于稳定状态，受热变形也相应地趋于稳定，由此引起的加工误差是有规律的，所以，精密加工应在热平衡之后进行。

（1）机床的热变形　在工作中，机床受各种热源影响，各部件将产生不同程度的热变形，这样不仅破坏了机床的几何关系，而且还影响各成形运动的位置关系和速比关系，从而降低了机床的加工精度。由于各类机床的结构和工件条件相差很大，因此引起机床热变形的热源和变形开式也各不相同。图 12-30 是几种机床在工作状态下热变形的趋势。

对于车、铣、镗床类机床，其主要热源是主轴箱轴承和齿轮的摩擦热与主轴箱中油池的发热，使箱体和床身产生变形和翘曲，从而造成主轴的位移和倾斜；磨床类机床的主要热源为砂轮主轴轴承和液压系统的发热，引起砂轮位移、工件头架位移和导轨的变形。

对于大型机床如导轨磨床、外圆磨床、龙门铣床等的长床身部件，床身的热变形是影响加工精度的主要因素。由于床身长，床身上表面与底面间的温差将使床身产生弯曲变形，表面中部凸起。

（2）工件的热变形　在机械加工中，工件的热变形主要是由切削热引起的。对于大型或精密零件，外部热源如环境温度、日光等辐射热的影响也不可忽视。不同的工件材料、不同的加工方法和不同的形状及尺寸，工件的受热变形也不相同。

轴类零件在车削和磨削时，一般是均匀受热，随着温度逐渐升高，其直径逐渐增大，增

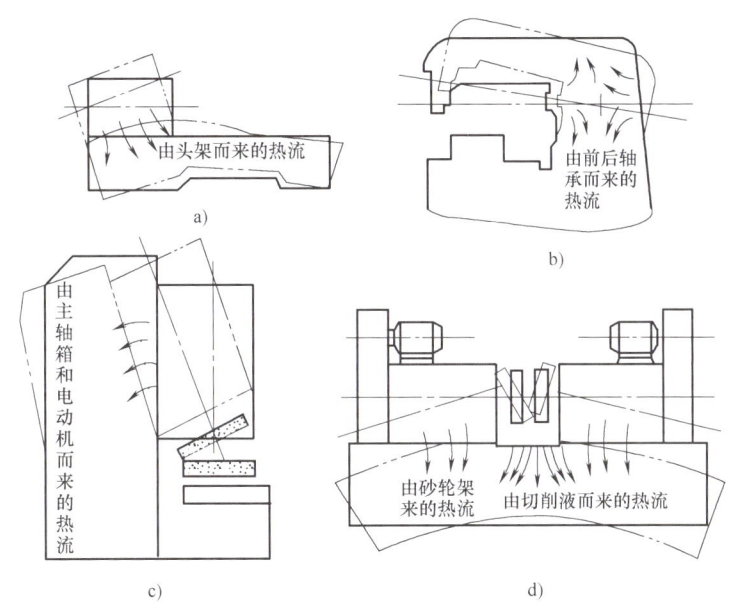

图 12-30　几种机床在工作状态下热变形的趋势
a）车床　b）铣床　c）平面磨床　d）双端面磨床

大部分将被刀具切去，故工件冷却后，则产生圆柱度和尺寸误差。

细长轴在顶尖间车削时，热变形将使工件伸长，导致弯曲变形，不仅使工件产生圆柱度误差，严重时弯曲的工件还有甩出去的危险。因此，应注意调整顶尖和工件间的压力。

精密丝杠磨削时，工件的热伸长会引起螺距累积误差。

床身导轨面的磨削，由于上下表面的温差较大，将导致工件上凸。

在加工铜、铝等有色金属零件时，由于线膨胀系数大，其变形尤为显著，除切削热引起变形外，室温、辐射热引起的变形量也较大。

工件的热变形在粗加工时一般不引起人们的注意，但在流水线、自动线以及工序集中的加工中，应给予足够的重视，否则粗加工的热变形将影响到精加工。当粗、精加工在同一台机床上进行时，应在粗加工后停留一段时间，或采取冷却措施，待工件冷却后再进行精加工。

（3）刀具的热变形　切削时产生的切削热大部分被切屑带走，传给刀具的热量不多，但因刀具工作部分质量小，热容量小，所以热变形也较大，从而影响工件的加工精度。

刀具的热变形，一般影响工件的尺寸精度。但在加工某些工件时，也会影响工件的几何形状精度，如车削长轴外圆，或在立式车床上车削大型平面。

一般情况下，合理选择切削用量或刀具的几何角度，并给予充分的冷却和润滑，刀具的热变形对加工精度的影响并不明显。

（4）减小工艺系统热变形的主要途径

1）减少热源的发热。

①分离热源。凡是可能分离出去的热源，如电动机、变速箱、液压系统、切削液系统等尽可能移出。对于不能分离的热源，如主轴轴承、丝杠螺母副、高速运动的导轨副等则可

从结构、润滑等方面改善其摩擦特性，减少发热。例如，采用静压轴承、静压导轨，改用低黏度润滑油、锂基润滑油、油雾润滑等措施。

② 减少切削热或磨削热。通过控制切削用量、合理选择和使用刀具来减少切削热。当零件精度高时，应注意将粗加工和精加工分开进行。

③ 加强散热。使用大流量切削液，或喷雾等方式冷却，可带走大量切削热或磨削热。大型数控机床，加工中心机床普遍采用冷冻机，对润滑油、冷却液进行强制冷却，以提高冷却效果。

2）保持工艺系统的热平衡。由热变形规律可知，在机床刚开始运转的一段时间内，温升较快，热变形大。当达到热平衡状态后，热变形趋于稳定，加工精度才易保证。因此，对于精密机床特别是大型机床，可预先高速空运转或设置控制热源，人为地给机床加热，使之较快达到热平衡状态，然后进行加工。基于同样原因，精密加工机床应尽量连续加工，避免中途停车。

3）均衡温度场。当机床零部件温升均匀时，机床本身就呈现一种热稳定状态，从而使机床产生不影响加工精度的均匀变形。

图 12-31 所示为平面磨床采用热空气来加热温度较低的立柱后壁，以减小立柱前后壁的温差，从而减少立柱的弯曲变形。图中，热空气从电动机风扇排出，通过特设的管道引向防护罩和立柱的后壁空间。采取这种措施后，工件的端面平行度可以降低到未采取均衡措施前的 1/3 ~ 1/4。

再如 M7150A 平面磨床，如图 12-32 所示，在设计上采用"热补偿油沟"结构，利用带有"余热"的回油流经床身下部，使床身下部油温升高，借以平衡床身上、下部的温差，使温差减小。

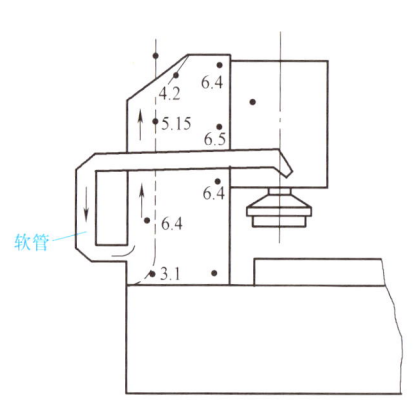

图 12-31　均衡立柱前后温度场图

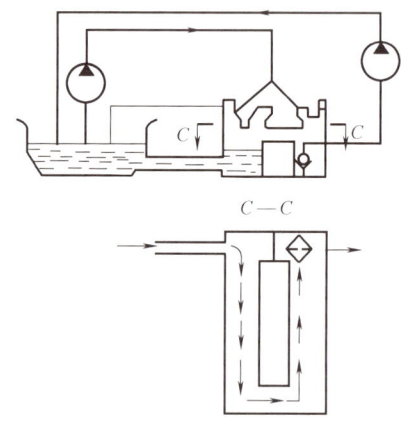

图 12-32　M7150A 磨床的热补偿油沟

4）控制环境温度。对于精密机床，一般应安装在恒温车间。一般精密级在±1℃，精密级为±0.5℃，超精密级为±0.01℃。恒温车间平均温度一般为20℃，但可根据季节和地区调整。如冬节可取17℃，夏节可取23℃，以节省能源。

5. 工件内应力引起的误差

内应力是指当外部载荷去除后，仍残存在工件内部的应力，也称残余应力。

工件经铸造、锻造或切削加工后，内部存在的各个内应力互相平衡，可以保持形状精度的暂时稳定。但它的内部组织有强烈地要恢复到一种稳定的没有内应力的状态，一旦外界条件产生变化，如环境温度的改变、继续进行切削加工、受到撞击等，内应力的暂时平衡就会被打破而进行重新分布，这时工件将产生变形，从而破坏原有的精度。如果把具有内应力的重要零件安装到机器上，在机器的使用过程中也会产生变形，影响整台机器的使用。因此，必须对内应力产生的原因进行分析，并采取有效措施消除内应力的不良影响。

（1）产生内应力的原因及所引起的加工误差

1）毛坯制造中产生的内应力。在铸、锻、焊及热处理等热加工过程中，由于工件各部分冷热收缩不均匀以及金相组织转变时的体积变化，使毛坯内部产生了很大的内应力。毛坯的结构越复杂，各部分壁厚越不均匀，散热的条件差别越大，毛坯内部产生的内应力也越大。

图12-33所示为一个壁厚不均匀的铸件。在浇注后的冷却过程中，由于壁1和壁2比较薄，散热较易，因此冷却较快；壁3较厚，冷却较慢。当壁1和壁2从塑性状态冷却到弹性状态时（约620℃），壁3的温度还比较高，处于塑性状态。所以壁1和壁2收缩时，壁3不起牵制作用，铸件内部不产生内应力。但当壁3冷却到弹性状态时，壁1和壁2的温度已经降低很多，收缩速度已经变慢，而这时壁3收缩较快，就受到了壁1和壁2的阻碍。因此，壁3产生了拉应力，壁1和壁2产生了压应力，形成了相互平衡的状态。

如果在铸件壁2上开一个缺口，如图12-33b所示，则壁2的压应力消失，铸件在壁3和壁1的内应力作用下，壁3收缩，壁1被拉，发生弯曲变形，直至内应力重新分布，达到新的平衡为止。一般情况下，各种铸件都难免产生因冷却不均匀而形成的内应力。

图12-34所示机床床身，铸造时外表面总比中心部分冷却得快，为提高导轨面的耐磨性，还常采用局部激冷工艺使它冷却得更快一些，以获得较高的硬度。由于表里冷却不均匀，床身内部的残余应力就更大。当粗加工刨去一层金属后，就如同图12-33b中壁2被切开一样，引起床身内应力重新分布，产生弯曲变形。由于这个新的平衡过程需一段较长时间才能完成，因此尽管导轨经精加工去除了这个变形的大部分，但床身内部组织还在继续变化，合格的导轨面就逐渐地丧失了原有的精度。因此，必须充分消除零件内应力及其对加工精度的影响。

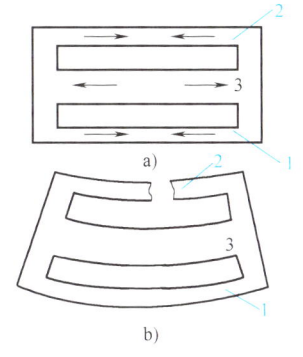

图12-33　铸件内应力引起的变形

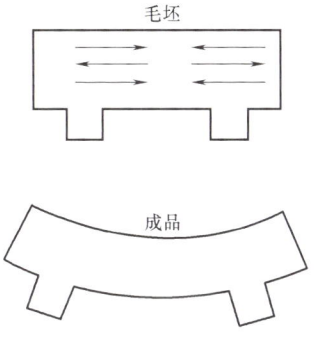

图12-34　床身内应力引起的变形

2）冷校直带来的内应力。细长轴类零件车削后，常因棒料在轧制中产生的内应力要重新分布，而使其产生弯曲变形。为了纠正这种弯曲变形，有时采用冷校直。其方法是在与变

形相反的方向加力 F，使工件反向弯曲产生塑性变形，以达到校直的目的，如图 12-35a 所示。在力 F 作用下工件内部的应力分布如图 12-35b 所示，即在轴线以上部分产生压应力，轴线以下产生拉应力。当部分材料的应力超过弹性极限时，即产生塑性变形。如图 12-35b 所示，区域Ⅰ为弹性变形区，区域Ⅱ为塑性变形区。当外力去除后，弹性变形部分Ⅰ要恢复，塑性变形部分Ⅱ已不能恢复，两部分材料产生互相牵制作用，使应力重新分布，产生新的内应力平衡状态，如图 12-35c 所示。如经加工切去一层金属，内应力又将重新分布而导致弯曲。所以，精度要求较高的细长轴（如

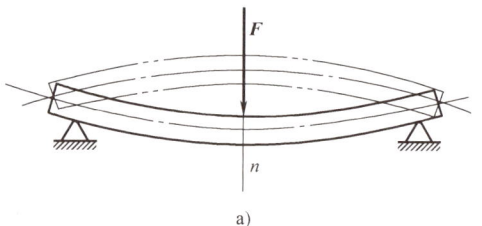

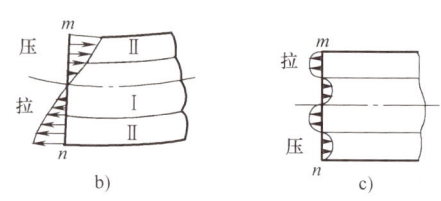

图 12-35　冷校直引起的内应力

精密丝杠），一般不许采用冷校直来减小弯曲变形，而采用加大毛坯余量，经过多次加工和时效处理来消除内应力，或采用热校直来代替冷校直。

3）切削加工产生的内应力。在切削加工中，由于刀具刃口半径不可能为零，因而切屑的形成存在着剧烈的撕裂和摩擦，加上后刀面的挤压，使工件表面组织产生塑性变形，晶格被扭曲、拉长、体积膨胀，密度减小，比体积增大。膨胀受到里层组织的阻止力，使表层残留压应力，里层产生与其平衡的拉应力。因此，对于精度要求高的零件，在粗加工、半精加工之后都要安排低温时效工序，以消除表面内应力。

（2）减少或消除内应力的措施

1）合理设计零件结构。在零件的结构设计中，应尽可能简化结构，使壁厚均匀，减小壁厚差，增大零件刚度。

2）进行时效处理。自然时效处理，是把毛坯或经粗加工后的工件置于露天下，利用温度的自然变化，经过多次热胀冷缩，使工件内部组织发生微观变化，从而逐渐消除内应力。这种方法一般需要半年至五年时间，会造成在制品和资金的积压，但效果较好。

人工时效处理，是将工件进行热处理，分高温时效和低温时效。前者是将工件放在炉内加热到 $500 \sim 680℃$，保温 $4 \sim 6h$，再随炉冷却至 $100 \sim 200℃$ 出炉。在空气中自然冷却。低温时效是加热到 $100 \sim 160℃$，保温几十个小时出炉。低温时效效果好，但时间长。

振动时效是工件受到激振器的敲击，或工件在大滚筒中回转互相撞击，一般振动 $30 \sim 50min$ 即可消除内应力。这种方法节省能源、简便、效率高，近年来发展快。此方法适用于中小零件及有色金属件等。

3）合理安排工艺。机械加工时，应注意粗、精加工分开；注意减小切削力，如减小余量、减小进给吃刀量并进行多次进给，以避免工件变形。

尽量不采用冷校直工序，对于精密零件，严禁进行冷校直。

6. 提高加工精度的工艺措施

机械加工误差是由工艺系统中的误差引起的。前面分别讨论了工艺系统各种误差对加工精度的影响，然而，它是在一定条件下仅考虑某种因素的作用，而实际上往往是多种因素综合作用的结果。人们在长期的生产过程中，总结出多种行之有效的方法，提高了加工精度，

保证了产品质量。这些方法有减少误差法、误差补偿法、误差分组法、误差转移法、就地加工法以及误差平均法等。下面结合实例对这几种方法予以讨论。

（1）减少误差法　这是生产中应用较广的一种方法。它是在查明产生加工误差的主要因素之后，设法对误差直接进行消除或减弱。

例如车削细长轴时，如图 12-36a 所示，因工件刚度低，容易产生弯曲变形和振动，严重地影响了工件的几何形状精度和表面粗糙度。

为了减少因吃刀抗力使工件弯曲变形所产生的加工误差，除采用跟刀架外，还采用反向进给的切削方法，如图 12-36b 所示，使 F_x 对细长轴的受力状态由压缩变成拉伸，同时应用弹性的尾座顶尖，不会把轴压弯；采用大进给量和大主偏角的车刀，以增大轴向的拉伸作用，进一步减少弯曲变形，消除径向振动，使切削平稳；还可在夹持端车出缩颈（$d \approx \dfrac{D}{2}$），如图 12-36c 所示，以增加工件的柔性，提高自位作用，削弱夹持工件歪斜的影响。

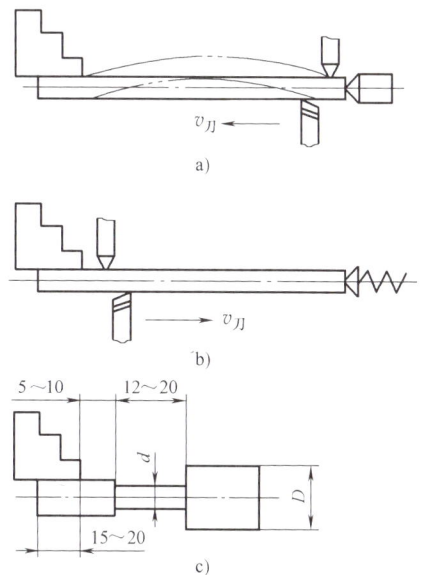

图 12-36　车削细长轴的比较
a）顺向进给　b）反向进给
c）车出缩颈，增加工件的柔性

（2）误差补偿法　误差补偿法就是人为地造成一种误差，去抵消加工、装配或使用过程中的误差。当已有误差是负值时，人为的误差取正值，反之取负值，尽量使两者大小相等、方向相反，以达到最大限度地减少误差的目的。

例如摇臂钻床，虽然在加工时摇臂、导轨能达到加工要求，但在装上主轴部件以后，因主轴部件的自重往往引起摇臂变形，使主轴与工作台不垂直，有时甚至超差。为此，在加工摇臂导轨时采用预加载荷法，使加工、装配和使用条件一致，这样可使摇臂导轨长期保持高的精度。也可在画出摇臂导轨受力弯曲变形的近似曲线的基础上，采取按曲线相反的形状来刮研摇臂导轨，即人为地造成一种形状误差，来抵消摇臂变形引起的误差，使之达到要求。

再如，在精密螺纹加工中，机床传动链误差将直接反映到被加工零件的螺距上，使精密丝杠的加工精度受到限制。为了满足精密丝杠加工的要求，在生产中广泛应用了误差补偿原理来消除传动链误差的方法。

图 12-37 所示为螺纹加工校正装置。图中与车床母丝杠相配合的螺母 2 和摆杆 4 连接，摆杆的另一端装有和校正尺 5 接触的滚柱 6。当丝杠转动时，滚柱就沿校正尺移动。由于校正尺上预先已加工出与丝杠螺距相对应的曲线，因此，就使摆杆上升或下降，造成了螺母的附加转动。当螺母与丝杠反向转动时，螺距就增大；做同向转动时，螺距就减小。从而以校正尺的人为误差抵消丝杠的螺距误差，使加工精度得以提高。

（3）误差分组法　在机械加工过程中，有时由于上道工序（或毛坯）加工误差较大，而在本道工序加工时，将通过误差复映规律，或通过定位误差作用，影响本工序加工精度。

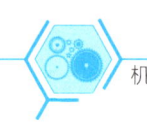

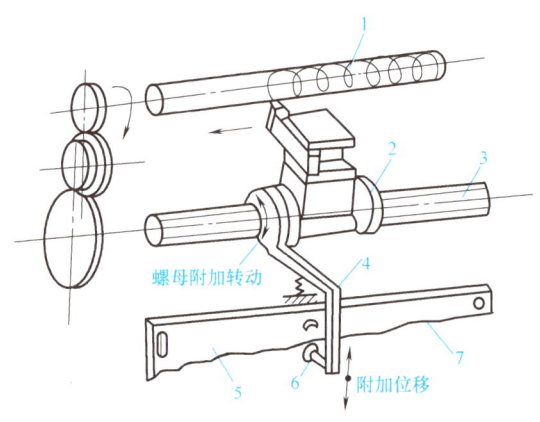

图 12-37 螺纹加工校正装置

1—工件　2—螺母　3—母丝杠　4—摆杆　5—校正尺　6—滚柱　7—校正曲线

若在加工前把工件按误差大小分为 n 组，分组工件误差范围缩小为原来的 $\dfrac{1}{n}$，这就大大减少了上道工序对本道工序的影响。

例如，在制造齿轮时，若剃齿心轴与齿坯定位孔的配合间隙过大，则齿坯定位的同轴度误差过大，致使齿圈径向圆跳动超差；同时剃齿时也容易产生振动，引起齿面波纹度，使齿轮工作时噪声较大。因此，必须设法限制配合间隙，保证工件孔和心轴孔的同轴度要求。具体方法为：工件定位孔按尺寸大小分成若干组，分别与某个尺寸的剃齿心轴对应配合，以减少由于间隙而产生的定位误差，从而提高加工精度，具体分组情况如下：

	齿坯孔径	心轴直径	配合间隙
第一组	$\phi25.000\sim\phi25.004\mathrm{mm}$	$\phi25.002\mathrm{mm}$	$\pm0.002\mathrm{mm}$
第二组	$\phi25.004\sim\phi25.008\mathrm{mm}$	$\phi25.006\mathrm{mm}$	$\pm0.002\mathrm{mm}$
第三组	$\phi25.008\sim\phi25.013\mathrm{mm}$	$\phi25.011\mathrm{mm}$	$\begin{array}{c}+0.002\\-0.003\end{array}\mathrm{mm}$

在成批生产条件下，对于配合精度要求较高的配合条件，当不可能用提高加工精度的方法来比较经济地获得零件的尺寸精度时，也常采用误差分组法，以达到较高的配合精度。

（4）误差转移法　误差转移法实质上是转移工艺系统的几何误差、受力变形和热变形引起的误差。当机床精度达不到零件加工要求时，往往不是一味去提高机床精度，而是在工艺方法上、夹具上去想办法，使机床的加工误差转移到不影响工件加工精度的方向上去。

如在箱体孔系零件加工中，使用普通镗床按坐标法加工时，采用精密量棒、内径千分尺和千分表等进行精确定位，能获得较高的坐标尺寸精度。镗床的丝杠、刻度盘和刻度尺的误差，与工件的坐标尺寸就没有联系了。即把机床坐标尺寸测量装置的误差转移掉，由精密量棒等来确定坐标尺寸。这样即可以低精度的机床，加工出高精度的工件，从而实现"以粗干精"。还可采用镗模夹具来加工箱体孔系，使孔系坐标尺寸精度由镗杆和镗模精度来决定，与机床精度无关，同样可实现误差转移。

（5）就地加工法　在加工和装配中，有些精度问题涉及的零、部件数量多，关系复杂，因而累积误差过大，若是采用提高零、部件精度的方法，势必使得相关零件精度要求太高，有时不仅困难，甚至不可能。此时若采用就地加工法就可解决这种难题。

如在转塔车床制造中，转塔上六个安装刀架的大孔，其轴心线必须保证和主轴旋转中心线重合，而六个面又必须和主轴中心线垂直。如果把转塔作为单独零件，加工出这些表面后再装配，要想达到上述两项要求是很困难的，这是因为它包含了很复杂的尺寸链关系。因此实际生产中采用了就地加工法。

就地加工法的作法是：这些表面在装配前不进行精加工，等它装配到机床上以后，再在主轴上装上镗刀杆和能做径向进给的小刀架，镗削和车削六个大孔及端面。这样就能保证精度。

就地加工法的要点是：要求保证部件间什么样的位置关系，就在这样的位置关系上，利用一个部件装上刀具去加工另一个部件。

就地加工法不但应用于机床装配中，在零件的加工中也常常用来作为保证精度的有效措施。例如，在机床上"就地"修正花盘和卡盘平面的平面度和卡爪的同心度；在机床上"就地"修正夹具和定位面等。

（6）误差平均法　对配合精度要求很高的工件，常采用研磨方法来达到。研具和加工表面之间，相对研擦和磨损的过程，也就是误差相互比较和减少的过程，这样的方法称之为误差平均法。

误差平均法的实质是：利用有密切联系的表面，相互比较，相互检查，在对比中发现差异后，或是相互修正（如偶件的对研），或互为基准进行加工。

（7）加工过程的主动控制　在加工中产生的加工误差按其变化规律，可分为系统性误差和随机性误差两大类。系统性误差又可分为常值系统性误差和变值系统性误差两种。常值系统性误差的大小和方向保持不变，变值系统性误差的大小和方向按一定的规律变化，而随机性误差的大小和方向则无规律变化。

常值系统性误差易于发现，也好控制；变值系统性误差和随机性误差则较难控制，随着科学技术的发展，自动测量与自动补偿的技术水平不断提高，在一些精密工件加工中已采用了这些技术，实现了对加工过程的主动控制。主动控制的方法有三种形式：

1）主动测量。在加工过程中测量实际尺寸，同时对刀具进给进行补偿，及时控制刀具与工件的相对位置，直至工件的加工尺寸与调定尺寸不超过预定尺寸为止。

2）偶件配合加工。以互配件中的一件为基准，去控制另一件的加工。在加工过程中自动测量工件实际尺寸，并与基准件进行比较，直至达到预定的差值为止。

3）积极控制起决定作用的条件。对于一些加工精度高，而又不便进行主动测量和自动控制的情况，往往采取对加工精度起决定作用的条件进行积极控制的方法，使加工误差趋向最小。如使工件在恒温环境下加工等。

7. 表面加工质量

机械加工表面质量是指零件表面机械加工后的表面状态，其主要内容有表面的几何形状特征（包括表面粗糙度和表面波度）和表面层物理力学性能（包括表面层加工硬化、表面层金相组织的变化和表面层残余应力），它是评定机械零件质量优劣的重要依据之一。机械零件的失效，主要是由于零件的磨损、腐蚀和疲劳等所致，而这些破坏都是从零件表面开始的。由此可见，零件表面质量将直接影响零件的工作性能，尤其是可靠性和寿命。因此，探讨和研究机械加工表面质量，掌握改善表面质量的措施，对保证产品质量具有重要意义。

（1）影响切削加工表面粗糙度的工艺因素及改善措施

1）表面粗糙度的形成。用金属切削工具加工工件时，表面粗糙度形成的主要原因可归纳为以下三个方面。

① 与刀具几何角度有关的因素——几何原因。在理想的切削条件下，刀具相对工件做进给运动时，在加工表面上遗留下来的切削层残留面积（见图 12-38），形成理论粗糙度，其值的大小受刀圆弧半径 r_a、主偏角 κ_r、副主偏角 κ_r' 和进给量 f 的影响。

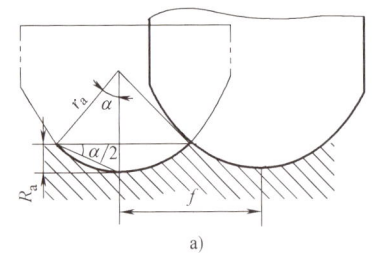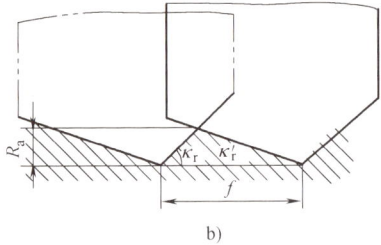

图 12-38　切削层残留面积

② 与被加工材料性质和切削机理有关的因素——物理原因。切削加工后表面的实际粗糙度与理论粗糙度有较大差别，这是由于在实际切削时，刀具和工件之间的切削力和摩擦力使表面金属产生塑性变形，以及积屑瘤和鳞刺都会使表面粗糙度值增大。

③ 其他原因。如切削加工条件的变化、工艺系统的振动等。

2）减小表面粗糙度的措施。

① 选择适当的刀具几何参数。

a. 减小刀具的主偏角 κ_r、副主偏角 κ_r'，以及增大刀尖圆弧半径 r_a，均可减小切削层残留面积，使表面粗糙度值减小。

b. 适当增大前角和后角，使刀具易于切入工件，金属塑性变形随之减小，同时切削力也明显减小，这可有效地减轻工艺系统的振动，从而使加工表面粗糙度值减小。

c. 增大刃倾角 λ_s，实际加工时前角也随之增大，对减小表面粗糙度值有利。

② 合理选择切削用量。

a. 选择较高的切削速度 v。实验表明，切削速度越高，切屑和被加工表面的塑性变形就越小，因而表面粗糙度值就越小。一般情况下，积屑瘤是在中速区产生，低速切削时易产生鳞刺，故采用较高的切削速度常能防止积屑瘤和鳞刺的产生，可有效地减小表面粗糙度值。

b. 适当减小进给量 f。进给量越大，加工表面残余面积就越大，而且塑性变形也随之增大，这样表面粗糙度值就会增大。因此，减小进给量会有效地减小表面粗糙值。

c. 背吃刀量对表面粗糙度的影响不明显，一般可忽略。但背吃刀量过小，如 $a_p < 0.02mm$ 时，刀具对工件的正常切削就难以维持，经常出现挤压和摩擦，从而使表面粗糙度值增大。因此，加工时不能选用过小的背吃刀量。

③ 改善工件材料组织性能。工件材料组织性能对表面粗糙度的影响很大。一般来说，工件材料塑性越大，加工后表面粗糙度值就越大。加工脆性材料，表面粗糙度值比较接近理论值。对于同样的材料，金属组织的晶粒越粗大、越不均匀，加工后表面粗糙度值就越大，因此，工件加工前采用合理的热处理工艺改善材料组织性能，是减小表面粗糙度值的有效途径之一。

④ 合理选择刀具材料和提高刃磨质量。刀具材料与刃磨质量对产生积屑瘤和鳞刺等影响较大，因而影响着表面粗糙度。如金刚石车刀对切屑的摩擦系数较小，在切削时不会产生

积屑瘤，在同样的切削条件下与其他刀具材料相比较，加工后表面粗糙度值较小。

此外，合理选择切削液，提高冷却润滑效果，常能抑制积屑瘤、鳞刺的生成，减小塑性变形，有利于减小表面粗糙度值。除了上述工艺措施外，还可以从加工方法上着手，如采用研磨、珩磨和超精磨等加工方法，都能得到表面粗糙度值很小的加工表面。

（2）影响磨削加工表面粗糙度的工艺因素及改善措施　磨削过程比一般刀具切削加工过程复杂得多，其表面粗糙度的形成也更复杂。单纯从几何因素考虑，磨削表面是由砂轮上的微刃切削、刻划出的沟槽形成的。单位面积上这些沟槽数越多，深度越浅，则表面粗糙度值越小。但事实上，磨削过程中不仅有几何因素，而且也有物理因素（加工表面的塑性变形）和工艺系统的振动等影响因素。

由上述分析可知，减小磨削加工表面粗糙度值的工艺措施主要有：

1）提高砂轮线速度。砂轮线速度越高，单位面积上的沟槽数就越多，同时表面层塑性变形越小，因而表面粗糙度值可显著减小。

2）选择适当粒度的砂轮。砂轮粒度越细，磨削表面粗糙度值越小。粗粒度的砂轮经过粗细修整，可在一个磨粒上修出许多微刃，也能加工出粗糙度值较小的表面。普通砂轮粒度号是F8~F280，一般磨削多用F46、F60，精密磨削多用F60~F100。

3）精细修整砂轮工作表面。修整砂轮的主要目的是获得锋利和多数等高的磨粒微刃，这样有利于获得较小的表面粗糙度值。

4）减小磨削深度与工件线速度。较小的磨削深度有利于减小表面粗糙度值，但影响生产率。所以，通常在磨削过程中，开始时可采用较大的磨削深度以提高生产率，而后采用较小的磨削深度或无进给磨削，以减小表面粗糙度值。

采用较低的工件线速度，可减小表面残留面积，因而表面粗糙度值较小。

此外，工件材料硬度、砂轮硬度、切削液的选择与净化等都是影响磨削表面粗糙度不容忽视的重要因素。

（3）影响表面层物理力学性能的工艺因素及改善措施　机械加工过程中，工件在切削力、切削热的作用下，其表面层的物理力学性能产生很大变化，主要表现在表面层的加工硬化、金相组织变化和残余应力等方面。

1）表面层的加工硬化。机械加工时，工件加工表面层金属受到切削力的作用，产生塑性变形，便晶体产生剪切滑移，晶格被拉长、扭曲，甚至破碎而引起材料的强化，这时它的硬度和强度都会有所提高，这种现象称为加工硬化（也称冷作硬化）。另一方面，机械加工中产生的切削热在一定条件下会使已产生硬化的金属回复到原来的状态，即软化。因此，表面层最后的加工硬化程度取决于硬化速度与软化速度的比率。

影响表面层加工硬化的因素可以从下面三个方面来分析。

① 切削力。切削力越大，塑性变形就越大，加工硬化越严重。因此，增大进给量f、背吃刀量a_p及减小刀具前角γ_o和后角α_o，都会增大切削力，使加工硬化严重。

② 切削温度。切削温度越高，软化作用越大，使硬化程度降低。

③ 切削速度。当切削速度很高时，刀具与工件接触时间很短，被切金属变形速度很快，会使已加工表面金属塑性变形很不充分，因而产生的加工硬化也就相对较小。

以上三方面的影响因素主要是刀具的几何参数、切削用量和被加工材料的力学性能。因此，减小表面加工硬化的措施可以从以下几个方面考虑。

① 合理选择刀具的几何参数。尽量采用较大的前角和后角，并在刃磨时尽可能减小切削刃口圆角半径。

② 使用刀具时，应合理限制其后刀面的磨损程度。

③ 合理选择切削用量，采用较高的切削速度、较小的进给量和较小的背吃刀量。

④ 合理使用切削液。

⑤ 采用合理的热处理工艺，适当提高被加工材料的硬度。

2）表面金相组织变化与磨削烧伤。切削过程中，在加工区由于切削热的作用，加工表面温度会升高。当温度升高到超过金相组织转变的临界点时，就会产生金相组织变化。磨削加工是一种典型的容易产生加工表面金相组织变化（磨削烧伤）的加工方法，这是由于磨削加工单位面积上产生的切削热比一般切削方法要大十几倍，而且约有70%以上的热量瞬时进入工件，使工件加工表面金属非常易于达到相变点。

影响磨削烧伤的因素有磨削用量、工件材料、砂轮性能及冷却条件等。当磨削淬火钢时，若磨削区温度超过了马氏体转变温度而未能超过其相变临界温度，表层马氏体将转变为硬度较低的回火托氏体或索氏体，称之为回火烧伤；若磨削区温度超过了马氏体相变温度，马氏体将转变为奥氏体，如果这时有充分的切削液，则表层速冷，形成二次淬火马氏体，其下层因冷却速度较慢，仍为硬度较低的回火组织，称为淬火烧伤。否则，如冷却条件不好，或不用切削液进行干磨时，表层会被退火，称之为退火烧伤。

无论是何种烧伤，如果比较严重都会使零件寿命成倍下降，甚至根本无法使用，所以磨削时应避免烧伤。产生磨削烧伤的根源是磨削区的温度过高，因此，要减少磨削热的产生和加速磨削热的传出，以避免磨削烧伤，具体措施如下。

① 合理选择磨削用量。减小磨削深度 a_p 可以降低工件表面温度，有利于避免或减轻烧伤，但会影响生产率。

增大工件纵向进给量和工件速度，会使加工表面与砂轮的接触时间相对减少，散热条件得到改善，因而能减轻烧伤，但会导致表面粗糙度值增大，为了减轻烧伤，同时又能保持高的生产率和小的表面粗糙度值，应选择较高的工件速度、较小的磨削深度和高的砂轮转速。

② 合理选择砂轮并及时调整。砂轮硬度太高，自锐性不好，磨削温度就高。砂轮粒度越小，磨削越容易堵塞砂轮，工件也越容易出现烧伤，因此用大粒度且较软的砂轮较好。

砂轮磨钝后，大多数磨粒只在加工表面挤压和摩擦而不起切削作用，使磨削温度增高，所以应及时修整砂轮。

③ 改进冷却方法，提高冷却效果。使用切削液可提高冷却效果，避免烧伤。但目前常用的一般冷却方法效果较差，如图 12-39 所示，由于砂轮的线速度很高，实际上没有多少切削液能进入磨削区。比较有效的冷却方法是内冷却法，如图 12-40 所示，切削液进入砂轮中心腔，在离心力作用下，切削液由砂轮孔隙甩出，可直接进入磨削区，发挥有效的冷却作用。

3）表面层的残余应力。切削和磨削加工中，加工表面层材料组织相对基体组织发生形状、体积变化或金相组织变化时，在加工后，工件表面层及其与基体材料交界处就会产生相互平衡的应力，即表面层残余应力。残余应力有压应力和拉应力之分。引起残余应力的原因有下面三个方面。

① 冷态塑性变形引起的残余应力。在切削力作用下，已加工表面层金属会产生强烈的

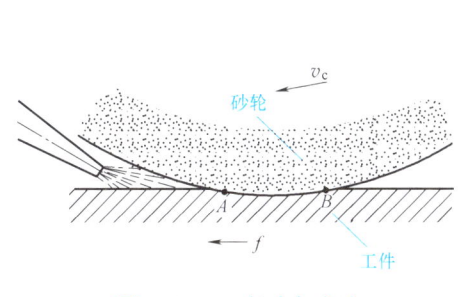

图 12-39　一般冷却方法

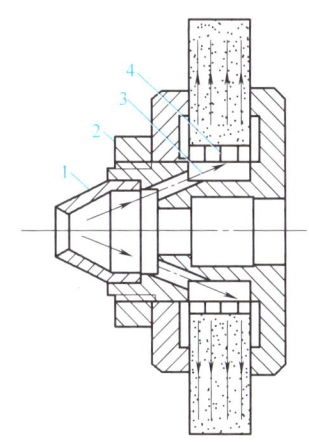

图 12-40　内冷却砂轮结构

1—锥形盖　2—冷却液通孔　3—砂轮中心腔
4—有径向小孔的薄壁套

塑性伸长变形，此时基体金属层受到影响而处于弹性伸长变形状态。切削力去除后，基体金属趋向恢复，但受到已产生塑性伸长变形层金属的限制，恢复不到原状，因而在表面层产生了残余应力。

② 热态塑性变形引起的残余应力。工件加工表面在切削热作用下产生热膨胀，此时表层金属温度高于基体温度，因此表层产生热压应力。当表层温度超过材料弹性变形允许的范围时，就会产生热塑性变形（在压应力作用下材料相对缩短）。当切削过程结束后，表面温度下降，由于表层已产生热塑性缩短变形，并受到基体的限制，故而在表面产生残余拉应力。

③ 金相组织变化引起的残余应力。切削时产生的高温会引起表面层金属金相组织的变化。不同的金相组织有不同的密度，如马氏体密度 $\rho_{马} \approx 7.75 g/cm^3$，奥氏体密度 $\rho_{奥} \approx 7.96 g/cm^3$，珠光体密度 $\rho_{珠} \approx 7.78 g/cm^3$，以磨削淬火钢为例，淬火钢原来组织为马氏体，磨削加工后，表层可能产生回火，马氏体转变为密度接近珠光体的托氏体或索氏体，密度增大而体积减小，表面层产生残余应力。

综上所述，表面层残余应力的产生归根结底是由于切削力和切削热作用的结果，在一定的加工条件下，其中某一种作用占主导地位。如切削加工中，当切削热不高时，表面层中以切削力引起的冷态塑性变形为主，此时，表面层中将产生残余压应力；而磨削时，一般因磨削温度较高，常产生残余拉应力，这也是磨削裂纹产生的根源。表面存在裂纹，会加速零件损坏。因此，磨削时要严格控制磨削热的产生和改善散热条件，以避免磨削裂纹的产生。

12.4　实操训练

1. 图 12-41 所示为一小轴零件图，生产类型：大批生产；零件材料：45 钢。要求编制该零件的机械加工工艺过程，填写机械加工工艺过程卡片。

2. 图 12-42 所示为剖分式减速器传动轴零件图，生产类型：小批生产，零件材料：45钢。要求编制该零件的机械加工工艺过程，填写机械加工工艺过程卡片。

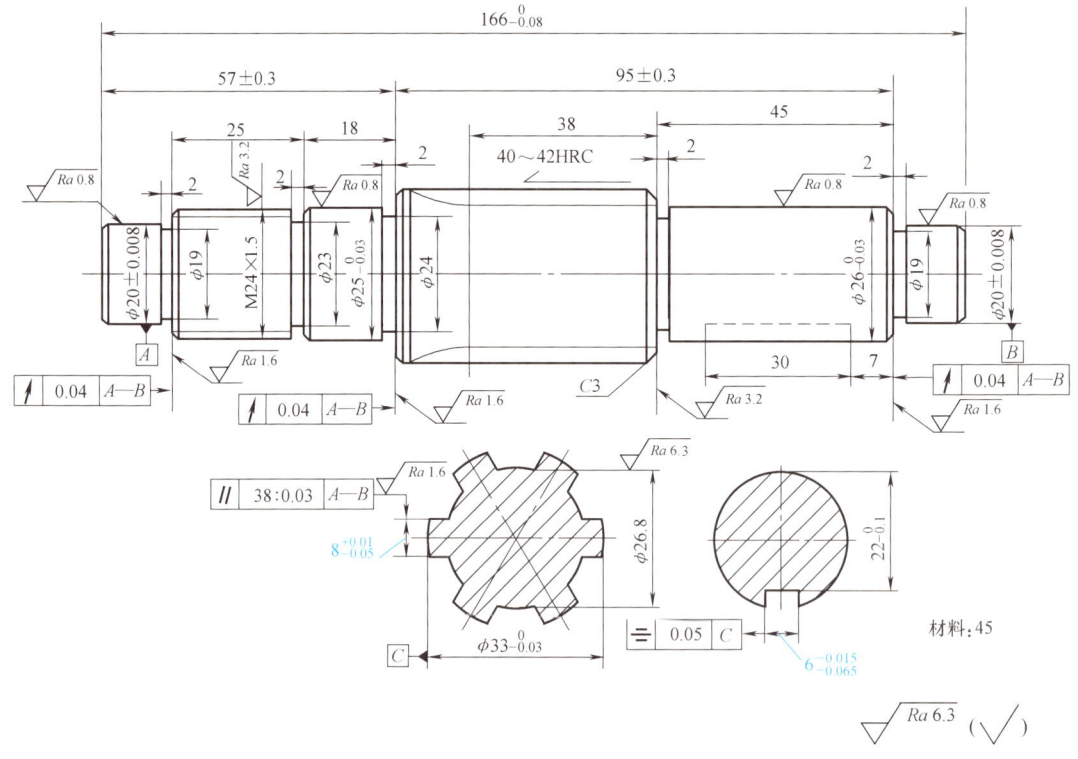

图 12-41　小轴

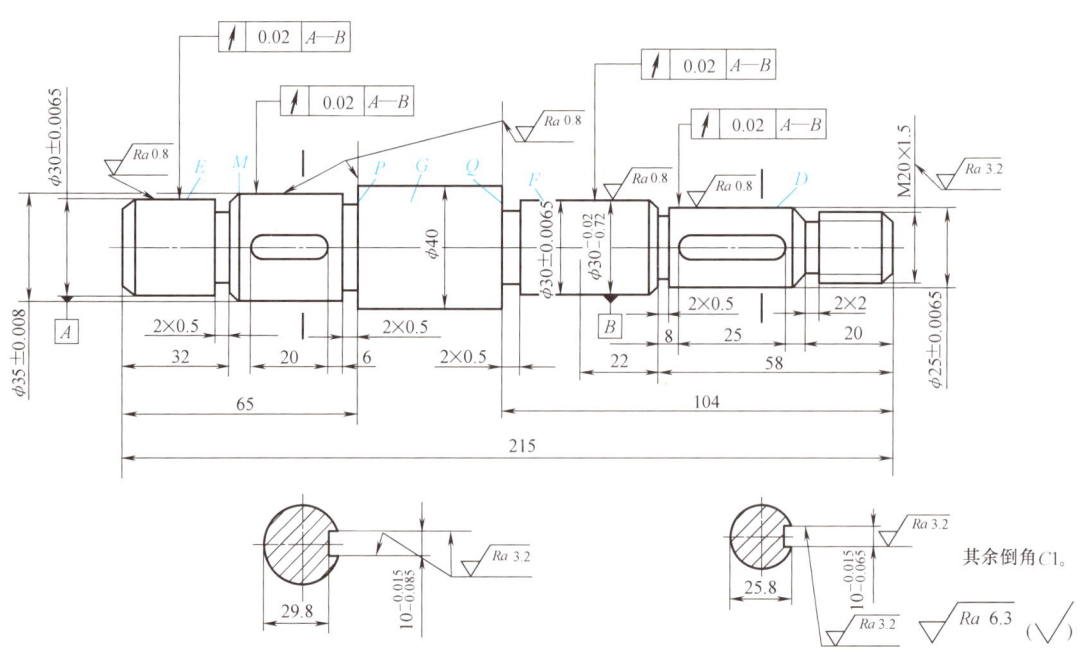

图 12-42　剖分式减速器传动轴

3. 图 12-43 所示为 CA6140 机床床尾主轴零件图，生产类型：中批生产，材料45 钢。要求编制该零件的机械加工工艺过程，填写机械加工工艺过程卡片。

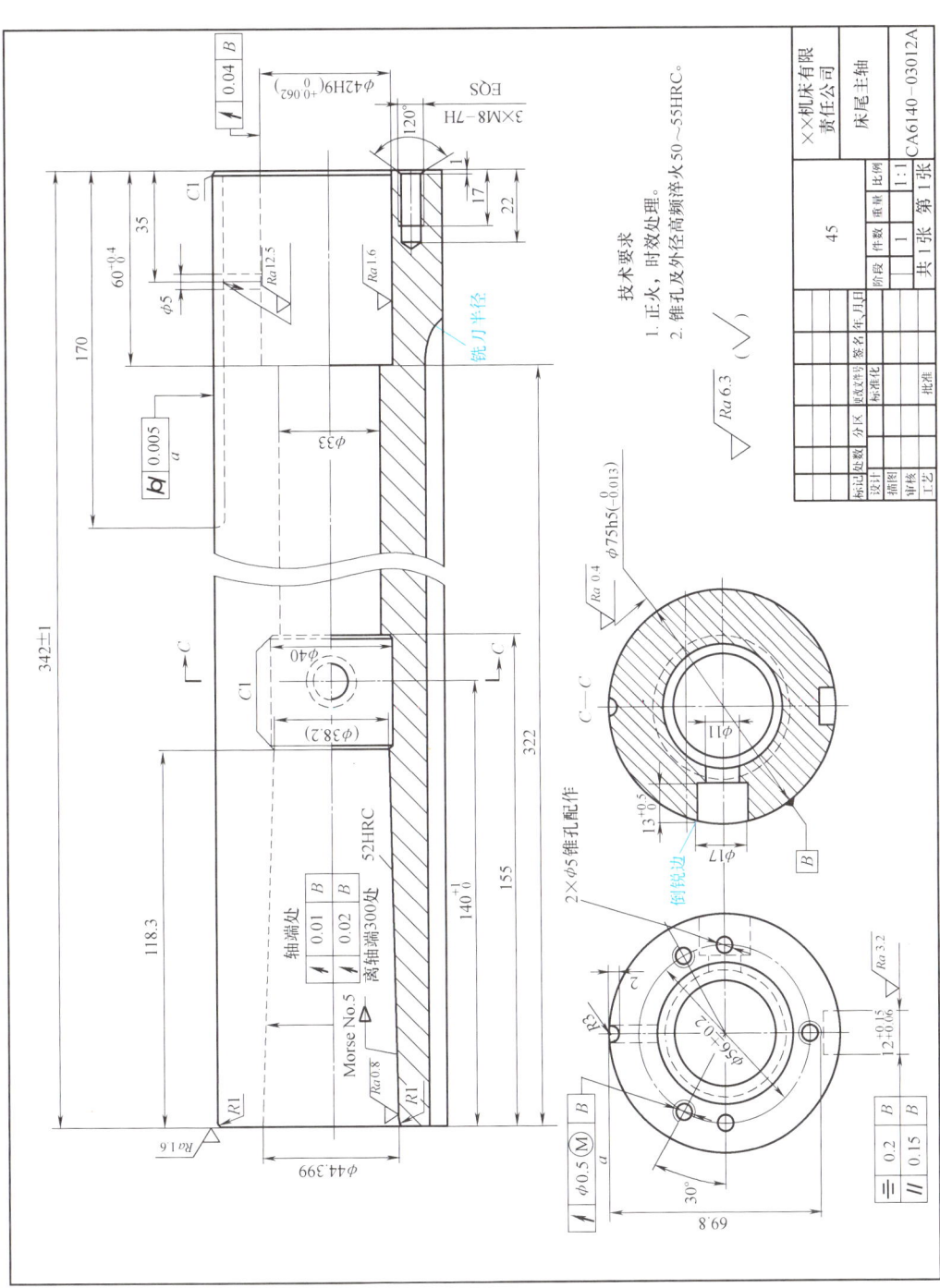

图 12-43　床尾主轴

【课后小结】

　　轴类零件工艺过程设计时应根据零件的加工要求，选择合理的加工阶段，正确的定位基准和装夹方式，当有热处理要求时要注意热处理的安排位置。

单元13

箱体类零件制造

【课前预习】

说说箱体类零件的特点,有哪些重要表面。

13.1 箱体类零件的加工工艺设计

13.1.1 箱体类零件的图样分析

1. LK32-20011 数控车床的主轴箱箱体零件图分析

书后附图 1 所示为 LK32-20011 数控车床的主轴箱箱体零件图,图 13-1 所示为其三维图,生产类型为小批生产。

零件图是制订工艺规程最基本的原始资料之一,只有对零件图进行透彻分析,才能使制订的工艺规程具有科学性、合理性和经济性。

(1)零件结构及其工艺性 首先从组成零件形体的基本表面及特形表面分析,可针对性选择相应的加工方法;另一方面,分析零件结构在保证使用要求的前提下,能否高效率、低成本制造出来,即工艺性是否好,包括毛坯制造工艺性、机械加工工艺性、热处理工艺性和装配工艺性等。

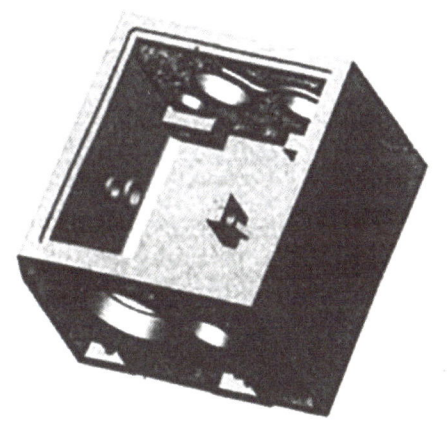

图 13-1 主轴箱箱体三维图

LK32-20011 为典型箱体类零件,有薄壁、光孔、螺纹孔及凹槽等结构,基本表面包括内孔表面和平面,通过车、铣、刨、镗、钻等方法可完成加工。

(2)零件技术要求

1)主要精度。LK32-20011 主轴箱箱体的主要尺寸见表 13-1。

表 13-1 主轴箱箱体技术要求

序号	加工表面	类目	数值
1	$\phi 100$mm 轴承孔	直径	$\phi 100^{+0.022}_{-0.013}$mm
		其轴线对 $\phi 80$mm 轴线的同轴度公差	$\phi 0.01$mm

机械制造技术 第2版

（续）

序号	加工表面	类　目	数　值
1	φ100mm 轴承孔	表面粗糙度	$Ra1.6\mu m$
		尺寸公差及精度等级	0.035mm，IT7
2	φ115mm 轴承孔	直径	$\phi115^{+0.022}_{-0.013}mm$
		其轴线对 φ80mm 轴线的同轴度公差	$\phi0.01mm$
		表面粗糙度	$Ra1.6\mu m$
		尺寸公差及精度等级	0.035mm，IT7
3	φ62mm 轴承孔	直径	$\phi62^{+0.028}_{-0.018}mm$
		其轴线对 φ80mm 轴线的同轴度公差	0.02mm
		表面粗糙度	$Ra1.6\mu m$
		尺寸公差及精度等级	0.046mm，IT8
		轴线与基准 C 的距离	（120±0.027）mm
4	φ47mm 轴承孔	直径	$\phi47^{+0.024}_{-0.015}mm$
		其轴线对 φ80mm 轴线的同轴度公差	0.025mm
		表面粗糙度	$Ra3.2\mu m$
		尺寸公差及精度等级	0.039mm，IT8
		轴线与基准 C 的距离	（90±0.027）mm
5	φ80 孔	与基准面 A 及基准面 B 的平行度公差	0.015mm
		表面粗糙度	$Ra6.3\mu m$
6	φ115J7 轴承孔端面	与孔 φ115J7 轴线的垂直度公差	0.015mm
		表面粗糙度	$Ra1.6\mu m$
7	图 A—A 中间支架上 φ25mm 孔	直径	$\phi25^{+0.033}_{0}mm$
		表面粗糙度	$Ra3.2\mu m$
		尺寸公差及精度等级	0.033mm，IT8
8	图 A—A 左边 φ30mm 孔	直径	$\phi30^{+0.033}_{0}mm$
		尺寸公差及精度等级	0.033mm，IT8
9	图 A—A 中间支架上 φ25mm 孔	直径	$\phi25^{+0.033}_{0}mm$
		其轴线与图 A—A 中 φ30mm 孔的同轴度公差	$\phi0.015mm$
		表面粗糙度	$Ra3.2\mu m$
		尺寸公差及精度等级	0.033mm，IT8
10	底面 110 定位槽	宽度	$110^{+0.044}_{0}mm$
		其侧面 B 与 A 面的垂直度公差	0.015mm
		侧面的表面粗糙度	$Ra3.2\mu m$
		尺寸公差及精度等级	0.044mm，IT7

2）热处理要求分析。根据零件图中技术要求的说明，铸件粗加工前后分别要进行人工时效处理，且铸件没有铸造缺陷。

为了消除铸造时产生的残余应力，减少加工后的变形，保证加工精度，铸件必须进行时效处理。LK32-20011 主轴箱箱体具有较高的精度要求，尤其在孔的轴线与底面等元素的平行度方面，故在精加工前，需进行人工时效处理。另外，主轴箱箱体是较重要的零件，不得有裂纹、气泡及缩孔等缺陷。

2. 相关知识

（1）箱体类零件的功用及分类　箱体是机器的基础零件，它将机器中有关部件的轴、套、齿轮等相关零件连接成一个整体，并使之保持正确的相互位置，以传递转矩或改变转速来完成规定的运动。故箱体的加工质量，直接影响到机器的性能、精度和寿命。箱体类零件的结构复杂，壁薄且不均匀，加工部位多，加工难度大。据统计资料表明，一般中型机床制造厂用于箱体类零件的机械加工工时约占整个产品加工工时的15%~20%。图13-2为几种常见的箱体类零件图。

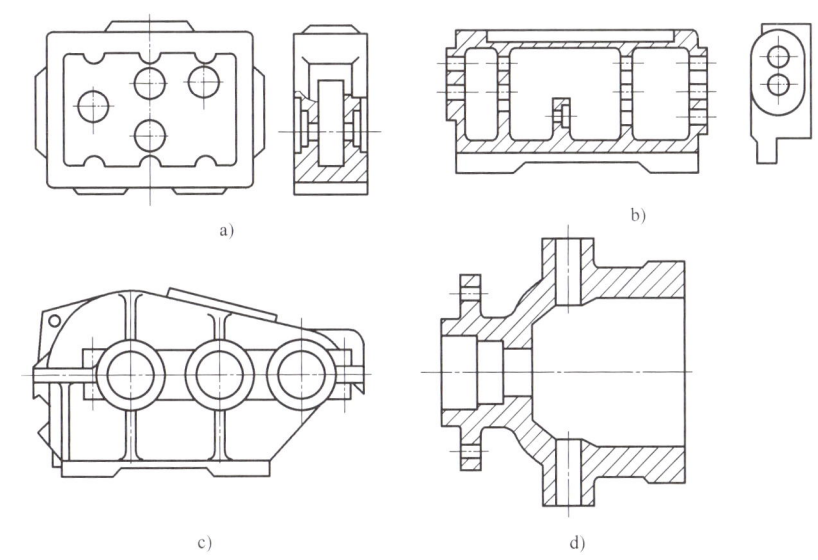

图 13-2　几种常见的箱体类零件图

a）组合机床主轴箱　b）车床进给箱　c）分离式减速器　d）泵壳

（2）箱体类零件的结构特点

1）形状复杂。箱体类零件通常作为装配的基础件，在它上面安装的零件或部件越多，箱体的形状越复杂，因为安装时要有定位面、定位孔及固定用的螺钉孔等；为了支承零部件，箱体类零件需要有足够的刚度，采用较复杂的截面形状和加强肋等；为了储存润滑油，箱体类零件需要有一定形状的空腔，还要有观察孔、放油孔等；为了便于吊装搬运，箱体类零件还必须做出吊钩、凸耳等结构。

2）体积较大。箱体内需要安装和容纳各种零部件，所以必然要求其具有足够大的体积。例如，大型减速器箱体长达 4~6m、宽达 3~4m。

3）薄壁容易变形。箱体体积大，形状复杂，又要求减少质量，所以大都设计成腔形薄壁结构。但铸造、焊接和切削加工过程往往会存在较大的内应力，引起箱体变形。在搬运过程中，若方法不当，也容易引起箱体变形。

4）有较高精度要求的孔和平面。箱体类零件上的孔大都是轴承的支承孔，平面大都是装配的基准面，它们在尺寸精度、表面粗糙度及形状和位置精度等方面都有较高的要求，将

直接影响箱体的装配精度及使用性能。

（3）箱体类零件的技术要求

1）孔径精度。孔径的尺寸误差和几何形状误差较大会造成轴承与孔配合不良。孔径过大，配合过松，会使主轴回转轴线不稳定，降低支承刚度，易产生振动和噪声；孔径过小，会使配合过紧，轴承将因外圆变形而不能正常运转，寿命缩短。装轴承的孔不圆，也会使轴承外圆变形而引起主轴径向跳动。因此，箱体类零件对孔的精度要求是较高的。

2）孔与孔的位置精度。同一轴线上各个孔的同轴度误差和孔端面对轴线垂直度误差过大，会使轴和轴承装配到箱体上以后出现歪斜，从而造成主轴径向跳动和轴向窜动，且会加剧轴承磨损。孔系之间的平行度误差会影响齿轮的啮合质量。一般地，同一轴线上各孔的同轴度公差约为最小孔尺寸公差的一半。

3）孔和平面的位置精度。零件图都会给出主要孔和主轴箱安装基面的平行度要求，它们决定了主轴和床身导轨的相互位置关系。这项精度是在总装前通过刮研来达到的。为了减少刮研工作量，需要规定主轴轴线对安装基面的平行度公差。

4）主要平面的精度。装配基准面的平面度公差会影响主轴箱与床身连接时的接触刚度，而且在加工过程中作为定位基准面会影响主要孔的加工精度。因此，规定底面和导向面必须平直。顶面的平面度公差是为了保证箱盖的密封性，防止工作时润滑油泄漏。当大批大量生产、将顶面用作定位基面进行孔加工时，其平面度公差要求还要提高。

5）表面粗糙度。重要孔表面和主要平面的表面粗糙度会影响接触面的配合性质或接触刚度。一般主轴孔的 Ra 值为 $0.4 \sim 0.8\mu m$，其他各纵向孔的 Ra 值为 $1.6\mu m$，孔的内端面 Ra 值为 $3.2\mu m$，装配基准面和定位基准面的 Ra 值为 $0.63 \sim 2.5\mu m$，其他平面的 Ra 值为 $2.5 \sim 10\mu m$。

（4）箱体类零件的结构工艺性　箱体加工表面数量越多，要求越高，工作量越大。因此，箱体机械加工的结构工艺性对实现优质、高效及低成本等目标具有重要意义。

1）基本孔。箱体的基本孔可分为通孔、阶梯孔、不通孔及交叉孔等。通孔的工艺性相对较好，尤其是孔长 L 与孔径 D 之比 $L/D \leqslant 1.5$ 的短圆柱孔。$L/D > 5$ 的孔称为深孔，若深孔的精度要求较高，表面粗糙度值要求较小，则加工很困难。阶梯孔的工艺性与"孔径比"有关，孔径相差越小，则工艺性越好；孔径相差越大，且其最小孔径又很小，则工艺性越差；不通孔的工艺性最差，因为在精镗或精铰不通孔时，要用手动进给，或采用特殊工具进给。此外，不通孔内端面的加工也特别困难，故应尽量避免。相贯通的交叉孔的工艺性也较差。如图 13-3a 所示，$\phi 100mm$ 孔与 $\phi 70mm$ 孔贯通相交，在加工 $\phi 100mm$ 孔时，当刀具走到贯通孔部分时，由于径向受力不均，会使孔的轴线偏移。为保证加工质量，$\phi 70mm$ 孔先不铸通（见图 13-3b），当主孔加工完以后再加工此孔。

2）同一轴线上的孔。箱体是同一轴线上的孔的排列方式有三种，如图 13-4 所示。图 13-4a 所示的孔径大小向一方向递减，这种结构便于镗杆和刀具从一端伸入，同时或逐个加工该轴线上的各孔，对于单件小批生产具有较好的结构工艺性；图 13-4b 所示为同孔径大小从两边向中间递减，这种结构便于组合机床在两边同时加工，镗杆刚度好，适合大批大量生产；图 13-4c 所示为孔径大小不规则排列，工艺性最差。

3）装配基准面。为便于加工和检验，箱体的装配基准面的尺寸应尽可能地大一些，形状应力求简单，以便于加工、装配和检验；但同时要考虑尽量减少加工表面，以改善配合面

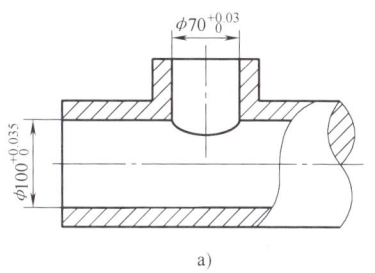
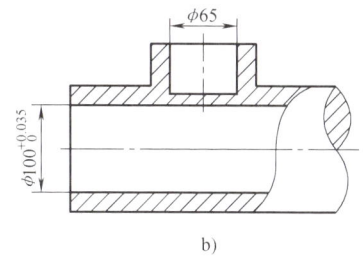

图 13-3　相贯通孔的工艺性

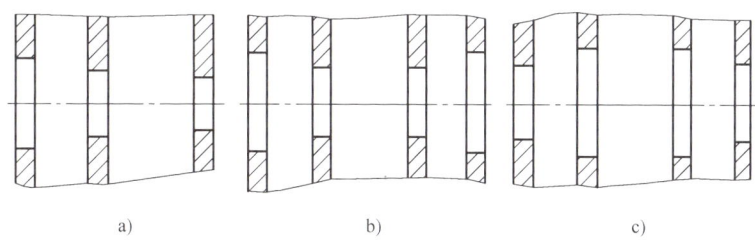

图 13-4　同一轴线上孔径的排列方式

间的结合状况，如图 13-5 所示。

4）凸台。箱体外壁上的凸台应尽可能在一个平面上，如图 13-6 所示，以便可以在一次进给中加工出来，而无须调整刀具位置，使加工简单方便。

5）紧固孔和螺纹孔。箱体上的紧固孔和螺纹孔的尺寸规格应尽量一致，以减少刀具数量和换刀次数。此外，为保证箱体有足够的刚度与抗震性，应考虑合理使用加强肋，加大圆角半径，收小箱口，加厚主轴前轴承口厚度等措施。

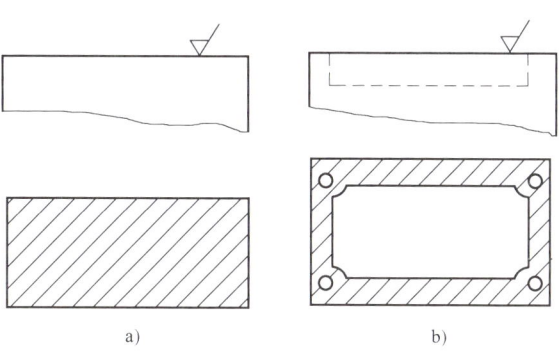

图 13-5　减少加工表面

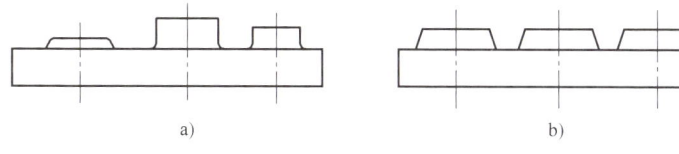

图 13-6　凸台结构工艺性

（5）箱体类零件的热处理　箱体类零件的热处理和毛坯的种类有关。热处理是箱体类零件加工过程中的一个十分重要的工序，需要合理安排。由于箱体类零件的结构复杂，壁厚也不均匀，在铸造时会产生较大的残余应力。为了消除残余应力，减少加工后的变形，保证精度，铸造后必须安排人工时效处理，一般有以下几种情况：

1）普通精度的箱体类零件，一般在铸造之后安排一次人工时效处理。

2）对于一些高精度或形状特别复杂的箱体类零件，在粗加工之后还要再安排一次人工时效处理，以消除粗加工中产生的残余应力。

3）精度要求不高的箱体类零件毛坯，有时不安排时效处理，而是利用粗、精加工工序间的停放和运输时间，使之得到自然时效。

人工时效处理的工艺规范为：加热到 500~550℃，保温 4~6h，冷却速度小于或等于 30℃/h，出炉温度小于或等于 200℃。除了加热保温法以外，也可采用振动时效处理来达到消除残余应力的目的。

13.1.2 箱体类零件的材料与毛坯

1. 主轴箱箱体分析

确定毛坯的主要任务是：根据零件的技术要求、结构特点、材料及生产纲领等方面的要求，合理地确定毛坯的种类、毛坯的制造方法、毛坯的形状及毛坯的尺寸等，最后绘制出毛坯图。

（1）确定零件材料及毛坯种类 一般情况下，确定了零件的材料也就大致确定了毛坯的种类。如附图 1 所示，零件材料为 HT250（灰铸铁），所以主轴箱箱体的毛坯种类为铸件。另一方面，从箱体的尺寸及复杂结构方面考虑，选择铸件毛坯也是较为合理的。

（2）确定毛坯的形状和尺寸并绘制毛坯图

1）确定毛坯加工余量及尺寸公差。根据毛坯的类型，查表得到毛坯加工余量及尺寸公差。毛坯的形状和尺寸基本上取决于零件的形状和尺寸。工艺设计时，在工艺表面预加工时去除的尺寸量即为毛坯加工余量。制造毛坯过程也会产生误差，即要给定毛坯公差。毛坯的加工余量和公差大小，与毛坯的制造方法有关，可参照有关工艺手册或企业、行业标准来确定。

主轴箱箱体材料为灰铸铁，毛坯为砂型铸造手工造型，根据箱体长度最大轮廓尺寸 355mm，查表：

① 确定毛坯公差等级 CT 为 13 级（见表13-4）。

② 确定加工余量等级为 G（见表13-7）。

③ 根据零件最大轮廓尺寸 355mm，查得 RMA（机械加工余量）为 3.5mm。

④ 根据公式 $R=F+2RMA+CT/2$ 和 $R=F-2RMA-CT/2$ 计算得到毛坯尺寸。

⑤ 查表 13-5 可得尺寸公差。

列出主轴箱箱体毛坯尺寸，见表 13-2。

表 13-2　主轴箱箱体毛坯尺寸及公差、机械加工余量　　（单位：mm）

项　　目	机械加工余量	公差尺寸	毛坯尺寸及公差
箱体长度(355)	3.5	12(±6)	368±6
箱体宽度(330)	3.5	12(±6)	343±6
箱体高度(275)	3.5	12(±6)	288±6
定位槽(110)	3.5	10(±5)	98±5
轴肩孔(φ40)	3.5	7(±3.5)	φ(29.5±3.5)
轴承孔(φ62)	3.5	8(±4)	φ(51±4)

（续）

项　　目	机械加工余量	公差尺寸	毛坯尺寸及公差
轴肩孔（$\phi80$）	3.5	9（±4.5）	ϕ（68.5±4.5）
轴肩孔（$\phi105$）	3.5	10（±5）	ϕ（93±5）
凸缘面（30）	3.5	7（±3.5）	40.5±3.5
凸缘面（35）	3.5	7（±3.5）	45.5±3.5

2）确定工艺影响因素。确定毛坯的形状和尺寸时，还应考虑毛坯制造、机械加工和热处理等多方面工艺因素的影响。例如加工装配过程中，用于定位的工艺孔、工艺凸台，可采用合件毛坯（多个零件连成毛坯一体同时加工，提高效率）、整体毛坯等。

通过分析零件图可知，LK32-20011 主轴箱箱体不需要增加加工工艺结构，但需要考虑热处理的影响。时效处理安排在粗加工前后。

3）绘制毛坯图。根据零件图及查得的毛坯加工余量绘制毛坯图（略）。

2. 相关知识

（1）箱体的材料和毛坯种类

箱体类零件有复杂的内腔，应选用易于成形的材料和制造方法。箱体类零件的毛坯种类有焊接箱体、铸造箱体。毛坯的材料不同，所适用的毛坯种类也有所不同。

1）铸铁容易成形，切削性能好，价格低廉，并且有良好的耐磨性和减震性。箱体的材料大都选用 HT200～HT400 的各种牌号的灰铸铁，最常用的材料是 HT200。对于较精密的箱体类零件（如坐标镗床主轴箱），则选用耐磨铸铁，一些需要较高强度和要求较小体积、箱体壁厚较薄时，选用球墨铸铁。

2）对于某些简易机床的箱体类零件或小批、单件生产的箱体类零件，为了缩短毛坯制造周期和降低成本，可采用钢板焊接结构。材料牌号有 Q235A、35 等。

3）某些大负荷的箱体类零件有时也采用铸钢件毛坯，材料牌号有 ZGD270-480，ZG40Cr1 等。

4）在特定条件下，为了减轻重量，可采用镁铝合金或其他铝合金的压铸箱体毛坯，如ZL101 等。

（2）铸件尺寸公差与机械加工余量（摘自 GB/T 6414—2017）

1）基本概念。

① 铸件基本尺寸，指机械加工前的毛坯铸件的尺寸，包括必要的机械加工余量，如图 13-7 所示。

② 尺寸公差，指允许的尺寸变动量。尺寸公差等于最大极限尺寸与最小极限尺寸之代数差的绝对值；也等于上极限偏差与下极限偏差之代数差的绝对值。

③ 错型，指由于合型时错位，铸件的一部分与另一部分在分型面处相互错开，如图 13-8 所示。

④ 机械加工余量（RMA），指在毛坯铸件上，为了随后可用机械加工方法去除铸造对金属表面的影响，并使之达到要求的表面特征和必要的尺寸精度而留出的金属余量。对于圆柱形的铸件，应考虑双边余量，即 RMA 应加倍。如图 13-9 所示，对于外圆面进行机械加工时，RMA 与铸件其他尺寸之间的关系可由式（13-1）表示；如图 13-10 所示，对内腔进行

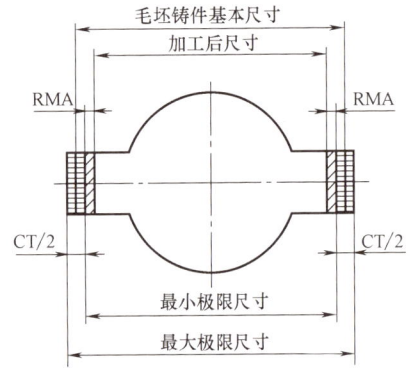

图 13-7 铸件基本尺寸与极限尺寸

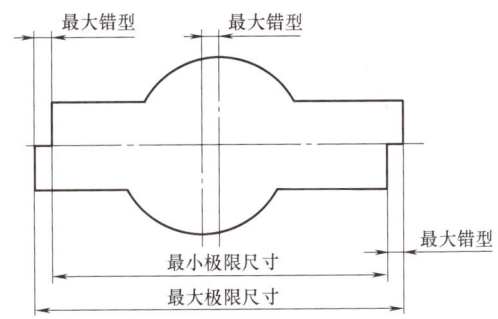

图 13-8 错型

机械加工时，RMA 与铸件其他尺寸之间的可由式（13-2）表示。

$$R = F + 2RMA = CT/2 \tag{13-1}$$
$$R = F - 2RMA = CT/2 \tag{13-2}$$

式中　R——铸件毛坯的基本尺寸；

　　　F——最终机械加工后的尺寸；

　　　CT——铸件公差。

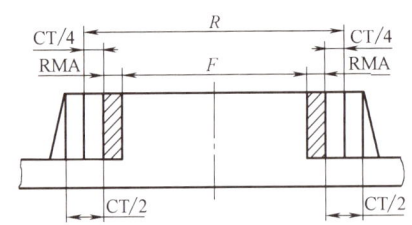

图 13-9 外圆面做机械加工 RMA 示意图

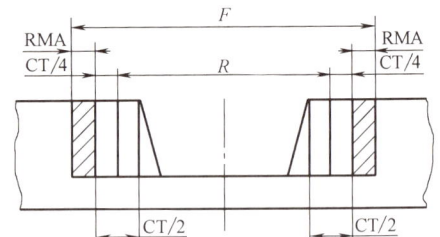

图 13-10 内腔做机械加工 RMA 示意图

2）公差等级。铸件公差有 16 级，代号为 CT1～CT16，常用的为 CT4～CT13。表 13-3 和表 13-4 列出了各种铸造方法通常能够达到的公差等级。

表 13-3 大批生产的毛坯铸件的公差等级

方　　法		公差等级 CT					
		钢	灰铸体	球墨铸铁	可锻铸铁	铜合金	锌合金
砂型铸造 手工造型		11～14	11～14	11～14	11～14	10～13	10～13
砂型铸造 机械造型和壳型		8～12	8～12	8～12	8～12	8～10	8～10
金属型铸造			8～10	8～10	8～10	8～10	7～9
压力制造						6～8	4～6
熔模 铸造	水玻璃	7～9	7～9	7～9		5～8	
	硅溶胶	4～6	4～6	4～6		4～6	

注：表中所列的公差等级是指在大批大量生产下，影响铸件尺寸精度的生产原因都满足要求时，铸件能够达到的公差等级。

对于大批重复生产方式，有可能通过精心调整和控制型芯位置的方法达到更精确的公差等级。

用砂型制造方法做小批、单件生产时，通过采用金属模样、研制开发装备及铸造工艺来减小加工误差的做法通常是不切实际的且不经济的。表13-4所示为适用于这种生产方式的公差等级。

表13-4　小批、单件生产毛坯的公差等级

方法	造型材料	公差等级CT					
		钢	灰铸铁	球墨铸铁	可锻铸铁	铜合金	轻金属合金
砂型铸造手工造型	黏土砂	13~15	13~15	13~15	13~15	13~15	11~13
	化学黏结剂砂	12~14	11~13	11~13	11~13	10~12	10~12

注：表中的数值一般适用于基本尺寸大于25mm的毛坯铸件。对于较小的尺寸，通常能保证较细的公差：基本尺寸≤10mm：精三级；基本尺寸为10~16mm：精二级；基本尺寸为16~25mm：精一级。

一般的铸件尺寸公差可由表13-5查出。

表13-5　铸件尺寸公差　　　　　　　（单位：mm）

毛坯铸件基本尺寸		铸件尺寸公差等级CT									
大于	至	4	5	6	7	8	9	10	11	12	13
	10	0.26	0.36	0.52	0.74	1	1.5	2	2.8	4.2	
10	16	0.28	0.38	0.54	0.78	1.1	1.6	2.2	3.0	4.4	
16	25	0.30	0.42	0.58	0.82	1.2	1.7	2.4	3.2	4.6	6
25	40	0.32	0.46	0.60	0.9	1.3	1.8	2.6	3.6	5	7
40	63	0.36	0.50	0.70	1	1.4	2	2.8	4	5.6	8
63	100	0.40	0.56	0.78	1.1	1.6	2.2	3.2	4.4	6	9
100	160	0.44	0.62	0.88	1.2	1.8	2.5	3.6	5	7	10
160	250	0.50	0.72	1	1.4	2	2.8	4	5.6	8	11
250	400	0.56	0.78	1.1	1.6	2.2	3.2	4.4	6.2	9	12
400	630	0.64	0.9	1.2	1.8	2.6	3.6	5	7	10	14

注：1. 在等级CT4~CT13中，对壁厚采用粗一级公差。

2. 对于不超过16mm的尺寸，不采用CT13~CT16的公差，对于这些尺寸应标注个别公差。

3）公差带的位置。除非另有规定，公差带相对于基本尺寸对称发布，即一半在基本尺寸之下，一半在基本尺寸之上（见图13-7）。

4）机械加工余量。

① 除非另有规定，机械加工余量应适用于整个毛坯铸件，即对所有待加工的表面只规定一个值，且该值应根据最终机械加工后成品铸件的最大轮廓尺寸，在相应的尺寸范围内选取。

铸件某一部位在铸态下的最大尺寸应不超过成品尺寸与要求的加工余量及铸造总公差之和（见图13-7、图13-9及图13-10）。

② 机械加工余量等级共有10级，称之为A、B、C、D、E、F、G、H、J和K级，其中

A、B级仅用于特殊场合。表13-6所示为C~K级的机械加工余量数值。推荐用于各种铸造合金和铸造方法的机械加工余量等级见表13-7，仅作为参考。

表 13-6　铸件机械加工余量表　　　　　　　（单位：mm）

最大尺寸[①]		机械加工余量等级							
大于	至	C	D	E	F	G	H	J	K
	40	0.2	0.3	0.4	0.5	0.5	0.7	1	1.4
40	63	0.3	0.3	0.4	0.5	0.7	1	1.4	2
63	100	0.4	0.5	0.7	1	1.4	2	2.8	4
100	160	0.5	0.8	1.1	1.5	2.2	3	4	6
160	250	0.7	1	1.4	2	2.8	4	5.5	8
250	400	0.9	1.3	1.4	2.5	3.5	5	7	10
400	630	1.1	1.5	2.2	3	4	6	9	12

① 最终机械加工后，铸件的最大轮廓尺寸。

表 13-7　铸造合金和铸造方法的机械加工余量等级表

方　　法	机械加工余量等级					
	钢	灰铸铁	球墨铸铁	可锻铸铁	铜合金	锌合金
砂型铸造 手工造型	C~K	F~H	F~H	F~H	F~H	F~H
砂型铸造 机械造型和壳型	F~H	E~G	E~G	E~G	E~G	E~G
金属型铸造		D~F	D~F	D~F	D~F	D~F
压力铸造					B~D	B~D
熔模铸造	E	E	E		E	

3. 箱体铸件毛坯形式与生产批量的关系

选择何种精度的铸件毛坯，选定多少加工余量，应根据生产批量来确定。

1）对于单件小批生产，一般采用木模手工造型。这种毛坯的精度低，加工余量大，其平面加工余量一般为7~12mm，孔在半径上的加工余量为8~14mm。

2）大批大量生产时，通过采用金属模机器造型，其毛坯的精度较高，加工余量可适当减小，平面加工余量5~10mm，孔在半径上的加工余量为7~12mm。

3）为了减少加工余量，单件小批生产直径大于50mm的孔，或成批生产直径大于30mm的孔时，一般都在毛坯上铸出预孔。

另外，在毛坯铸造时，应防止砂眼和气孔的产生；应使箱体类零件的壁厚尽量均匀，以减少毛坯制造时产生的残余应力。

13.1.3　箱体类零件工艺过程设计

下面介绍如何对附图1所示的主轴箱箱体零件进行工艺过程设计，主要任务是：合理地选择定位基准；针对主要加工表面选择一套合理的加工方法；合理地安排零件加工顺序。

1. 定位基准的选择

定位基准的选择将直接影响箱体类零件的位置精度和加工顺序，故定位基准的选择是与加工顺序的安排同步进行的。

（1）粗基准的选择　对于铸件毛坯，其尺寸及形状误差相对较大。根据粗基准的选择原则，以重要表面为基准，并保证各加工面有足够的加工余量。选择以孔 $\phi115J7$ 及 $\phi100J7$ 的轴线为粗基准，通过划线的方法确定第一道工序的加工面位置，尽量使各毛坯面的加工余量得到保证，即划线装夹，按线找正，加工即可。

（2）精基准的选择　根据精基准的四个原则和各重要表面的相互位置关系，选择如下主要的精基准：重要的轴承孔加工都是以 $\phi100J7$ 和 $\phi115J7$ 的公共轴线为基准，而孔 $\phi100J7$ 和 $\phi115J7$ 的公共轴线又和底面基准 A 和 $110^{+0.04}_{0}$ mm 定位槽的侧面基准 B 有平行度的要求，故选尺寸为 $100^{+0.04}_{0}$ mm 的底面槽侧面基准 B 和底面基准 A 为基准。

2. 加工方法的选择及加工阶段的划分

（1）加工方法的选择　加工方法的选择原则是，根据技术要求、零件材料、结构尺寸及生产类型等因素，选择既满足零件的加工要求，又高效、经济的加工方法。

附图1所示的主轴箱箱体材料为HT250，小批生产，主要加工面是轴承孔和平面（包括底面和槽）。平面加工方法有车削、刨削、铣削及磨削；孔的加工方法有车削、镗削及钻削等。但是，箱体类零件平面的加工较少使用车削方法，因为车床主要加工回转类工件，箱体类零件在车床上装夹定位不方便。根据各种加工方案的经济加工精度（查工艺手册），主要表面分别选择如下。

1）平面：顶面、底面、四个侧面及两凸缘面等。

2）孔：各个轴承孔（$\phi100^{+0.022}_{-0.013}$ mm、$\phi115^{+0.022}_{-0.013}$ mm、$\phi62^{+0.028}_{-0.018}$ mm、$\phi47^{+0.024}_{-0.015}$ mm、$\phi25^{+0.033}_{0}$ mm 及 $\phi30^{+0.033}_{0}$ mm）。

3）其他加工部分：螺纹孔、斜油孔等。

加工方案见表13-8。

表 13-8　主轴箱箱体各表面加工方案

加工表面	精密等级	表面粗糙度值 $Ra/\mu m$	加工方案
轴承孔（$2 \times \phi62$mm）	IT8	1.6	粗镗—半精镗—精镗
轴承孔（$\phi100$mm）	IT7	1.6	粗镗—半精镗—精镗
轴承孔（$\phi115$mm）	IT7	1.6	粗镗—半精镗—精镗
轴承孔（$\phi47$mm）	IT8	3.2	粗镗—半精镗—精镗
轴肩孔（$\phi80$mm）	IT12	6.3	粗镗—半精镗
轴肩孔（$\phi105$mm）	IT13	6.3	粗镗—半精镗
孔（$\phi25$mm）	IT8	3.2	钻—扩—铰
孔（$\phi30$mm）	IT8	3.2	钻—扩—铰
轴肩孔（$\phi40$mm）	IT13	12.5	粗镗
内凸缘面（30mm）	IT13	12.5	粗镗
内凸缘面（35mm）	IT13	12.5	粗镗
定位槽（110mm）	IT7	3.2	粗刨—半精刨—精刨

（续）

加工表面	精密等级	表面粗糙度值 Ra/μm	加工方案
底面	IT12	3.2	粗刨—半精刨—精刨
顶面	IT12	3.2	粗铣—半精铣—精铣
右侧面	IT12	3.2	粗铣—半精铣—精铣
左侧面	IT12	3.2	粗铣—半精铣—精铣
前侧面	IT12	6.3	粗铣—半精铣—精铣
后侧面	IT11	12.5	粗铣—半精铣
斜面	IT12	12.5	粗铣—半精铣

（2）加工阶段划分　加工阶段主要根据零件质量要求，结构尺寸及生产纲领来划分。此主轴箱箱体为小批量生产，可以不严格划分，这里根据以上各表面加工方案的选择，部分表面的精度和表面质量要求较高，因而将主轴箱零件的加工过程分成如下两个阶段：

粗加工阶段——去除表面上的大部分加工余量，为重要表面最终加工做好准备，同时穿插部分基准面的精加工，完成不重要表面的加工，如钻孔等。

精加工阶段——达到零件上各个表面的设计要求。

3. 加工工序的确定

（1）工序的集中和分散　选好加工方法，确定加工方案后，进行工序安排。工序的集中和分散也与生产类型有关，对于小批生产、外形结构比较复杂的主轴箱箱体，为减少装夹次数，方便生产组织，提高生产率，应使工序适当集中。

在附图1中，大平面粗加工采用铣削、底部槽采用刨削、同轴孔用镗削。确定工序时，每个表面的加工在同一个阶段应尽可能集中为一个工序。

（2）加工工序的安排　加工工序的安排遵循"先基准后其他、先主后次、先面后孔"的原则，根据前面对零件图的分析、定位基准的选择、加工方案的分析，工序安排如下。

1）加工基准平面。第一道切削加工工序以划线找正加工（分析见定位基准选择），先加工基准平面（底面）。但是，考虑底面是重要表面，且平面度要求较高，以毛坯顶面为安装面影响加工精度，所以先加工顶面，再以加工后的顶面为定位基准面，加工底面。

2）刨削定位槽。定位槽的侧面是重要的基准面，因而要安排在镗削轴承孔之前加工。

3）粗铣四侧面，粗镗轴承孔。考虑以平面为定位基准较以孔为基准定位装夹更为方便可靠，故安排四侧面加工位于轴承孔加工工序之前。

4）钻孔、攻螺纹。在精加工之前，完成钻孔等相对次要表面的加工程序，将轴承孔、底面等重要表面的最终加工安排在最后，保证加工后精度不受影响。对于各螺纹孔，钻孔、攻螺纹及倒角应一次装夹定位完成，应尽量在螺纹孔所在表面终加工完成后再钻孔。

5）精加工阶段。精加工阶段是底面、轴承孔及侧面的终加工，先加工基准平面，再加工孔。最后精加工工序有铣端面、镗通孔及镗阶梯孔等，因位置公差要求，应合并工序，一次装夹加工。

6）热处理。毛坯为铸件，铸造后需进行时效处理；铸件完成粗加工后、精加工前应再安排人工时效处理。

除了主要工序，还有检验，去毛刺等辅助工序，也要根据生产情况进行合理安排。

4. 拟订工艺路线

根据上述分析，拟订工艺路线，如图13-11所示。

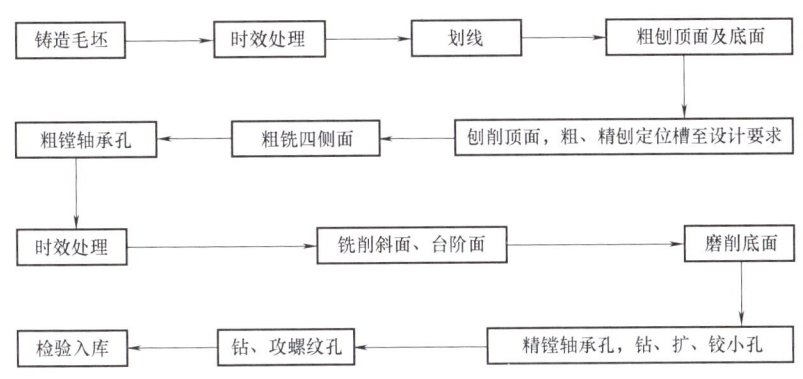

图13-11 主轴箱箱体工艺路线

5. 计算工序尺寸

查表得各道工序的经济精度及加工余量的基本数值，根据不同加工方法，在生产中参照有关企业手册或企业、行业标准来确定各道工序余量的基本数值及工序加工的经济精度；根据定位基准、工序基准、测量基准与设计基准，采用不同的计算方法计算出工序尺寸及公差。

如确定ϕ115mm轴承孔镗削加工的加工余量、工序尺寸和公差。

加工工序为粗镗—半精镗—精镗。毛坯的加工余量为22mm，半精镗的加工余量为1.3mm，精镗的加工余量为0.7mm。则粗镗余量

$$Z_{粗} = \left[22mm - (0.7mm + 1.3mm) \right] = 20mm$$

半精镗后基本尺寸 $\quad D_1 = 115mm - 0.7mm = 114.3mm$

粗镗后基本尺寸 $\quad D_2 = 114.3mm - 1.3mm = 113mm$

毛坯基本尺寸 $\quad D_3 = 113mm - 20mm = 93mm$

按各个工序的经济精度确定尺寸公差如下：

1）精镗：H7，查表得 $T_1 = 0.035mm$。

2）半精镗：H9，查表得 $T_2 = 0.087mm$。

3）粗镗：H12，查表得 $T_3 = 0.35mm$。

按"入体原则"表示各工序尺寸及公差（其中毛坯按"双向"标注）如下：

1）毛坯孔：$\phi(93 \pm 5)$ mm。

2）粗镗：$\phi 113^{+0.35}_{0}$ mm。

3）半精镗：$\phi 114.3^{+0.087}_{0}$ mm。

4）精镗：$\phi 115^{+0.022}_{-0.013}$ mm。

6. 相关知识

各种箱体类零件的工艺过程与箱体类零件的结构、精度要求和生产批量有密切的关系。一方面，箱体类零件的加工面主要为平面和孔系，且其结构复杂，壁厚不均匀，加工精度不易控制，在制订不同箱体类零件加工工艺时依据的原则有共同的特点。另一方面，由于箱体

类零件加工面多，加工余量大，为了提高生产率，稳定加工精度，在安排不同批量生产的工艺过程时，考虑问题的侧重点也会有所不同。

（1）拟订箱体类零件加工工艺的原则

1）加工顺序相同，先面后孔。先以孔为粗基准加工好平面，再以平面为基准加工孔，既能为孔的加工提供稳定可靠的精基准，有利于对刀、调整和装夹，同时也可保证孔的加工余量均匀。另外，先加工平面可以切去铸件表面的夹砂等缺陷，有利于保护刀具。

2）加工阶段划分相同，粗、精加工分开。进行大批生产时，重要的表面都划分为粗、精两个阶段，这样可减少或消除粗加工产生的内应力和切削热对加工精度的影响。同时，粗、精加工分开也可及时发现毛坯的缺陷，避免浪费。但在单件小批生产时，为减少设备数量和工件的运转次数，将粗、精加工安排在同一机床进行，只是在粗加工后将工件松开，使之应力释放，并得到冷却，然后再进行加工。

3）工序间均安排时效处理。箱体类零件结构复杂，壁厚不均，铸造、焊接后均有较大的残余应力。为防止工件在加工中变形，使箱体类零件的精度能长期保持稳定，需对箱体类零件进行消除内应力的时效处理。时效处理分自然时效处理和人工时效处理。采用自然时效处理效果好，但周期长，只适用于部分精度较高的箱体类零件。生产中，一般都采用人工时效处理。人工时效处理工艺规范为：加热至 $500\sim550℃$，保温 $4\sim6h$，冷却速度小于或等于 $30℃/h$，出炉温度小于 $200℃$。

对于普通精度的箱体，铸造后安排一次人工时效即可；而对于高精度的箱体或形状较复杂的箱体，粗加工后需再安排一次人工时效处理，以提高加工精度的稳定性。

（2）不同批量箱体加工的特点

1）粗基准的选择。小批量生产时，由于毛坯精度较低，一般采用划线找正装夹工件，以主轴孔为粗基准划线，保证主轴孔的加工余量均匀；大批生产时，直接以主轴孔为粗基准，通过专用夹具装夹工件。

2）精基准选择。小批量生产时，选择装配基准面为精基准，实现基准重合，便于加工安装；大批生产时，以底面及其上的两个工艺孔为精基准（一面二孔），实现基准统一。

（3）加工方法的选择

1）孔加工常用方法的特点。箱体上加孔的方法主要有钻削、镗削、铰削及研磨等。对精度为 IT6~IT7 的孔，一般可采用镗削或铰削的加工方法；加工大而浅的孔宜采用镗削的加工方法；加工小而深的孔宜采用铰削的加工方法。对于精度等级超过 IT6，表面粗糙值 $Ra<0.63\mu m$ 的高精度孔，还需要进行精细镗削或研磨加工。

2）平面加工常用方法的特点见表 13-9。

表 13-9　箱体类零件平面加工常用方法的特点

	刨　削	铣　削	磨　削
用途	主要用于箱体类零件平面加工及半精加工	主要用于箱体平面的粗加工及半精加工	主要用于生产批量较大时主要平面的精加工
特点	刨削刀具结构简单,机床调整方便,但生产率低	铣削生产率高于刨削,还可以采用组合铣对箱体各平面进行多刃、多面同时铣削,以提高生产率及保证平面间的相互位置精度	同样可采用组合磨削,提高生产率及保证平面间的相互位置精度
适用范围	适用于单件小批生产	多用于大批、大量生产,也可用于单件小批生产	主要用于大批生产

3）典型箱体类零件的加工方法和工艺路线。

① 平面：粗刨—精刨；粗刨—半精刨—磨削；粗铣—精铣，或粗铣—磨削（粗磨和精磨）。

② 精度等级为 IT6~IT7 的箱体孔：粗镗—半精镗—精镗—浮动镗。

③ 直径小于 50mm 的轴承孔：钻—扩—铰。

④ 箱体顶面紧固孔：采用盖板式钻模，在摇臂钻床上加工。

（4）孔的加工余量　常用孔的加工余量见表 13-10、表 13-11。

表 13-10　H7、H8、H9（基孔制）孔的加工余量　（单位：mm）

加工孔的直径	直径					加工孔的直径	直径				
	钻		用车刀镗以后	扩孔钻	粗铰	精铰 H7 或 H8、H9		钻		用车刀镗以后	扩孔钻	粗铰	精铰 H7 或 H8、H9
	第一次	第二次						第一次	第二次				
3	2.9	—	—	—	—	3	24	22.0	—	23.8	23.8	23.94	24
4	3.9	—	—	—	—	4	25	23.0	—	24.8	24.8	24.94	25
5	4.8	—	—	—	—	5	26	24.0	—	25.8	25.8	25.94	26
6	5.8	—	—	—	—	6	28	26.0	—	27.8	27.8	27.94	28
8	7.8	—	—	—	7.96	8	30	15.0	28	29.8	29.8	29.93	30
10	9.8	—	—	—	9.96	10	32	15.0	30.0	31.7	31.75	31.93	32
12	11.0	—	—	11.85	11.95	12	35	20.0	33.0	34.7	34.75	34.93	35
13	12.0	—	—	12.85	12.95	13	38	20.0	36.0	37.7	37.75	37.93	38
14	13.0	—	—	13.85	13.95	14	40	25.0	38.0	39.7	39.75	39.93	40
15	14.0	—	—	14.85	14.95	15	42	25.0	40.0	41.7	41.75	41.93	42
16	15.0	—	—	15.85	15.95	16	45	25.0	43.0	44.7	44.75	44.93	45
18	17.0	—	—	17.85	17.94	18	48	25.0	46.0	47.7	47.75	47.93	48
20	18.0	—	19.8	19.8	19.94	20	50	25.0	48.0	49.7	49.75	49.93	50
22	20.0	—	21.8	21.8	21.94	22	60	30	55.0	59.5	—	59.9	60

注：1. 在铸铁上加工直径小于 15mm 的孔时，不用扩孔、镗孔的加工方式。

2. 在铸铁上加工直径为 30mm、32mm 的孔时，仅用直径为 28mm、30mm 的钻头各钻一次。

3. 如果仅用铰一次孔，则铰孔的加工余量为本表中的粗铰与精铰加工余量的总和。

表 13-11　预先铸出或冲出的孔加工至 IT7 或 IT8、IT9 时的加工余量（单位：mm）

加工孔的直径	直径					
	粗镗		半精镗		精镗	精细镗 H6 或 H8、H9
	第一次	第二次	镗后直径	按照 H11 公差		
30	—	28.0	29.5	+0.13	29.93	30
32	—	30.0	31.5	+0.16	31.93	32
35	—	33.0	34.5	+0.16	34.93	35
38	—	36.0	37.5	+0.16	37.93	38
40	—	38.0	39.5	+0.16	39.93	40
42	—	40.0	41.5	+0.16	41.93	42

（续）

加工孔的直径	直径					
	粗镗		半精镗		精镗	精细镗 H6 或 H8、H9
	第一次	第二次	镗后直径	按照 H11 公差		
45	—	43.0	44.5	+0.16	44.93	45
48	—	46.0	47.5	+0.16	47.93	48
50	45	48.0	49.5	+0.16	49.93	50
52	47	50.0	51.5	+0.19	51.92	52
55	51	53.0	54.5	+0.19	54.92	55
58	54	56.0	57.5	+0.19	57.92	58
60	56	58.0	59.5	+0.19	59.92	60
62	58	60.0	61.5	+0.19	61.92	62
65	61	63.0	64.5	+0.19	64.92	65
68	64	66.0	67.3	+0.19	67.8	68
70	66	68.0	69.3	+0.19	69.8	70
72	68	70.0	71.3	+0.19	71.8	72
75	71	73.0	74.3	+0.19	74.8	75
78	74	76.0	77.3	+0.19	77.8	78
80	75	78.0	79.3	+0.19	79.8	80
82	77	80.0	81.3	+0.22	81.8	82
85	80	83.0	84.3	+0.22	84.8	85
88	83	86.0	87.3	+0.22	87.8	88
90	85	88.0	89.3	+0.22	89.8	90
92	87	90.0	91.3	+0.22	91.8	92
95	90	93.0	94.3	+0.22	94.8	95
98	93	96.0	97.3	+0.22	97.8	98
100	95	98.0	99.3	+0.22	99.8	100
105	100	103.0	104.3	+0.22	104.8	105
110	105	108.0	109.3	+0.22	109.8	110
115	110	113.0	114.3	+0.22	114.8	115
120	115	118.0	119.3	+0.22	119.8	120
125	120	123.0	124.3	+0.25	124.8	125
130	125	128.0	129.3	+0.25	129.8	130
135	130	133.0	134.3	+0.25	134.8	135

（续）

加工孔的直径	直　　径					
	粗镗		半精镗		精镗	精细镗 H6 或 H8、H9
	第一次	第二次	镗后直径	按照 H11 公差		
140	135	138.0	139.3	+0.25	139.8	140
145	140	143.0	144.3	+0.25	144.8	145
150	145	148.0	149.3	+0.25	149.8	150
155	150	153.0	154.3	+0.25	154.8	155
160	155	158.0	159.3	+0.25	159.8	160
165	160	163.0	164.3	+0.25	164.8	165
170	165	168.0	169.3	+0.25	169.8	170
175	170	173.0	174.3	+0.25	174.8	175
180	175	178.0	179.3	+0.25	179.8	180
185	180	183.0	184.3	+0.29	184.8	185
190	185	188.0	189.3	+0.29	189.8	190
195	190	193.0	194.3	+0.29	194.8	195
200	194	197.0	199.3	+0.29	199.8	200

注：1. 如果仅铰削一次孔，则铰孔的加工余量为粗铰与精铰加工余量之和。

2. 如果铸出的孔有最大加工余量，则第一次粗镗可以分成两次或多次进行。

13.2　箱体类零件工艺规程编制

13.2.1　箱体类零件加工工艺分析

1. 主轴箱零件工艺分析

附图 1 所示的 LK32-20011 主轴箱箱体零件的机械加工工艺路线为：人工时效处理→划线→粗铣（粗刨）平面→粗镗孔→精加工平面→精加工孔→加工小孔及螺纹孔，这是一个通用的工艺过程。机械加工工艺在不同的生产环境（设备）下，可以有多种形式，最终结果能够满足图样要求即可。编制工艺过程最重要的是理论与实际相结合。在企业实际加工时，要平衡各工序的加工能力，在加工 LK32-20011 主轴箱箱体零件时，企业根据各工序的加工能力，经常要修改工艺过程。

根据机械加工工艺的主线，细化每个过程的加工，如粗铣（粗刨）平面，先加工哪个平面，后加工哪个平面，哪些平面粗加工后不需要再加工，哪些平面粗加工后还需进行精加工等。加工平面的原则为：先加工粗基准，再加工精基准。一般与精加工无关的平面在粗加工后就不再加工，或将它放在精加工的过程中加工。如 LK32-20011 主轴箱，先加工顶面 $Ra3.2\mu m$ 平面，这是加工底面用的基准面，其他面加工时与它关系不大，所以在半精加工后，就不再精加工了。底面既是设计基准，又是装配基准，更是加工其他各面的定位基准，以前要求表面要进行刮研，一般刮研的要求为 8~10 点/25mm×25mm。但随着设备精度的提高，企业实际采用以磨代刮的工艺，大大提高了工艺效率。将平面的加工分成粗加工和精加工两个阶段，粗加工又分成粗车和粗刨。粗车是为了与加工顶面结合，一般在机械加工过程中，车削加工的效率相对较高，再加上顶面本身是车削加工的，所以采用粗车加工底面是合理的。在编制工艺过程中，应尽量做到工序集中，减少工序数量，以减少半成品的积压，缩短加工周期。底面和底面定位槽加工完成后，再加工四周面。一般主轴箱箱体前后端面的加工精度会影响粗镗孔的加工，所以应先加工前后端面。但在该产品中，前后端面与轴承孔的要求不是很密切，可在铣四周面时直接加工完成，不分粗、精加工。接下来再粗镗轴承孔，精加工底面和其他表面，精镗各孔，以及钻削各小孔和各螺纹孔，各小孔及螺纹孔是以各自的平面或圆柱孔定位的，一般都放在最后加工。LK32-20011 主轴箱箱体细化后的工艺路线为：毛坯→人工时效处理→划线→粗车上、下平面→粗刨底面及底面定位槽→铣四周面→粗镗各轴承孔→精磨底面→铣斜面→铣上平面的凹面→精镗三组轴承孔→精镗正面二组孔→钻各小孔及螺纹孔。

2. 相关知识

（1）箱体孔系加工　箱体上一系列有相互位置精度要求的孔称为孔系。孔系可分为平行孔系、同轴孔系和交叉孔系，图 13-12a 为平行孔系；图 13-12b 为同轴孔系；图 13-12c 为交叉孔系。孔系加工不仅孔本身的精度要求高，而且孔距精度和相互位置精度也要求高，因此是箱体加工的关键。

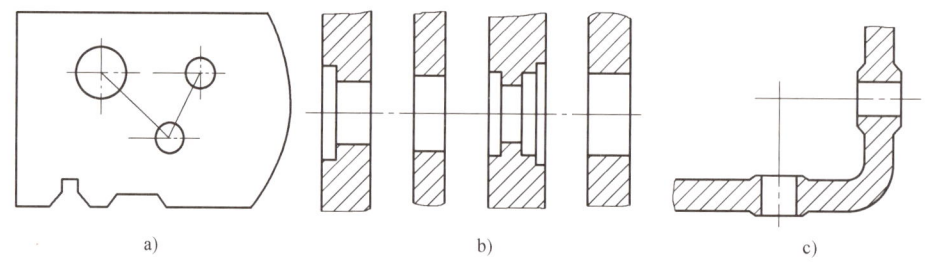

a) b) c)

图 13-12　孔系分类

1）平行孔系加工。平行孔系的主要技术要求是：保证各平行孔轴心线之间以及轴心线与基面之间的尺寸精度和位置精度。下面介绍保证孔距精度的三种加工方法。

① 找正法。

a. 划线找正法。加工前在毛坯上按图样要求划出各孔的加工位置线，加工时按划线找正进行，效率低、误差大，孔距精度仅为 ±0.3mm，一般用于单件小批量生产中孔距精度要求不高的孔系加工。为了提高划线找正精度，可以结合试切法进行。即先按划线找正加工出一个孔，然后按划线将机床主轴调到第二个孔中心，试切出一个比图样尺寸小的孔，测量两孔的实际孔心距，若不符合图样要求，则根据测量结果调整主轴，再进行试切、测量，调整。循环进行上述工作，直到满足图样要求，这样孔距精度可达到 0.08~0.25mm。

b. 心轴和块规找正法。如图 13-13 所示，将精密心轴插入镗床主轴孔内，然后根据孔与定位基面的距离用块规、塞尺校正主轴位置，镗第一排孔；镗第二排孔时，将心轴插入已加工孔及镗床主轴孔内，采取相同的方法找正、镗孔。用此方法可使孔距精度达到 ±0.03mm，但生产率低，仅适用于单件小批量生产。

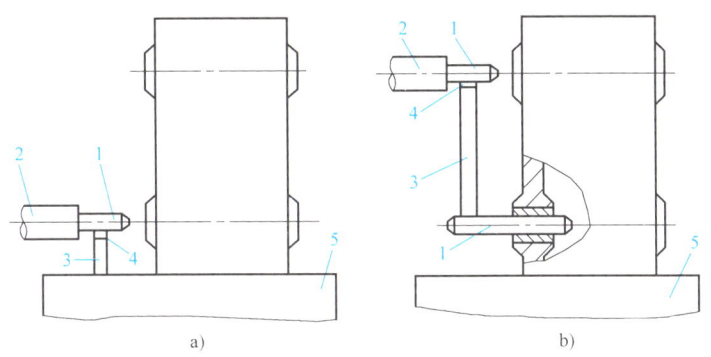

图 13-13 用心轴和块规找正
a）第一工位 b）第二工位
1—心轴 2—镗床主轴 3—块规 4—塞尺 5—镗床工作台

c. 样板找正法。如图 13-14 所示，按箱体的孔系关系制造出相应样板 1。样板厚 10～20mm，孔距精度较实际工件孔距精度高（一般为 ±0.01mm）；样板孔径较工件的孔径大以便镗杆通过；样板孔的直径精度要求不高，但要有较高的几何形状精度和较小的表面粗糙度值。使用时将样板准确地装到工件上，在机床主轴上装上一个千分表 2，按样板逐个找正主轴位置，换上镗刀即可加工。此法加工中不易出错，找正迅速，孔距精度可达 ±0.05mm，且

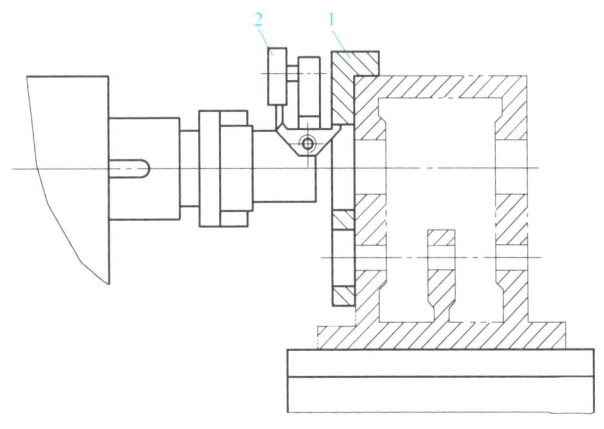

图 13-14 样板找正法
1—样板 2—千分表

样板成本低，仅为镗模成本的 1/7～1/9，常用于小批量大型箱体的加工。

② 坐标法。坐标法镗孔是将被加工孔系间的孔距尺寸，换算为两个相互垂直的坐标尺寸，然后在机床设备上借助测量装置，调整机床主轴与工件在水平与垂直方向的相对位置，来保证孔距精度的一种镗孔方法。

显然，加工前先需将图样上的孔距尺寸的公差换算为以主轴中心为原点的相互垂直的坐标尺寸及公差（借助三角几何关系及工艺尺寸链规律即可算出）。目前已有相应的坐标转换计算程序，也可以借助计算机完成该项工作。

坐标法镗孔的加工精度取决于机床的坐标位移精度。

采用坐标加工孔系的机床有两类：一类是具有较高位移、定位精度及测量装置的坐标控制机床，如坐标镗床、数控铣床、加工中心等，这类机床本身具有精确的坐标测量系统，可以很方便地采用坐标法加工精度较高的孔系。另一类是没有精密坐标位移装置及测量装置的普通机床，如普通镗床、落地镗床、铣床等，这类机床应采用以下方法保证位移精度。

a. 百分表与块规测量装置。图 13-15 为在普通镗床上用百分表 1 和块规 2 调整主轴垂直坐标

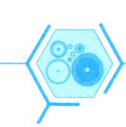

和工作台水平坐标的示意图，位置精度可达±(0.02~0.04)mm。该法难度大且效率低，仅用于单件小批量生产。

b. 加装精密测量装置。这种方法提高了机床运动部件位移测量精度，应用较广。具体多为在机床上加装一套由金属线纹尺和光学读数头组成的精密长度测量装置。该装置操作方便，精度较高，光学读数头的读数精度为0.011mm，可将普通镗床的位移定位精度提高到±0.02mm左右，因此是一种经济实用的工艺方法。

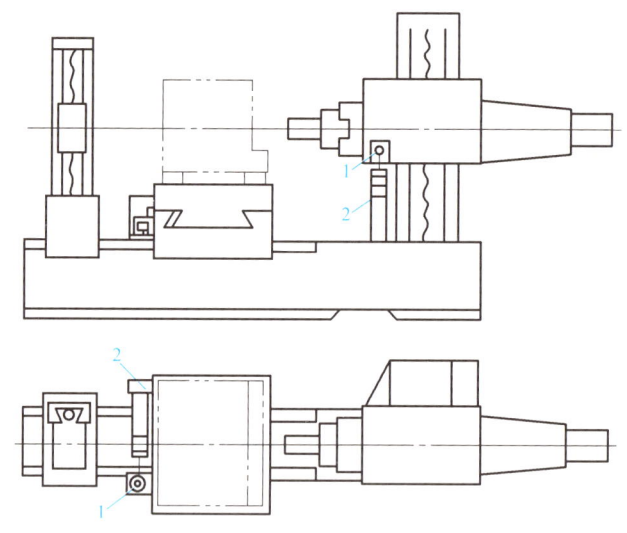

图13-15 在普通镗床上用坐标法加工孔系
1—百分表 2—块规

采用坐标法加工孔系时，应特别注意基准孔和镗孔顺序。因为孔距精度是靠坐标尺寸间接保证的，坐标尺寸的累积误差必然会影响孔距精度。基准孔应选择本身尺寸精度高、表面粗糙度值小的孔（一般为主轴孔），以便在加工过程中便于校验其坐标尺寸。有孔距精度要求的两孔应连在一起加工，以减少累积误差；加工尽量使工作台朝同一方向移动，避免工作台多次往复产生的累积误差。

③ 镗模法。镗模法加工孔系是利用镗模板上的孔系保证工件上孔系位置精度的一种方法。如图13-16所示，工件装在镗模上，镗杆被支承在镗模的导套里，由导套引导镗杆在工件的

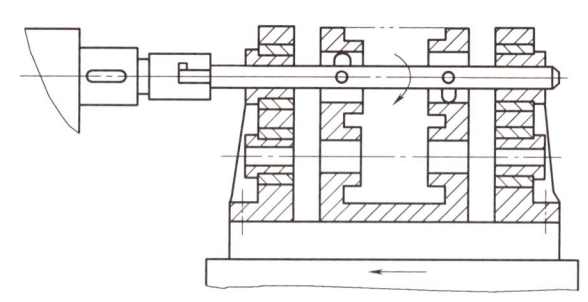

图13-16 用镗模加工孔系

正确位置上镗孔。当用两个或两个以上的支架来引导镗杆时，镗杆与机床主轴浮动连接，机床精度对加工精度的影响很小，孔距精度主要取决于镗模的制造精度。

镗模法加工孔系时镗杆刚度大大提高，有利于多刀同时切削，定位夹紧迅速，节省了调整、找正的时间，生产率高，广泛应用于成批及大量生产过程，但由于镗模自身存在制造误差，导套与镗杆之间存在间隙与磨损，因此孔系的加工精度不会很高，孔距精度一般为±0.05mm，同轴度和平行度从一端加工时可达0.02~0.03mm；当分别从两端加工时可达0.04~0.05mm。此外，镗模的精度高、制造周期长、成本高，对于大型箱体较少采用镗模法。用镗模法加工孔系，既可以在通用机床上加工，也可在专用机床或组合机床上加工。

2）同轴孔系加工。同轴孔系加工主要要保证各孔的同轴度精度。在使用镗模的成批生产中，这一精度由镗模保证。对于单件小批量生产，其同轴度精度可用下面几种方法保证。

① 利用已加工孔作支承导向。如图13-17所示，当箱体前壁上的孔加工完毕后，在孔内装一导向套，支承和引导镗杆加工后壁上的孔，以保证两孔的同轴度要求，这种方法适用

于加工箱壁相距较近的同轴线孔。

② 利用镗床后立柱上的导向套支承导向。这种方法镗杆为两端支承，刚性好，但调整麻烦，镗杆较长，只适用于加工大型箱体。

③ 采用调头镗法。当箱体箱壁上的两孔相距较远时，宜采用调头镗。即工件一次装夹完，镗好一端的孔后，将镗床工作台回转 180°，镗另一端的同轴孔。该方法不用夹具和长镗杆，准备周期短，镗杆悬伸长度短，刚性好，但调整工作台回转后会带来误差。该误差调整方法如下：镗孔前用装在镗杆

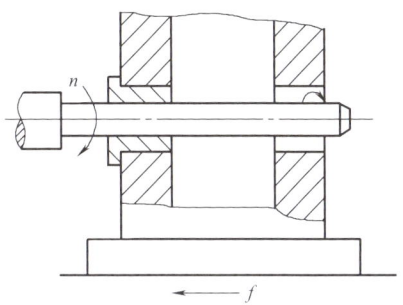

图 13-17　利用已加工孔导向

上的百分表在箱体上与所镗孔轴线平行的工艺基面进行校正，使其和镗杆轴线平行，如图 13-18a 所示。当完成 A 壁上的孔加工后，工作台回转 180°，并用镗杆上的百分表沿此平面重新校正，如图 13-18b 所示。再以工艺基面为测量基准，使镗杆轴线与 A 壁上的孔轴线重合，再镗箱体 B 壁上的孔。

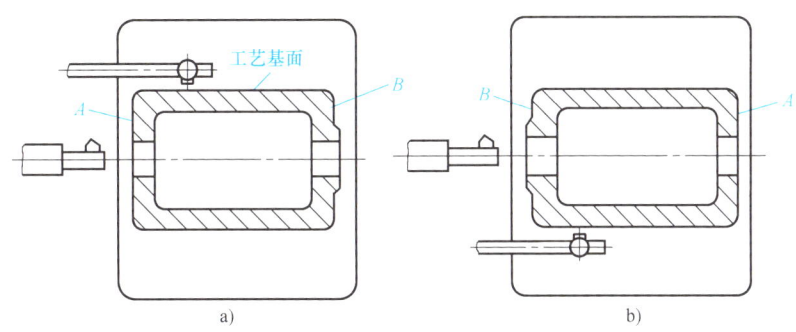

图 13-18　调头镗对工件的校正

3）交叉孔系的加工。交叉孔系加工的主要技术要求是控制相关孔的垂直度。在单件小批量生产时采用找正法。如图 13-19 所示，在已加工的孔中插入心轴，然后将工作台旋转 90°，移动工作台并用百分表找正。在成批生产时一般采用镗模法，垂直度主要由镗模保证。

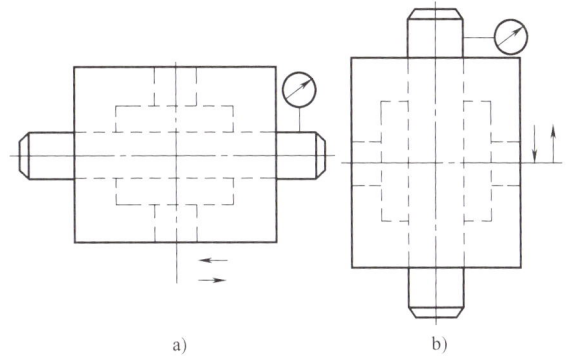

图 13-19　找正法加工交叉孔系

（2）箱体的平面加工　平面加工有刨削、铣削、拉削及磨削等方法。刨削和铣削常用作平面的粗加工和半精加工，而磨削则用作平面的精加工。此外还有刮研、研磨、超精加工及抛光等光整加工方法。箱体平面的粗加工和半精加工常选择铣削和刨削加工。

13.2.2　主轴箱箱体的工艺规程

表 13-12、表 13-13 为主轴箱箱体机械加工工艺过程卡片；表 13-14～表 13-24 为主轴箱箱体机械加工工序卡片。

表 13-12　机械加工工艺过程卡片（一）

机械加工工艺过程卡片		产品型号	LK-32	零件图号	20011	共 2 页	第 1 页
		产品名称	数控车床	零件名称	主轴箱箱体		

材料牌号	HT250	毛坯种类	铸件	毛坯外形尺寸		每毛坯可制件数	1	每台件数	1	备注	

工序号	工序名称	工序内容	车间	工段	设备	工艺装备	工时（准终）	工时（单件）
10	木	按铸造工艺要求制模	铸	木				
20	铸	造型,浇注,清砂,去披峰	铸					
30	热	人工时效处理	铸					
40	漆	非加工面除锈,并涂红丹底漆	铸					
50	划线	见划线工序卡片	金					
60	粗车	见车加工工序卡片	金		C512A			
70	龙刨	见龙刨加工工序卡片	金		B2010A			
80	铣端面	见铣端面加工工序卡片	金		端面铣床			
90	粗镗	见粗镗加工工序卡片	金		T618			

				设计（日期）	审核（日期）	标准化（日期）	会签（日期）
标记	处数	更改文件号	签字	日期			
标记	处数	更改文件号	签字	日期			

描图

描校

底图号

装订号

表 13-13 机械加工工艺过程卡片（二）

机械加工工艺过程卡片		产品型号	LK-32	零件图号	20011		共 2 页	第 2 页
		产品名称	数控车床	零件名称	主轴箱箱体			
材料牌号	HT250	毛坯种类	铸件	毛坯外形尺寸		每毛坯可制件数	1	每台件数	1	备注	
工序号	工序名称	工序内容		车间	工段	设备	工艺装备		工序工时	
									终准	单件
100	平磨	见平磨加工工序卡片		金		M7140H				
110	铣斜面	见铣斜面加工工序卡片		金		X63WT	X02/LK32-20011			
120	铣	见铣削加工工序卡片		金		LXK714				
130	精镗	见精镗加工工序卡片		金		专用镗床				
140	镗	见镗削加工工序卡片		金		UN10N	Z01/LK32-20011			
150	钻	见钻削加工工序卡片		金		ZW3725	Z03/LK32-20011 Z04/LK32-20011			
160	检	综合检查，其余螺孔待装配前配作加工。								
170	入库	清洗、上油								
						设计（日期）	审核（日期）	标准化（日期）	会签（日期）	
标记	处数	更改文件号	签字	日期	标记	处数	更改文件号	签字	日期	
描图										
描校										
底图号										
装订号										

表13-14　机械加工工序卡片

机械加工工序卡片（工序50）

机械加工工序卡片		产品型号	LK-32	零件图号	20011		共11页	第1页
		产品名称	数控车床	零件名称	主轴箱箱体		材料牌号	HT250

车间	工序号	工序名称		每毛坯可制件数	每台件数
金工	50	划线		1	1

毛坯种类	毛坯外形尺寸		同时加工件数
铸件			1

设备名称	设备型号	设备编号	同时加工件数

夹具编号	夹具名称

工位器具编号	工位器具名称	切削液

工步号	工步内容	工艺装备	主轴转速 /r·min⁻¹	切削速度 /m·min⁻¹	进给量 /mm·r⁻¹	切削深度 /mm	进给次数	工步工时 机动	工步工时 辅助
1	以φ115mm毛坯孔为基准，找正，垫平。兼顾尺寸20mm。划出底面加工线，并打样冲眼								
2	以底面加工线为基准，划出顶面加工线（兼顾尺寸18mm），打上冲眼								

				设计（日期）	审核（日期）	标准化（日期）	会签（日期）

描图							
描校							
底图号							
装订号							

标记	处数	更改文件号	签字	日期	标记	处数	更改文件号	签字	日期

(图中尺寸：335、20、20、275、168、135、110、81、φ115、355、4)

表 13-15 机械加工工序卡片（工序 60）

机械加工工序卡片

| 产品型号 | LK-32 | 零件图号 | 20011 | | 共 11 页 | 第 2 页 |
| 产品名称 | 数控车床 | 零件名称 | 主轴箱体 | | 材料牌号 | HT250 |

| 车间 | 工序号 | 工序名称 | 毛坯外形尺寸 | 每毛坯可制件数 | 每台件数 |
| 金工 | 60 | 粗车 | | 1 | |

| 毛坯种类 | 设备名称 | 设备型号 | 设备编号 | 同时加工件数 |
| 铸件 | 立式车床 | C512A | | 1 |

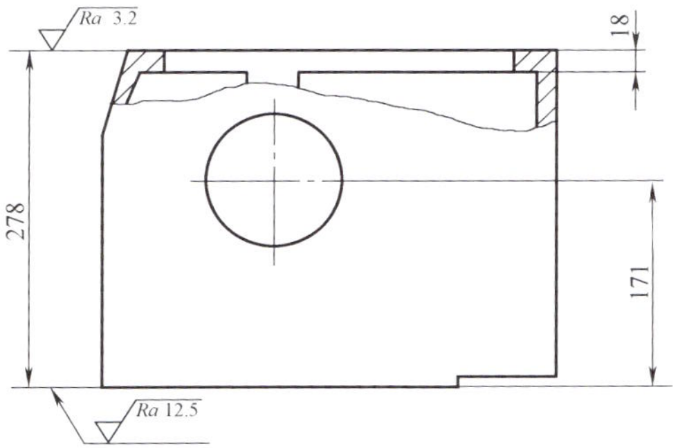

| 夹具编号 | 夹具名称 | | 切削液 |
| | | | |

| 工位器具编号 | 工位器具名称 | | 工序工时 |
| | | | 终准 | 单件 |

工步号	工步内容	工艺装备	主轴转速 /r·min⁻¹	切削速度 /m·min⁻¹	进给量 /mm·r⁻¹	切削深度 /mm	进给次数	工步工时 机动	工步工时 辅助
1	将底面放平在工作台上，用划针盘找平四周 线条互平，夹紧、车顶面至工序简图尺寸								
2	翻转工件，将顶面平放在工作台上，夹紧， 粗车底面至工序简图尺寸								

| | | | 设计（日期） | 审核（日期） | 标准化（日期） | 会签（日期） |
| 标记 | 处数 | 更改文件号 | 签字 | 日期 | 标记 | 处数 | 更改文件号 | 签字 | 日期 |

描图

描校

底图号

装订号

表13-16　机械加工工序卡片（工序70）

机械加工工序卡片

	产品型号	LK-32	零件图号	20011		共11页	第3页
	产品名称	数控车床	零件名称	主轴箱体		材料牌号	HT250

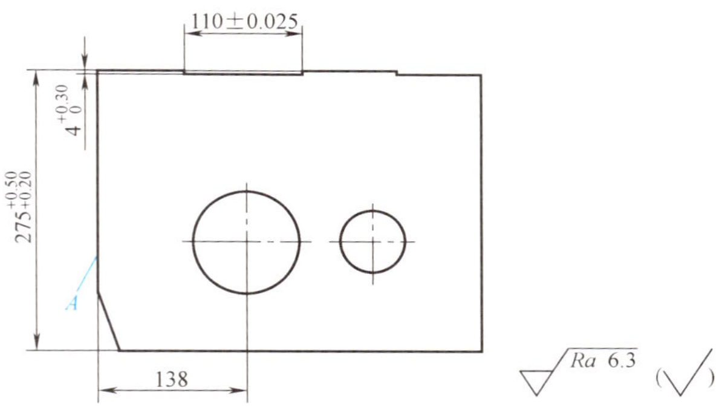

车间	工序号	工序名称	每台件数
金工	70	龙刨	1

毛坯种类	毛坯外形尺寸	每毛坯可制件数	同时加工件数
铸件		1	1

设备名称	设备型号	设备编号	切削液
龙刨	B2010A		

| 夹具编号 | 夹具名称 | | 工序工时 |
| 工位器具编号 | 工位器具名称 | 终准 | 单件 |

图尺寸 $275^{+0.50}_{+0.20}$　$4^{+0.30}_{0}$　110 ± 0.025　138

√Ra 6.3 （√）

工步号	工步内容	工艺装备	主轴转速 /r·min⁻¹	切削速度 /m·min⁻¹	进给量 /mm·r⁻¹	切削深度 /mm	进给次数	工步工时 机动 辅助

工件6件一组以顶面放平在工作台上，按线校正、夹紧，刨底面及110mm定位槽至工序简图尺寸

			设计（日期）	审核（日期）	标准化（日期）	会签（日期）

| 标记 | 处数 | 更改文件号 | 签字 | 日期 | 标记 | 处数 | 更改文件号 | 签字 | 日期 |

描图　描校　底图号　装订号

表 13-17 机械加工工序卡片

机械加工工序卡片（工序80）

机械加工工序卡片	产品型号	LK-32	零件图号	20011		共 11 页	第 4 页
	产品名称	数控车床	零件名称	主轴箱体		材料牌号	HT250

车间	工序号	工序名称	毛坯外形尺寸	每毛坯可制件数	每台件数
金工	80	铣端面			

毛坯种类	设备名称	设备型号	设备编号	同时加工件数
铸件	端面铣床	自制专机		1

夹具编号	夹具名称	切削液

工位器具编号	工位器具名称	工序工时	
		准终	单件

工步号	工 步 内 容	工 艺 装 备	主轴转速 /r·min⁻¹	切削速度 /m·min⁻¹	进给量 /mm·r⁻¹	切削深度 /mm	进给次数	工步工时	
								机动	辅助
1	工件以底面放在铣夹具中,槽侧面靠 2 靠实定位块底面,压紧工件,铣尺寸 355mm 两侧面,控制 135mm,30mm 两尺寸	X01/LK32-20011 定位块							
2	工件以底面为基准,放在夹具中,A 面靠实夹具上两定位面,压紧工件,铣尺寸 335mm 两侧面,控制两端壁厚 35mm,30mm 两尺寸	X02/LK32-20011							

				设计（日期）	审核（日期）	标准化（日期）	会签（日期）
标记	处数	更改文件号	签字	日期	标记	处数	更改文件号	签字	日期

描图

描校

底图号

装订号

尺寸标注：35、80、330、80、Ra 3.2、Ra 12.5、30、3、355、135、Ra 6.3

表 13-18　机械加工工序卡片（工序 90）

机械加工工序卡片	产品型号	LK-32	零件图号	20011		
	产品名称	数控车床	零件名称	主轴箱箱体	共 11 页	第 5 页

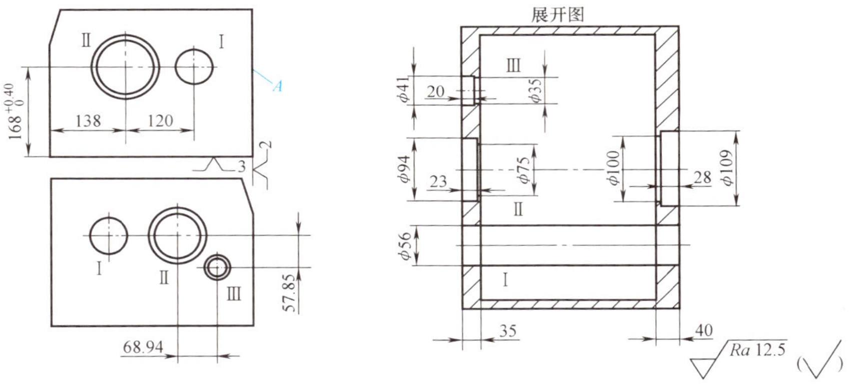

车间	工序号	工序名称	材料牌号
金工	90	粗镗	HT250
毛坯种类	毛坯外形尺寸	每毛坯可制件数	每台件数
铸件		1	1
设备名称	设备型号	设备编号	同时加工件数
镗床	T618		

夹具编号	夹具名称	切削液	
工位器具编号	工位器具名称	工序工时	
		终准	单件

工步号	工步内容	工艺装备	主轴转速/r·min^{-1}	切削速度/m·min^{-1}	进给量/mm·r^{-1}	切削深度/mm	进给次数	工步工时 机动	工步工时 辅助
1	工作台上放两个定位块，测量定位块面与工作台纵向导轨的平行度，其值≤0.10mm时，压紧两定位块	定位块							
2	工件以底面为基准，放在工作台上，*A* 面靠实两定位块面，压紧工件，按工序简图粗镗各孔至要求尺寸								

描图	
描校	
底图号	
装订号	

										设计（日期）	审核（日期）	标准化（日期）	会签（日期）
标记	处数	更改文件号	签字	日期	标记	处数	更改文件号	签字	日期				

表 13-19 机械加工工序卡片

机械加工工序卡片（工序100）

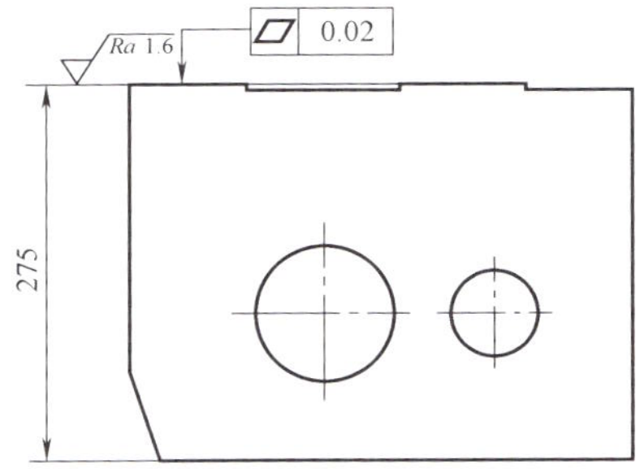

产品型号	LK-32	零件图号	20011		共 11 页	第 6 页
产品名称		零件名称	主轴箱箱体	材料牌号		HT250

工件顶面吸工作台面，校正，平磨底面至工序简图要求

表13-20 机械加工工序卡片（工序110）

机械加工工序卡片

	产品型号	LK-32	零件图号	20011		共11页	第7页
	产品名称	数控车床	零件名称	主轴箱体		材料牌号	HT250

车间	工序号	工序名称	每台件数
金工	110	铣斜面	1

毛坯种类	毛坯外形尺寸	每毛坯可制件数	同时加工件数
铸件		1	1

设备名称	设备型号	设备编号	夹具编号	夹具名称	切削液
立铣	X63WT				

工位器具编号	工位器具名称	工序工时	
		终准	单件

√Ra 12.5 15° 207.4 √3 √2

工步号	工步内容	工艺装备	主轴转速 /r·min⁻¹	切削速度 /m·min⁻¹	进给量 /mm·r⁻¹	切削深度 /mm	进给次数	工步工时	
								机动	辅助
	工具置于铣夹具中压紧，按工序简图铣至尺寸要求	X02/LK32-20011							

	设计（日期）	审核（日期）	标准化（日期）	会签（日期）
描图				
描校				
底图号				
装订号				

标记	处数	更改文件号	签字	日期	标记	处数	更改文件号	签字	日期

表 13-21　机械加工工序卡片（工序 120）

机械加工工序卡片

		产品型号	LK-32	零件图号	20011	共 11 页	第 8 页
		产品名称	数控车床	零件名称	主轴箱箱体	材料牌号	HT250

$\sqrt{Ra\,12.5}$ ($\sqrt{}$)

车间	工序号	工序名称	材料牌号
金工	120	铣	HT250

毛坯种类	毛坯外形尺寸	每毛坯可制件数	每台件数
铸件		1	1

设备名称	设备型号	设备编号	同时加工件数
数控铣床	LXK714		1

夹具编号	夹具名称	切削液

工位器具编号	工位器具名称	工序工时
		准终　单件

工步号	工步内容	工艺装备	主轴转速 /r·min⁻¹	切削速度 /m·min⁻¹	进给量 /mm·r⁻¹	切削深度 /mm	进给次数	工步工时 机动　辅助
	工件以底面为基准，放在工作台上，$\sqrt{}$ 2 靠实两定位块面，压紧工件，按工序简图铣 至各尺寸要求							

			设计（日期）	审核（日期）	标准化（日期）	会签（日期）		
标记	处数	更改文件号	签字	日期	标记	处数	更改文件号	签字　日期

描图　描校　底图号　装订号

表 13-22　机械加工工序卡片（工序 140）

机械加工工序卡片

	产品型号	LK-32	零件图号	20011	共 11 页	第 9 页
	产品名称	数控车床	零件名称	主轴箱箱体	材料牌号	HT250

车间	工序号	工序名称	毛坯种类	毛坯外形尺寸	每毛坯可制件数	每台件数	同时加工件数
金工	140	镗	铸件		1		

设备名称	设备型号	设备编号	同时加工件数
镗床	UN10N		1

夹具编号	夹具名称		切削液

工位器具编号	工位器具名称		工序工时
			终准　单件

工步号	工步内容	工艺装备	主轴转速 /r·min⁻¹	切削速度 /m·min⁻¹	进给量 /mm·r⁻¹	切削深度 /mm	进给次数	工步工时 机动	工步工时 辅助
1	工作台放两个定位块，用百分表测两个定位块侧面与工作台导轨的平行度误差．误差值≤0.015mm 时，压紧定位块	定位块							
2	将工件底面清理干净，以底面为基准，将工件横放在工作台上，侧面靠实两个定位块面，压紧工件，按工序简图要求钻削、扩削、铰削至尺寸要求．孔口倒角 C1								

			设计（日期）	审核（日期）	标准化（日期）	会签（日期）

描图						
描校						
底图号						
装订号						

标记	处数	更改文件号	签字	日期	标记	处数	更改文件号	签字	日期

表13-23 机械加工工序卡片（工序150，工步1、2）

机械加工工序卡片

	产品型号	LK-32	零件图号	20011	共11页	第10页
	产品名称	数控车床	零件名称	主轴箱体	材料牌号	HT250

车间	工序号	工序名称	每台件数	同时加工件数
金工	150	钻	1	1

毛坯种类	毛坯外形尺寸	每毛坯可制件数	切削液
铸件		1	

设备名称	设备型号	设备编号	工序工时 准终	单件
钻床	ZW3725			

夹具编号	夹具名称	工位器具编号	工位器具名称

工步号	工步内容	工艺装备	主轴转速 /r·min⁻¹	切削速度 /m·min⁻¹	进给量 /mm·r⁻¹	切削深度 /mm	进给次数	工步工时 机动	辅助
1	以110mm×4mm槽为基准，模钻底面4×φ13mm孔，4×M8螺纹底孔φ6.8mm×15mm，M6×1.5mm螺纹底孔φ14.5mm孔，刮平孔口φ28mm×1mm和φ30mm，各孔口倒角0.5mm×120°，分别攻螺纹M8×12mm，M16×1.5mm	Z01/LK32-20011							
2	模钻顶面8×M8螺纹底孔φ6.8mm×20mm，各孔口倒角0.5mm×120°，攻螺纹M8mm×15mm	Z02/LK32-20011							

	设计（日期）	审核（日期）	标准化（日期）	会签（日期）

标记	处数	更改文件号	签字	日期	标记	处数	更改文件号	签字	日期

描图　描校　底图号　装订号

215

表13-24 机械加工工序卡片（工序150，工步3、4、5）

机械加工工序卡片

	产品型号	LK-32	零件图号	20011	共11页	第11页
	产品名称	数控车床	零件名称	主轴箱体	材料牌号	HT250

车间	工序号	工序名称	设备编号	同时加工件数		每台件数
金工	150	钻		1		1

毛坯种类：铸件　毛坯外形尺寸　每毛坯可制件数

设备名称：钻床　设备型号 ZW3725　设备编号

夹具编号　夹具名称　切削液

工位器具编号　工位器具名称

工步号	工步内容	工艺装备	主轴转速 /(r·min⁻¹)	切削速度 /(m·min⁻¹)	进给量 /(mm·r⁻¹)	切削深度 /mm	进给次数	工步工时 机动	辅助
3	模钻右端面上 4×M6 与 3×M6 螺纹底孔为 φ5mm×20mm，各孔口倒角 0.5mm×120°，攻螺纹 M6×12mm	Z03/LK32-20011							
4	模钻左端面上 3-3-M6 螺纹底孔为 φ5mm×20mm	Z04/LK32-20011							
5	钻右端孔口 φ7mm×60°斜孔至图尺寸要求（回油孔）								

		设计(日期)	审核(日期)	标准化(日期)	会签(日期)
描图					
描校					
底图号					
装订号					

标记	处数	更改文件号	签字	日期	标记	处数	更改文件号	签字	日期

13.3 箱体类零件质量检测与分析

13.3.1 箱体类零件的质量检测

1. 主轴箱箱体案例分析

附图 1 所示的主轴箱箱体零件，重要技术要求的检测方法如下：

1）$\phi 62^{+0.028}_{-0.018}$ mm 孔轴线相对的基准 C 的平行度公差为 0.025mm，采用检测心轴及百分表进行测量。

2）$\phi 115J7$ 孔与 $\phi 100J7$ 孔的同轴度公差为 $\phi 0.01$mm，采用检测心轴（加套）和百分表测量。

2. 确定零件的检测方法

零件的制造，除用一定的加工方法将其加工出来以外，还要有检测零件加工后的实际尺寸的方法和相应的检测器具，这样才能判定零件是否达到要求。

（1）分析零件图中要检测的项目　列出主轴箱箱体每个表面的尺寸公差及几何公差，并分析主要的技术要求，以确定合理的检测方法。

（2）确定检测方法　检测方法应尽可能地简便、直接。如果此主轴箱为小批生产，那么应尽可能采用通用的检测方法及检测工具，以减少成本。在确定检测项目及精度要求后，可按照相关的手册或经验，根据生产类型和企业的具体情况，选定高效、经济的检测方法。在本例中，除检测心轴外，其余均采用量具。

1）同轴度。成批生产可采用综合量规进行测量，精度较高。本例为小批生产，可使用检测心轴和百分表进行测量。心轴用来模拟基准孔的轴线，固定于心轴上的百分表随心轴转动，测出检测的孔壁相对变动。

2）轴向圆跳动。箱体两端面也使用检测心轴及百分表进行测量。检测方法与同轴度原理相似，只是百分表的检测面为端面。

3）位置度。对两孔的位置度要求需要通过两个心轴来模拟孔的轴线，并通过百分表检测误差。

4）孔径。对大批生产，可制作专用的通规和止规进行检测。本例为小批量生产，采用通用量具较为经济，故采用内径千分尺，内径百分表。

5）表面粗糙度。本例中表面粗糙度要求都较常规，因而检测采用样块对比。

以上的检测方法较通用，检测误差主要来源于测量工具的误差，操作人员的技术水平对检测结果的影响也很大。

3. 相关知识点

（1）箱体类零件常用的检测形式

1）平台测量。平台测量是将箱体放在平台上，使用千斤顶、检测心轴、卡尺、千分尺、量块及各种专用量具进行测量。平台测量是目前工厂使用最多的箱体类零件测量方法。

2）三坐标测量机。三坐标测量机是一种先进的质量控制设备，它可以测量各种零件的尺寸、孔距等。测量方法简单可靠，容易掌握，并能迅速获得测量结果。与操作复杂、繁琐，需要大量专用测量工具而又费时的传统检测方法相比，三坐标测量机的测量过程简单，

操作轻便灵活、舒适、精度高。用三坐标测量机对箱体类零件进行检测，可以大大提高测量精度和测量效率。

（2）平台主要项目的检测方法及量具 由箱体类零件的一般功能及技术要求可知，箱体的主要检测项目有：各加工表面的表面粗糙度及外观检查；孔、平面的尺寸误差及几何形状误差；孔与孔、孔与平面及平面与平面的相互位置误差。

1）孔的尺寸及几何形状误差的测量。箱体类零件上孔的检测项目主要是孔的圆度误差、圆柱度误差和尺寸误差，可以采用最小包容区域来测量，如图 13-20 所示，t 为圆柱度公差值。

① 孔径的检测。单件小批生产使用内径千分尺、内径百分表，可得到具体的误差数据；大批量生产多用塞规，以塞规的通端和止端的尺寸分别代表孔的最大和最小极限尺寸，也可以塞规来对孔进行尺寸的测量。

② 孔圆度的检测。箱体较小时，可在圆度仪上测量；箱体较大时，可用三脚内径规测量（见图 13-21）。

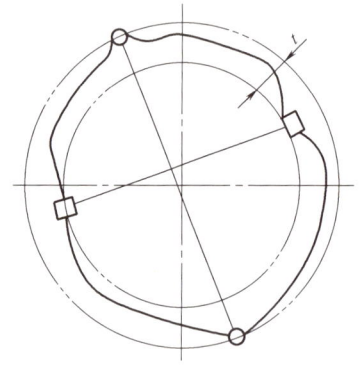

图 13-20　圆柱度误差的包容区域

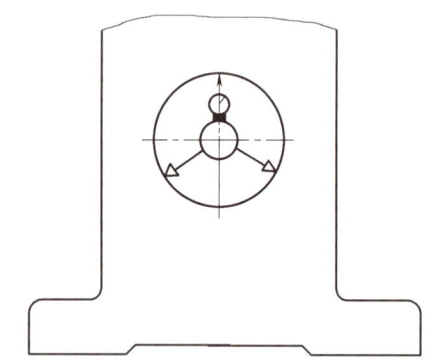

图 13-21　三脚内径规测量

2）平面的误差测量。

① 平面度误差的检测。箱体上平面度误差的检测部位主要为装配的对合面及装配底面。检测的方法可以采用最小包容区域，如图 13-22 所示，采用的量具为刀口形直尺和百分表。

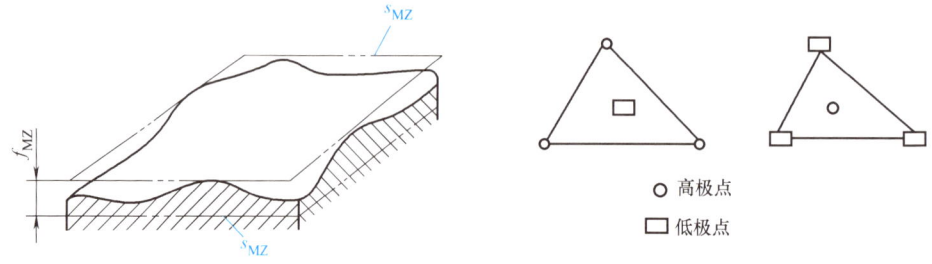

○ 高极点
□ 低极点

图 13-22　平面误差的最小包容区域

生产实际中，常用涂色法进行平面度检测。先将待测表面涂蓝，以标准量具或标准平面进行对研，以平面上的亮点来度量平面的平面度。一般地，每 25mm×25mm 内的研点应为 8～10 个。

② 直线度误差的检测。直线度误差可用平尺和塞尺检测。

3）孔的位置误差的检测。箱体上孔的误差测量主要是位置误差的测量，它体现在孔与孔之间的同轴度误差、平行度误差及与端面的垂直度误差。

① 孔的轴线平行度误差的检测。

a. 孔与孔轴线之间的平行度误差的检测。如图 13-23 所示，将被测箱体放在平台上由千斤顶顶起，基准轴线及被测轴线都用心轴模拟。调整千斤顶、使Ⅱ轴在 L_2 的 c、d 两点读数相等，此时在Ⅰ轴上相距也为 L_2 的 a、b 点测得 M_a、M_b，则Ⅰ-Ⅱ轴在 L_1 长度上平行度误差 f 为

$$f = |M_a - M_b| L_1 / L_2$$

b. 孔的轴线对平面的平行度误差检测。如图 13-24 所示，将被测箱体放在平台上，被测轴线由心轴模拟，在 L_2 长度的两个点上测量得 M_a、M_b，则该轴线对基面在 L_1 长度上的平行度误差 f 为

$$f = |M_a - M_b| L_1 / L_2$$

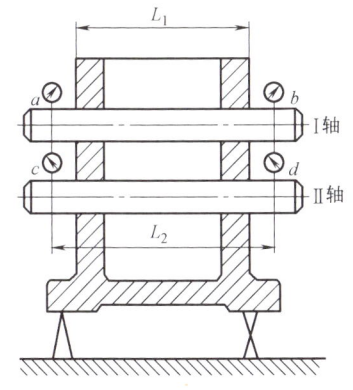

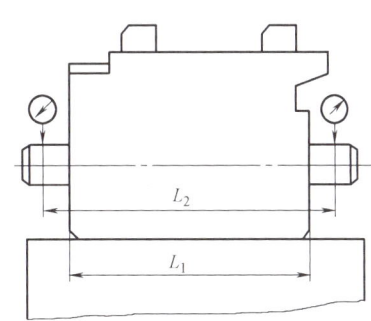

图 13-23　孔与孔轴线的平行度误差检测　　图 13-24　孔的轴线对平面的平行度误差检测

② 孔系同轴度误差的检测。大批生产常用综合量规检测，如图 13-25a 所示。综合量规

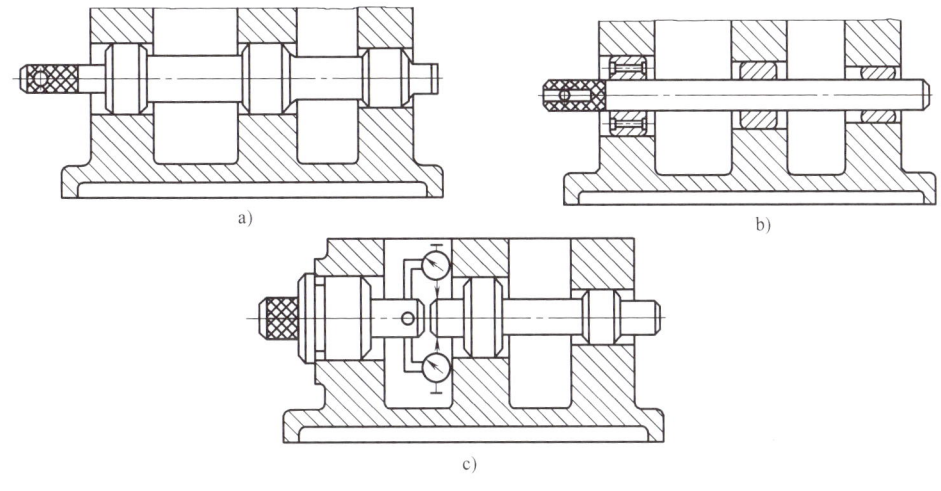

a)　　　　　　　　　　　　　　b)

c)

图 13-25　孔系同轴度误差的检测

的直径应为孔的实际尺寸，若它能通过被测零件同轴线的各孔，则同轴度合格。单件小批生产时，可用图 13-25b 所示的心轴配合检测套进行测量。如果要测定同轴度的偏差值，可用检测心轴和百分表测量，如图 13-25c 所示。

③ 孔的轴线垂直度误差的检测。

a. 两孔轴线垂直度误差的检测。两孔轴线垂直度误差的检测可采用图 13-26 所示的两种方法，基准轴线和被测心轴上两点的差值就是测量长度内两孔轴线的垂直度误差。如图 13-26b 所示的方法为，在基准心轴上装百分表，然后将基准心轴旋转 180°，即可测得两孔轴线在 L 长度上的垂直度误差。

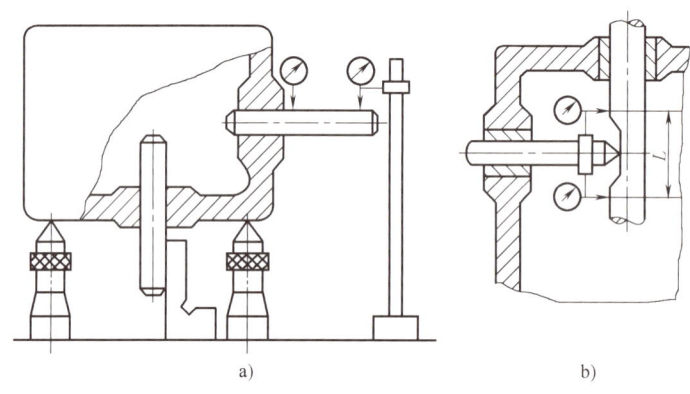

图 13-26　两孔轴线垂直度误差的检测

b. 孔轴线与端面垂直度误差的检测。孔轴线与端面垂直度误差的检测可用图 13-27 所示的两种方法。图 13-27a 所示为在心轴上装百分表，旋转一周即可确定孔轴线与端面的垂直度误差。图 13-27b 所示为心轴上带有检验盘，可用着色法或塞尺检查间隙 Δ，从而确定孔轴线与端面的垂直度误差。

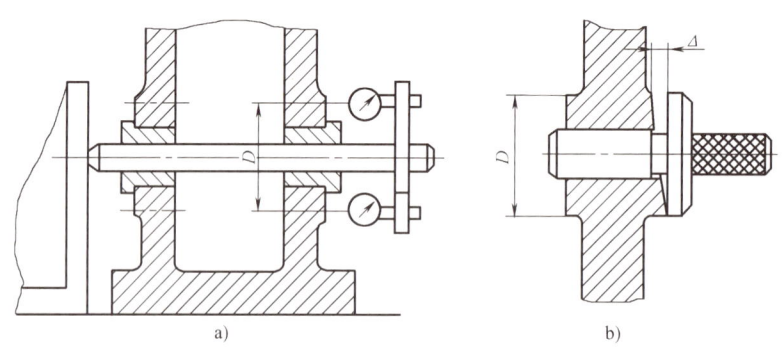

图 13-27　孔轴线与端面垂直度误差的检测

实际生产中，孔间的同轴度误差、平行度误差及端面的垂直度误差检测主要是测量相关表面或轴线的圆跳动，图 13-28 所示为圆跳动的测量方法。

4）表面粗糙度的检测。

① 比较法。比较法是将零件的表面粗糙度与样板比较，仅适用于车间检测。

② 光切法。光切法是利用光切原理测量表面粗糙度的方法，光切法常采用的仪器是光

切显微镜。该仪器适宜测量车、铣、刨或其他类似方法加工的金属零件的平面或外圆表面。

（3）测量工具的选择方法　选择测量工具时，除了需考虑测量的不确定性外，还要考虑其适用性及检测成本。测量工具的性质要适应被测工件的尺寸、结构、重量、材料硬度、批量大小和检测效率等方面的要求。例如，测量尺寸小、硬度低及刚性差的工件，宜选用非接触式的测量方法，应选用光学投影放大、气动及光电原理的测量仪器；对大批量生产的工件，

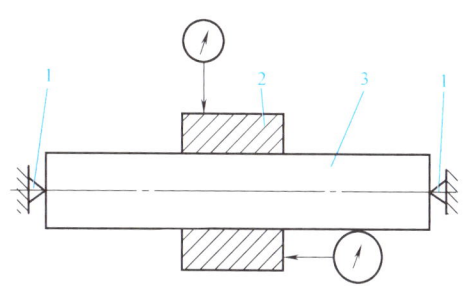

图 13-28　圆跳动测量
1—顶尖　2—被测零件　3—心轴

应选用量规或自动检验机检测，以提高检测效率。另外，在满足测量准确度的前提下，应选用价格较低廉的测量工具，以降低成本。

13.3.2　箱体类零件的质量分析

1. 主轴箱箱体案例分析

质量问题分析是通过一些系统的分析方法，对一定数量的已加工好的工件的相关数据进行分析，以确定影响因素，并加以控制。对 LK32-20011 主轴箱箱体的质量分析，可以根据箱体类零件加工中出现的常见问题进行分析。

1）了解加工方法及工装设备（见案例）。

2）分析偏差的性质，判断产生偏差的原因。对两孔间同轴度偏差的性质进行分析，以偏差方向是否一致等因素来推论可能的影响因素。判断是镗杆挠曲变形、床身导轨不平直、床身导轨与工作台的配合间隙不当，还是加工余量不均匀、切削用量不合适等原因。

3）根据推论，对加工设备（如镗杆、工作台等）或工装进行检测，确定问题所在。

4）解决问题。对有问题的设备进行校正、检修，或对加工参数及装夹方式进行调整，以减小或补偿加工误差。

2. 相关知识点

箱体的功能和结构特点使箱体具有技术要求及加工方法上的共性，也使箱体类零件的质量问题及影响因素具有共性。镗削是加工箱体上的孔及孔系的主要方法，因而也是箱体质量分析的重要对象。

影响镗削加工质量的常见因素包括机床精度、夹具、辅具精度、镗杆各导向套配合间隙、镗杆刚度、刀具几何角度、切削用量、刀具刃磨质量、工件材质、热变形和受力变形、量具的精度、测量误差及操作方法等。在不同的镗削加工方式下，各种因素对加工精度的影响程度也不相同。以下从镗削加工工艺系统受力变形和几何误差方面来分析孔加工的质量。

（1）镗孔受力变形　镗孔可以分为两类：第一类为镗杆与主轴刚性连接，常见于不适用镗模的镗孔；第二类为镗杆与主轴浮动连接，常见于适用镗模的镗孔，镗杆由镗模的导向孔导向。

1）镗杆受力变形。镗杆受力变形是影响镗孔加工质量的主要原因之一。尤其是当镗杆与主轴刚性连接采用悬臂镗孔时，镗杆的受力变形最为严重。悬臂镗杆在镗孔过程中受到切削力矩 M、切削力 F_p 及镗杆自重 G 的作用。

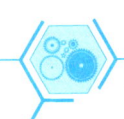

切削力矩 M 使镗杆产生弹性扭曲，主要影响工件的表面粗糙度和刀具的寿命。作用在镗杆上的切削力 F_p 引起镗杆的挠曲变形，在加工时产生让刀，使镗杆的中心偏离了原来的理想中心，如图 13-29 所示。当切力大小不变时，刀尖的运动轨迹仍然呈正圆形，但镗出孔的直径减少了 $2f_F$，F_p 越大和镗杆深处越长，则 f_F 就越大。在实际生产中，由于实际加工余量的变化和材质的不均匀，切削力 F_p 是变化的，因此刀尖运动轨迹不可能是正圆形。同理，在被加工孔的轴线方向上，由于加工余量和材质的不均匀，采用镗杆进给时，镗杆的挠曲变形也是变化的。

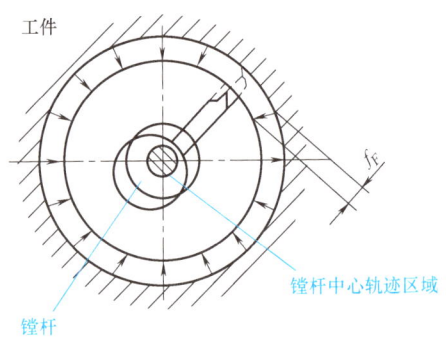

图 13-29　切削力对镗杆挠曲变形的影响

在镗孔过程中，镗杆自重 G 的大小和方向不变，因此，由自重产生的挠曲变形 f_G 的方向也不变。高速镗削时，由于陀螺效应，自重产生的挠曲变形很小；低速精镗时，自重对镗杆的作用均匀地作用在悬臂梁上，使镗杆实际回转中心比理想回转中心低 f_G，G 越大或镗杆悬伸越长，则 f_G 越大，如图 13-30 所示。镗杆在每一瞬间的挠曲变形是切削力 F_p 和自重 G 产生的挠曲变形的合成。可见，在 F_p 和 G 的综合作用

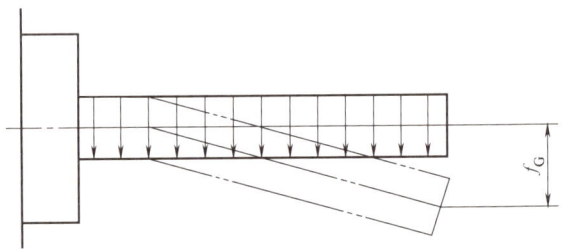

图 13-30　自重对镗杆挠曲变形的影响

下，镗杆的实际回转中心偏离了理想的回转中心。由于材质不均匀，实际切削用量的变化，以及镗杆伸出长度的变化，镗杆的实际回转中心在加工过程中做无规律的变化，从而引起孔系加工的各种误差：对同一孔引起圆柱度误差；对同轴孔系引起同轴度误差；对平行孔系引起孔距误差和平行度误差。粗加工时，切削量较大，相应的切削力比较大，这些情况引起的误差比较显著；精加工时，切削量小，切削力也小，这种影响也就比较小。

因此，镗孔时必须特别注意提高镗杆的刚度，一般可采取下列措施：第一，尽可能加粗镗杆直径，减少悬伸长度；第二，采用导向装置，使镗杆的挠曲变形得以约束。此外，也可通过减小镗杆自重和减小切削力对挠曲变形的影响来提高孔系的加工精度。镗杆直径较大（ϕ80mm 以上）时，应加工成空心，以减轻重量；合理选择定位基准，使加工余量均匀；精加工时采用较小的切削用量并使加工各孔所用的切削用量基本一致，以减小切削力影响。

2）镗床变形。一般地，卧式镗床变形较大。镗床变形主要发生于主轴箱部分，原因是镗床主轴箱结构复杂，主轴的悬伸较长，箱体的重量较大，易使中心位置变动。

主轴箱变形主要包括主轴本身的变形、主轴轴承的变形、平旋盘变形、主轴箱壳体变形及镗杆与主轴间的接触变形。在上述这些变形中，主轴与轴承的变形占主轴箱总变形的绝大部分。

镗削类机床切削加工时，由于切削力是回转的，它相对于直接驱动主轴作用力的位置是周期变化的，二者形成的合力的大小与方向也相应发生变化，再加上工件材料软硬不均，主

轴圆周上各点刚度不一，因此镗床主轴变形在圆周上各点是不一样的。这加大了加工出来的孔的圆度误差。

目前，国内外在提高镗床精度与刚度，减少机床受力变形方面做了不少工作。在设计方面，简化主轴结构，将镗床主轴部件由三层结构改为二层结构，以减少结合面数目，提高接触刚度；采用精度高而润滑性好的轴承，并对轴承预加载荷；加长主轴导向套；选择合适的支承距；加大主轴直径等。在工艺方面，应采用研磨或珩磨等方法，由各孔相互导向进行孔的光整加工，以使主轴箱轴承孔具有较高的精度与表面质量。此外，在大型镗床上还采用一些补偿变形的装置，以补偿部件的弹性变形。

3）工件夹紧变形。箱体结构复杂，壁薄，如果夹紧力过大，或夹紧力的着力点选择不当，都会使零件产生夹紧变形。在这种状态下，虽然工件加工"合格"，但加工后撤去夹紧装置，零件回复原状，就会破坏已加工好的精度。因此，夹紧力应作用于主要定位基面上，作用于工件刚度大的地方，如箱体边缘实体或有肋板的地方。对于精度要求很高的主轴箱，如坐标镗床主轴箱，应在其他零件装配后，再进行主轴孔的精加工和光整加工，以避免其余孔在装配轴承时的变形对主轴孔产生影响。主轴孔进行金刚镗孔及珩磨（或研磨）时最好采用立式机床，工件垂直安装。此外，孔系加工时，箱体的基准面应与夹具定位元件很好地"贴合"。因此，应对箱体基准面进行精磨或精刨，以保证它有足够的平面度与低的表面粗糙度值，从而保证基准面与定位元件"贴合"，减小夹紧变形。

（2）工艺系统几何误差 镗孔时，几何误差对镗孔质量影响很大。几何误差是指镗杆、导向系统和机床等的制造误差。

1）镗杆的几何弯曲。镗杆受力变形引起几何误差的特点是，靠近镗杆导向支承的地方误差小，远离导向支承的地方误差大。但是，镗杆几何弯曲引起的工件尺寸的误差并不一定有上述规律。由于镗杆具有较大的弯曲，会造成在对刀的位置、镗削前端和后端时，镗杆回转中心与切削刃的相对位置不同，产生误差。如果掌握了误差产生的原因和规律，可在调整时使切削刃有意产生偏差，可以使孔的精度符合要求。当然，最好还是对镗杆做校直修复。

2）镗杆导向系统的几何误差。采用导向装置或镗模进行镗孔，镗杆由导套支承，镗杆的刚度较悬臂镗大大提高。此时，镗杆外圆与导套内孔的几何形状精度及两者之间的配合间隙将成为影响孔系加工精度的主要原因之一，现分析如下。

由于镗杆与导套之间存在着一定的配合间隙，在镗孔过程中，当切削力 F_p 大于自重 G 时，刀具不管处在何切削位置，切削力都可以推动镗杆紧靠在与切削位置相反的导套内表面。随着镗杆的旋转，镗杆表面以一固定部位沿导套的整个内圆表面滑动，因此导套的圆度误差将引起被加工孔的圆度误差，而镗杆的圆度误差对加工孔的圆度误差没有影响。

精镗时，切削力很小，$F_p<G$，切削力 F_p 不能抬起镗杆。随着镗杆的旋转，镗杆轴颈以不同部位沿导套内孔的下方摆动，如图13-31所示。显然，刀尖运动轨迹为一个圆心低于导套中心的非正圆，直接造成了被加工孔的圆度误差。因此，镗杆与导套的圆度误差也将反映到被加工孔上而引起圆度误差。当加工余量与材质不匀或切削用量选取不一样时，切削力发生变化，引起镗杆在导套内孔下方的摆幅也不断变化。这种变化对同一孔的加工可能引起圆柱度误差，对不同孔的加工可能引起相互位置的误差和孔距误差。这些误差的大小与导套和镗杆的配合间隙有关：配合间隙越大，在切削力作用下，镗杆的摆动范围越大，引起的误差

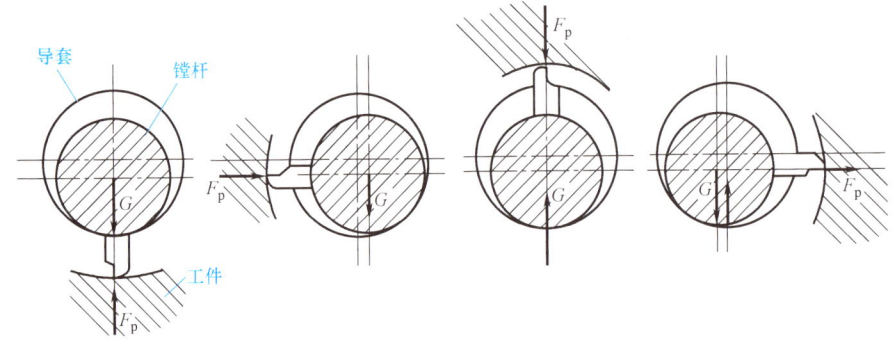

图 13-31 镗杆在导套下方的摆动

也就越大。

综上所述，利用导向装置进行镗孔时，为了保证孔系的加工质量，除了要保证镗杆与导套本身必须具有较高的几何形状精度外，尤其要注意合理地选择导向方式和保持镗杆与导套合理的配合间隙。在采用前、后双导向支承时，应使前、后导向的配合间隙一致。此外，还应注意合理地选择定位基准和切削用量。精加工时，应适当增加进给次数，以保持切削力的稳定，尽量减小切削力产生的影响。

（3）机床进给运动方式的影响　镗孔常有两种进给方式：由镗杆直接进给；由工作台在机床导轨上进给。进给方式对孔系加工精度的影响与镗孔方式有关。当镗杆与机床主轴浮动连接采用镗模镗孔时，进给方式对孔系加工精度无明显的影响；而采用镗杆与主轴刚性连接悬臂镗孔时，进给方式对孔系加工精度有较大的影响。

1）悬臂镗孔、镗杆直接进给。如图 13-32a 所示，在镗孔过程中，随着镗杆的不断伸长，刀尖处的挠曲变形量越来越大，造成圆柱度误差。同理，若用镗杆直接进给加工同轴线上的各孔，则造成同轴度误差。

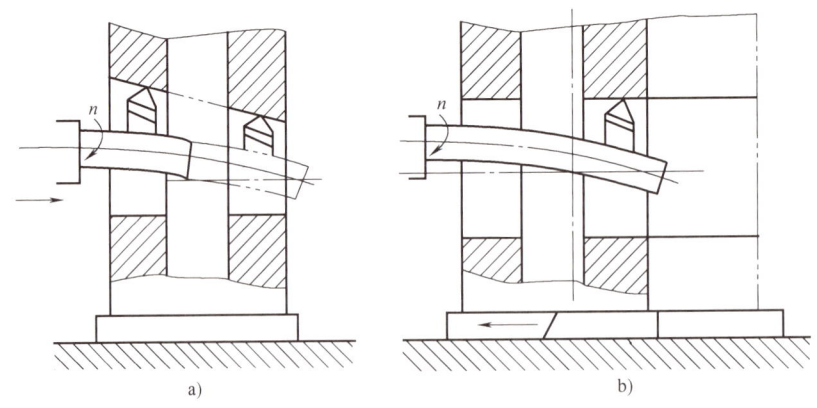

图 13-32 机床进给方式的影响

2）悬臂镗孔、工作台进给。如图 13-32b 所示，在镗孔过程中，刀尖处的挠度值不变（假定切削力不变）。因此，镗杆的挠曲变形对被加工孔的几何形状精度和孔系的相互位置精度均无影响。但是，机床导轨的直线误差会使被加工孔产生圆柱度误差，使同轴线上的孔系产生同轴度误差。机床导轨与主轴轴线的平行度误差使被加工孔产生圆度误差，如

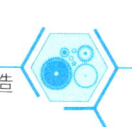

图 13-33 所示。在垂直于镗杆旋转轴线的截面 A—A 内，被加工孔是正圆；而在垂直于进给方向的截面 B—B 内，被加工孔为椭圆，但产生的圆度误差在一般情况下是极其微小的，可以忽略不计。此外，工作台与床身导轨的配合间隙对孔系加工精度也有一定影响，因为当工作台做正、反向进给时，通常是以不同部位与导轨接触的，这样，工作台就会随着进给方向的改变而发生偏摆，间隙越大，工作台越重，其偏摆量越大。因此，当镗同轴孔系时，会产生同轴度误差；镗相邻孔系时，则会产生孔距误差和平行度误差。

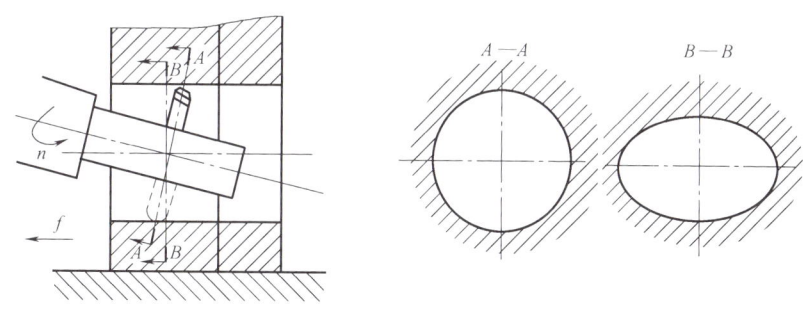

图 13-33　进给方向与主轴轴线不平行

在悬臂镗孔时，镗杆的挠曲变形较难控制。比较以上两种进给方式，机床工作台进给并采用合理的操作方式，比镗杆进给更容易保证孔系的加工质量。

（4）箱体的内应力与热变形对加工精度的影响　若箱体铸件壁厚不均匀，加强助分布不均，或直径大的铸孔在一壁相邻很近，而另一壁并无此种孔，都会使得箱体中的金属分布不均匀，铸造内应力的影响增大。箱体加工过程中会使内应力重新分布，进而造成箱体的变形。因此，应对箱体进行时效处理。

箱体材质分布不均还会引起较大的切削热变形，尤其在工序安排不当时影响更大。例如，加工某孔时，在一次装夹下，连续进给完成该孔的粗、精加工，加工后出现孔的"倒锥"（入口处孔径小于出口处孔径）。这是由于精加工是在粗镗大孔产生的热变形还未消除的情况下进行的，随着刀具的移动，孔的热变形逐渐减小，而使加工后的孔呈现"倒锥"形。同时，精镗后的孔有较大的圆度误差。这是由于粗加工时产生的大量切削热在不同壁厚处有不同的热传导速度，从而有不同的热膨胀。薄壁处温度高，向外膨胀的热变形大；厚壁处温度低，向外膨胀的热变形小。工件在未冷却的情况下进行精镗，热变形较大的地方比热变形较小的地方切削量小，因此，冷却后就形成了圆度误差。以上质量问题，通过采取粗、精加工分开，加强冷却等措施便能得到解决。

3. 钻削加工常见的质量问题及解决方法

（1）孔径扩大、孔轴线偏斜

1）产生原因。

① 钻头左、右两条切削刃不对称。

② 钻头的横刃太长，导致进给力很大，当钻头刚度不足时，产生钻头引偏。

③ 夹具上钻套内孔与钻头的配合间隙过大，不能对主轴回转起到良好的导向作用。

④ 工件结构设计或加工顺序不合理，导致钻头切削负荷不均匀。

⑤ 工件待钻孔处的平面不平整，工件装夹时位置不正确，导致工件端面与钻头轴线不垂直。

2）解决方法。

① 刃磨麻花钻时，务必使左右两条切削刃保持对称。

② 钻孔前，用中心钻或顶角为 $90° \sim 100°$ 的较短的钻头钻出一个凹坑，可提高钻孔对中精度，并避免开始钻削时，横刃与工件接触时产生大的进给力。

③ 修磨标准麻花钻的横刃，使其长度尽量缩短，以减小进给力。

④ 尽量采用工件回转、钻头做轴向进给的钻削方式，尤其是在钻深孔时，其对轴线偏斜的抑制作用更为明显。

⑤ 及时调整或修理机床，消除机床回转误差。

⑥ 钻套高度应有足够的大小，钻套端面到工件表面之间的距离适当，夹具在机床上应正确安装。

⑦ 钻孔前先加工工件端面，使端面与钻头轴线垂直。如在车床上钻孔，应尽可能使车端面与钻孔在一次装夹中完成。

⑧ 钻小孔和深孔时，选用适当的进给量，以减小进给力，避免因钻头弯曲而导致孔的偏斜。

⑨ 钻深孔时，不仅工件较长，需使用中心架支承，而且刀具也很长，钻头和钻杆同样需要用支架支承。

（2）钻头崩刃和折断

1）产生原因。

① 在刚切入工件和孔即将钻通时，切削力骤降。

② 切屑对钻头的缠绕和在容屑槽中的堵塞。

③ 切削液施加不连续，钻头间断性地不充分冷却。

④ 钻头磨损超过极限。

⑤ 工件或夹具刚度不足，在钻头受力突然减小时产生弹性恢复，使进给量突增。

2）解决方法。

① 及时刃磨钻头，且在刃磨时将磨损部分全部磨掉。

② 修磨横刃，使其长度大幅度减小。

③ 改善断屑、排屑条件，如在钻头上开分屑槽，控制切削条件，增大断屑变形。

④ 采用分级进给方式，切入时采用较大进给量，退出时反之，或在孔钻通前改用手动进给。

4. 卧式镗床加工中常见的质量问题与解决方法

卧式镗床加工中常见的质量问题与解决方法见表 13-25。

表 13-25　卧式镗床加工中常见的质量问题与解决方法

质量问题	影响因素	解决方法
尺寸精度超差	1. 精镗的背吃刀量没掌握好 2. 镗刀刀块刃磨尺寸发生变化,镗刀块定位面间有脏物 3. 用对刀规对刀时产生测量误差 4. 铰刀直径选择有误;切削液选择不当 5. 镗杆刚度不足,有让刀现象 6. 机床主轴径向跳动过大	1. 调整背吃刀量 2. 调换符合要求的镗刀块;清除脏物,重新安装 3. 利用样块对照仔细测量 4. 试铰后选择直径适合的铰刀;调换切削液 5. 改用刚性好的镗杆或减小切削用量 6. 调整机床

（续）

质量问题	影响因素	解决方法
表面粗糙度值超差	1. 镗刀刃口磨损 2. 镗刀几何角度不当 3. 切削用量选择不当 4. 刀具用钝或有损坏 5. 没有用切削液或选用不当 6. 镗杆刚度差,有振动	1. 重新刃磨镗刀刃口 2. 合理改变镗刀几何角度 3. 合理调整切削用量 4. 调换刀具 5. 使用合适的切削液 6. 改用刚度好的镗杆或镗杆支承形式
圆柱度超差	1. 用镗杆进给时,镗杆存在挠曲变形 2. 用工作台进给时,床身导轨不平直 3. 刀具的磨损 4. 刀具的热变形	1. 采用工作台进给,增强镗杆刚度,减少切削量 2. 维修机床 3. 提高刀具寿命,合理选择切削用量 4. 使用切削液;减小切削用量;合理选择刀具角度
圆度超差	1. 主轴的回转精度差 2. 工作台进给方向与主轴线不平行 3. 镗杆与导向套的几何精度与配合间隙不当 4. 加工余量不均匀;材质不均匀 5. 背吃刀量很小时多次重复进给形成"溜刀" 6. 夹紧变形 7. 铸造内应力 8. 热变形	1. 维修、调整机床 2. 维修、调整机床 3. 使镗杆和导向套的几何形状符合技术要求并控制合格的配合间隙 4. 适当增加进给次数;合理安排热处理工序;精加工采用浮动镗削 5. 控制精加工进给次数与背吃刀量,采用浮动镗削 6. 正确选择夹紧力、夹紧方向和着力点 7. 进行人工时效,粗加工后停放一段时间 8. 粗、精加工分开,注意充分冷却
同轴度超差	1. 镗杆挠曲变形 2. 床身导轨不平直 3. 床身导轨与工作台的配合间隙不当 4. 加工余量不均匀,不一致;切削用量不均衡	1. 减少镗杆的悬伸长度,采用工作台进给、调头镗;增加镗杆刚度,采用镗套或后主轴支撑 2. 维修机床,修复导轨精度 3. 适当调整导轨与工作台间的配合间隙;镗同一轴线孔时采用同一进给方向 4. 尽量使各孔的余量均匀一致;切削用量相近;增强镗杆刚度,适当降低切削用量,增加进给次数
平行度超差	1. 镗杆挠曲变形 2. 工作台与床身导轨不平行	1. 增强镗杆刚度;采用工作台进给 2. 维修机床

13.4　实操训练

1. 附图 2 所示为 CA6140A 进给箱箱体，生产类型：中批生产；材料：HT200。根据零件图的加工要求，编制进给箱的机械加工工艺过程。

2. 图 13-34、图 13-35 所示为减速器箱体零件图，生产类型：中批生产；材料：HT200。根据零件图的加工要求，编制减速器箱盖及减速器箱体的机械加工工艺过程。

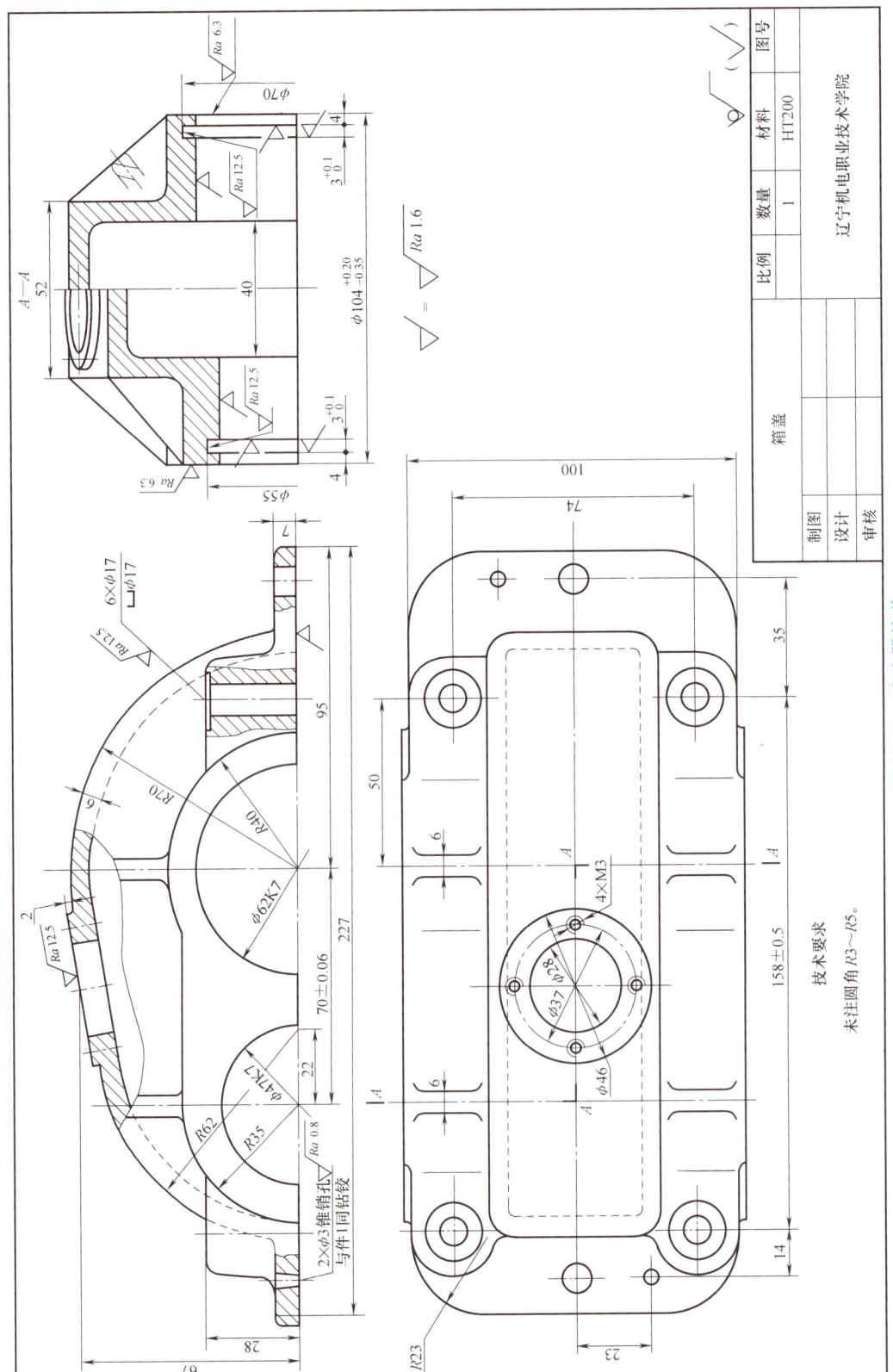

图 13-34 减速器箱盖

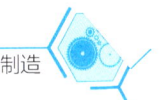

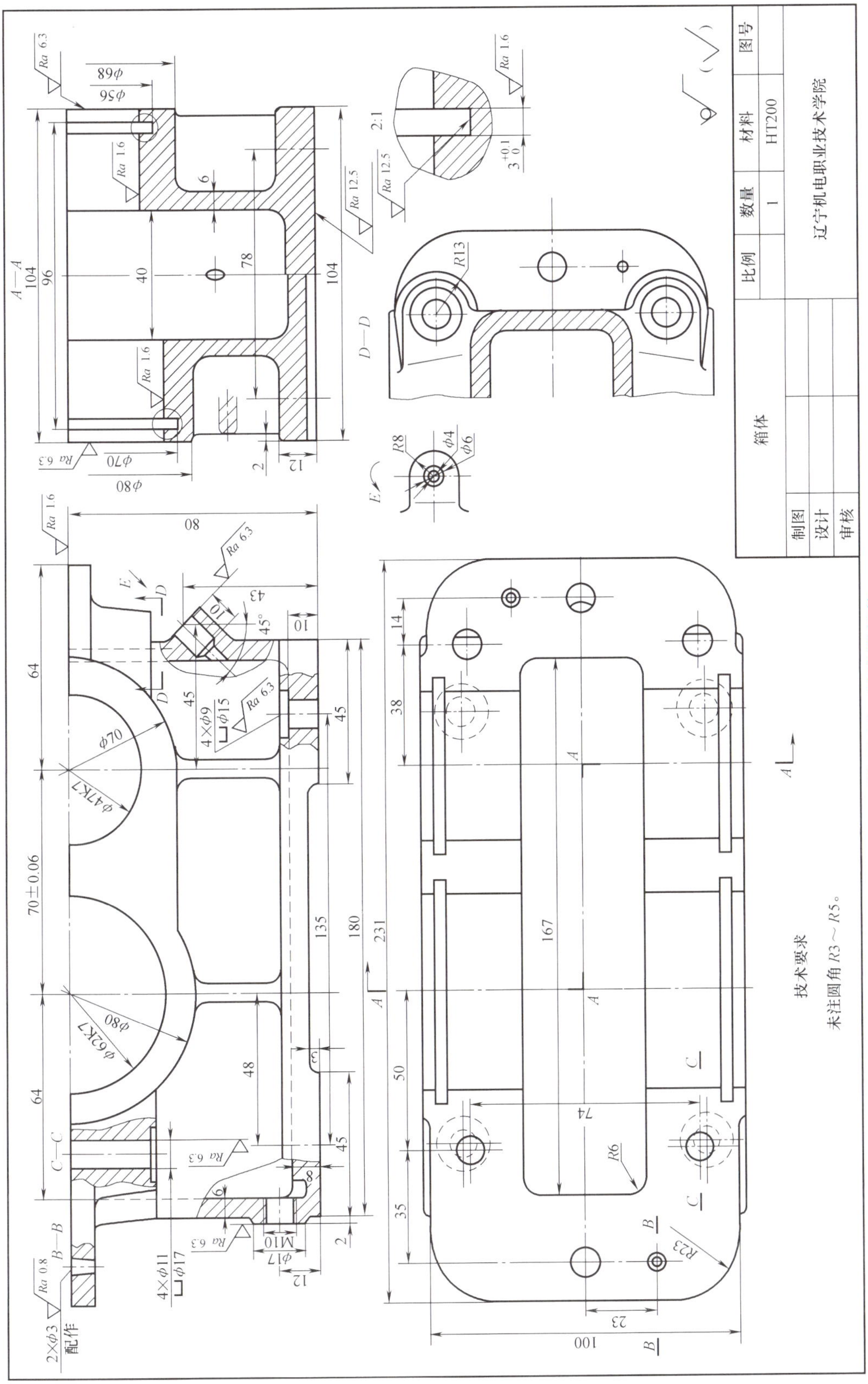

图 13-35 减速器箱体

【知识拓展】

刘湘宾：以匠人之心，铸大国重器

以匠人之心，铸大国重器，在以微米度量的世界里，刘湘宾坚守寂寞，不断超越，用一点点缩小的精度，一次又一次大写着中国。

刘湘宾1963年6月出生，参加工作40多年，在精密加工事业部数控组当了22年的组长，一直坚守在铣工岗位上，他所带领的团队主要承担着国家防务装备惯导系统关键件、重要件的精密超精密车铣加工任务，加工的惯性导航产品参加了40余次国家防务装备、重点工程、载人航天、探月工程等大型飞行试验任务，圆满完成长征系列火箭导航产品关键零件、卫星、神舟12号载人飞船重要部件生产任务。

他率领团队在行业内首次实现了球型薄壁石英玻璃的加工，打通了该型号研制的关键瓶颈，研究成果可推广应用于航空、船舶等重要部件的硬脆材料精密加工，为我国新型防务装备、卫星研制生产提供技术支撑和保障，经济效益和社会效益显著。他还通过持续创新，改进工艺方法，开展了大量试验，成功将陶瓷类产品的加工合格率提高到95.5%以上，加工效率提升3倍以上。

【课后小结】

箱体类零件结构形状复杂，壁薄且不均匀，加工部位多，机械加工工艺过程设计一定要注意合理划分加工阶段，正确选择平面和孔系的加工方法。

模块4

机床夹具设计

【知识架构】 机床夹具的组成；定位原理、定位方式及定位元件；夹紧力确定及夹紧机构；车床夹具设计要点；铣床夹具设计要点；钻床夹具设计要点。

【学习目标】 具有正确分析工件定位、正确分析确定夹紧力的能力；具有合理选择设计定位装置、夹紧装置及夹具体的能力；具有合理设计车床夹具、铣床夹具、钻床夹具的能力；具有正确绘制机床夹具装配图的能力。

单元14

机床夹具设计基本知识

【课前预习】

1. 工艺系统的组成有哪些？
2. 什么是工件的定位？什么是工件的夹紧？二者是不是一回事？

14.1 夹具分类及组成

图 14-1a 所示为一后盖零件，其端面、$\phi30mm$ 及 $3\times\phi5.8mm$ 孔均已经加工，本工序要加工圆周上 $\phi10mm$ 的孔。现根据零件的结构特点和精度要求，选择端面、$\phi30mm$ 内孔及一个 $\phi5.8mm$ 小孔作为定位基准，使用如图 14-1b 所示的钻夹具，分别通过支承板 4、圆柱销 5、菱形销 9 实现工件的六点定位，并通过开口垫圈 6 和螺母 7 实现工件的夹紧，钻头通过钻模板 2 上的钻套 1 引导进行钻孔。

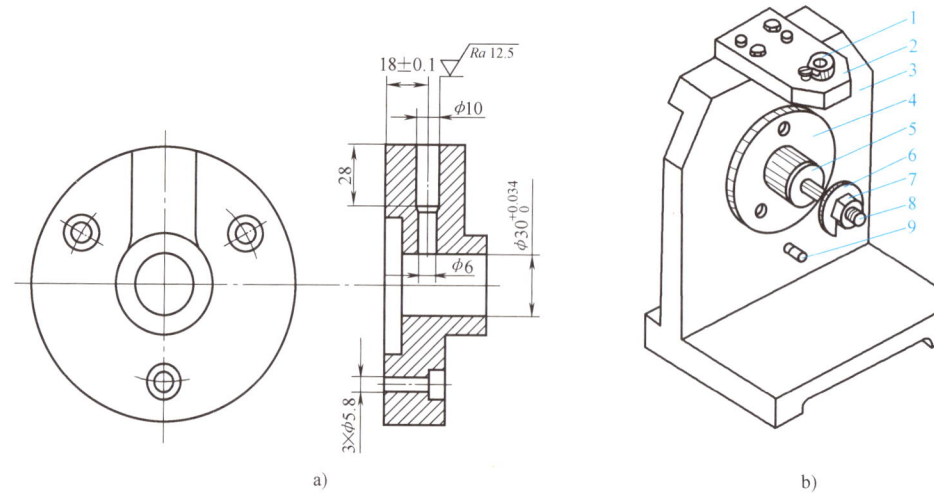

a)   b)

图 14-1　后盖零件和钻夹具
1—钻套　2—钻模板　3—夹具体　4—支承板　5—圆柱销
6—开口垫圈　7—螺母　8—螺杆　9—菱形销

14.1.1 机床夹具的作用与分类

1. 机床夹具在机械加工中的作用

对工件进行机械加工时，为了保证加工要求，首先要使工件相对于刀具及机床有正确的位置，并使这个位置在加工过程中不因外力的影响而变动。为此，在进行机械加工前，先要将工件夹好。

工件的装夹方法有两种：一种是将工件直接装夹在机床的工作台或花盘上；另一种是将工件装夹在夹具上。

采用第一种方法装夹工件时，一般要先按图样要求在工件表面划线，划出加工表面的尺寸和位置，装夹时用划针或百分表找正后再夹紧。这种方法无须专用装备，但效率低，一般用于单件和小批生产。批量较大时，大都用夹具装夹工件。

用夹具装夹工件的优点：

（1）能稳定地保证工件的加工精度　用夹具装夹工件时，工件相对于刀具及机床的位置精度由夹具保证，不受工人技术水平的影响，使一批工件的加工精度趋于一致。

（2）能提高劳动生产率　使用夹具装夹工件方便、快速，工件不需要划线找正，可显著地减少辅助工时，提高劳动生产率；工件在夹具中装夹后提高了工件的刚性，因此可加大切削用量，提高劳动生产率；可使用多件、多工位装夹工件的夹具，并可采用高效夹紧机构，进一步提高劳动生产率。

（3）能扩大机床的使用范围　在通用机床上采用专用夹具可以扩大机床的工艺范围，充分发挥机床的潜力，达到一机多用的目的。例如，使用专用夹具可以在普通车床上很方便地加工小型壳体类工件，甚至可以在车床上拉出油槽，减少了昂贵的专用机床，降低了成本。这对中小型工厂尤其重要。

（4）改善操作者的劳动条件　由于气动、液压、电磁等动力源在夹具中的应用，一方面减轻了工人的劳动强度，另一方面也保证了夹紧工件的可靠性，并能实现机床的互锁，避免事故，保证了操作者和机床设备的安全。

（5）降低成本　在批量生产中使用夹具后，由于劳动生产率的提高、使用技术等级较低的工人以及废品率下降等原因，明显地降低了生产成本。夹具制造成本分摊在一批工件上，每个工件增加的成本是极少的，远远小于由于提高劳动生产率而降低的成本。工件批量越大，使用夹具所取得的经济效益就越显著。

2. 夹具的分类

（1）按夹具的通用特性分类　根据夹具在不同生产类型中的通用特性，机床夹具可分为通用夹具、专用夹具、可调夹具、组合夹具和自动线夹具五大类。

1）通用夹具　通用夹具是指结构、尺寸已规格化，而且具有一定通用性的夹具，如自定心卡盘、单动卡盘、台虎钳、万能分度头、顶尖、中心架和电子吸盘等。这类夹具适应性强，可用来装夹一定形状和尺寸范围内的各种工件。这类夹具已商品化，且成为机床附件。其缺点是夹具的加工精度不高，生产率也较低，且较难装夹形状复杂的工件，故一般适用于单件小批量生产。

2）专用夹具　这类夹具是指专为零件的某一道工序的加工专门设计和制造的夹具。在产品相对稳定、批量较大的生产中，常用各种专用夹具，以获得较高的生产率和加工精度。

专用夹具的设计周期较长、投资较大，本单元主要论述这类夹具的设计。

除大批大量生产之外，中小批量生产中也需要采用一些专用夹具。但在结构设计时要进行具体的技术经济分析。

3）可调夹具　可调夹具是针对通用夹具和专用夹具的缺陷而发展起来的一类新型夹具。对不同类型和尺寸的工件，只需调整或更换原来夹具上的个别定位元件和夹紧元件便可使用。它一般又可分为通用可调夹具和成组夹具两种。前者的通用范围比通用夹具更大；后者则是一种专用可调夹具，它按成组原理设计并能加工一族相似的工件，故在多品种，中、小批量生产中使用有较好的经济效果。

4）组合夹具　组合夹具是一种模块化的夹具。标准的模块元件具有较高精度和耐磨性，可组装成各种夹具。夹具用毕可拆卸，清洗后留待组装新的夹具。由于使用组合夹具可缩短生产准备周期，元件能重复多次使用，并具有减少专用夹具数量等优点，因此组合夹具在单件、中、小批多品种生产和数控加工中，是一种较经济的夹具。组合夹具也已商品化。

5）自动线夹具　自动线夹具一般分为两种：一种为固定式夹具，它与专用夹具相似；另一种为随行夹具，使用中夹具随着工件一起运动，并将工件沿着自动线从一个工位移至下一个工位进行加工。

（2）按夹具使用的机床分类　夹具按使用机床可分为车床夹具、铣床夹具、钻床夹具、镗床夹具、齿轮机床夹具、数控机床夹具、自动机床夹具、自动线随行以及其他机床夹具等。

这是专用夹具设计所用的分类方法。设计专用夹具时，机床的组别、型别和主要参数均已确定。它们的不同点是机床的切削成形运动不同，故夹具与机床的连接方式不同，它们的加工精度要求也各不相同。

（3）按夹紧的动力源分类　夹具按夹紧的动力源可分为手动夹具、气动夹具、液压夹具、气液增力夹具、电磁夹具、真空夹具、离心力夹具等。

14.1.2　机床夹具的组成

机床夹具的种类和结构虽然繁多，但它们的组成均可概括为以下几个部分。

1. 定位元件

通常，当工件定位基准面的形状确定后，定位元件的结构也就基本确定了。图 14-1 中圆柱销 5、菱形销 9 和支承板 4 都是定位元件，通过它们使工件在夹具中占据正确的位置。

2. 夹紧装置

工件在夹具中定位后，在加工前必须将工件夹紧，以确保工件在加工过程中不因受外力作用而破坏其定位。图 14-1 中的螺杆 8（与圆柱销合成一个零件）、螺母 7 和开口垫圈 6 就起到了上述作用。

3. 夹具体

夹具体是夹具的基体和骨架，通过它将夹具所有元件构成一个整体，如图 14-1 中的件 3。常用的夹具体为铸件结构、焊接结构、组装结构和锻造结构，形状有回转体和底座形等。

以上这三部分是夹具的基本组成部分，也是夹具设计的主要内容。

4. 对刀或导向装置

对刀或导向装置用于确定刀具相对于定位元件的正确位置。图 14-1 中钻套 1 和钻模板 2 组成导向装置，确定了钻头轴线相对定位元件的正确位置。对刀装置常见于铣床夹具中。用对刀块可调整铣刀加工前的位置。

5. 连接元件

连接元件是确定夹具在机床上正确位置的元件。图 14-1 中夹具体 3 的底面为安装基面，保证了钻套 1 的轴线垂直于钻床工作台以及圆柱销 5 的轴线平行于钻床工作台。因此，夹具体可兼作连接元件。车床夹具上的过渡盘、铣床夹具上的定位键都是连接元件。

6. 其他装置或元件

根据加工需要，有些夹具分别采用分度装置、靠模装置、上下料装置、顶出器和平衡块等。这些元件或装置也需要专门设计。

14.2　工件的定位

为了达到工件被加工表面的技术要求，必须保证工件在加工过程中的正确位置。在使用夹具的情况下，就要使机床、刀具、夹具和工件之间保持正确的加工位置，使之满足三个条件：

1）一批工件在夹具中占有正确位置。

2）夹具在机床上的正确位置。

3）刀具相对夹具的位置正确。

显然，工件的定位是其中极为重要的一个环节。

六点定位原则

14.2.1　六点定位原则

一个尚未定位的工件，其空间位置是不确定的，这种位置的不确定性可用图 14-2 来描述，在空间直角坐标系中，工件可沿 X、Y、Z 轴有不同的位置，称作工件沿 X、Y、Z 轴的移动自由度，用 $\vec{X}$、$\vec{Y}$、$\vec{Z}$ 表示；也可以绕 X、Y、Z 轴回转方向有不同的位置，称作工件绕 X、Y、Z 轴的转动自由度，用 $\widehat{X}$、$\widehat{Y}$、$\widehat{Z}$ 表示。把工件位置的不确定度 $\vec{X}$、$\vec{Y}$、$\vec{Z}$、$\widehat{X}$、$\widehat{Y}$、$\widehat{Z}$，称为工件的六个自由度。工件定位的实质就是要限制对加工有不良影响的自由度。

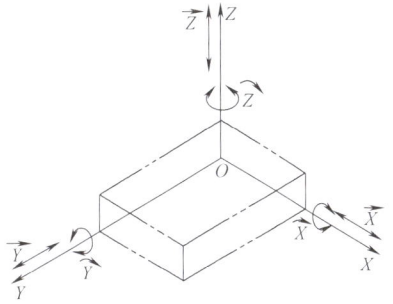

图 14-2　未定位工件的六个自由度

夹具用一个支承点限制工件的一个自由度，用合理分布的六个支承点限制工件的六个自由度，使工件在夹具中的位置完全确定，这就是六点定位原则。

支承点的分布必须合理，否则六个支承点限制不了工件的六个自由度，或不能有效地限制工件的六个自由度。图 14-3 中，工件底面上的三个支承点限制了 $\vec{Z}$、$\widehat{X}$、$\widehat{Y}$，它们应放成三角形，三角形的面积越大，定位越稳。工件侧面上的两个支承点限制了 $\vec{X}$、$\widehat{Z}$，它们不能垂直放置，否则，工件绕 Z 轴的角度自由度 $\widehat{Z}$ 便不能限制。

六点定则是工件定位的基本法则，用于实际生产时，起支承作用的是一定形状的几何体，这些用来限制工件自由度的几何体就是定位元件。

14.2.2　工件的定位方式

工件定位时，影响加工要求的自由度必须限制；不影响加工要求的自由度，有时要限

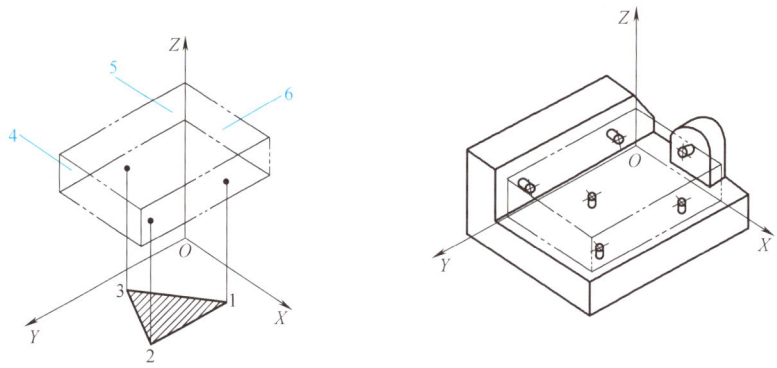

图 14-3　工件定位时支承点的分布

制，有时可不限制，视具体情况而定。

1. 完全定位

用六个支承点限制工件的全部自由度，称为完全定位。当工件在 X、Y、Z 三个坐标方向上均有尺寸要求或位置精度要求时，一般采用这种定位方式。

2. 不完全定位

有些工件，根据加工要求，并不需要限制其全部自由度。如图 14-4 所示的通槽，为保证槽底面与 A 面的平行度和尺寸 $60_{-0.2}^{0}$ mm 两项加工要求，必须限制 $\vec{Z}$、$\widehat{X}$、$\widehat{Y}$ 三个自由度；为保证槽侧面与 B 面的平行度及（30±0.1）mm 两项加工要求，必须限制 $\vec{X}$、$\widehat{Z}$ 转两个自由度；至于 $\vec{Y}$，从加工要求的角度看，可以不限制。因为一批工件逐个在夹具上定位时，即使各个工件沿 Y 轴的位置不同，也不会影响加工要求。但若将此槽改为不通的，那么 Y 方向有尺寸要求，则 $\vec{Y}$ 就必须要加以限制。

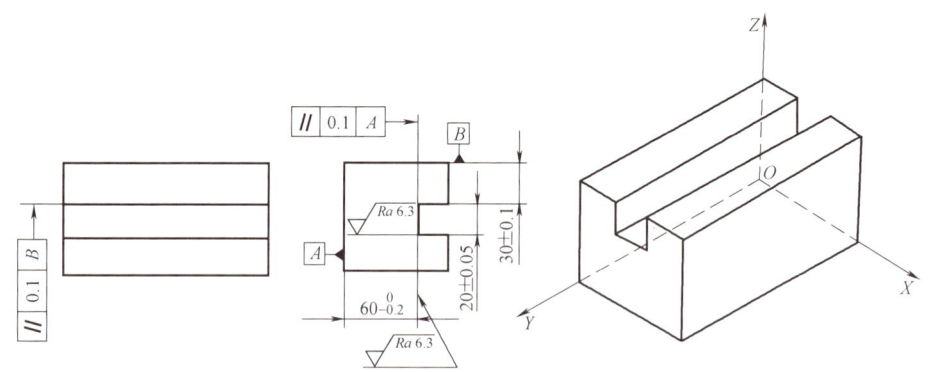

图 14-4　加工零件通槽工序图

图 14-5 所示的是几种不完全定位的示例。

在设计定位方案时，对不必要限制的自由度，一般不应布置定位元件，否则将使夹具结构复杂化。但有时为了使加工过程顺利进行，在一些没有加工尺寸要求的方向也需要对该自由度加以限制，如铣图 14-4 所示的通槽，即使理论分析 $\vec{Y}$ 不用被限制，但往往在铣削力相对方向上也设置限制 $\vec{Y}$ 的圆柱销，它并不会使夹具结构过于复杂，而且可以减少所需的夹

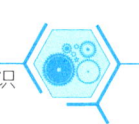

紧力，使加工稳定，并有利于铣床工作台纵向 ($\vec{Y}$) 行程的自动控制，这不仅是允许的，而且是必要的。

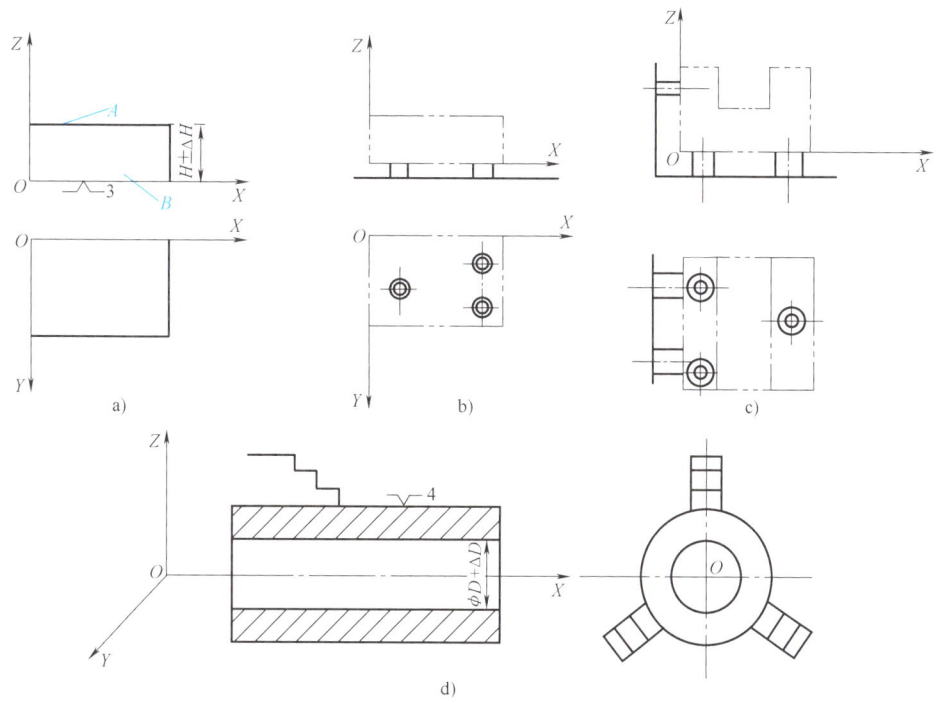

图14-5 不完全定位的示例

3. 欠定位

在满足加工要求的前提下，采用不完全定位是允许的，但是对应该限制的自由度没有被限制，是不允许的。这种定位称为欠定位。以图14-4所示工件为例，如果仅以底面定位，而不用侧面定位或只在侧面上设置一个支承点定位，则工件相对于成形运动的位置，就可能偏斜，按这样定位铣出的槽，显然无法保证槽与侧面的距离和平行度要求。

4. 重复定位

重复定位亦称为过定位，它是指定位时工件的同一自由度被数个定位元件重复限制。如图14-6所示，图14-6b中定位销与支承板都限制了 $\vec{Z}$，属于重复定位，这样就可能出现安装干涉，需要消除其中一个元件的 $\vec{Z}$；图14-6c将定位销改为削边销；图14-6d将支承板改为楔块。

重复定位要视具体情况进行具体分析。应该尽量避免和消除过定位现象。在机械加工中，一些特殊结构的定位，其过定位是不可避免的。如图14-7所示的导轨面定位，由于接触面较多，故都存在着过定位，其中双 V 形导轨的过定位就相当严重，像这类特殊的定位，应设法减少过定位的有害影响。通常上述导轨面均经过配刮，具有较高的精度。同理，如图14-8的重复定位，由于在齿形加工前，已经在工艺上规定了定位基准之间的位置精度（垂直度），为使工件定位稳定、可靠，工厂中大多采用此种定位方式进行定位，此时的重复定位由于定位基准均为已加工面，在满足定位精度要求的前提下，能够保证安装不发生干涉。

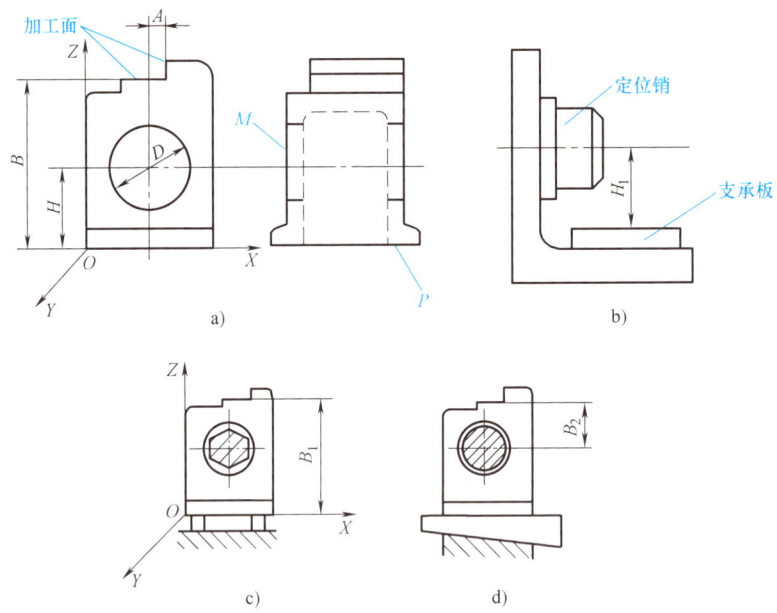

图 14-6 工件的重复定位及改善措施

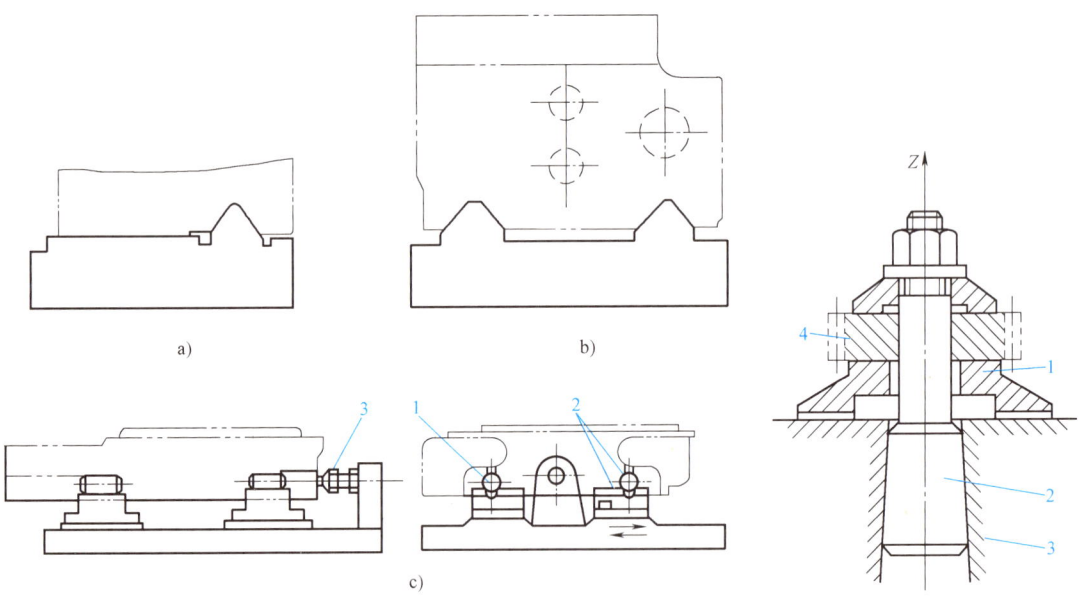

图 14-7 导轨面的重复定位分析

a）V形导轨 b）双V形导轨 c）用双圆柱定位的较好定位结构

1、2—定位圆柱 3—支承钉

图 14-8 齿轮加工的
重复定位示例

1—支承凸台 2—心轴
3—通用底盘 4—工件

14.2.3 定位方法及定位元件

在设计零件的机械加工工艺规程时，工艺人员根据加工要求已经选择了各工序的定位基

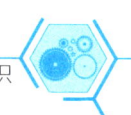

准和确定了各定位基准应当限制的自由度，并将它们标注在工序简图或其他工艺文件上。夹具设计的任务首先是选择和设计相应的定位元件来实现上述定位方案。

为了方便分析问题，引入"定位基面"的概念。当工件以回转表面（如孔、外圆等）定位时，称它的轴线为定位基准，而回转表面本身则称为定位基面。与之相对应，定位元件上与定位基面相配合（或接触）的表面称为限位基面，它的理论轴线则称为限位基准。如工件以圆孔在心轴上定位时，工件内孔称为定位基面，其轴线称为定位基准。与之相对应，心轴外圆表面称为限位基面，其轴线称为限位基准。工件以平面定位时，其定位基面与定位基准，限位基面和限位基准则是完全一致的。工件在夹具上定位时，理论上定位基准与限位基准应该重合，定位基面与限位基面应该接触。

1. 工件以平面定位

（1）主要支承　主要支承用来限制工件的自由度，起定位作用。

1）固定支承。固定支承有支承钉和支承板两种形式，如图14-9、图14-10所示。在使用过程中，它们都是固定不动的。

A型支承钉是标准平面支承钉，常用于已经加工后的表面定位；当定位基准面是粗糙不

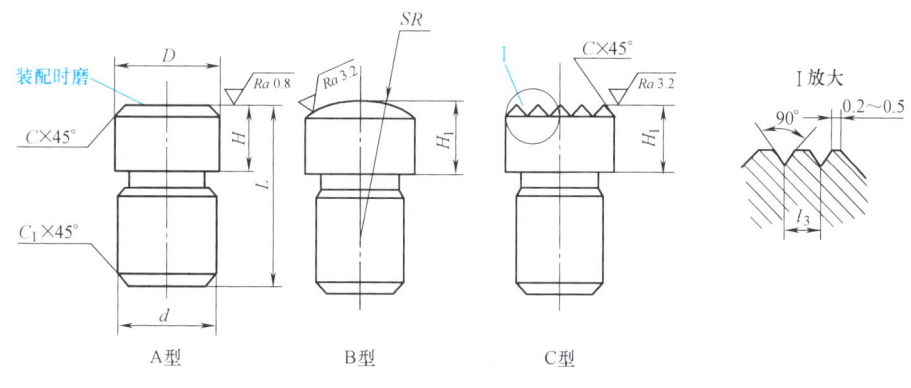

图 14-9　支承钉

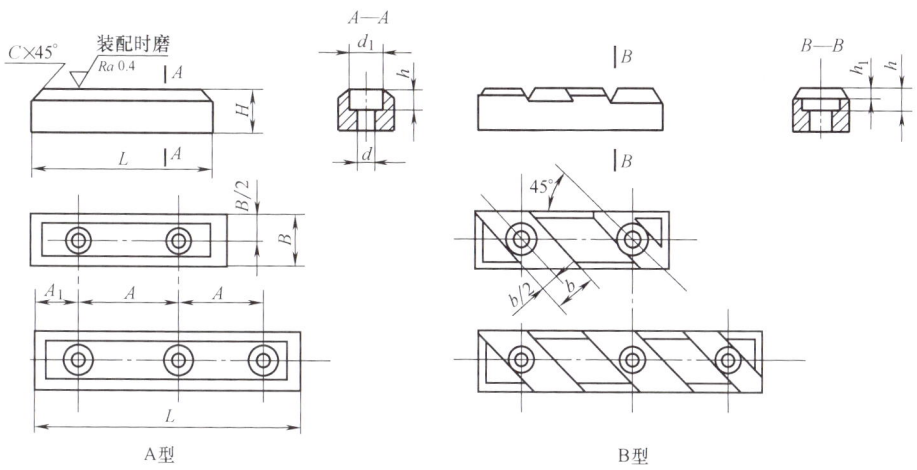

图 14-10　支承板

平的毛坯表面时，应采用 B 型球头支承钉，使其与粗糙表面接触良好；C 型所示齿纹型支承钉常用于侧面定位，它能增大摩擦系数，防止工件受力后滑动。

大中型工件以精基准面定位时，多采用支承板定位，可使接触面增大，避免压伤基准面，减少支承的磨损。A 型支承板，结构简单，便于制造，但沉头螺钉处的积屑难于清除，宜作侧面或顶面支承；B 型是带斜槽的支承板，因易于清除切屑和容纳切屑，宜作底面支承，常用于以推拉方式装卸工件的夹具和自动线夹具。

支承钉、支承板均已标准化，其公差配合、材料、热处理等可查阅机床夹具零件及部件国家标准。

工件以平面定位时，除采用上面介绍的标准支承钉和支承板之外，还可根据工件定位平面的具体形状设计相应的支承板，工件批量不大时，也可直接以夹具体作为限位平面。

2）可调节支承。在工件定位过程中，支承钉的高度需要调整时，采用图 14-11 所示的可调节支承。

图 14-12a 中工件为砂型铸件，加工过程中，一般先铣 B 面，再以 B 面镗双孔。为了保证镗孔工序有足够和均匀的余量，最好先以毛坯孔为粗基准，但装夹不太方便。此时可将 A 面置于调节支承上，通过调整调节支承的高度来保证 B 面与两

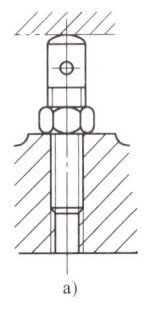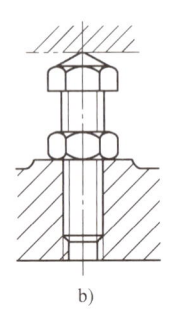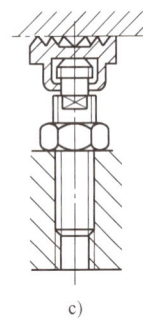

图 14-11　可调节支承

毛坯中心的距离尺寸 H_1、H_2，对于毛坯比较准确的小型工件，有时每批仅调整一次，这样对于一批工件来说，调节支承即相当于固定支承。

在同一夹具上加工形状相似而尺寸不等的工件时，也常采用调节支承。如图 14-12b 所示，在轴上钻径向孔，对于孔至端面的距离不等的几种工件，只要调整支承钉的伸出长度，该夹具便都可适用。

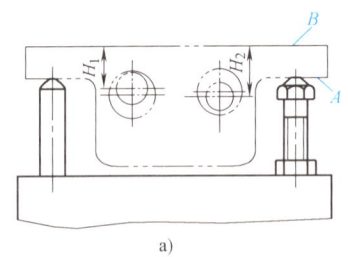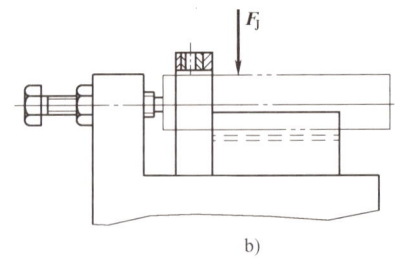

图 14-12　可调节支承的应用

3）浮动支承（自位支承）。在工件定位过程中，能自动调整位置的支承称为浮动支承。

浮动支承的结构如图 14-13 所示，它们与工件的接触点数虽然是二点或三点或更多点，但仍只限制工件的一个自由度。浮动支承点的位置随工件定位基准面的变化而自动调节，当基面有误差时，压下其中一点，其余即上升，直到全部接触为止。由于增加了接触点数，可提高工件的安装刚性和定位的稳定性，但夹具结构较复杂。浮动支承适用于工件以毛坯定位或刚性不足的场合。

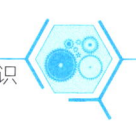

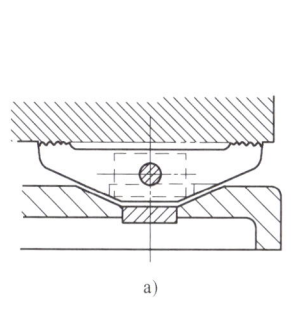
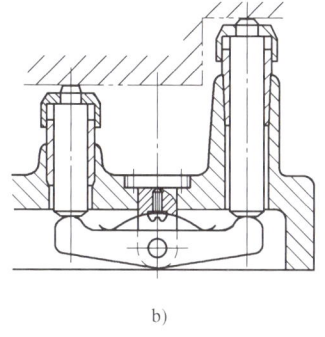
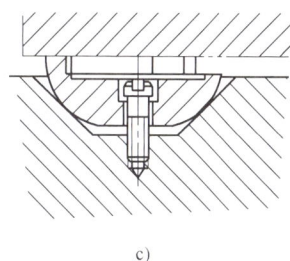

a)　　　　　　　　b)　　　　　　　　c)

图 14-13　浮动支承

（2）辅助支承　生产中，由于工件形状以及夹紧力、切削力、工件重力等原因，可能使工件在定位后还会产生变形或定位不稳定，此时就需要设置辅助支承。辅助支承是用来提高工件的装夹刚度和稳定性的，一般在工件定位后与工件接触，然后锁紧，不起定位作用。图 14-14 所示为几种辅助支承结构。

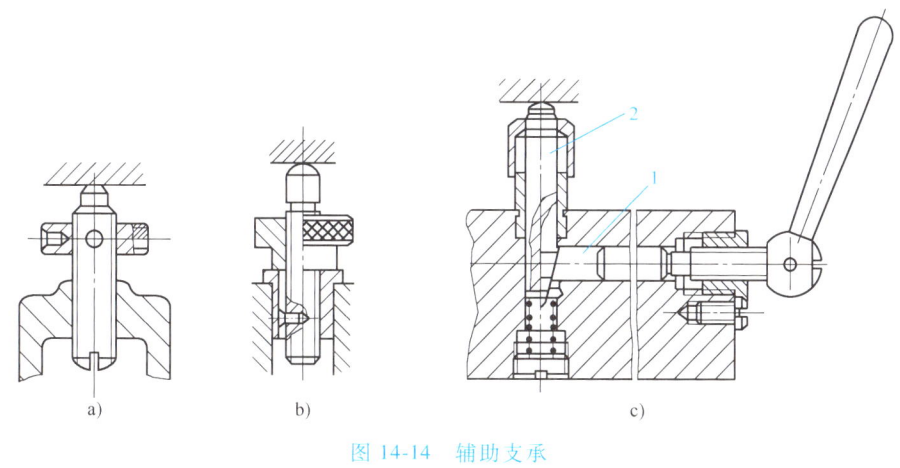

a)　　　　　　　　b)　　　　　　　　c)

图 14-14　辅助支承
1—斜面顶销　2—滑柱支承

由于采用辅助支承会使夹具结构复杂，操作时间增加，因此当定位基准面精度较高、允许重复定位时，往往用增加固定支承的方法增加支承刚度。

2. 工件以内孔表面定位

工件以圆柱孔定位是一种中心定位。定位面为圆柱孔，定位基准为中心轴线（中心要素），故通常要求内孔基准面有较高的精度。工件中心的定位是靠定位销、定位插销、定位轴和心轴等与孔的配合实现的。有时采用自动定心定位。粗基准很少采用内孔定位。

（1）圆柱销（定位销）　图 14-15 为常用定位销的结构。当定位销直径 D 为 $3 \sim 10mm$ 时，为增加刚性，避免使用中折断或热处理时淬裂，通常把根部倒成圆角 R。夹具体上应设有沉孔，使定位销的圆角部分沉入孔内而不影响定位。大批大量生产时，为了便于定位销的更换，可采用图 14-15d 所示的带衬套的结构。为便于工件装入，定位销的头部有 15°倒角。定位销的有关参数可查阅有关国家标准。

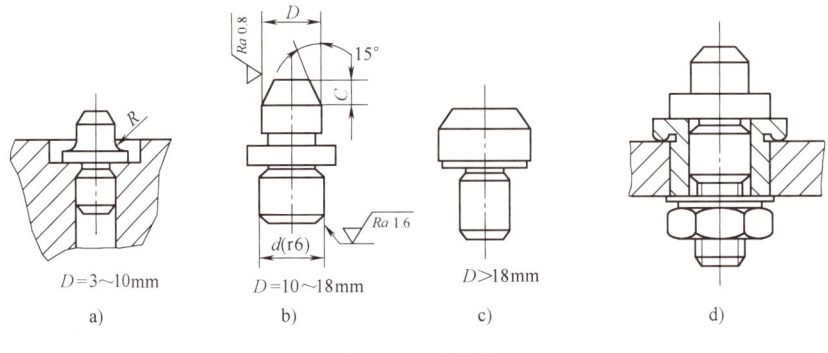

图 14-15　定位销

（2）定位心轴　图 14-16 所示为常用定位心轴。图 14-16a 所示为间隙配合心轴。心轴的基本尺寸取工件孔的最小极限尺寸，公差一般按 h6、g6 或 f7 制造，这种心轴装卸工件方便，但定心精度不高。加工中为能带动工件旋转，工件常以孔和端面联合定位，因而要求工件定位孔与定位端面之间、心轴限位圆柱面与限位端面之间都有较高的垂直度，最好能在一次装夹中加工出来。

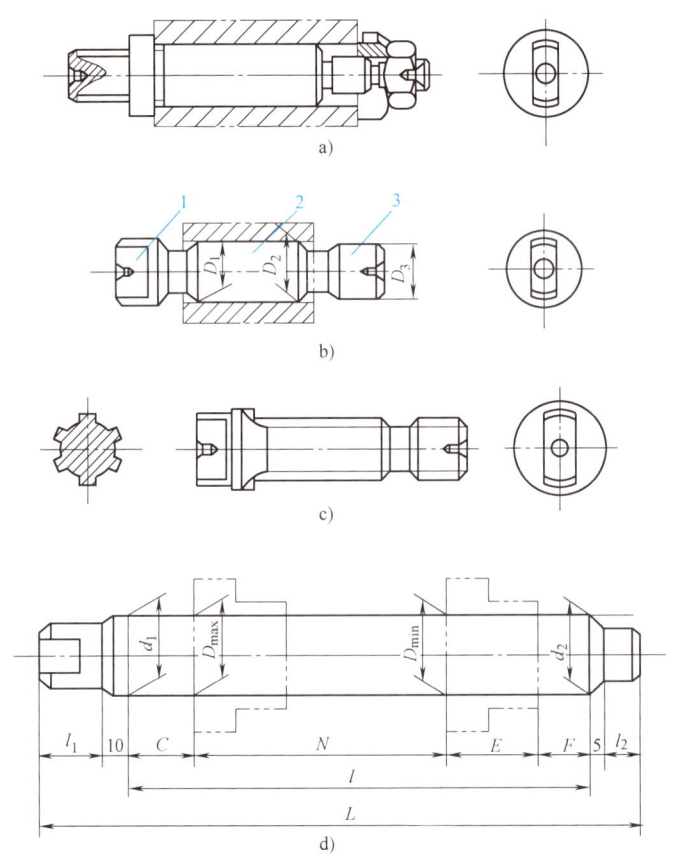

图 14-16　常用定位心轴

1—传动部分　2—工作部分　3—引导部分

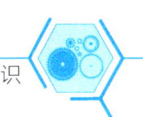

图 14-16b 所示为过盈配合心轴，由引导部分、工作部分、传动部分组成。引导部分 3 的作用是使工件迅速而准确地套入心轴，其直径 D_3 的基本尺寸取孔径的最小值，公差按 e8 制造，其长度约为工件定位孔长度的一半。工作部分 2 的直径的基本尺寸取孔径的最大值，公差按 r6 制造。D_1 取基准孔直径的最大值，公差按 r6 确定。这种心轴制造简单，定心精度高，不用另设夹紧装置，但装卸工件不方便，易损伤定位孔。多用于定心精度要求高的精加工。

图 14-16c 所示是花键心轴，用于加工以花键孔定位的工件。当工件的定位孔长 $L/D>1$ 时，工作部分可稍带锥度。设计花键心轴时，应根据工件的不同定心方式来确定心轴的结构，其配合可参考上述两种心轴。

图 14-16d 所示为锥度心轴（小锥度心轴），工件在小锥度心轴上定位，并靠工件定位圆孔与心轴限位圆锥面的弹性变形夹紧工件。这种定位方式的定心精度较高，同轴度可达 $\phi0.01 \sim \phi0.02\mathrm{mm}$，但工件的轴向位移较大，不适于轴向定距加工，广泛适用于短小工件高精度定心的精车和磨削加工中。

（3）圆锥销 图 14-17 所示为工件的孔缘在圆锥销上定位的方式，限制工件的 $\vec{X}$、$\vec{Y}$、$\vec{Z}$ 三个自由度。图 14-17a 用于粗基准，图 14-17b 用于精基准。

工件以单个圆锥销定位时容易倾斜，为此，圆锥销一般与其他定位元件组合定位，如图 14-18 所示。

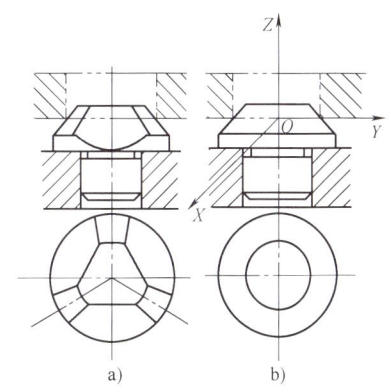

图 14-17   孔缘在圆锥销上定位的方式

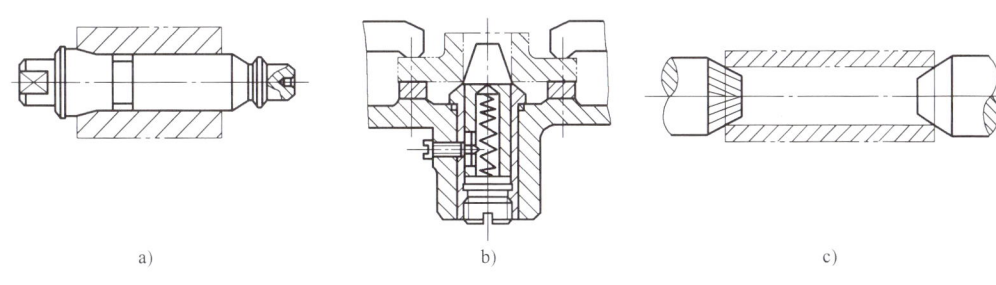

a)   b)   c)

图 14-18   圆锥销组合定位

3. 工件以外圆表面定位

以圆柱表面定位的工件有：轴类、套类、盘类、连杆类以及小壳体类等。常用的定位元件有 V 形块、定位套、半圆套、圆锥套等。

（1）V 形块 不论定位基准是否经过加工、是完整的圆柱面还是圆弧面，都可以采用 V 形块定位。其优点是对中性好，能使工件的定位基准轴线的对中在 V 形块两斜面的对称面上，而不受定位基面直径误差的影响，并且安装方便。

图 14-19 所示为常用 V 形块的结构。

图 14-19a 用于较短的精基准定位；图 14-19b 适用于粗基准或阶梯轴的定位；图 14-19c 适用于长的精基准表面或两段相距较远的轴定位；图 14-19d 适用于直径和长度较大的重型

工件，其 V 形块采用铸铁底座镶淬硬的支承板或硬质合金的结构，以减少磨损，提高寿命和节省钢材。

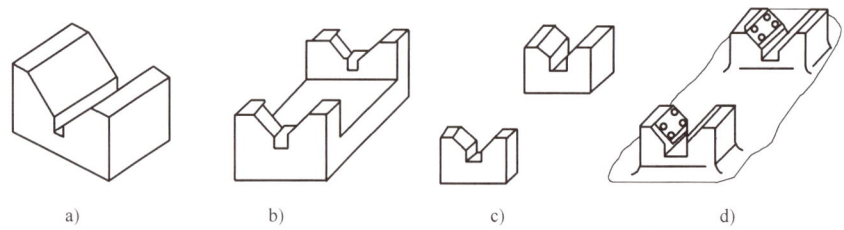

图 14-19　常用 V 形块的结构

V 形块两斜面间的夹角 α，一般选用 60°、90°、120°，以 90°应用最广，其结构和尺寸均已标准化。

V 形块有固定式和活动式两种。图 14-20 所示为加工连杆孔时用活动 V 形块定位，活动 V 形块限制工件一个转动自由度，其沿 V 形块对称面方向的移动可以补偿工件因毛坯尺寸变化而对定位的影响，同时还兼有夹紧的作用。

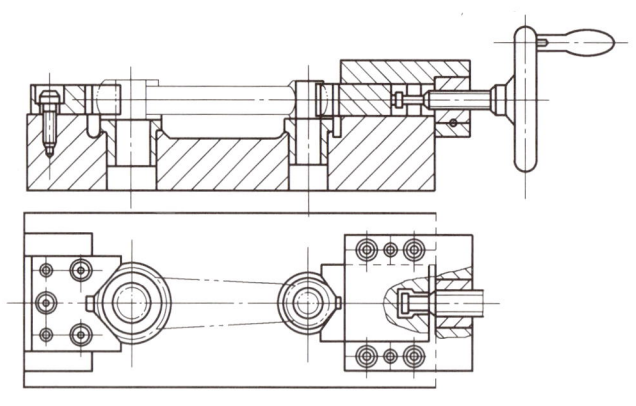

图 14-20　活动 V 形块的应用

设计非标准 V 形块时，可参考图 14-21 所示的有关尺寸进行计算，具体可参照 JB/T 8018.1—1999 标准中的有关参数。

（2）定位套　图 14-22 所示为常用的几种定位套。其内孔轴线是限位基准，内孔面是限位基面。为了限制工件沿轴向的自由度，常与端面联合定位。用端面作为主要限位面时，应控制套的长度，以免夹紧时工件产生不允许的变形。

定位套结构简单、容易制造，但定心精度不高，故只适用于精定位基面。

（3）半圆套　图 14-23 所示为外圆柱面用

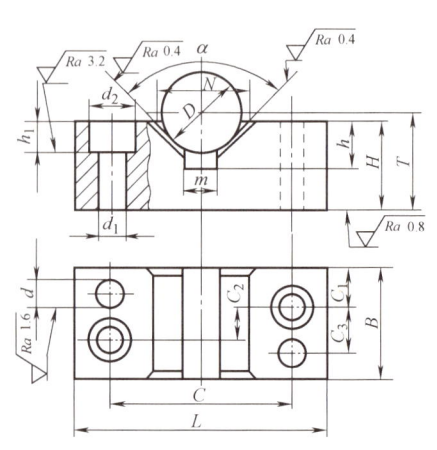

图 14-21　V 形块结构尺寸

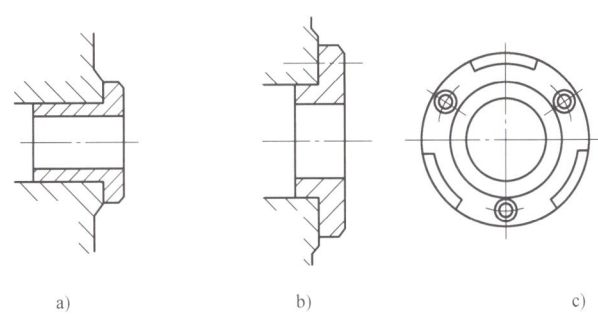

图 14-22 常用定位套

半圆套定位的结构。下面的半圆套是定位元件，上面的半圆套起夹紧作用。其最小直径应取工件定位外圆的最大直径。这种定位方式主要用于大型轴类零件及不便于轴向装夹的零件。定位基面的精度不低于 IT8 ~ IT9。其定位的优点是夹紧力均匀，装卸工件方便。

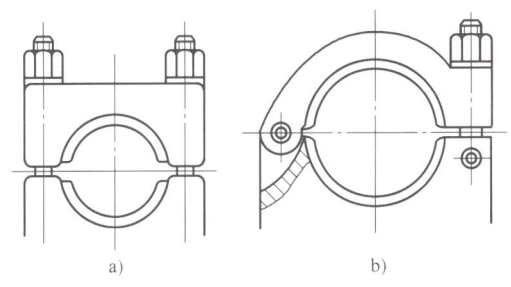

图 14-23 半圆套定位的结构

4. 定位误差分析与计算

在前面几部分内容中，已分别讨论了根据工件的加工要求，确定工件应被限制的自由度，以及选择工件定位基准和根据工件定位面的情况选择合适的定位元件等问题。但还没讨论是否能满足工件加工精度的要求。要解决这一问题，需要进行工件定位误差的分析和计算。如果工件定位误差不超过工件加工尺寸公差值的 1/3，一般认为该定位方案能满足本工序加工精度的要求。

（1）定位误差及其产生的原因　定位误差是由于工件在夹具上（或机床上）的定位不准确而引起的加工误差。例如，在轴上铣键槽，要保证尺寸 H，如图 14-24 所示。若采用 V 形块定位，键槽铣刀按尺寸 H 调整好位置，由于工件外圆直径有公差，使工件中心位置发生变化，造成加工尺寸 H 发生变化（若不考虑加工过程中产生的其他加工误差）。此变化量（加工误差）是由于工件的定位而引起的，故称为定位误差，用 ΔD 表示。

1）基准不重合误差。由于工件的工序基准与工件的定位基准不重合而造成的加工误差称为基准不重合误差，用 ΔB 表示。如图 14-25 所示，工件以底面定位铣台阶面，要求保证尺寸 a，工序基准为工件顶面，定位基准为底面，这时刀具的位置按定位面到刀具端面间的

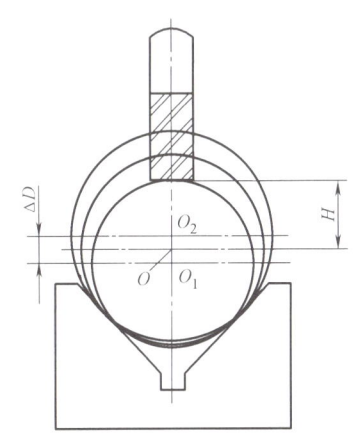

图 14-24 基准位移引起的定位误差

距离调整，由于一批工件中尺寸 b 的公差使工件顶面（工序基准）位置在一范围内变动，从而使加工尺寸 a 产生误差。这个误差就是基准不重合误差，它等于工序基准相对于定位基准在加工尺寸方向上的最大变动量。

2）基准位移误差。由于定位副制造不准确，使定位基准在加工尺寸方向上产生位移，导致各个工件的位置不一致而造成的加工误差，称为基准位移误差，用符号 ΔY 表示。图 14-26 所示为在圆柱面上铣键槽，加工尺寸为 A 和 B。图 14-26b 所示为加工示意图。工件以内孔在圆柱心轴上定位，O 是心轴轴心（限位基准），O_1、O_2 是工件孔的轴心（定位基准）。轴按 $d_{-T_d}^0$ 制造，工件内孔的尺寸为 $D_0^{+T_D}$。对工序尺寸 A 而言，工序基准与定位基准重合，$\Delta B = 0$。但由于心轴外

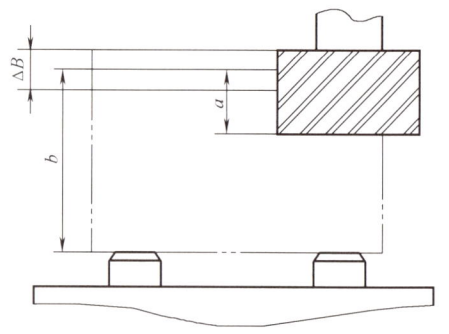

图 14-25　基准不重合引起的定位误差

圆和工件内孔都存在制造误差，造成定位基准与限位基准在一定范围内变化，致使加工尺寸 A 发生变化（$A_{\min} \sim A_{\max}$），即基准位移误差。

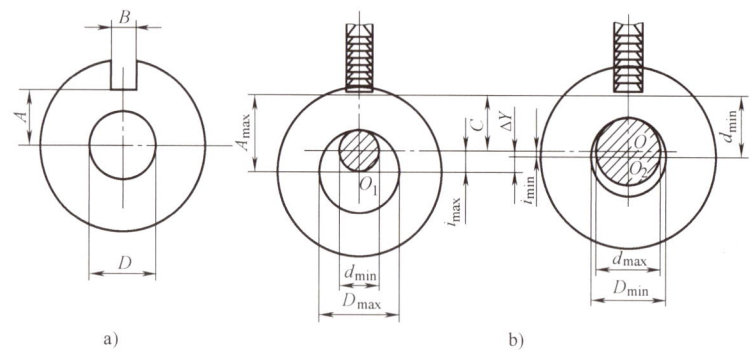

图 14-26　基准位移误差

由图 14-26 可以求出基准位移误差 ΔY 为

$$\Delta Y = O_1O_2 = OO_1 - OO_2 = \frac{T_D}{2} + \frac{T_d}{2}$$

由上式可以看出，基准位移误差是由定位副的制造误差造成的。

由上面分析可知：

① 定位误差只产生在按调整法加工一批工件的情况下，用试切法加工时，不存在定位误差。

② 定位误差（包括基准不重合误差和基准位移误差）都与工件的定位方式有关。

（2）定位误差的计算方法　根据定位误差产生的原因，定位误差应由基准不重合误差 ΔB 与基准位移误差 ΔY 组合而成的，可表示为：$\Delta D = \Delta B \pm \Delta Y$。

在具体计算时，先分别求出 ΔB 和 ΔY，然后再求 ΔD，方法如下：

1）当 $\Delta B \neq 0$，$\Delta Y = 0$ 时，$\Delta D = \Delta Y$。当 $\Delta B = 0$，$\Delta Y \neq 0$ 时，$\Delta D = \Delta B$。

2）当 $\Delta B \neq 0$，$\Delta Y \neq 0$，且工序基准不在定位基面上时，$\Delta D = \Delta B + \Delta Y$。

3）当 $\Delta B \neq 0$，$\Delta Y \neq 0$，但工序基准在定位基面上时，$\Delta D = \Delta B \pm \Delta Y$。若基准位移和基准不重合引起的加工尺寸变化方向相同时，取"＋"号；反之，取"－"号。这种情况只可能出现在工件以曲面作为定位基准面时，如工件以平面定位，由于一般情况下 $\Delta Y = 0$，因此

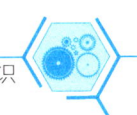

不存在两项误差的合成问题。

14.2.4 定位装置设计示例

前面各节阐述了工件在夹具中定位的基本原理和基本方法。现以定位方案设计实例来说明定位原理和方法的运用。

图 14-27 所示为在拨叉上钻 $\phi 8.4$mm 孔的工序图。加工要求是：$\phi 8.4$mm 孔为自由尺寸，可一次钻削保证。该孔在轴线方向的设计基准是槽 $14.2_0^{+0.1}$mm 的对称中心线，要求距离为 (3.1 ± 0.1)mm；相对于 $\phi 15.81$F8 孔中心线的对称度要求为 0.2mm。本工序所用设备为 Z525 立式钻床。试设计其定位装置。

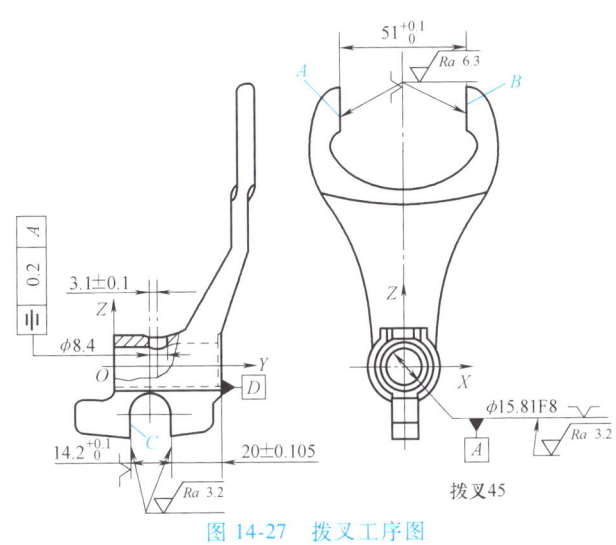

图 14-27 拨叉工序图

1. 确定所需限制的自由度数，选择定位基准并确定各基准面上支承点的分布

为保证所钻 $\phi 8.4$mm 孔与 $\phi 15.81$F8 中心线对称并垂直，需限制工件的 $\vec{X}$、$\vec{Y}$、$\vec{Z}$ 三个自由度；为保证所钻 $\phi 8.4$mm 孔在对称面（Z 面）内，还需限制 $\widehat{Y}$ 自由度；为保证尺寸 (3.1 ± 0.1)mm，还需限制 $\widehat{Y}$ 自由度。综上所述，应限制工件的 $\vec{X}$、$\vec{Y}$、$\widehat{X}$、$\widehat{Y}$、$\widehat{Z}$ 五个自由度。

定位基准的选择应尽可能遵循基准重合原则，并尽量选用精基准定位。故以 $\phi 15.81$F8 孔作为主要定位基准，设置四支承点限制工件的 $\vec{X}$、$\vec{Z}$、$\widehat{X}$、$\widehat{Z}$ 四个自由度，以保证所钻孔与基准孔的对称度和垂直度要求；以 $51_0^{+0.1}$mm 槽面作为定位基准，设置一点，限制 $\widehat{Y}$ 自由度，由于它离 $\phi 15.81$F8 较远，故定位准确且稳定可靠；以槽面 A、B 或端面 C 作为止推定位基准，设置一点，限制 $\vec{Y}$ 自由度。在 A、B、C 面上定位元件的布置有三种方案：一是以 C 面定位；二是以槽面 A、B 中的一个面定位；三是以槽面 A、B 的对称平面定位。

若以 C 面定位，因工序基准为 $14.2_0^{+0.1}$mm 槽的对称面（对称面至 B 面距离尺寸为 $7.1_0^{+0.05}$mm），故其基准不符误差为：$\Delta B_1 = 0.05 + 0.105 \times 2 = 0.26$mm。

已超过尺寸 (3.1 ± 0.1)mm 的加工公差，故此方案不能采用。

若以 A、B 面的一个侧面定位，则基准不符误差为：$\Delta B_2 = 0.05$mm。

若以 A、B 面的对称平面定位，则 $\Delta B_3 = 0$。

在上述三个方案中，第一方案不能保证加工精度；第二方案具有结构简单，加工精度可以保证的优点；第三方案定位误差为零，但结构比前两方案复杂了些。但从大批量生产的条件来看，第三方案虽结构复杂一点，却又能完成夹紧任务，因此第三方案较恰当。

2. 选择定位元件结构

φ15.81F8 孔采用长圆柱销定位，其配合选为 15.81F8/h7。

以 $51^{+0.1}_{0}$mm 槽面的定位可采用两种方案，如图 14-28 所示。一种方案是在其中一个槽面上布置一个防转销；另一种方案是利用槽两侧面布置一个大削边销，与长销构成两销定位。从定位稳定及有利于夹紧等考虑，后一方案较好。

工件沿 Y 轴的位置可采用如图 14-29 所示的圆偏心轮定心夹紧装置实现 A、B 的对称面定位。如以 A 或 B 面定位，为了装卸工件，应采用可伸缩的定位销。这将会增加夹具结构的复杂性。

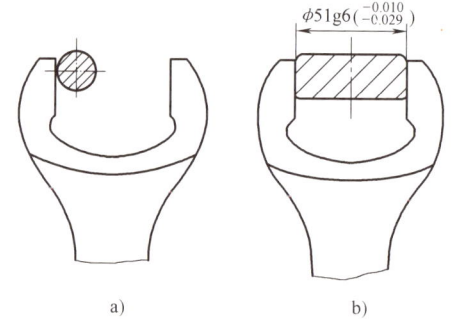

图 14-28 防转定位方案分析

其他定位夹紧元件在夹具中的布置如图 14-29 所示。夹具的总体结构如图 14-47 所示。

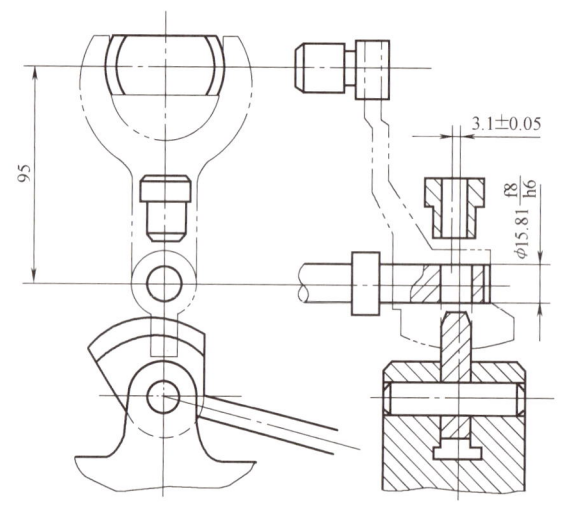

图 14-29 定位夹紧元件的布置

以上步骤是设计定位装置的一般程序。在实际工作中，其先后顺序可有差异。又由于生产条件等不同，其具体结构也将各异，但分析问题的基本原理和方法是一致的。

14.3 工件的夹紧

14.3.1 工件夹紧基本知识

1. 夹紧装置的基本要求

机械加工过程中，为保持工件定位时所确定的正确加工位置，防止工件在切削力、惯性

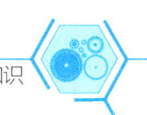

力、离心力及重力等作用下发生位移和振动，机床夹具应设有夹紧装置，将工件压紧夹牢。夹紧装置是否合理、可靠及安全，对工件加工的精度、生产率和工人的劳动条件有着重大的影响，为此提出下列基本要求：

1）夹紧过程中，不能改变工件定位后占据的正确位置。

2）夹紧力的大小要适当，既要保证工件在整个加工过程中位置稳定不变、振动小，又要使工件不产生过大的夹紧变形。

3）夹紧装置的自动化和复杂程度应与生产类型相适应，在保证生产率的前提下，其结构要力求简单，工艺性好，便于制造和维修。

4）夹紧装置的操作应当方便、安全、省力。

5）夹紧装置应具有良好的自锁性能，以保证源动力波动或消失后，仍能保持夹紧状态。

2. 夹紧装置的组成

（1）力源装置　产生夹紧力的装置。对于力源来自机械或电力的，一般称为传动装置。常用的有气压、液压、电力等传动装置。图14-30所示为气压传动装置。力源来自人力的，则称为手动夹紧。

夹紧装置
的组成

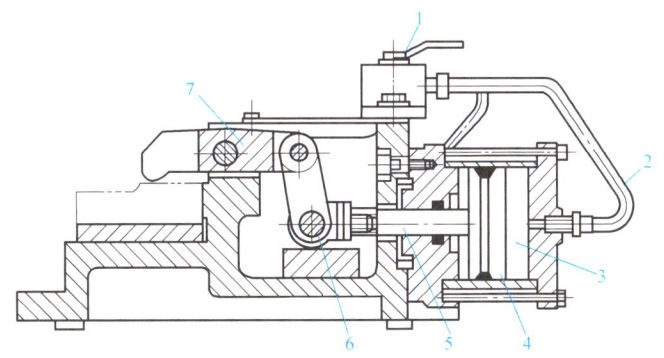

图 14-30　气压传动装置

1—配气阀　2—管道　3—气缸　4—活塞　5—活塞杆　6—单铰链连杆　7—压板

（2）夹紧部分　接受和传递原始作用力使之变为夹紧力并执行夹紧任务的部分。一般由下列元件或机构组成。

1）接受原始作用力的元件。如手柄、螺母或用来连接气缸活塞杆的零件等。

2）中间递力机构。通过它将力源产生的夹紧力传给夹紧元件，然后由夹紧元件最终完成对工件的夹紧。一般中间递力机构可以在传递夹紧力的过程中，改变夹紧力的方向和大小，并根据需要亦可具有一定的自锁性能。图14-30中的单铰链连杆6就是中间递力机构。当利用螺钉直接夹紧工件时，就没有中间递力结构。

3）夹紧元件。它是实现夹紧的最终执行元件，如各种螺钉、压板等。

3. 夹紧力的确定

确定夹紧力包括正确地选择夹紧力的方向、作用点及夹紧力的大小。它是一个综合性问题，必须结合工件的形状、尺寸、重量和加工要求，定位元件的结构及其分布方式，切削条件及切削力的大小等具体情况确定。

（1）夹紧力方向的确定原则　夹紧力的作用方向不仅影响加工精度，而且还影响夹紧的实际效果。具体应考虑如下几点。

1）夹紧力的作用方向不应破坏工件的定位。工件在夹紧力作用下，应确保其定位基面贴在定位元件的工作表面上。为此要求主夹紧力的方向应指向主要定位基准面，其余夹紧力方向应指向工件的定位支承。如图 14-31 所示，在角铁形工件上镗孔，加工要求孔中心线垂直于 A 面，因此应以 A 面为主要定位基面，并使夹紧力垂直于 A 面，如图 14-31a 所示。但若使夹紧力指向 B 面，如图 14-31b 所示，则由于 A 与 B 面间存在垂直度偏差，故无法满足加工要求。当夹紧力垂直指向 A 面有困难而必须指向 B 面时，则必须提高 A 与 B 面间的垂直度精度。

2）夹紧力作用方向应使工件的夹紧变形尽量小。图 14-32 所示为加工薄壁套筒，由于工件的径向刚度很差，用图 14-32a 所示的径向夹紧方式将产生过大的夹紧变形。若改用图 14-32b 所示的轴向夹紧方式，则可减少夹紧变形，保证工件的加工精度。

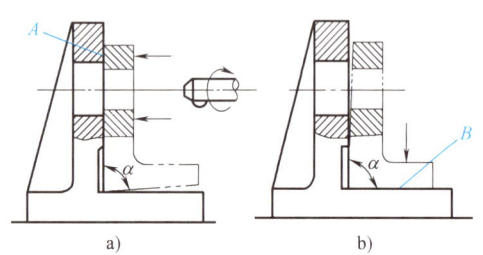 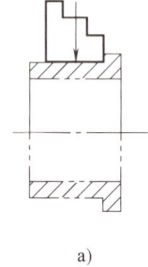 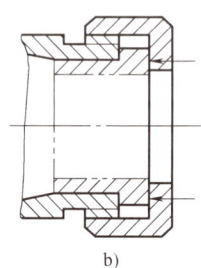

图 14-31　夹紧力垂直指向主要定位支承表面示例　　　图 14-32　夹紧力的作用方向对工件变形的影响

3）夹紧力作用方向应使所需夹紧力尽可能小。图 14-33 所示为夹紧力 F_w、工件重力 G 和切削力 F 三者关系的几种典型情况。为了安装方便及减少夹紧力，应使主要定位支承表面处于水平朝上位置，如图 14-33a、b 所示，工件安装既方便又稳定，特别是图 14-33a，其切削力 F 与工件重力 G 均朝向主要支承表面，与夹紧力 F_w 方向相同，因而所需夹紧力为最小。此时的夹紧力 F_w 只要防止工件加工时的转动及振动即可。图 14-33c、d、e、f 所示的情况就较差，特别是图 14-33d 所示情况所需夹紧力为最大，一般应尽量避免。

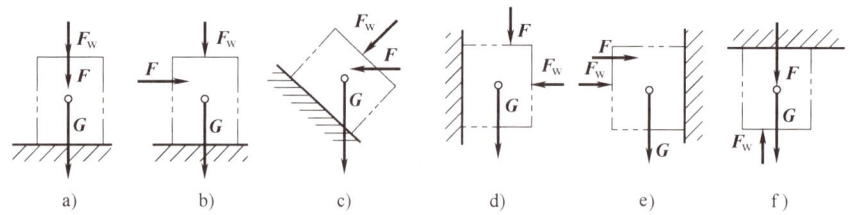

图 14-33　夹紧力方向与夹紧力大小的关系

（2）选择夹紧力作用点的原则　夹紧力作用点的位置、数目及布局同样应遵循保证工件夹紧稳定、可靠、不破坏工件原来的定位以及夹紧变形尽量小的原则，具体应考虑如下几点。

1）夹紧力作用点必须作用在定位元件的支承表面上或作用在几个定位元件所形成的稳定受力区域内。如图 14-34 所示，图 14-34b、d 的作用点是错误的，会使原定位受到破坏。

2）作用点应作用在工件刚性好的部位上。对于壁薄易变形的工件，应采用多点夹紧或使夹紧力均匀分布，以减少工件的夹紧变形，如图 14-35 所示。

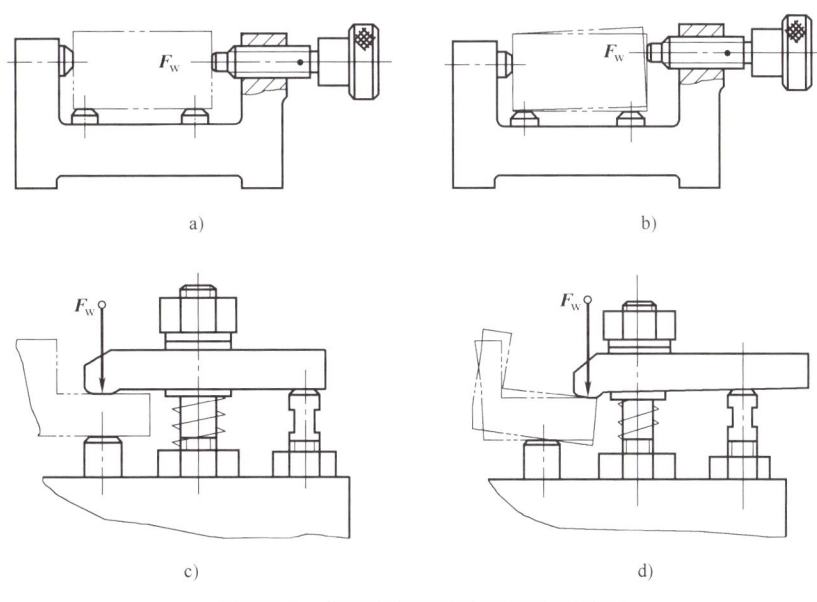

a)   b)

c)   d)

图 14-34   作用点与定位支承的位置关系

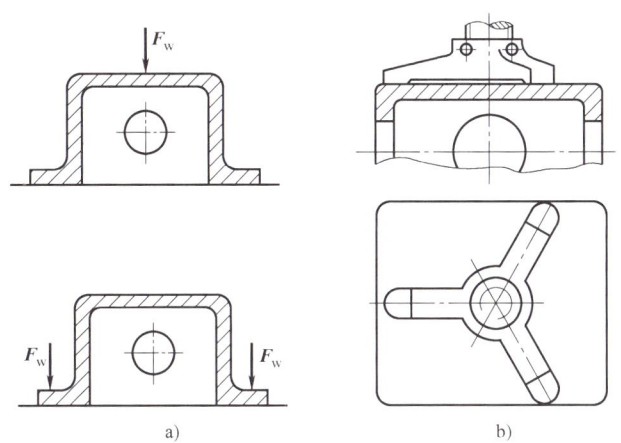

a)   b)

图 14-35   作用点应在工件刚性好的部位

3）夹紧力的作用点应适当靠近加工表面，如图 14-36 所示。有的工件由于结构形状所限，加工表面与夹紧力作用点较远且刚性又较差时，应在加工表面附近增加辅助支承及对应的附加夹紧。如图 14-37 所示，在加工表面附近增加了辅助支承，而 F_{w1} 为对应的附加夹紧力。

（3）夹紧力大小的估算   当夹紧力的方向和作用点确定后，就应计算所需夹紧力的大小。夹紧力的大小直接影响夹具使用的安全性和可靠性。在实际设计工作中，夹紧力的大小可根据同类夹具的实际使用情况，用类比法进行经验估计，也可用分析计算方法近似估算。

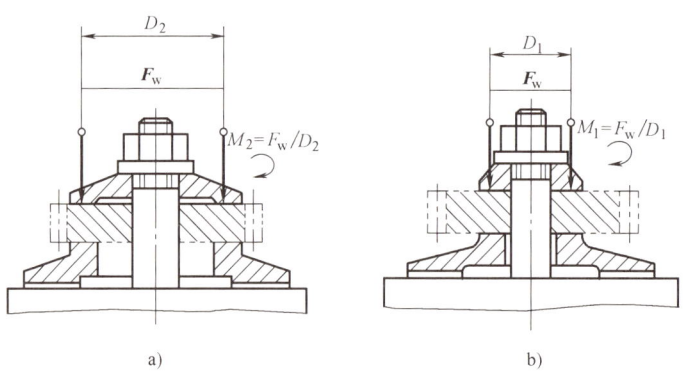

图 14-36　作用点应靠近工件加工表面

分析计算法，通常是将夹具和工件视为刚性系统，找出在加工过程中，对夹紧最不利的瞬时状态。根据该状态下的工件所受的主要外力即切削力和理论夹紧力（大型工件要考虑工件的重力，旋转运动时还要考虑离心和惯性力），按静力平衡条件解出所需理论夹紧力，再乘以安全系数作为实际所需夹紧力，以确保安全。即

$$F_{sw} = KF_w$$

式中　F_{sw}——所需实际夹紧力，N；

　　　　F_w——按静力平衡条件解出的所需理论夹紧力，N；

　　　　K——安全系数，根据经验一般粗加工时取 2.5~3；精加工时取 1.5~2。

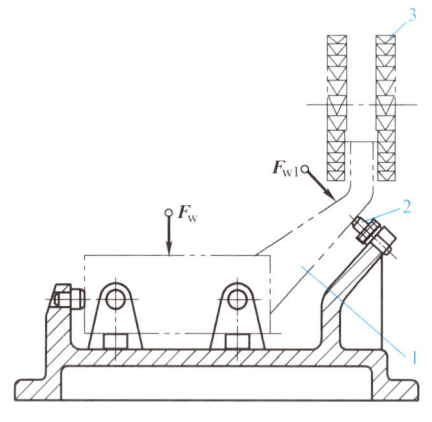

图 14-37　增设辅助支承和辅助夹紧力
1—工件　2—辅助支承　3—铣刀

实际所需夹紧力的具体计算方法可参照机床夹具设计手册等资料。

14.3.2　基本夹紧机构

在夹具的各种夹紧机构中，起基本夹紧作用的，多为斜楔、螺旋、偏心、杠杆、薄壁弹性元件等夹具元件，而其中以斜楔、螺旋、偏心以及由它们组合而成的夹紧装置应用最为普遍。

1. 斜楔夹紧机构

图 14-38 所示为几种斜楔夹紧机构夹紧工件的实例。图 14-38a 中，需在工件上钻削互相垂直的 $\phi8mm$ 与 $\phi5mm$ 小孔，工件装入夹具后，用锤击楔块大头，则楔块对工件产生夹紧力和对夹具体产生正压力，从而把工件楔紧。加工完毕后锤击楔块小头即可松开工件。但这类夹紧机构产生的夹紧力有限，且操作费时，故在生产中直接用楔块楔紧工件的情况是比较少的。但是利用斜面楔紧作用的原理和采用楔块与其他机构组合起来夹紧工件的机构却比较普遍。图 14-38 所示为斜楔-滑柱的组合夹紧机构，可用手动，也可用气压传

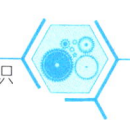

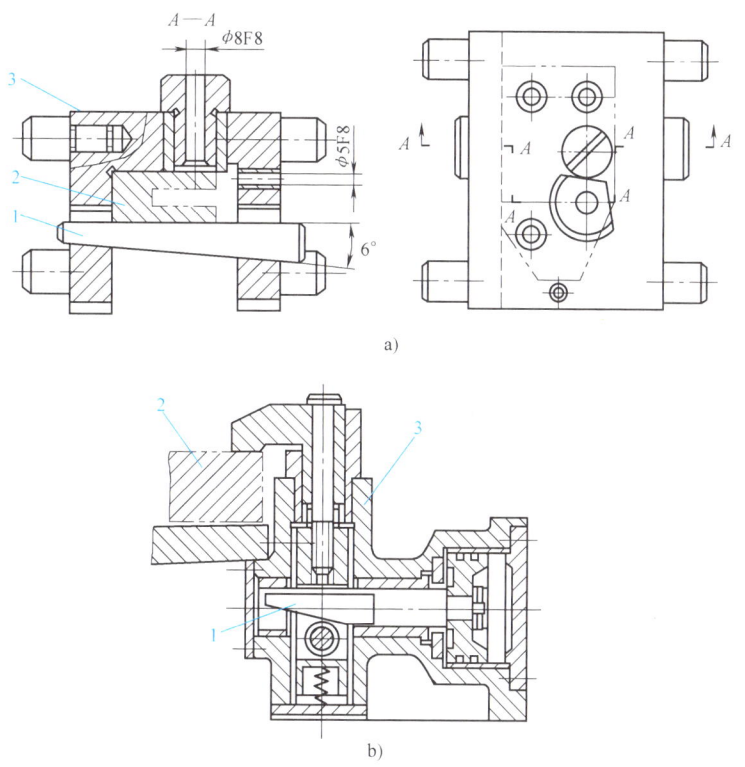

图 14-38 斜楔夹紧机构夹紧工件的实例

1—斜楔 2—工件 3—夹具体

动装置驱动。

用斜楔夹紧工件时，需要解决原始作用力和夹紧力的变换，保证自锁条件和合理选择斜楔升角等问题。

（1）斜楔夹紧力的计算 斜楔夹紧时的受力情况如图 14-39a 所示，可推导出斜楔夹紧机构的夹紧力计算公式为

$$F_Q = F_w \tan\varphi_2 + F_w \tan(\alpha + \varphi_1)$$

$$F_w = \frac{F_Q}{\tan\varphi_2 + \tan(\alpha + \varphi_1)}$$

当 α、φ_1、φ_2 均很小且 $\varphi_1 = \varphi_2 = \varphi$ 时，上式可近似的简化为

$$F_w = \frac{F_Q}{\tan(\alpha + 2\varphi)}$$

式中　F_w——夹紧力，N；

　　　F_Q——作用力，N；

φ_1、φ_2——分别为斜楔与支承面及与工件受压面间的摩擦角，常取 $\varphi_1 = \varphi_2 = 5° \sim 8°$；

　　　α——斜楔的斜角，常取 $\alpha = 6° \sim 10°$。

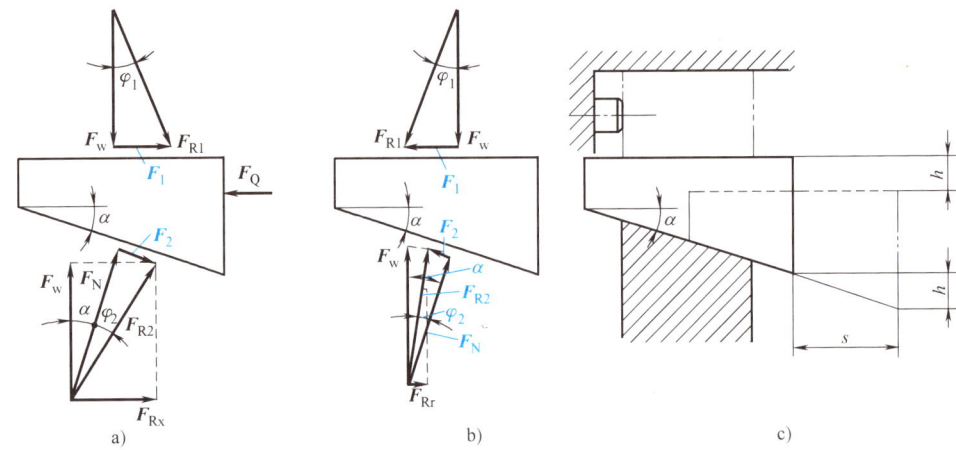

图 14-39　斜楔的受力分析

a）夹紧受力图　b）自锁受力图　c）夹紧行程

（2）斜楔的自锁条件　图 14-39b 所示，当作用力消失后，斜楔仍能夹紧工件而不会自行退出。根据力的平衡条件，可推导出自锁条件为

$$\alpha \leqslant \varphi_1 + \varphi_2 = 2\varphi \qquad （设 \varphi_1 = \varphi_2 = \varphi）$$

一般钢铁的摩擦系数 $\mu = 0.1 \sim 0.15$。摩擦角 $\varphi = \arctan(0.1 \sim 0.15) = 5°43' \sim 8°32'$，故 $\alpha \leqslant 11° \sim 17°$。

通常，为可靠起见，取 $\alpha = 6° \sim 8°$。

（3）斜楔增力特性和升角的关系　斜楔的夹紧力与原始作用力之比称为增力比 i_F，即

$$i_F = \frac{F_w}{F_Q} = \frac{1}{\tan\varphi_1 + \tan(\alpha + \varphi)}$$

不考虑摩擦影响时，理想增力比 i_F' 为

$$i_F' = \frac{1}{\tan\alpha}$$

工件所要求的夹紧行程 h 与斜楔相应移动距离 s 之比称为行程比 i_s

$$i_s = \frac{h}{s} = \tan\alpha$$

即 $i_F' = 1/i_s$，故斜楔理想增力倍数等于夹紧行程的缩小倍数。因此，选择升角 α 时，必须同时考虑增力比和夹紧行程两方面的问题。

2. 螺旋夹紧机构

螺旋夹紧机构在夹具中应用最广，其优点是结构简单、制造方便、夹紧力大、自锁性能好。它的结构型式很多，但从夹紧方式来分，可分为螺栓夹紧和螺母夹紧两种，如图 14-40 所示，设计时应根据所需的夹紧力的大小选择合适的螺纹直径。

3. 偏心夹紧机构

图 14-41 所示为常见的偏心夹紧机构，其中图 14-41a、b 所示为偏心轮和螺栓压板的组合夹紧机构；图 14-41c 所示为利用偏心轴夹紧工件；图 14-41d 所示为直接用偏心圆弧将铰链压板锁紧在夹具体上，通过摆动压块将工件夹紧。

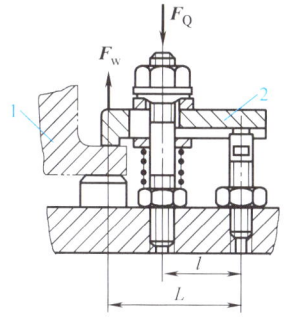
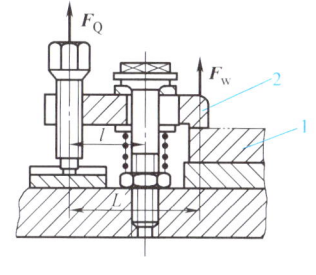
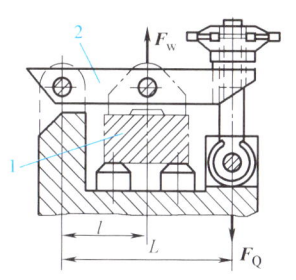

图 14-40　典型螺旋夹紧机构

1—工件　2—压板

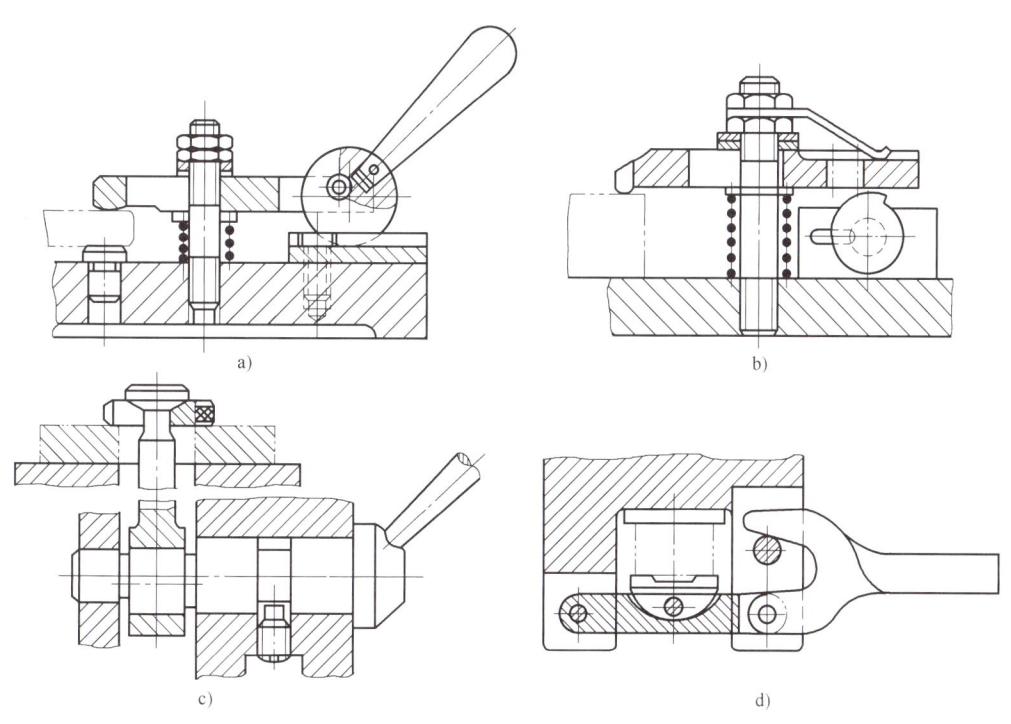

a)　　　　　　　　　　b)

c)　　　　　　　　　　d)

图 14-41　常见的偏心夹紧机构

偏心夹紧机构的特点是结构简单、动作迅速，但它的夹紧行程受偏心距 e 的限制，夹紧力较小，故一般用于工件被夹压表面的尺寸变化较小和切削过程中振动不大的场合，多用于小型工件的夹具中。

（1）偏心夹紧的工作特性　如图 14-42a 所示的圆偏心轮，其直径为 D，偏心距为 e，由于其几何中心 C 和回转中心 O 不重合，当顺时针方向转动手柄时，就相当于一个弧形楔卡紧在转轴和工件受压表面之间而产生夹紧作用。将弧形楔展开，则得如图 14-42b 所示的曲线斜楔，曲线上任意一点的切线和水平线的夹角即为该点的升角。设 α_x 为任意夹紧点 x 处的升角，其值可由 $\triangle OxC$ 中求得

$$\frac{\sin\alpha_x}{e} = \frac{\sin(180°-\varphi_x)}{D/2}$$

$$\sin\alpha_x = \frac{2e}{D}\sin\varphi_x$$

式中，转角 φ_x 的变化范围为 $0° \leqslant \varphi_x \leqslant 180°$。由上式可知，当 $\varphi_x = 0°$ 时，m 点的升角最小，$\alpha_m = 0°$，随着转角 φ_x 的增大，升角 α_x 也增大，当 $\varphi_x = 90°$ 时（即 T 点），升角 α 为最大值，此时

$$\sin\alpha_T = \sin\alpha_{max} = \frac{2e}{D} \qquad \alpha_T = \alpha_{max} = \arcsin\frac{2e}{D}$$

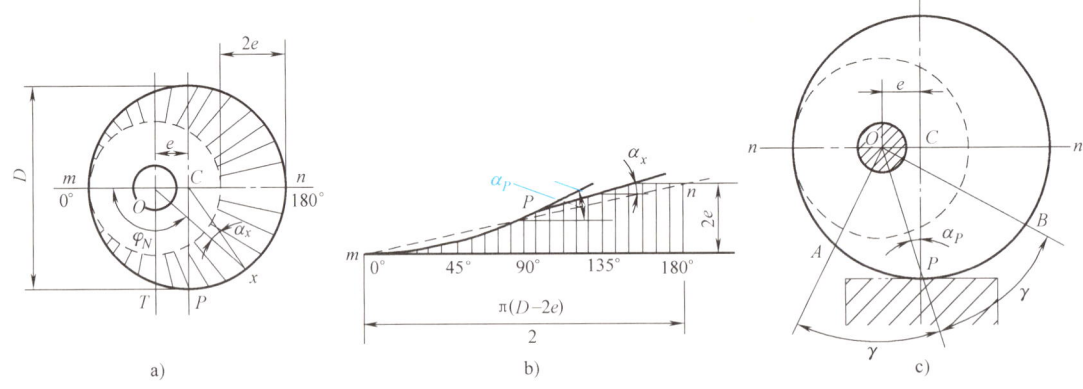

图 14-42 圆偏心特性及工作段

当 φ_x 继续增大时，α_x 将随着 φ_x 的增大而减小，$\varphi_x = 180°$，即 n 点处，此处的 $\alpha_n = 0°$。偏心轮的这一特性很重要，因为它与工作段的选择、自锁性能、夹紧力的计算以及主要结构尺寸的确定关系很大。

（2）偏心轮工作段的选择　从理论上讲，偏心轮下半部整个轮廓曲线上的任何一点都可以用来作夹紧点，相当于偏心轮转过 $180°$，夹紧的总行程为 $2e$，但实际上为防止松夹和咬死，常取 P 点左右圆周上的 $1/6 \sim 1/4$ 圆弧，即相当于偏心轮转角为 $60° \sim 90°$ 的范围所对应的圆弧为工作段。如图 14-42c 所示的 AB 弧段，该段近似为直线，工作段上任意点的升角变化不大，几乎近于常数，可以获得比较稳定的自锁性能。因而，在实际工作中多按这种情况来设计偏心轮。

（3）偏心轮夹紧的自锁条件　使用偏心夹紧时，必须保证自锁，否则将不能使用。要保证偏心轮夹紧时的自锁性能，和前述斜楔夹紧机构相同，应满足下列条件：

$$\alpha_{max} \leqslant \varphi_1 + \varphi_2$$

式中　α_{max}——偏心轮工作段的最大升角；

　　　φ_1——偏心轮与工件之间的摩擦角；

　　　φ_2——偏心轮转角处的摩擦角。

因为 $\alpha_P = \alpha_{max}$，$\tan\alpha_P \leqslant \tan(\varphi_1 + \varphi_2)$，已知 $\tan\alpha_P = 2e/D$。为可靠起见，不考虑转轴处的摩擦，又 $\tan\varphi_1 = \mu_1$，故得偏心轮夹紧点自锁时的外径 D 和偏心量 e 的关系为

$$2e/D \leqslant \mu_1$$

当 $\mu_1 = 0.10$ 时，$D/e \geqslant 20$；$\mu_1 = 0.15$ 时，$D/e \geqslant 14$。

称 D/e 之值为偏心率或偏心特性。按上述关系设计偏心轮时，应按已知的摩擦系数和需要的工作行程定出偏心量 e 及偏心轮的直径 D。一般摩擦系数取较小的值，以使偏心轮的自锁更可靠。

14.3.3 其他夹紧机构

根据工件结构特点和生产率的要求，有些夹具要求对一个工件进行多点夹紧，或者需要同时夹紧多个工件。如果分别依次对各点或各工件夹紧，不仅费时，也不易保证各夹紧力的一致性。为提高生产率及保证加工质量，可采用各种联动夹紧机构实现联动夹紧。

联动夹紧是指操纵一个手柄或利用一个动力装置，就能对一个工件的同一方向或不同方向的多点进行均匀夹紧，或同时夹紧若干个工件。前者称为多点联动夹紧，后者称为多件联动夹紧。

1. 多点联动夹紧机构

最简单的多点联动夹紧机构是浮动压头，图 14-43 所示为两种典型浮动压头的示意图。其特点是具有一个浮动元件，当其中的某一点夹压后，浮动元件就会摆动或移动，直到另一点也接触工件均衡压紧工件为止。

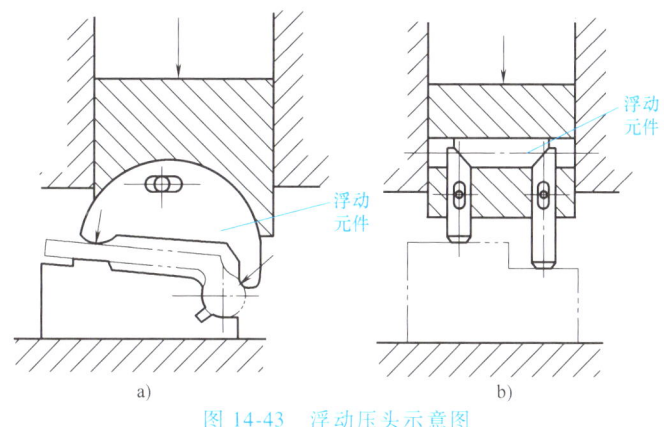

图 14-43　浮动压头示意图

图 14-44 为两点对向联动夹紧机构，当液压缸中的活塞杆 3 向下移动时，通过双臂铰链使浮动压板 2 相对转动，最后将工件 1 夹紧。

图 14-45 为铰链式双向浮动四点联动夹紧机构。由于摇臂 2 可以转动并与摆动压块 1、3 铰链连接，因此，当旋紧螺母 4 时，便可从两个相互垂直的方向上实现四点联动夹紧。

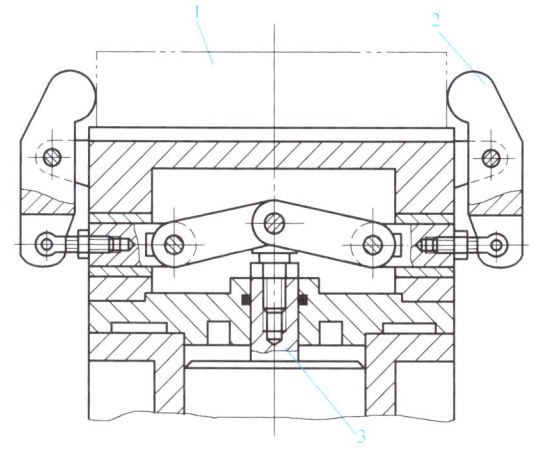

图 14-44　两点对向联动夹紧机构

1—工件　2—浮动压板　3—活塞杆

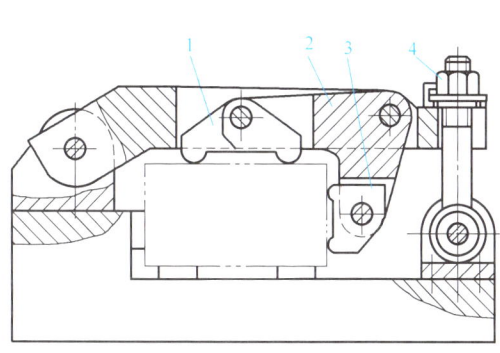

图 14-45　铰链式双向浮动四点联动夹紧机构

1、3—摆动压块　2—摇臂　4—螺母

2. 多件联动夹紧机构

多件联动夹紧机构多用于中、小型工件的加工，按其对工件施加力方式的不同，一般可分为平行夹紧、顺序夹紧、对向夹紧及复合夹紧等方式。

图 14-46a 所示为浮动压板机构对工件平行夹紧的实例。由于压板 2、摆动压块 3 和球面垫圈 4 可以相对转动，均是浮动件，故旋动螺母 5 即可同时平行夹紧每个工件。图 14-46b 所示为液性介质联动夹紧机构。密闭腔内的不可压缩液性介质既能传递力，还能起浮动环节作用。旋紧螺母 5 时，液性介质推动各个柱塞 7，使它们与工件全部接触并夹紧。

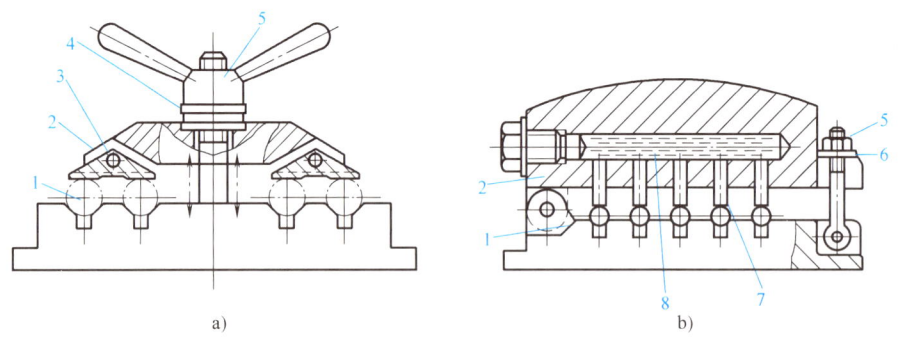

图 14-46　平行式多件联动夹紧机构

1—工件　2—压板　3—摆动压块　4—球面垫圈　5—螺母　6—垫圈　7—柱塞　8—液性介质

14.3.4　夹紧机构设计实例

夹紧机构对夹具的整体结构起决定性的影响。在选择或设计夹紧机构时，灵活性很大，在满足产品质量的前提下，应注意使夹具的复杂程序与生产批量相适应，夹紧机构的结构要便于制造、调整、使用和维修。

1. 设计夹紧机构的步骤

（1）分析某道工序工件的定位方案　通过工序图，根据工件结构特点和加工技术要求，了解定位基准及所确定的定位元件，考虑夹紧机构的可行性，必要时可改变定位方案。

（2）确定夹紧力　夹紧力是设计夹紧机构的原始依据，根据原则确定出夹紧力的方向、作用点和大小，以保证定位精度不受夹紧的影响。

（3）确定夹紧机构　常用的基本夹紧机构都已典型化，其元件多数已标准化。因此，设计时可参考手册选用，并根据工件的结构特点、生产类型及生产条件进行组合，设计出合理可行的夹紧机构。

2. 夹紧机构设计实例

如图 14-47 所示，按拨叉钻孔工序定位装置设计实例所确定的定位方案，分析确定其夹紧机构。当定位心轴水平放置时，在 Z525 型立式钻床上钻 φ8.4mm 孔的钻削力和扭矩均由定位心轴来承担。这时工件的夹紧有两种方案。

（1）在心轴轴向施加轴向力夹紧　在心轴端部采用螺旋夹紧机构，夹紧力与切削力处于垂直状态。这种结构虽然简单，但装卸工件却比较麻烦。

（2）在槽 14.2mm 中采用带对斜面的偏心轮定位件夹紧　当偏心轮转动时，对称斜面楔入槽中，斜面上的向上分力迫使工件孔 φ15.81F8 与定位心轴的下素线紧贴，而轴向分力又使斜面与槽紧贴，使工件在轴向被偏心轮固定，起到了既定位又夹紧的作用。

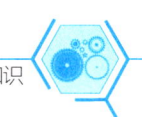

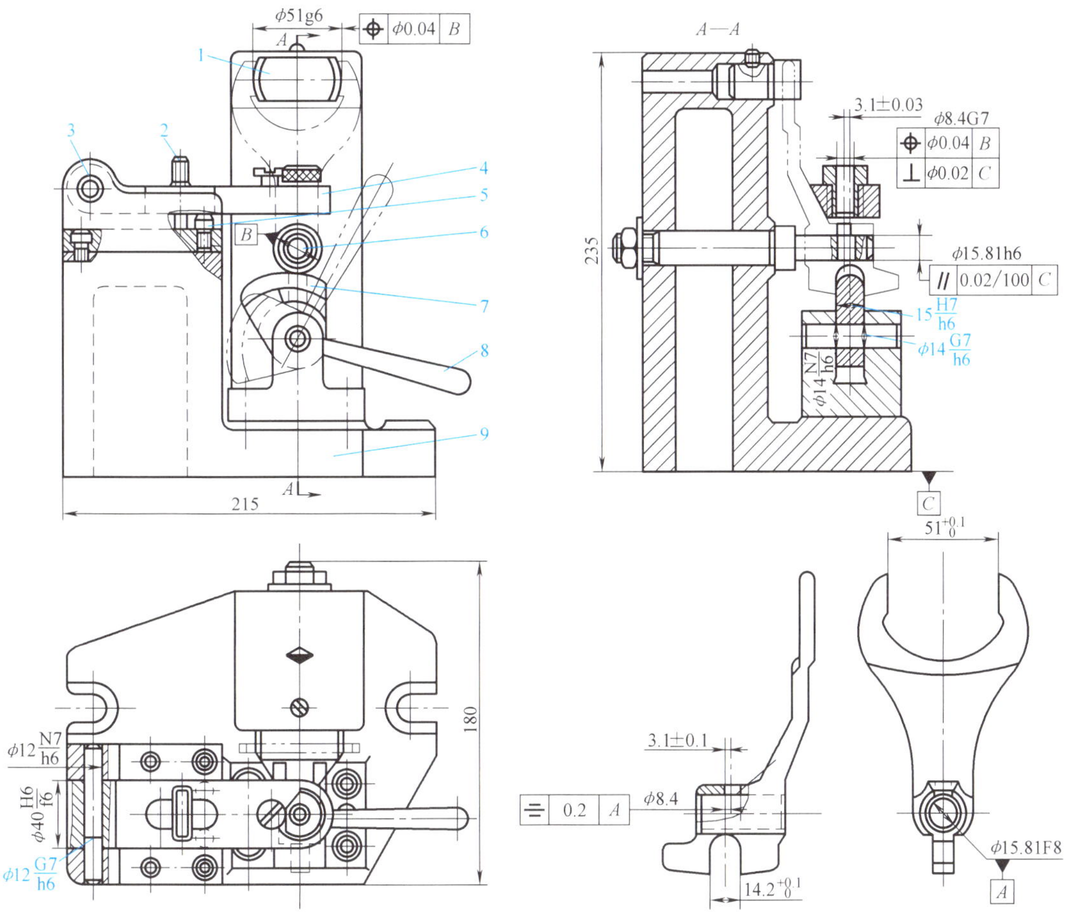

图 14-47 拨叉钻孔夹具

1—扁销　2—紧定螺钉　3—销轴　4—钻模板　5—支承钉　6—定位轴　7—偏心轮　8—手柄　9—夹具体

显然，后一方案具有操作方便的优点，机构如图 14-47 所示。偏心轮装在其支座中，安装调整夹具时，偏心轮的对称斜面的中心与夹具钻套孔中心线保持（3.1±0.03）mm 的要求。夹紧时，通过手柄顺时针转动偏心轮，使其对称面楔入工件槽内，在定位的同时将工件夹紧。由于切削力不大，故工作可靠。

该夹紧机构对工件定位考虑合理，且采用偏心轮使工件既定位又夹紧，简化了夹具结构，适用于成批生产。

14.4　实操训练

1. 根据工件的加工要求，确定工件在夹具中定位时应限制的自由度。

（1）如图 14-48 所示，加工尺寸为（20±0.4）mm 凸台。

（2）如图 14-49 所示，加工尺寸为 $\phi(30±0.05)$ mm 孔，其余表面均已加工。

（3）如图 14-50 所示，加工两个 $\phi6^{+0.05}_{0}$ mm 孔。

（4）如图 14-51 所示，加工 $\phi12$ mm 孔，其余表面均已加工。

（5）如图14-52所示，钻 4×ϕd 孔，其余表面均已加工。

（6）如图14-53所示，铣尺寸为（40±0.1）mm 两侧面，其余表面均已加工。

（7）如图14-54所示，镗 ϕD 孔，其余表面均已加工。

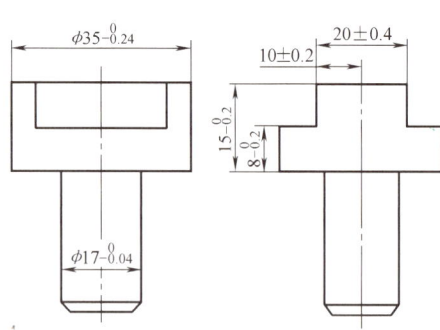

图 14-48

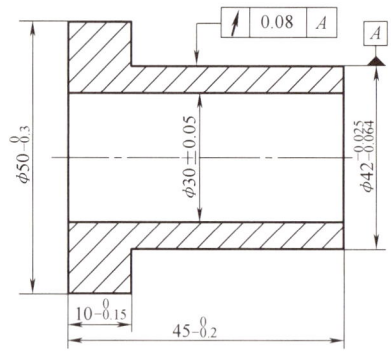

图 14-49

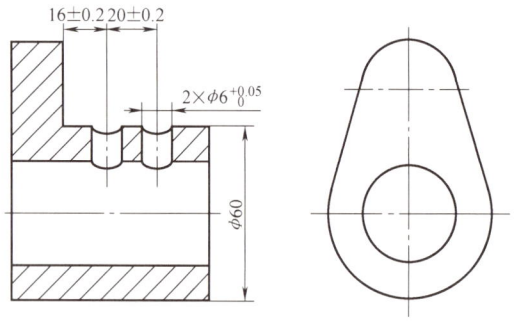

图 14-50

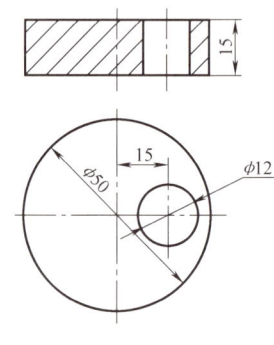

图 14-51

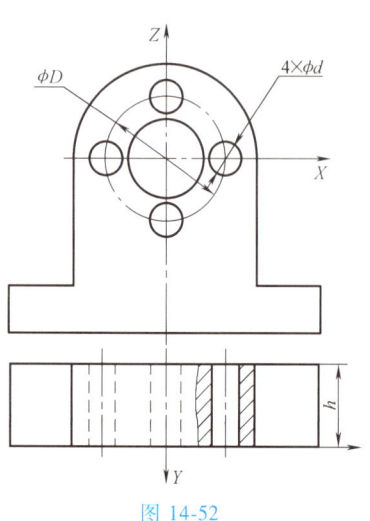

图 14-52

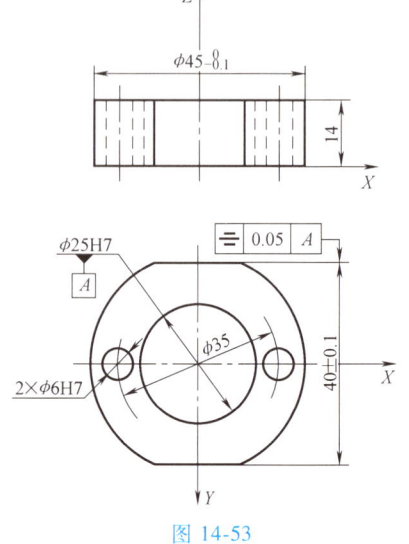

图 14-53

（8）如图 14-55 所示，加工尺寸为（41±0.05）mm、角度 45°±10′的斜面，其余尺寸均已加工。

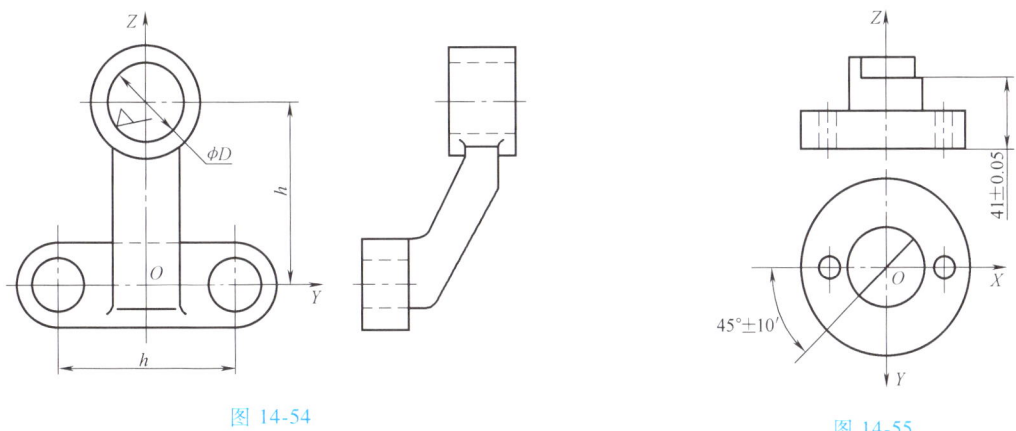

图 14-54

图 14-55

2. 试确定各定位元件限制了工件哪些自由度，分别属于哪种定位方式。

（1）如图 14-56 所示，铣拨叉 F 面。

（2）如图 14-57 所示，铣 R 弧槽。

（3）如图 14-58 所示，铣键槽。

（4）如图 14-59 所示，镗孔。

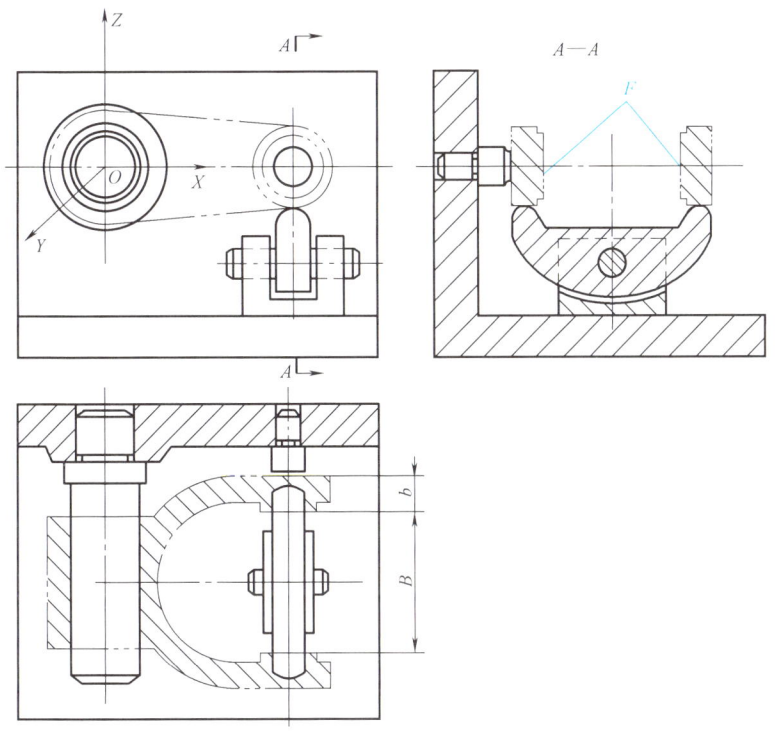

图 14-56

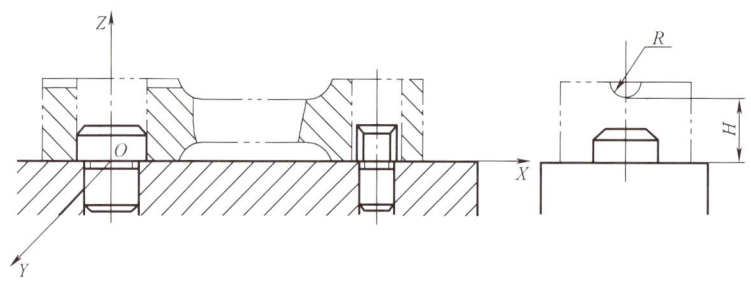

图 14-57

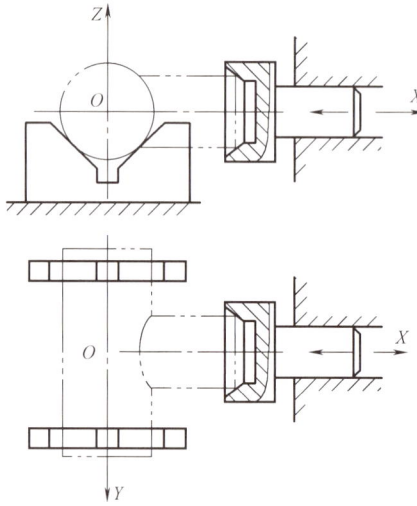

图 14-58

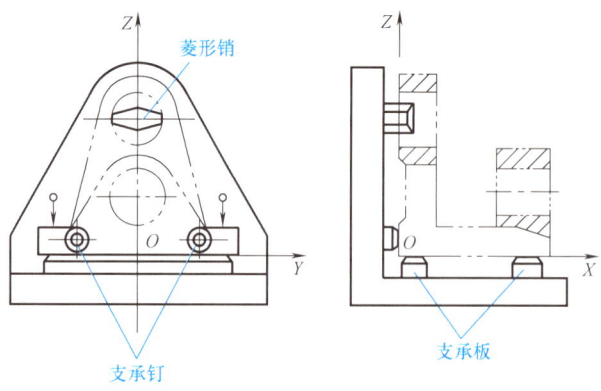

图 14-59

3. 试分析图 14-60~图 14-63 所示各夹紧机构中夹紧力的方向和作用点是否合理，若不合理应如何改进？

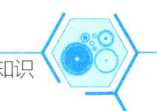

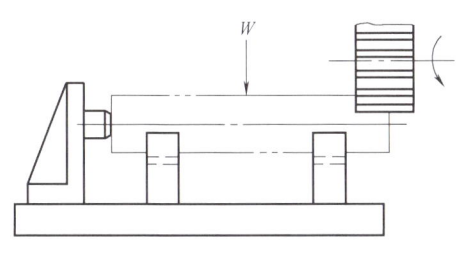

图 14-60

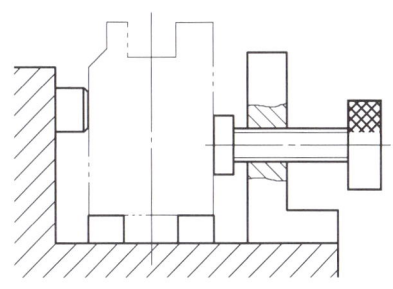

图 14-61

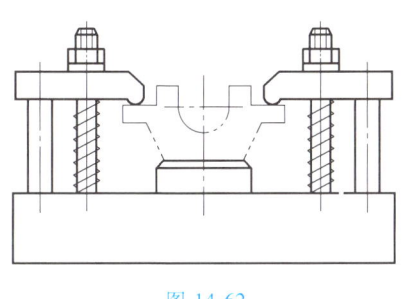

图 14-62

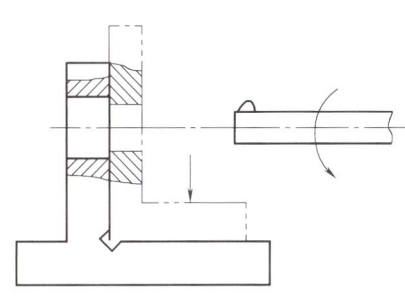

图 14-63

4. 试分析图 14-64、图 14-65 所示的各夹紧机构是否合理，若不合理怎样改进？

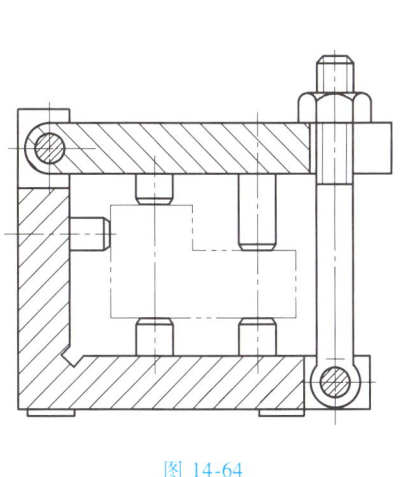

图 14-64

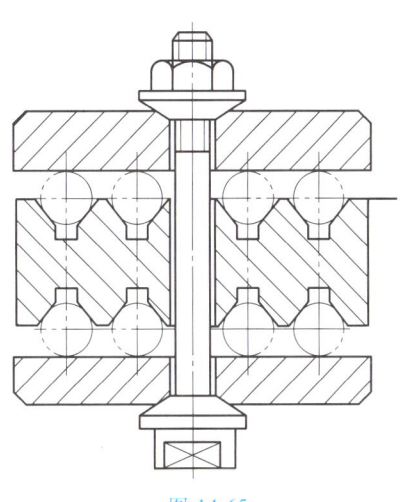

图 14-65

【课后小结】

根据工序加工要求，分析工件应限制的自由度，设计正确的定位装置，选择合理的夹紧机构。

单元15

车床夹具设计

车床夹具

【课前预习】

1. 卧式车床的工艺范围是什么？
2. 卧式车床通用的装夹方式有哪些？

15.1 专用夹具的设计方法

1. 夹具设计的要求

夹具设计时，应满足以下主要要求：

1）所设计的专用夹具，应当既能保证工序的加工精度，又能保证工序的生产节拍。特别对于大批量生产中使用的夹具，应设法缩短加工的基本时间和辅助时间。

2）夹具的操作要方便、省力和安全。若有条件，尽可能采用气动、液压以及其他机械化自动化的夹紧机构，以减轻劳动强度。同时，为保证操作安全，必要时可设计和配备安全防护装置。

3）能保证夹具一定的使用寿命和较低的制造成本。夹具的复杂程度应与工件的生产批量相适应，在大批量生产中应采用气动、液压等高效夹紧机构；而小批量生产中，则宜采用较简单的夹具结构。

4）要适当提高夹具元件的通用化和标准化程度。选用标准化元件，特别应选用商品化的标准元件，以缩短夹具的制造周期，降低夹具成本。

5）应具有良好的结构工艺性，以便于夹具的制造和维修。

以上要求有时是相互矛盾的，故应在全面考虑的基础上，处理好主要矛盾，使之达到较好的效果。

2. 夹具的设计方法和步骤

（1）设计准备　根据设计任务书，明确本工序的加工技术要求和任务，熟悉加工工艺规程、零件图、毛坯图和有关的装配图，了解零件的作用、形状、结构特点和材料，以及定位基准、加工余量、切削用量和生产纲领等。

收集所用机床、刀具、量具、辅助工具和生产车间等资料和情况。

收集夹具的国家标准、部颁标准、企业标准等有关资料及典型夹具资料。

（2）夹具结构方案设计　这是夹具设计的重要阶段。首先确定夹具的类型、工件的定位方案，选择合适的定位元件；再确定工件的夹紧方式，选择合适的夹紧机构、对刀元件、导向元件等其他元件；最后确定夹具总体布局、夹具体的结构型式和夹具与机床的连接方式，绘制出总体草图。对夹具的总体结构，最好设计几个方案，以便进行分析、比较和优选。

（3）绘制夹具总图　总图的绘制，是在夹具结构方案草图经过讨论审定之后进行的。总图的比例一般取 1:1，但若工件过大或过小，可按制图比例缩小或放大。夹具总图应有良好的直观性，因此，总图上的主视图，应尽量选取正对操作者的工作位置。在完整地表示出夹具工作原理的基础上，总图上的视图数量要尽量少。

总图的绘制顺序如下：先用黑色双点画线画出工件的外形轮廓、定位基准面、夹紧表面和被加工表面，被加工表面的加工余量可用网纹线表示。必须指出：总图上的工件，是一个假想的透明体，因此，它不影响夹具各元件的绘制。此后，围绕工件的几个视图依次绘出：定位元件、对刀（或导向）元件、夹紧机构、力源装置等的夹具体结构。最后绘制夹具体，标注有关尺寸、几何公差和其他技术要求、零件编号，编写主标题栏和零件明细表。

夹具的设计方法可用图 15-1 表示。

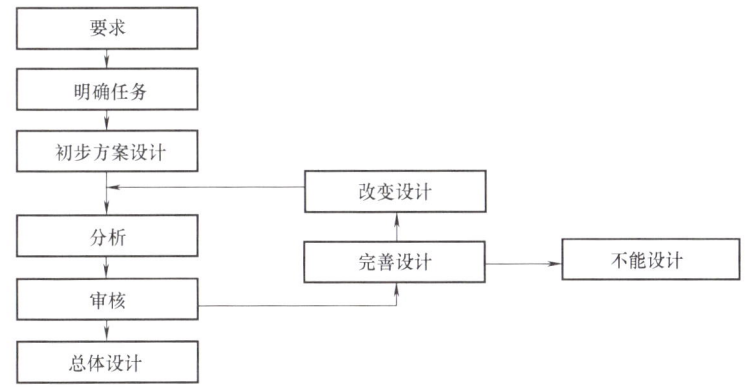

图 15-1　夹具的设计方法

3. 夹具总图的主要尺寸和技术条件

（1）夹具总图上应标注的主要尺寸

1）外形轮廓尺寸。是指夹具的最大轮廓尺寸，以表示夹具在机床上所占据的空间尺寸和可能活动的范围。

2）工件与定位元件之间的联系尺寸。如工件定位基面与定位件工作面的配合尺寸、夹具定位面的平直度、定位元件的等高性、圆柱定位销工作部分的配合尺寸公差等，以便控制工件的定位精度。

3）对刀或导向元件与定位元件之间的联系尺寸。这类尺寸主要是指对刀块的对刀面至定位元件之间的尺寸、塞尺的尺寸、钻套导向孔尺寸和钻套孔距尺寸等。

4）与夹具安装有关的尺寸。这类尺寸用以确定夹具体的安装基面相对于定位元件的正确位置。如铣床夹具定向键与机床工作台上 T 形槽的配合尺寸，车、磨夹具与机床主轴端的连接尺寸，以及安装表面至定位表面之间的距离尺寸和公差。

5）其他配合尺寸。主要是指夹具内部各组成元件之间的配合性质和位置关系。如定位元件和夹具体之间、钻套外径与衬套之间、分度转盘与轴承之间等的尺寸和公差配合。

（2）夹具总图上应标注的位置精度　通常应标注以下三种位置精度：

1）定位元件之间的位置精度。

2）连接元件（含夹具体基面）与定位元件之间的位置精度。

3）对刀或导向元件的位置精度。通常这类精度是以定位元件为基准，为了使夹具的工艺基准统一，也可取夹具体的基面为基准。

夹具上与工序尺寸有关的位置公差，一般可按工件相应尺寸公差的（1/2～1/5）估算。其角度尺寸的公差及工作表面的相互位置公差，可按工件相应值的（1/2～1/3）确定。

（3）夹具的其他技术条件　夹具在制造上和使用上的其他要求，如：夹具的平衡和密封、装配性能和要求、磨损范围和极限、打印标记和编号及使用中应注意的事项等，要用文字标注在夹具总图上。

15.2　角铁式车床夹具设计

角铁式车床夹具的结构特点是夹具体具有类似角铁的形状。在角铁式车床夹具上加工的工件形状较复杂。它常用于加工壳体、支座、接头等类零件上的圆柱面及端面。当被加工工件的主要定位基准是平面，被加工面的轴线对主要定位基准平面保持一定的位置关系（平行或成一定的角度）时，夹具上的平面定位件相应地设置在与车床主轴轴线相平行或成一定角度的位置上。

1. 车削加工工序分析

图 15-2 所示为横拉杆接头工序图。工件孔 $\phi34^{+0.05}_{0}$mm、M36×1.5-6H 及两端面，均已加工过。本工序的加工内容和要求是：钻螺纹底孔、车出左螺纹 M24×1.5-6H；其轴线与 $\phi34^{+0.05}_{0}$mm 孔轴线应垂直相交，并距端面 A 的尺寸为（27±0.26）mm。孔壁厚应均匀。

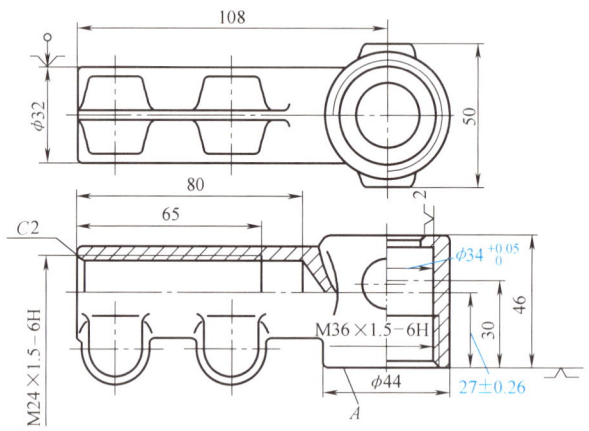

图 15-2　横拉杆接头工序图

（1）工件的定位分析　根据本道工序加工要求，工件需要限制六个自由度，根据基准重合原则，以工件 $\phi34^{+0.05}_{0}$mm 孔和端面定位，限制了工件的五个自由度；利用横拉杆的侧面放置防转销限制绕 Z 轴的旋转，但考虑定位基准重合和工件的装夹稳定性，此处选择定位方案时采用了定心夹紧机构，如图 15-5 所示。

（2）工件的夹紧　根据夹紧力确定的原则，夹紧力作用于 $\phi34^{+0.05}_{0}$孔的上端面，采用钩形压板压紧，同时利用两个摆压块同时趋近工件的定心夹紧机构，在限制 Z 轴转动的同时夹紧工件。夹紧装置如图 15-5 所示。

（3）夹具体　安装在车床主轴上的夹具体为圆形，如图 15-5 所示。

2. 相关知识点

夹具体是整个夹具的基体和骨架。在夹具体上要安装组成该夹具所需要的各种元件、机构、装置等；而且还要考虑便于装卸工件以及在机床上的固定。因此，夹具体的形状和尺寸，主要取决于夹具上各组成件分布情况，工件的形状、尺寸以及加工性质等。

对于夹具体的设计提出以下一些基本要求：

（1）应有足够的强度和刚度　为保证加工过程中夹具体在夹紧力、切削力等外力作用下，不致产生不允许的变形和振动，夹具体应具有足够的壁厚，在刚度不足处可设置一些加强肋，一般加强肋厚度的 0.7~0.9 倍，肋的高度不大于壁厚的 5 倍。近年来有些工厂采用框形结构的夹具体，可进一步提高强度及刚度，而重量却能减轻。

（2）力求结构简单，装卸工件方便　要防止无法制造和难以装卸的现象发生。在保证强度和刚度的前提下，尽可能体积小，重量轻，特别对手动、移动或翻转夹具，要求夹具总重量不超过 100N（相当于 10kg），以便于操作。

（3）要有良好的结构工艺性和使用性　以便于制造、装配和使用。夹具体上有三部分表面是影响夹具装配后精度的关键，即夹具体的安装基面（与机床连接的表面）；安装定位元件的表面；安装对刀或导向装置的表面。而其中往往以夹具体的安装基面作为加工其他表面的定位基准，因此在考虑夹具体结构时，应便于达到这些表面的加工与要求。对于夹具体上供安装各元件的表面，一般应铸出 3~5mm 凸台，以减少加工面积。夹具体上不加工的毛面与工件表面之间应保证有一定的空隙，以免安装时产生干涉，空隙大小可按以下经验数据选取：

夹具体是毛面，工件也是毛面时，取 8~15mm；

夹具体是毛面，而工件是光面时，取 4~10mm。

（4）尺寸要稳定　即夹具体经制造加工后，应防止其日久变形。为此，对于铸造夹具体，要进行时效处理；对于焊接夹具体，则要进行退火处理。铸造夹具体的壁厚变化要和缓、均匀，以免产生过大内应力。

（5）排除切屑要方便　为了防止加工中切屑聚积在定位元件工作表面上或其他装置中，而影响工件的正确定位和夹具的正常工作，在设计夹具体时，要考虑切屑的排除问题。如图 15-3 所示，当加工所产生的切屑不多时，可适当加大定位元件工作表面与夹具体之间的距

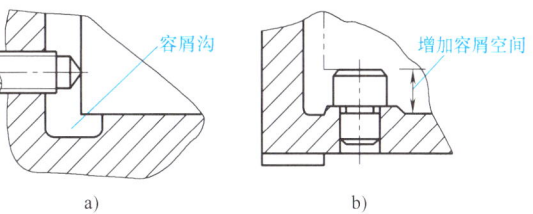

图 15-3　容屑空间

离或增设容屑沟，以增加容屑空间。对加工时产生大量切屑的夹具，则最好能在夹具体上设置排屑缺口，如图 15-4 所示，以便将切屑自动排至夹具体外。

（6）在机床上安装要稳定、可靠、安全　对于固定在机床上的夹具，应使其重心尽量低；对于不固定在机床上的夹具，则夹具的重心和切削力作用点，应落在夹具体在机床上的支承面范围内。夹具越高，则支承面积应越大。为了使接触面稳定、可靠，夹具体底面中部一般应挖空。对于旋转类的夹具体，要求尽量无凸出部分或装上安全罩。在加工中要翻转或

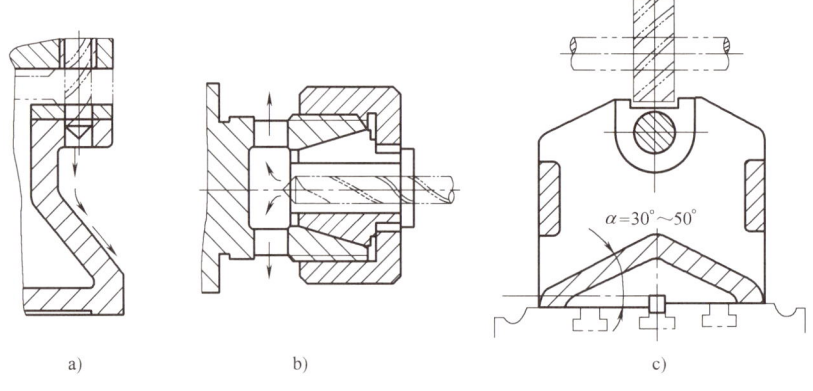

图 15-4　各种排屑结构

移动的夹具体，通常要在夹具体上设置手柄或手扶部位，以便于操作。对于大型夹具，为考虑便于吊运，在夹具体上应设置吊环螺栓或起重孔。

3. 车床夹具设计装配图

图 15-5 所示为本道工序的角铁式车床夹具。工件以 $\phi34^{+0.05}_{0}$ mm 孔和端面定位，限制了工件的五个自由度。当旋紧带肩螺母 9 时，钩形压板 8 将工件压紧在定位销 7 的台肩上，同

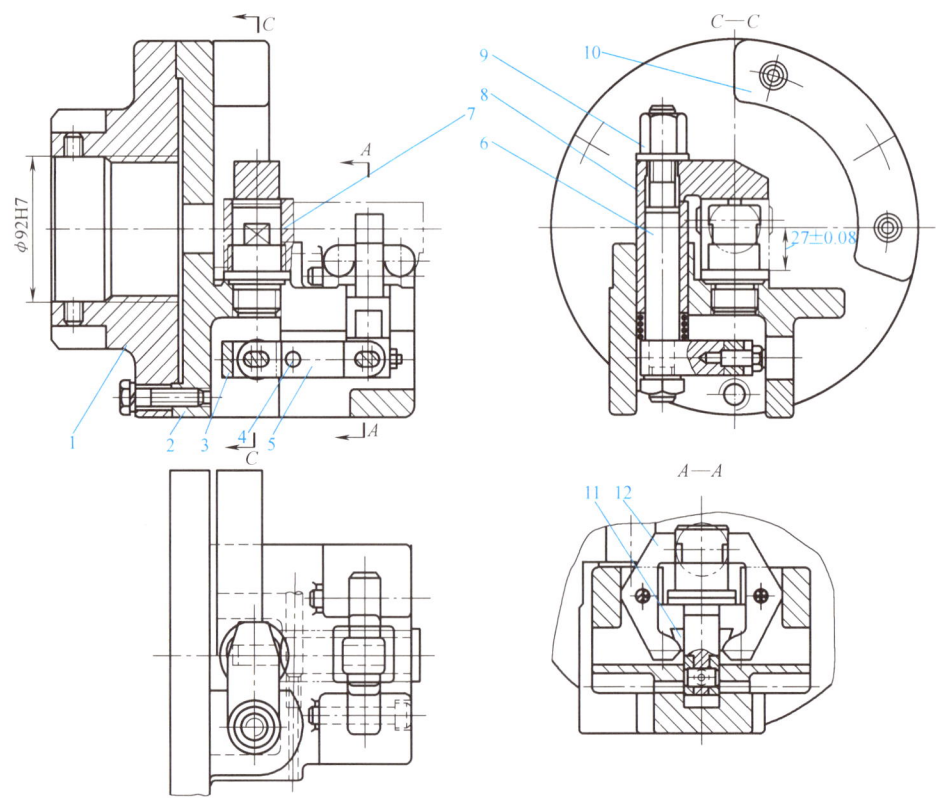

图 15-5　角铁式车床夹具

1—过渡盘　2—夹具体　3—连接块　4—销钉　5—杠杆　6—拉杆　7—定位销
8—钩形压板　9—带肩螺母　10—平衡块　11—楔块　12—摆动压块

时拉杆 6 向上做轴向移动，并通过连接块 3 带动杠杆 5 绕销钉 4 做顺时针转动，于是将楔块 11 拉下，通过两个摆动压块 12 同时将工件定心夹紧，实现工件的正确装夹。

15.3 车床夹具的设计要点

1. 安装基面的设计

为了使车床夹具在机床主轴上安装正确，除了在过渡盘上用止口孔定位以外，常常在车床夹具上设置找正孔、校正基圆或其他测量元件，以保证车床夹具精确地安装到机床主轴回转中心上。

2. 夹具配重的设计要求

加工时，因工件随夹具一起转动，其重心如不在回转中心上将产生离心力，且离心力随转速的增高而急剧增大，使加工过程产生振动，对零件的加工精度、表面质量以及车床主轴轴承都会有较大的影响。所以，车床夹具要注意各装置之间的布局，必要时设计配重块加以平衡。

3. 夹紧装置的设计要求

由于车床夹具在加工过程中要受到离心力、重力和切削力的作用，其合力的大小与方向是变化的，因此夹紧装置要有足够的夹紧力和良好的自锁性，以保证夹紧安全可靠。但夹紧力不能过大，且要求受力布局合理，不破坏工件的定位精度。图 15-6a 所示的施力方式是正确的。图 15-6b 所示虽结构比较复杂，但从总体上看更趋合理。图 15-6c 所示尽管结构简单，但夹紧力会引起角铁悬伸部分及工件的变形，从而破坏工件的定位精度，故不合理。

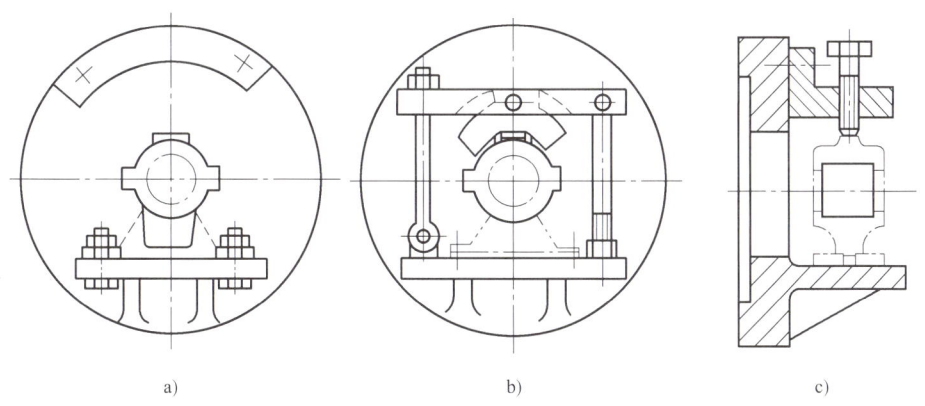

a)   b)   c)

图 15-6 夹紧施力方式的比较

4. 夹具总体结构的要求

车床夹具一般都是在悬臂状态下工作的，为保证加工过程的稳定性，夹具结构应力求简单紧凑、轻便且安全，悬伸长度要尽量小，重心靠近主轴前支承。为保证安全，装在夹具上的各个元件不允许伸出夹具体直径之外。此外，还应考虑切屑的缠绕、切削液的飞溅等影响安全操作的问题。

车床夹具的设计要点也适用于外圆磨床使用的夹具。

15.4 实操训练

图 15-7 所示为开合螺母零件图。设计开合螺母车螺纹工序的夹具。任务要求如下：

1. 分析零件结构。

2. 拟订零件机械加工工艺路线。

3. 分析本道工序的加工要求。

4. 确定定位方案，绘制定位装置结构草图。

5. 确定夹具力，选择夹紧机构，绘制夹紧机构结构草图。

6. 设计平衡元件。

7. 确定夹具体结构外型。

8. 绘制开合螺母车床夹具装配图。

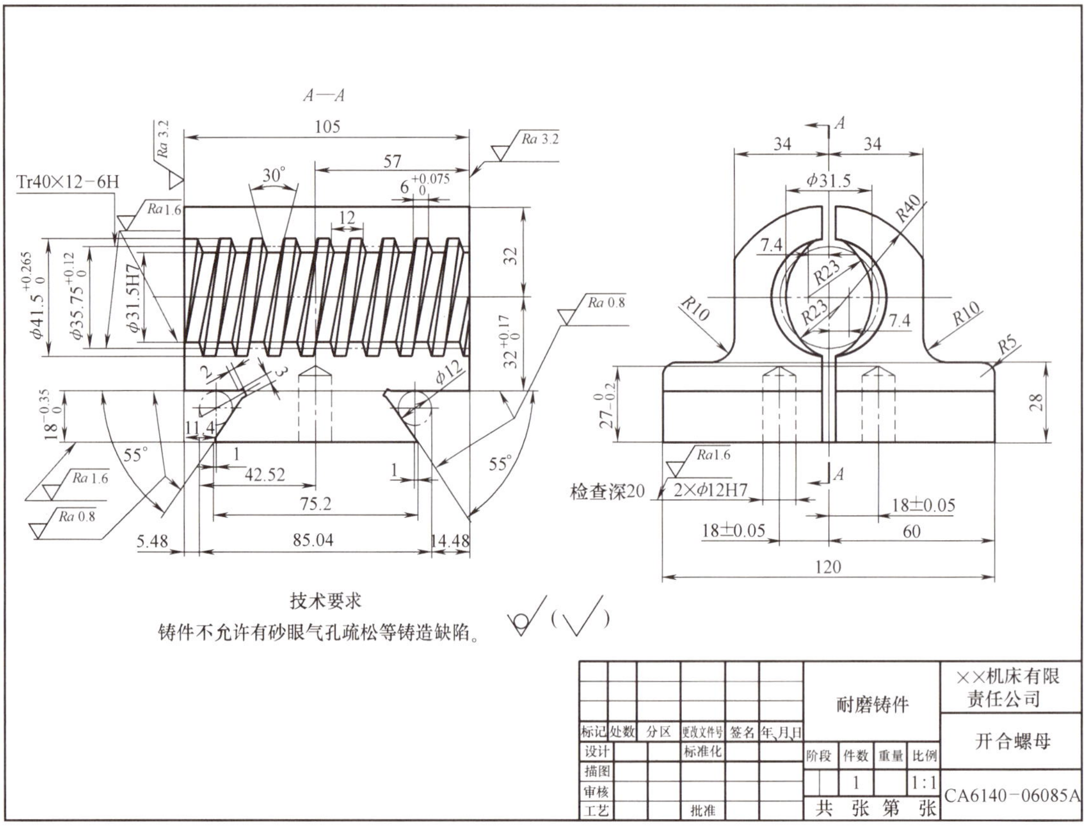

图 15-7 开合螺母

【课后小结】

车床夹具的设计要点：1. 夹具体形状；2. 夹具的配平。

单元16

铣床夹具设计

铣床夹具

【课前预习】

1. 铣削加工工艺范围是什么？
2. 铣床上常见的装夹方式有哪些？

16.1 铣床夹具的分类

铣床夹具主要用于加工零件上的平面、键槽、缺口及成形表面等。由于铣削加工的切削力较大，又是断续切削，加工中易引起振动，因此要求铣床夹具的受力元件要有足够的强度，夹紧力应足够大，且有较好的自锁性。此外，铣床夹具一般通过对刀装置确定刀具与工件的相对位置，其夹具体底面大多设有定向键，通过定向键与铣床工作台 T 形槽的配合来确定夹具在机床上的方位。夹具安装后用螺栓紧固在铣床的工作台上。

铣床夹具一般按工件的进给方式，分成直线进给与圆周进给两种类型。

1. 直线进给的铣床夹具

在铣床夹具中，这类夹具用得最多，一般根据工件质量和结构及生产批量，将夹具设计成装夹单件、多件串联或多件并联的结构。铣床夹具也可采用分度等形式。

图 16-1 所示轴端铣方头夹具，采用平行对向式多位联动夹紧机构，旋转夹紧螺母 6，通

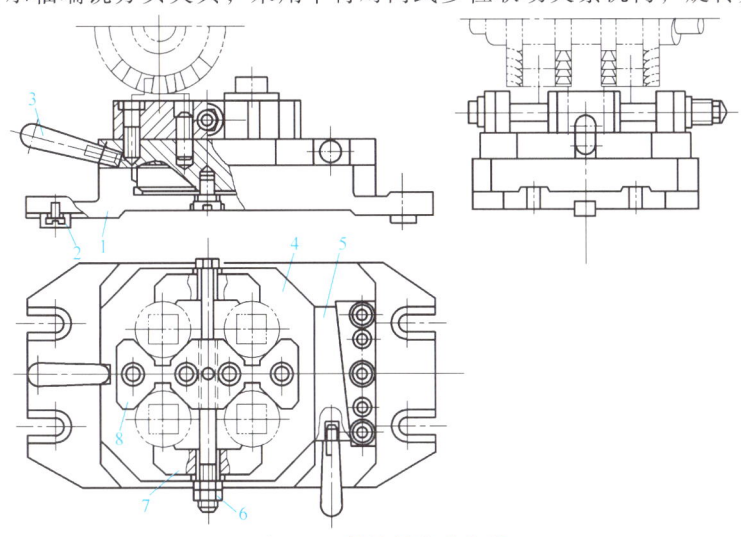

图 16-1　轴端铣方头夹具

1—夹具体　2—定位键　3—手柄　4—回转座　5—楔块　6—夹紧螺母　7—压板　8—V 形块

271

过球面垫圈及压板 7 将工件压在 V 形块上。四把三面刃铣刀同时铣完两侧面后，取下楔块 5，将回转座 4 转过 90°，再用楔块 5 将回转座定位并楔紧，即可铣工件的另两个侧面。

2. 圆周进给的铣床夹具

圆周进给铣削方式能在不停车的情况下装卸工件，因此生产率高，适用于大批量生产。

图 16-2 所示为圆周进给铣床夹具。通过电动机、蜗轮副传动机构带动回转工作台 6 回转。夹具上可同时装夹 12 个工件。工件以一端的孔、端面及侧面在夹具的定位板、定位销 2 及挡销 4 上定位。由液压缸 5 驱动拉杆 1，通过开口垫圈 3 夹紧工件。图中 $\overset{\frown}{AB}$ 是加工区段，$\overset{\frown}{CD}$ 为工件的装卸区段。

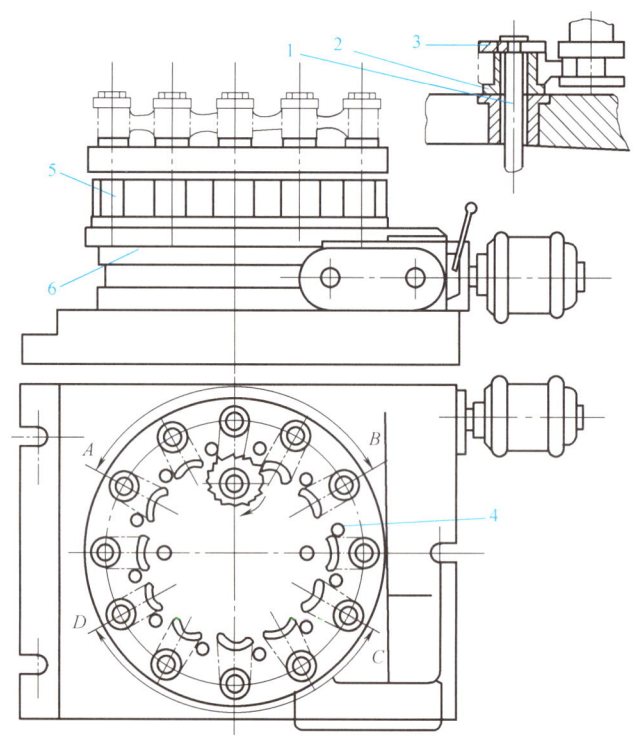

图 16-2　圆周进给铣床夹具

1—拉杆　2—定位销　3—开口垫圈　4—挡销　5—液压缸　6—工作台

16.2　铣床夹具的设计要点

定向键和对刀装置是铣床夹具的特殊元件。

1. 定向键

定向键安装在夹具底面的纵向槽中，一般使用两个，其距离尽可能布置得远些，小型夹具也可使用一个断面为矩形的长键。通过定向键与铣床工作台 T 形槽的配合，使夹具上元件的工作表面对于工作台的送进方向具有正确的相互位置。定向键可承受铣削时所产生的扭转力矩，可减轻夹紧夹具的螺栓的负荷，加强夹具在加工过程中的稳固性。因此，在铣削平面时，夹具上也装有定向键。定向键的断面有矩形和圆柱形两种，常用的为矩形，如图 16-3 所示。

定向精度要求高的夹具和重型夹具，不宜采用定向键，而是在夹具体上加工出一窄长平面作为找正基面，来校正夹具的安装位置。

2. 对刀装置

对刀装置由对刀块和塞尺组成，用以确定夹具和刀具的相对位置，如图 16-4e 所示。对刀装置的形式根据加工表面的情况而定，图 16-4a～d 所示为几种常见的标准对刀块：图 16-4a 所示为圆形对刀块，用于加工平面；图 16-4b 所示为方形对刀块，用于调整组合铣刀的位置；图 16-4c 所示为直角对刀块，用于加工两相互垂直面或铣槽时的对刀；图 16-4d 所示为侧装对刀块，亦用于加工两相互垂直面或铣槽时的对刀。这些标准对刀块的结构参数均可从有关

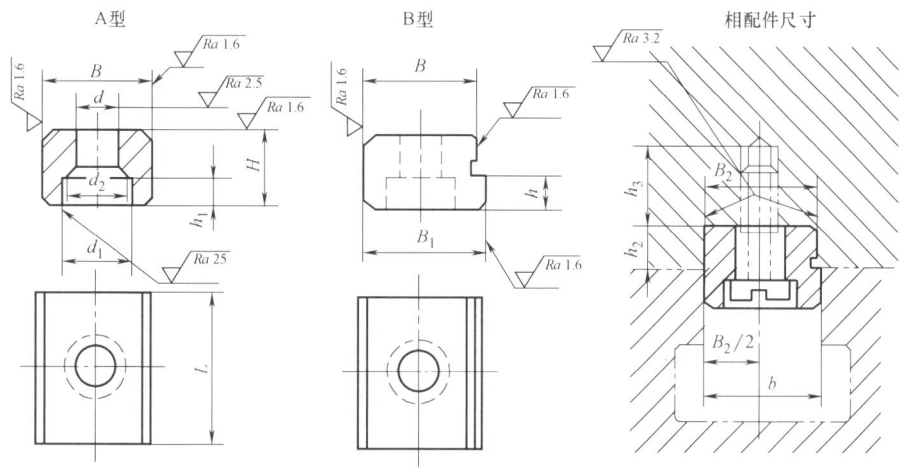

图 16-3 定向键（JB/T 8017—1999）

a)   b)   c)   d)

e)

图 16-4 常见的标准对刀块及对刀装置

a）圆形对刀块（JB/T 8031.1—1999） b）方形对刀块（JB/T 8031.2—1999） c）直角对刀块

d）侧装对刀块 e）对刀装置

1—对刀块 2—对刀平塞尺 3—对刀圆柱塞尺

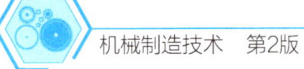

手册中查取。对刀调整工作通过塞尺（平面型或圆柱型）进行，这样可以避免损坏刀具和对刀块的工作表面。塞尺的厚度或直径一般为 3~5mm，按国家标准 h6 的公差制造，在夹具总图上应注明塞尺的尺寸。

采用标准对刀块和塞尺进行对刀调整时，加工精度不超过 IT8 级公差。当对刀调整要求较高或不便于设置对刀块时，可以采用试切法、标准件对刀法，或用百分表来校正定位元件相对于刀具的位置，而不设置对刀装置。

3. 夹具体

为提高铣床夹具在机床上安装的稳固性，除要求夹具体有足够的强度和刚度外，还应使被加工表面尽量靠近工作台面，以降低夹具的重心。夹具体的高宽比限制在 $H/B \le 1~1.25$ 范围内，如图 16-5 所示。

铣床夹具与工作台的连接部分称为耳座，因连接要牢固稳定，故夹具上耳座两边的表面要加工平整。常见的铣床夹具体耳座结构如图 16-6 所示，其结构已标准化，设计时可参考有关标准手册。如夹具体宽度尺寸较大时，可在同一侧设置两个耳座，此时两耳座的距离要和铣床工作台两 T 形槽间的距离一致。

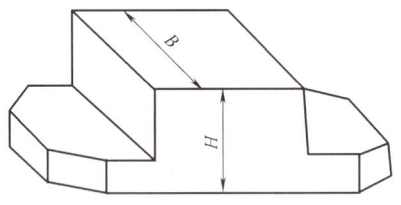

图 16-5　铣床夹具体

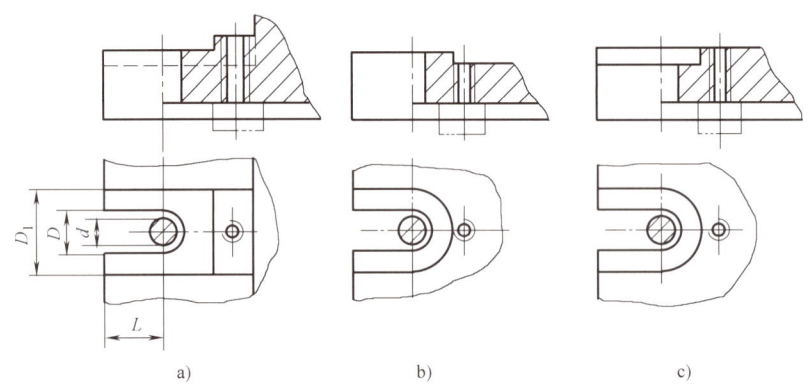

a)　　　　　　　　　b)　　　　　　　　　c)

图 16-6　常见铣床夹具体耳座结构

铣削加工时，会产生大量切屑，夹具应有足够的排屑空间，并注意切屑的流向，使清理切屑方便。对于重型的铣床夹具，在夹具体上要设置吊环，以便于搬运。

16.3　实操训练

图 16-7 所示为拉杆叉零件图。设计拉杆叉铣 14mm 宽槽工序的夹具。任务要求如下：

1. 分析零件图。
2. 拟订零件机械加工工艺路线。
3. 分析本道工序的加工要求。
4. 确定定位方案，绘制定位装置结构草图。
5. 确定夹紧力，选择夹紧机构，绘制夹紧机构结构草图。

6. 设计对刀装置；选择定向键。

7. 确定夹具体结构外型。

8. 绘制拉杆叉铣床夹具装配图。

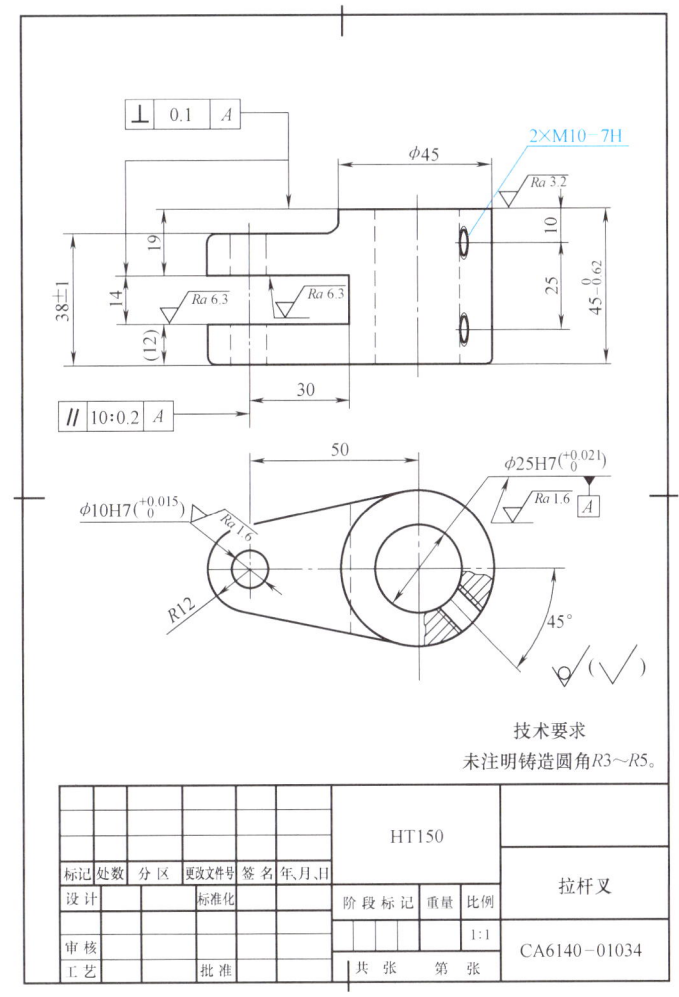

技术要求
未注明铸造圆角R3~R5。

图 16-7　拉杆叉

【课后小结】

　　铣床夹具的设计要点：1. 夹具体；2. 对刀装置；3. 定向键。

单元17

钻床夹具设计

钻床夹具

【课前预习】

1. 钻削加工的工艺范围是什么?
2. 钻床上常见的装夹方式有哪些?

17.1 钻床夹具的类型

钻床上进行孔加工时所用的夹具称为钻床夹具,也称钻模。钻模的类型很多,有固定式、回转式、翻转式、盖板式和滑柱式等。

1. 固定式钻模

固定式钻模,在使用的过程中,钻模在机床上位置是固定不动的。这类钻模加工精度较高,主要用于立式钻床上加工直径较大的单孔,或在摇臂钻床上加工平行孔系。

图17-1a所示为零件加工孔的工序图,φ68H7孔与两端面已经加工完。本工序需加工

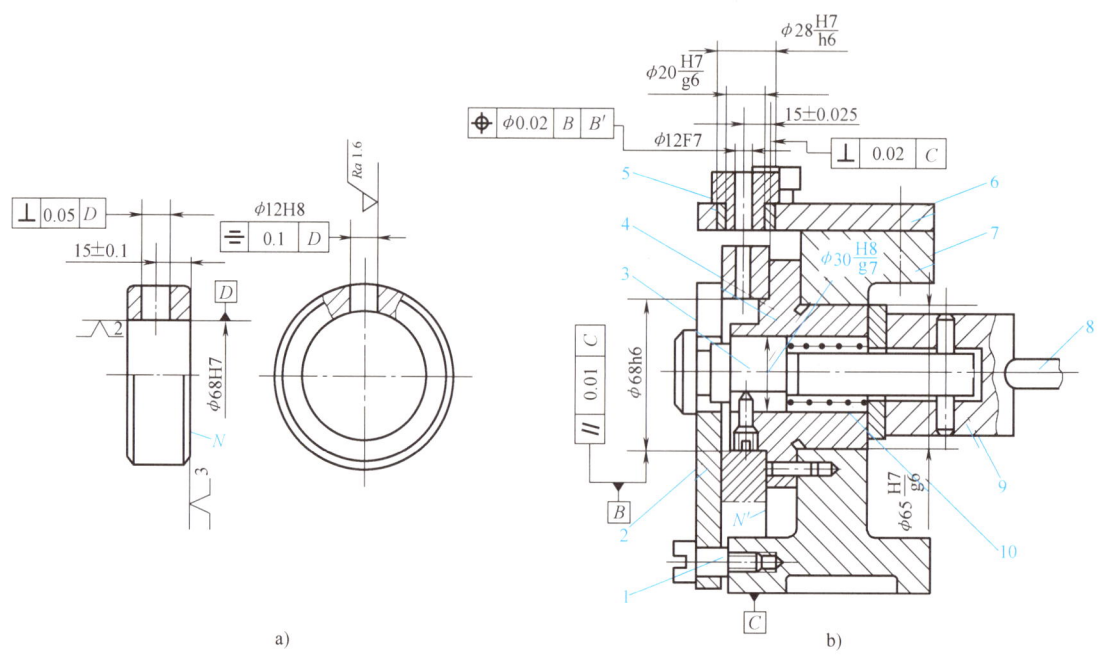

图 17-1 固定式钻模

1—螺钉 2—转动开口垫圈 3—拉杆 4—定位法兰 5—快换钻套 6—钻模板
7—夹具体 8—手柄 9—圆偏心凸轮 10—弹簧

$\phi 12H8$ 孔，要求孔中心至 N 面为（15 ± 0.1）mm；与 $\phi 68H7$ 孔轴线的垂直度公差为 0.05mm，对称度公差为 0.1mm。据此，采用了如图 17-1b 所示的固定式钻模来加工工件。加工时选定工件以端面 N 和 $\phi 68H7$ 内圆表面为定位基面，分别在定位法兰 4 的 $\phi 68h6$ 短外圆柱面和端面 N' 上定位，限制了工件 5 个自由度。工件安装后扳动手柄 8，借助圆偏心凸轮 9 的作用，通过拉杆 3 与转动开口垫圈 2 夹紧工件。反方向搬动手柄 8，拉杆 3 在弹簧 10 的作用下松开工件。

2. 回转式钻模

加工同一圆周上的平行孔系、同一平面内径向孔系或同一直线上的等距孔系时，钻模应设置分度装置。带有回转式分度装置的钻模称为回转式钻模。

图 17-2 所示为一卧轴回转式钻模的结构，用来加工工件上三个径向均布孔。在转盘 6 的圆周上有三个径向均布的钻套孔，其端面上有三个对应的分度锥孔。钻孔前，对定销 2 在弹簧力的作用下插入分度锥孔中，反转手柄 5，螺套 4 通过锁紧螺母使转盘 6 锁紧在夹具体上。钻孔后，正转手柄 5 将转盘松开，同时螺套 4 上的端面凸轮将对定销拔出，进行分度，直至对定销重新插入第二个锥孔，然后锁紧进行第二个孔的加工。

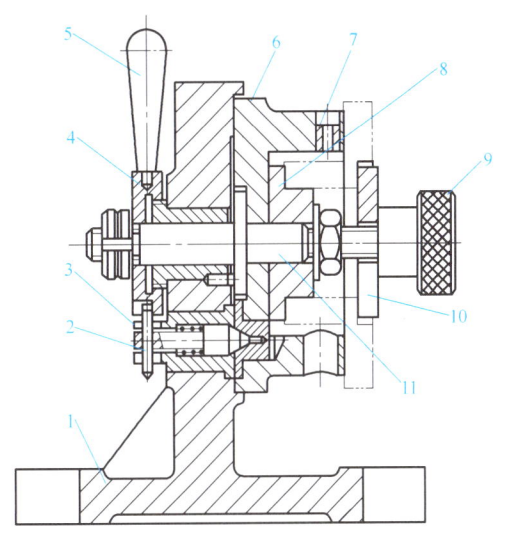

图 17-2 卧轴回转式钻模

1—夹具体 2—对定销 3—横销 4—螺套
5—手柄 6—转盘 7—钻套 8—定位件
9—滚花螺母 10—开口垫圈 11—转轴

3. 翻转式钻模

翻转式钻模主要用于加工中、小型工件分布在不同表面上的孔。图 17-3 所示为加工一个套类零件 12 个螺纹底孔所用的翻转式钻模。工件以端面 M 和内孔 $\phi 30H8$ 分别在夹具定位件 2 上的限位面 M' 和 $\phi 30g6$ 圆柱销上定位，限制工件 5 个自由度，用削扁开口垫圈 3、螺杆 4 和手轮 5 对工件压紧，翻转六次加工圆周上 6 个径向孔，然后将钻模翻转为轴线竖直向上，即可加工端面上的 6 个孔。

4. 盖板式钻模

一些大型、中型的工件上加工孔时，常用盖板式钻模。图 17-4 所示是为加工车床溜板箱上孔系而设计的盖板式钻模。工件在圆柱销 2、削边销 3 和三个支承钉 4 上定位。这类钻模可将钻套和定位元件直接装在钻模板上，无须夹具体，有时也无须夹紧装置，所以结构简单。但由于必须经常搬动，故需要设置把手或吊耳，并尽可能减轻重量。如图中所示，在不重要处挖出三个大圆孔以减小重量。

5. 滑柱式钻模

滑柱式钻模是带有升降钻模板的通用可调夹具，如图 17-5 所示。钻模板 4 上除可安装钻套外，还装有可以在夹具体 3 的孔内上下移动的滑柱 1 及齿条滑柱 2，借助于齿条的上下

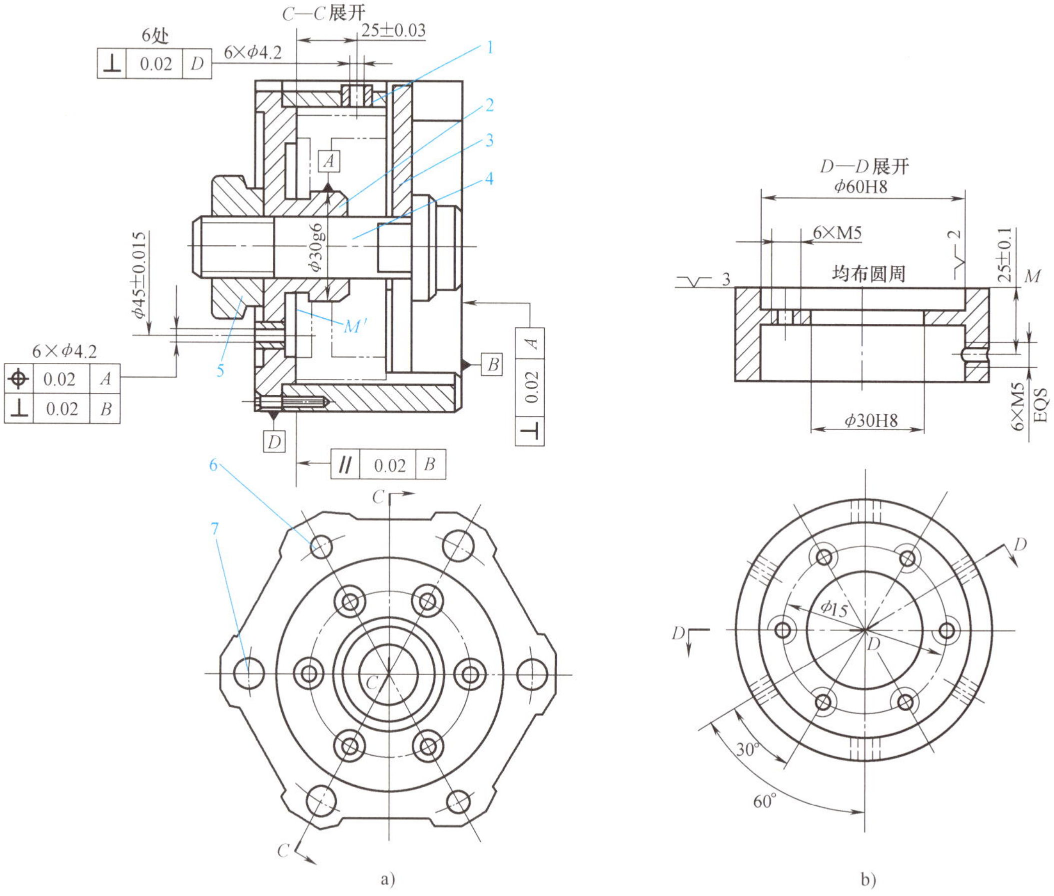

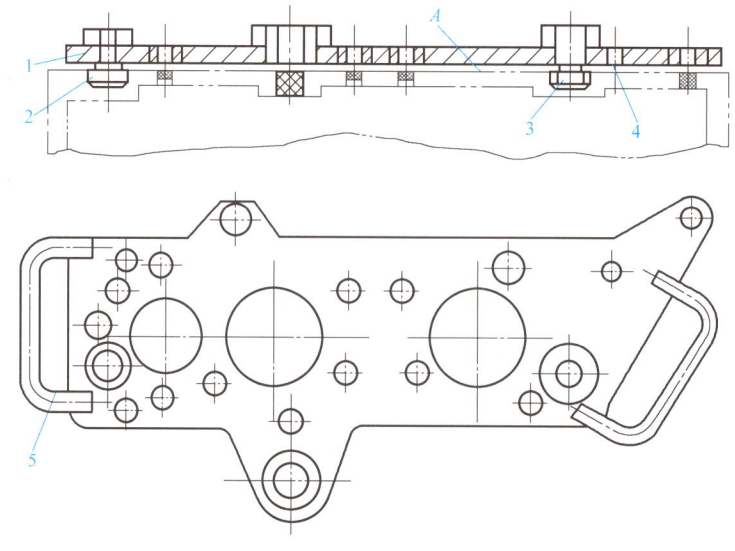

图 17-3　翻转式钻模

1—夹具体　2—定位件　3—削扁开口垫圈　4—螺杆　5—手轮　6—销　7—沉头螺钉

图 17-4　盖板式钻模

1—盖板　2—圆柱销　3—削边销　4—支承钉　5—手把

移动，可对安装在底座平台上的工件进行夹紧或松开。钻模板上下移动的动力有手动和气动两种。

为保证工件的加工与装卸，当钻模板夹紧工件或升至一定高度后能自锁。图 17-5 右下角所示为圆锥锁紧机构的工作原理。齿轮轴 5 的左端制成螺旋齿，与滑柱上的螺旋齿条相啮合，其螺旋角为 45°。轴的右端制成双向锥体，锥度为 1∶5，与夹具体 3 及套环 7 上的锥孔相配合。当钻模板下降夹紧工件时，在齿轮轴上产生轴向分力，使锥体楔紧在夹具体的锥孔中实现自锁。当加工完毕，钻模板上升到一定高度，轴向分力使另一段锥体楔紧在套环 7 的锥孔中，将钻模板锁紧，以免钻模板因本身自重而下降。

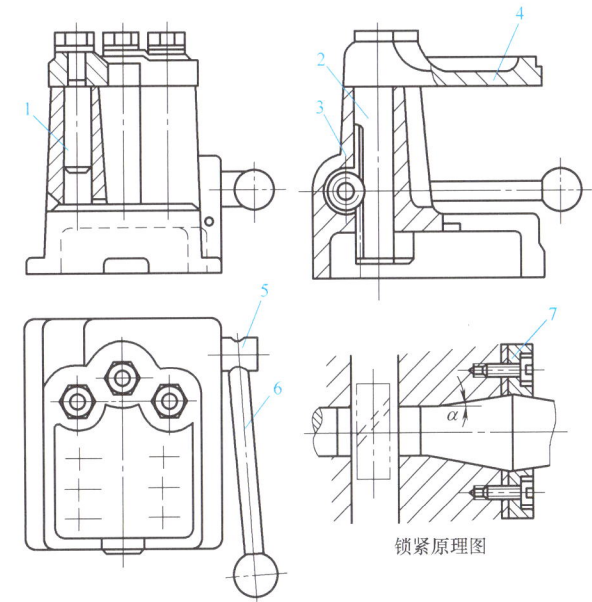

图 17-5　滑柱式钻模的通用结构

1—滑柱　2—齿条滑柱　3—夹具体
4—钻模板　5—齿轮轴　6—手柄　7—套环

17.2　钻床夹具设计要点

1. 钻模类型的选择

在设计钻模时，需根据工件的尺寸、形状、质量和加工要求，以及生产批量、工厂的具体条件来考虑夹具的结构类型。设计时注意以下几点：

1）工件上被钻孔的直径大于 10mm 时（特别是钢件），钻床夹具应固定在工作台上，以保证操作安全。

2）翻转式钻模和自由移动式钻模适用中小型工件的孔加工。夹具和工件的总质量不宜超过 10kg，以减轻操作工人的劳动强度。

3）当加工多个不在同一圆周上的平行孔系时，如夹具和工件的总质量超过 15kg，宜采用固定式钻模在摇臂钻床上加工，若生产批量大，可以在立式钻床或组合机床上采用多轴传动头进行加工。

4）对于孔与端面精度要求不高的小型工件，可采用滑柱式钻模，以缩短夹具的设计与制造周期。但对于垂直度公差小于 0.1mm、孔距精度小于 ±0.15mm 的工件，则不宜采用滑柱式钻模。

5）钻模板与夹具体的连接不宜采用焊接的方法。这是因为焊接应力不能彻底消除，影响夹具制造精度的长期保持性。

6）当孔的位置尺寸精度要求较高时（其公差小于 ±0.05mm），宜采用固定式钻模板和固定式钻套的结构型式。

2. 钻模板的结构

用于安装钻套的钻模板，按其与夹具体连接的方式可分为固定式、铰链式和分离式等。

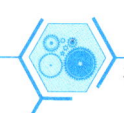
（1）固定式钻模板　固定在夹具体上的钻模板称为固定式钻模板。这种钻模板简单，钻孔精度高。

（2）铰链式钻模板　当钻模板妨碍工件装卸或钻孔后需要攻螺纹时，可采用如图 17-6 所示的铰链式钻模板。铰链销 1 与钻模板 5 的销孔采用 H7/h6 配合，与铰链座 3 的销孔之间采用 N7/h6 配合。由于铰链结构存在间隙，因此它的加工精度不如固定式钻模板高。

（3）分离式钻模板　工件在夹具中每装卸一次，钻模板也要装卸一次。这种钻模板加工的工件精度高，但装卸工件效率低。

3. 钻套的选择和设计

钻套装配在钻模板或夹具体上，钻套的作用是确定被加工工件上孔的位置，引导钻头、扩孔钻或铰刀，并防止其在加工过程中发生偏斜。钻套按结构和使用情况，可分为以下四种类型。

（1）固定钻套　图 17-7a、b 所示为固定钻套的两种形式。钻套外圆以 H7/n6 或 H7/r6 配合直接压入钻模板或夹具体的孔中，如果在使用过程中不需更换钻套，则用固定钻套较为经济，钻孔的位置也较高。适用于单一钻孔工序和小批生产。

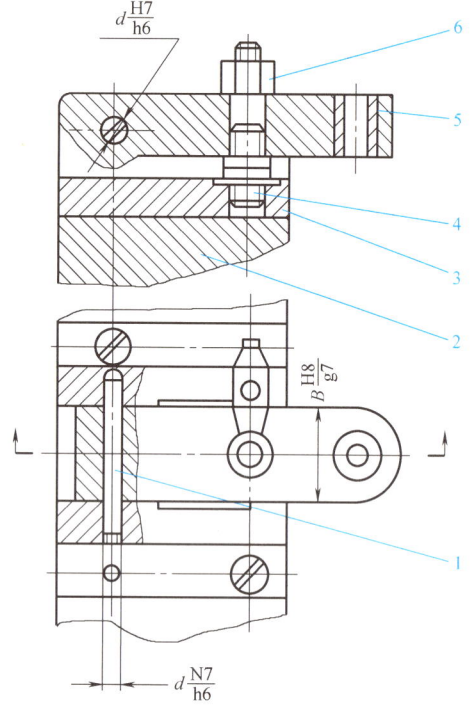

图 17-6　铰链式钻模板
1—铰链销　2—夹具体　3—铰链座
4—支承钉　5—钻模板　6—菱形螺母

（2）可换钻套　图 17-7c 所示为可换钻套。当生产量较大，需要更换磨损后的钻套时，使用这种钻套较为方便。为了避免钻模板的磨损，在可换钻套与钻模板之间按 H7/r6 的配合压入衬套。可换钻套的外圆与衬套的内孔一般采用 H7/g6 或 H7/h6 的配合，并用螺钉加以固定，防止在加工过程中因钻头与钻套内孔的摩擦使钻套发生转动，或退刀时随刀具升起。

（3）快换钻套　当加工孔需要依次进行钻、扩、铰时，由于刀具的直径逐渐增大，需要使用外径相同，而孔径不同的钻套来引导刀具。这时使用如图 17-7d、e 所示的快换钻套可以减少更换钻套的时间。它和衬套的配合同于可换钻套，但其锁紧螺钉的突肩比钻套上凹面略高，取出钻套不需拧下锁紧螺钉，只需将钻套转过一定的角度，使半圆缺口或削边正对螺钉头部即可取出。但是削边或缺口的位置应考虑刀具与孔壁间摩擦力矩的方向，以免退刀时钻套随刀具自动拔出。

以上三类钻套已标准化，其规格可参阅有关夹具手册。

（4）特殊钻套　由于工件形状或被加工孔位置的特殊性，需要设计特殊结构的钻套。图 17-8 所示为几种特殊钻套的结构。

当钻模板或夹具体不能靠近加工表面时，使用图 17-8a 所示的加长钻套，使其下端与工件加工表面有较短的距离。扩大钻套孔的上端是为了减少引导部分的长度，减少因摩擦使钻头过热和磨损。图 17-8b 用于斜面或圆弧面上钻孔，防止钻头切入时引偏甚至折断。图 17-8c 是当孔距很近时使用的，为了便于在一个钻套上加工出几个近距离的孔。图 17-8d 是需借助钻套作为辅助性夹紧时使用。图 17-8e 为使用上下钻套引导刀具的情况。当加工孔较长或与

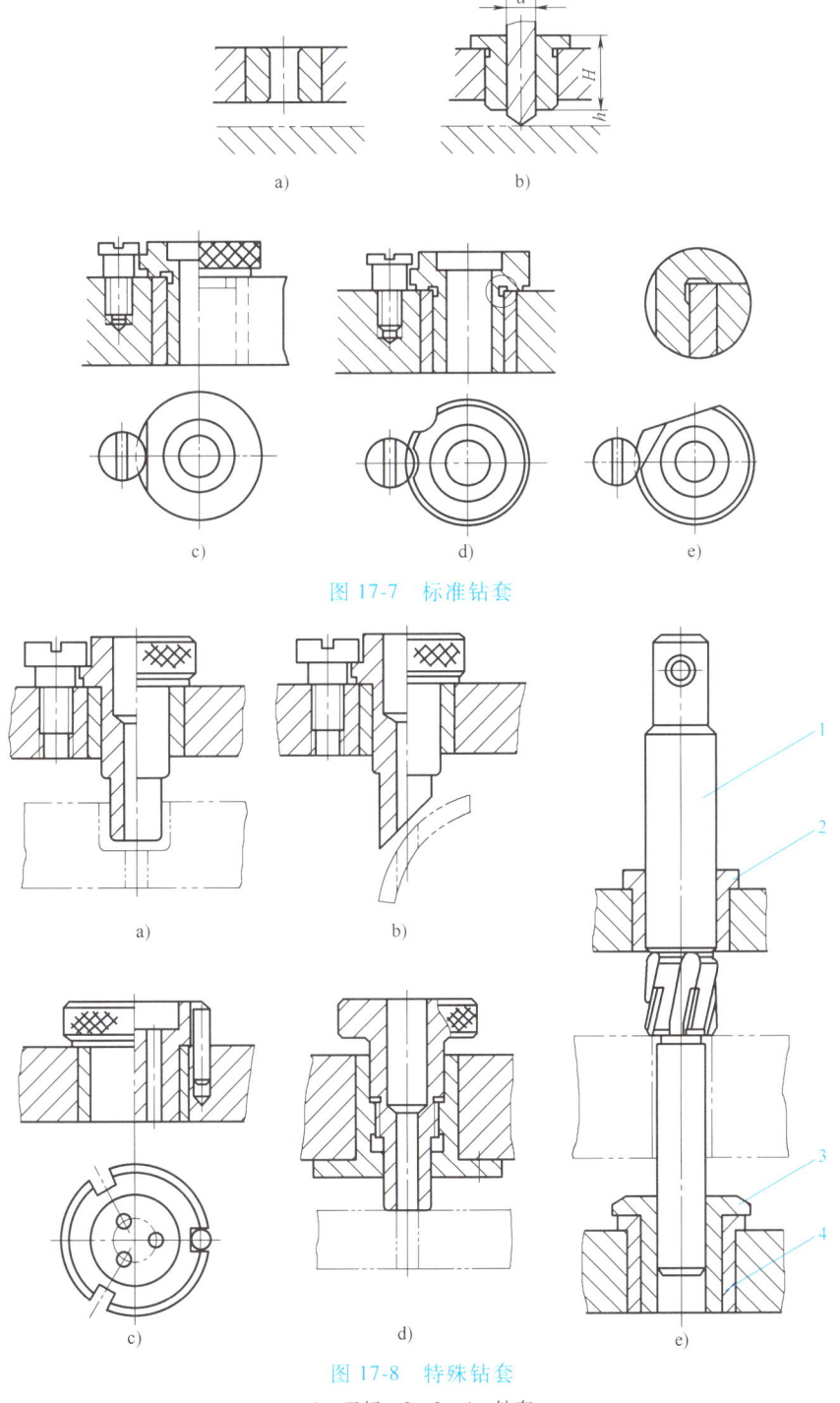

图 17-7　标准钻套

图 17-8　特殊钻套

1—刀杆　2、3、4—钻套

定位基准有较严的平行度、垂直度要求时，只在上面设置一个钻套 2，很难保证孔的位置精度。对于安置在下方的钻套 4，要注意防止切屑落入刀杆与钻套之间，为此，刀杆与钻套选用较紧的配合（H7/h6）。

17.3 实操训练

图 17-9 所示为压紧环零件图。设计压紧环钻 2×ϕ8H11 孔加工工序的钻夹具。任务要求如下：

1. 分析零件图。
2. 拟订零件机械加工工艺路线。
3. 分析本道工序的加工要求。
4. 确定定位方案，绘制定位装置结构草图。
5. 确定夹具力，选择夹紧机构，绘制夹紧机构结构草图。
6. 设计钻模板形式，选择钻套类型。
7. 确定夹具体结构外形。
8. 绘制压紧环钻夹具装配图。

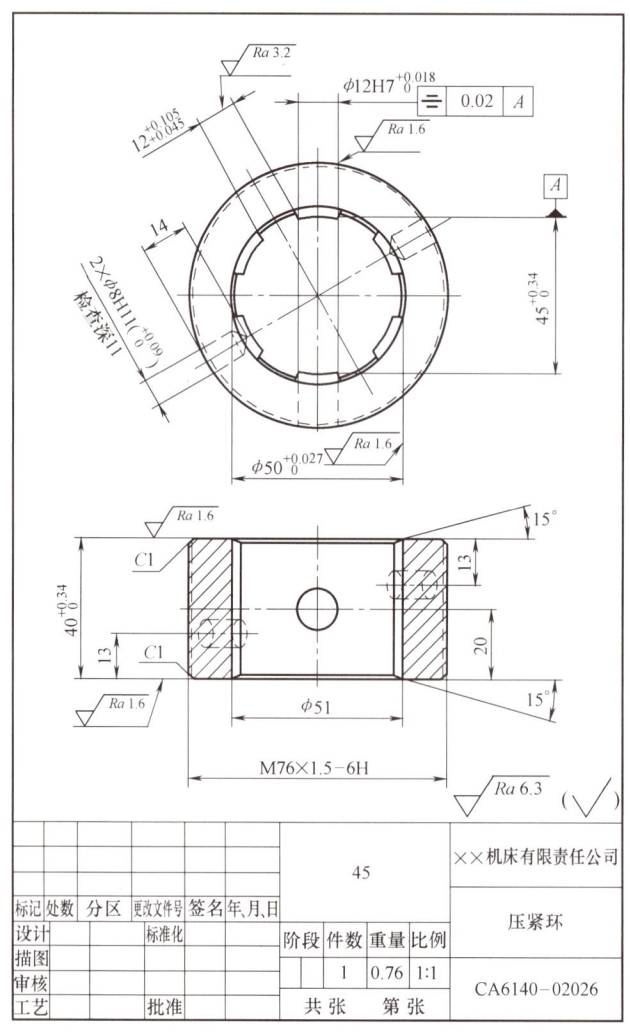

图 17-9 压紧环

【知识拓展】

谭建荣：团队倾力打造"工作母机"，助力"中国智造"

谭建荣，1954年10月10日出生于浙江省湖州市，机械工程专家，中国工程院院士，浙江大学求是特聘教授、博士生导师。主要从事机械设计及理论、数字化设计与制造方面的研究。

谭建荣院士带领他的团队，通过一次次的不断探索和尝试，将理论研究与实际应用有机结合，实现重大技术突破，成功攻克"高性能龙门加工中心整机设计与制造工艺关键技术及应用"项目，跻身国际先进行列，取得巨大的社会和经济效益。

"创新设计引领中国创造。"从事机床相关工作50载的谭建荣院士，怀揣着这一梦想，几十年如一日，在科研道路上孜孜以求。"未来，我们将进一步思考如何将龙门加工中心的创新设计经验推广至整个机床行业，创立具有自主知识产权的中国机床品牌，驱动我国制造业向更高质量发展。"谭建荣院士说，"我们要为'中国制造向中国创造转变、中国速度向中国质量转变、中国产品向中国品牌转变'，努力贡献力量。"

【课后小结】

钻床夹具的设计要点：1. 钻模板；2. 钻套。

参 考 文 献

［1］　张普礼. 机械加工设备［M］. 北京：机械工业出版社，2015.

［2］　林德福，王德发. 机械制造基础［M］. 北京：北京理工大学出版社，2007.

［3］　乔世民. 机械制造基础［M］. 北京：高等教育出版社，2003.

［4］　娄岳海. 主轴制造［M］. 北京：机械工业出版社，2011.

［5］　聂建武. 金属切削与机床［M］. 西安：西安电子科技大学出版社，2006.

［6］　倪小丹. 机械制造技术基础［M］. 北京：清华大学出版社，2007.

［7］　陈根琴. 机械制造技术［M］. 北京：北京理工大学出版社，2007.

［8］　姜晶. 机械制造技术［M］. 2版. 北京：人民邮电出版社，2010.

［9］　姚荣庆. 箱体制造［M］. 北京：机械工业出版社，2011.

［10］　孙学强. 机械加工技术［M］. 2版. 北京：机械工业出版社，2016.

［11］　刘建亭. 机械制造基础［M］. 北京：机械工业出版社，2001.

［12］　陆剑中. 金属切削原理与刀具［M］. 2版. 北京：机械工业出版社，2016.

［13］　薛源顺. 机床夹具设计［M］. 3版. 北京：机械工业出版社，2011.